特别感谢湖北山河律师事务所、湖北晨丰律师事务所对本书的资助

"聚焦破产"丛书

破产法的"破"与"立"

《企业破产法》施行十周年纪念文集

主编　张善斌

WUHAN UNIVERSITY PRESS
武汉大学出版社

图书在版编目(CIP)数据

破产法的"破"与"立"：《企业破产法》施行十周年纪念文集/张善斌主编.—武汉：武汉大学出版社，2017.12(2019.7重印)
ISBN 978-7-307-19889-0

Ⅰ.破… Ⅱ.张… Ⅲ.企业破产法—中国—文集
Ⅳ.D922.291.92-53

中国版本图书馆 CIP 数据核字(2017)第 307869 号

责任编辑：陈 帆 责任校对：汪欣怡 版式设计：马 佳

出版发行：**武汉大学出版社** （430072 武昌 珞珈山）
（电子邮箱：cbs22@ whu.edu.cn 网址：www.wdp.com.cn）
印刷：北京虎彩文化传播有限公司
开本：720×1000 1/16 印张：32.25 字数：480 千字 插页：3
版次：2017 年 12 月第 1 版 2019 年 7 月第 2 次印刷
ISBN 978-7-307-19889-0 定价：96.00 元

张 善 斌

1965年生，湖北天门人，法学博士，武汉大学法学院教授，博士生导师，现为武汉大学法学院民商法教研室主任，中国法学会民法学研究会理事，湖北省法学会民法学研究会常务理事，湖北省法学会商法学研究会常务理事。主要研究方向为民法基础理论、人格权法、侵权法、合同法、物权法、公司法、破产法等。出版著作2部，发表论文30篇。具有代表性的成果为专著《权利能力论》，论文《民法人格权与宪法人格权的独立与互动》《死者人格利益保护的理论基础与立法选择》《公平责任原则适用存在的问题及对策》《集体土地使用权流转的障碍排除与制度完善》《〈国家赔偿法〉与〈侵权责任法〉调整范围之协调》《人类胚胎的法律地位及胚胎立法的制度构建》《论强制取得少数股东股权——简易式兼并探析》等；有4篇文章分别被《中国社会科学文摘》、人大复印资料转载。主持国家社科基金项目"人格权立法的价值定位及立法模式选择"、中国法学会部级法学研究课题"人格要素的商业化利用及其法律规制"以及横向研究课题"破产清算程序中和解若干法律问题研究""拍卖法若干问题研究""教育机构侵权责任研究"等多项课题。

作者简介

前　　言

　　破产法学术界和实务界的同行，常自嘲为"破人"，称破产法为"破法"。"破人"经常开"破会"研究"破法"，这是近年来才有的现象。如果把这一现象作为破产法开始兴盛的标志，甚至认为破产法的春天来了，未免过于乐观。从破产法司法实践来看，破产法在社会经济治理中尚未发挥其应有的作用。所以说，破产法的春天远没有到来。

　　破产法是实践性极强的法律。如果说法律的生命在于经验，那么破产法的生命在于施行。遗憾的是，我国破产法施行情况并不理想。

　　现行破产法律制度始于《中华人民共和国企业破产法（试行）》。该法的颁布改变了社会主义不应有破产的观念，打破了国有企业不能破产的神话，确立了市场出清机制，也进一步完善了我国的法人制度，意义非同凡响。但由于受当时经济条件、社会治理需求和破产法观念影响，受适用范围窄、破产门槛高、相关配套措施缺失等因素制约，该法在 1988 年施行起的最初几年并没有发挥其应有的作用。1991 年《中华人民共和国民事诉讼法》及相关司法解释逐渐完善了作为独立类型的破产审判制度。1993 年深圳市中级人民法院成立全国第一个破产清算审判庭。此后全国法院破产案件受理数量逐年增加，1994 年步入快速上升期，2001 年达到 9110 件。2006年《中华人民共和国企业破产法》的颁行标志着我国破产法律制度进入了新时代。但是，《中华人民共和国企业破产法》实施情况并不乐观。从 2006 年至 2010 年，法院每年受理的破产案件数量分别为 4253 件、3817 件、3139 件、3128 件、2366 件，《中华人民共和国企业破产法》施行后破产案件受理数量不升反降，司法实践与立法预期存在较大差距。① 2013 年法院受理破产案件数仅 1998 件，为 1995 年以来最低。破产案件数量萎缩的态势引起了学界、最高人民法院乃至立法部门的高度重视。对此，中国破产法论坛专题研究报告指出，破产案件受理数量下降的原因，从法律制度方面看，既有破产法本身有待完善、程序效率有待提高的原因，也有破产法之外其他法律不能与之衔接的问题。从相关主体方面看，既有法院自身观念保守、内部制度不健全和审判队伍建设不力的原因，也有法院外各种因素如配套制度不健全、不当行政干预、破产文化观念落后的原因，当然也有债务人缺乏申请破产的动机、债权人缺乏申请的动力等原因。② 如何充分发挥破产法在市场经济中的作用，已成为立法部门、司法实践部门和理论界共同面对的课题。

从 2015 年开始的以去产能、去库存、去杠杆、降成本、补短板为重点的供给侧结构性改革为破产法的勃兴带来了新的机遇。供给侧结构性改革必然伴随着落后产能的清理淘汰，需要更多地运用法律手段，有效处置"僵尸企业"，推动企业兼并重组进程，提高破产清算效率。为配合供给侧结构性改革，进一步健全市场主体救治和退出机制，最高人民法院 2016 年 7 月 28 日下发了《关于破产案件立案受理有关问题的通知》，改革破产立案制度，从诉讼流程上清理破产启动的障碍。2017 年 1 月出台了《关于执行案件移送破产审查若干问题的指导意见》，以促进和规范执行案件移送破产审查工作，保障执行程序与破产程序的有序衔接，化解执行积案。在这一背景下，法院受理破产案件数量快速攀升。2016 年受理 5665 件，比 2015 年的 3683 件增长了 53.8%；截至 2017 年 7 月 31 日，法院已经受理 4700 余件。破产法成为处置"僵尸企业"、淘汰落后产能的重要抓手。但是，破产法的春天并没有真正到来，还有许多重大问题需要研究：破产审判在供给侧结构性改革中的地位角色、政府与法院在破产审判中的关

---

① 参见李曙光、王佐发：《中国〈破产法〉实施三年的实证分析——立法预期与司法实践的差距及其解决路径》，《中国政法大学学报》2011 年第 2 期。

② 参见中国破产法论坛组委会：《中国破产法的困境与出路——破产案件受理数量下降的原因及应对》，《商事审判指导》2014 年第 1 期。

系，尚不明确；截至 2017 年上半年，全国法院的清算与破产审判庭从 2015 年年初的仅 5 家增至 90 家，其中包括 3 家高级法院、57 家中级法院、30 家基层法院①，破产审判组织专业化仍有待进一步提升；破产案件受理难的现象仍然存在，"执转破"困难重重；破产重整中如何维护债权人的利益，如何发挥企业拯救作用，法院如何恰当行使强制裁定；破产清算中如何平衡各债权人的利益，如何保障房地产公司破产中购房消费者的利益；如何完善管理人制度，明确管理人的职责权限，充分调动管理人的积极性，细化对管理人的选任、管理和监督机制；此外，还有个人破产、合伙企业破产、关联企业破产、跨境破产等问题，都需要进一步研究。

在供给侧结构性改革深化之时恰逢《企业破产法》施行十周年，中国人民大学法学院、法制日报社等纷纷组织研讨会②，学者、立法人员、法官、律师、会计师、公司法务人员等积极参与，共同隆重纪念这一重要时刻。在此背景下，武汉大学法学院联合湖北省高级人民法院于 2017 年 6 月 17 日共同举办了"第一届破产法珞珈论坛暨《企业破产法》施行十周年纪念研讨会"，旨在总结立法和司法实践经验，研究前沿理论问题，为推动供给侧结构性改革、完善与发展我国破产法律制度贡献智慧。会议围绕着"司法经验总结与前沿理论探讨"，"执转破问题"，"重整制度"，"管理人制度"，"个人破产、关联企业破产及其他"五个专题展开研讨。本书收录的正是各位作者提交会议并于会后修订的论文。

本书有以下几个特点：一是关注热点。在淘汰落后产能、处置"僵尸企业"的供给侧结构性改革背景下，大部分论文紧扣时代脉搏，就司法实践中的热点问题展开研究，如《"执转破"：何以可能及如何

---

① 截至 2017 年上半年，全国法院破产案件受理数量、清算与破产审判庭数量参见《最高法通报破产审判妥处"僵尸企业"有关情况》，《人民法院报》，2017 年 8 月 4 日，第 1 版。

② 中国人民大学法学院、中国人民大学破产法研究中心、北京市破产法学会联合有关部门于 2017 年 6 月 3 日共同主办"第八届中国破产法论坛暨《企业破产法》实施十周年纪念研讨会"。法制日报社于 2017 年 9 月 6 日主办"《企业破产法》实施十周年研讨会"。

实现》《"执行转破产"制度的反思与完善》《破产重整疑难问题研究》《试论破产管理人制度及其完善》等。二是理论和实务并重。从作者单位来看，来自理论界的论文有 17 篇，来自实务界的论文有 16 篇；从论文内容来看，既有前沿理论探讨，如《论个人破产重整制度》《破产重整原因的反思与重构》《论我国自然人破产制度中自由财产的范围》等，也有司法实践经验的总结，如《破产案件中司法权和行政权的边界与衔接》《论经济转型视角下破产重整程序之适用》《困境房企重整复苏之路径分析》等。三是实用性强。所有论文都是针对具体制度，就司法实践中的具体问题进行研究，对破产实务有一定的指导作用，如《〈执转破指导意见〉的理解与适用》《法院外破产和解的功能阐释及运用》《破产程序中让与担保权人的权利实现路径》等。

　　本书收录的论文，著者不同，风格各异，均秉承学术创新追求，以期对司法实践乃至今后立法有所裨益。文章或有疏漏和不足，敬请读者批评指正。

张善斌

2017 年 11 月

目　　录

第一部分
破产法司法经验总结与前沿理论探讨

破产案件中司法权和行政权的
边界与衔接

杨俊广　　曹文兵*

摘要：破产案件具有高度的专业性与复杂性，既涉及纷繁复杂的法律问题，也牵涉一系列诸如职工安置、税费减免等社会问题。2007年《企业破产法》实施以来，每年进入法院的破产案件数量偏少的原因除了思想观念、现行体制、机制等外，另外一个不容忽视的因素在于政府与法院的沟通协调机制不健全、不完善，更深层次的原因在于企业破产的社会转轨成本政府负担缺失①，它在很大程度上掣肘了批量破产案件的依法受理。如何有效地处理法院司法权②与政府行政权的关系，俨然成为破解企业破产案件受理难、确保企业破产程序顺利推进亟待解决的重大理论和现实课题。

关键词：破产案件；司法权；行政权；权力边界

一、破产案件中行政权适当介入的必要性

破产审判中行政权的适当介入主要基于以下几个方面的考虑：

---

* 杨俊广，武汉市中级人民法院环境资源审判庭庭长。曹文兵，武汉市中级人民法院环境资源审判庭审判员。

① 王欣新、王斐民：《政府与市场之间的经济法——以政府保障破产法实施为例》，《经济法学评论》2011年第12卷，第39页。

② 在我国，司法权包括法院行使审判权和检察院行使检察权，本文所称司法权仅就法院行使审判权而言。

（一）司法权固有的特质决定了法院根本难以解决企业破产所引发的社会问题

诚如汉密尔顿所言："司法权在构成国家权力体系的立法权、行政权和司法权中是最弱的一个权力。司法部门既无强制，也无意志，而只有判断；而且为实施其判断亦需借助于行政部门的力量。"①司法权的本质属性是判断权，司法判断是针对真与假、是与非、曲与直等问题，根据特定的证据（事实）与既定的规则（法律），通过一定的程序进行认识。② 司法权明显具有消极性、被动性、谦抑性、中立性、独立性的特征，以公平与公正优先为价值取向，只服从于法律，从而确保它的行使不受其他力量的影响，排除非法律力量的干涉。司法权的这些特性也决定了法院在其职能范围内仅审理涉及债务清偿的问题，并不具有调配、整合社会资源及社会动员能力，仅凭法院的司法裁判难以统筹解决破产审判中常常会遇到的诸如企业风险处置、资产变现、职工安置、税收减免、引入战略投资人、为企业提供政策帮扶等社会层面的行政事务性问题。司法权在解决企业破产所引发的社会问题方面存在着相当的局限性。而行政管理发生在社会生活的全过程，它不一定以争端的存在为前提，其职责内容可以包括组织、管制、警示、命令、劝阻、服务、准许、协调等行动。③ 政府行政权具有主动性和扩张性，以效率优先为价值取向，偏向于积极主动干预社会公众的经济和生活，其目的是"维护社会的安全秩序与普遍的社会福利与公共服务"。④ 政府具有三个基本职责："第一，保护社会，使之不受其他独立社会的扰害侵犯。第二，尽其所能，保护社会上各

---

① ［美］汉密尔顿、杰伊、麦迪逊：《联邦党人文集》，程逢如等译，商务印书馆1980年版，第391页。

② 孙笑侠：《司法权的本质是判断权——司法权与行政权的十大区别》，《法学》1998年第8期，第34页。

③ 孙笑侠：《司法权的本质是判断权——司法权与行政权的十大区别》，《法学》1998年第8期，第34页。

④ 季涛：《行政权的扩张与控制：行政法核心理念的新尝试》，《中国法学》1997年第4期，第78~88页。

个人，使不受社会上任何其他个人的虐待压迫，即设立严正的司法机关。第三，建设并维持一定的公共土木事业及一定的公共设施。"①企业破产附带产生的系列社会问题显然属于政府应尽的职责，无论是维护职工队伍的稳定，还是与债权人的沟通、投资人的谈判，政府都具有其得天独厚的条件，而且政府还具有在劳动社会保障、金融监管、工商、税务、公安等方面的职能资源优势，② 政府具有公共服务和社会管理的职能，应当依法为实施市场化破产程序创造条件。行政权力只在破产法外部为其创造良好的社会环境和法制环境，使破产程序突破行政权力的瓶颈，真正实现司法权指导下的私权自治。③

（二）破产案件自身固有特性及企业破产法的性质决定了行政权应当适度介入

企业破产案件往往表现出法律关系多元化、利益指向广泛化、触及的利益主体多、矛盾纠纷复杂化、费时费力、法律适用与企业管理复合化、社会影响巨大等特征。它不仅牵涉破产企业与其债权人、债务人之间的各类债权债务关系，还涉及物权、股权、知识产权、证券、保险等法律问题，甚至还涉及劳动、土地、税务、工商等行政管理部门之间错综复杂的管理关系，具有开庭与开会相结合、办案与办事相结合、裁判与谈判相结合的特点，加上我国计划经济体制历史遗留问题复杂，不可避免地嵌入政府行政管理职能的内容，这也就决定了破产案件的审理不仅是一个单一的事实认定与法律适用问题，而且是一项需要统筹兼顾、多方协调、整体推进的多元化系统工程。企业破产必然对包括债权人、职工、出资人或股东、消费者、破产管理人等在内的破产企业利益相关者产生重大而深刻的影响。我国现有社会保障制度和社会保障体系不健全、保障措施不够完善及企业破产法的

---

① ［英］亚当·斯密：《国富论》（下卷），郭大力、王亚南译，商务印书馆2009年版，第211页。

② 蒋馨叶：《无锡尚德太阳能电力有限公司破产重整案评析》，王欣新、郑志斌主编：《破产法论坛》（第10辑），法律出版社2015年版，第25页。

③ 董灿：《论破产法中行政权力的定位》，《经纪人学报》2006年第3期，第83页。

法律架构都不足以充分有效地平衡与保护破产企业各利益相关者的利益，他们的利益若得不到妥当解决，必然会影响经济社会稳定，这就客观上必然要求政府行政权进行适当干预，借以弥补市场失灵。因为"政府有能力在破产企业的有限资源之外调动其他各种社会资源，解决人民法院、债权人会议、债权人委员会和破产管理人无法解决的问题"。① "政府职能部门行使社会管理职能和促进经济发展职能，其中包含了涉及企业主体退出、依法破产的相关内容，政府职能部门发挥协调作用是其职责。"②

(三) 市场这只"看不见的手"本身固有的缺陷决定了行政权有适度介入之必要

企业破产是一种市场行为，是市场经济条件下企业竞争的必然结果，是企业参与市场竞争，接受优胜劣汰，优化产业结构，实现资源合理配置，提升市场率的一种有效形式。企业破产并不仅仅是市场效率的体现，有时恰恰是市场失灵——市场不能保证宏观经济稳定的体现。③ 企业破产尤其是金融机构、上市公司、大型国有企业等重大企业的破产不仅涉及一个企业的生死存亡、众多债权人的经济利益，而且与企业职工的切身利益紧密相连，职工安置、社会维稳等问题的处理稍有不当，极易引发群体性事件，会对经济安全、社会稳定产生巨大影响。

在旧破产法架构下的清算组模式中，是由法院商同政府，从政府相关职能部门中指定清算组成员，这些成员按照他们所在政府部门的职责分工去解决破产程序中遇到的社会层面的问题，在一定程度上起到了积极作用。但是这种过于僵化、行政命令式、强制性、政策性极强的企业清出方式完全不适用我国市场经济发展的要求。2007年《企业破产法》以市场化、法治化为导向，以保障债权人与债务人利益、

---

① 尹正友：《企业破产与政府职责》，法律出版社 2010 年版，第 84 页。

② 姚明：《法院受理破产案件与政府协调作用的发挥》，《中国律师》2010 年第 10 期，第 61 页。

③ 尹正友：《企业破产与政府职责》，法律出版社 2010 年版，第 71 页。

促进市场竞争机制良好运行为立法宗旨,借鉴国际先进立法经验首次引进了破产管理人制度,明确规定了破产管理人的一系列职责,贯彻了管理人中心主义理念,但并未明确规定解决社会层面问题的专门机构,大幅度地削减了政府行政权对破产案件的影响,政府也就淡化了处理破产程序中面临社会层面问题时的主动性和积极性。企业破产的市场化改革导向并不排斥政府保障法律实施的职能,①亦并不意味着完全忽视和绝对弱化政府的职能作用,因为众多破产案件的审理亟需政府解决相关社会问题,完全切断或绝对回避政府行政干预几无可能,也不符合我国当前的现实国情。申言之,绝非完全摒弃行政权对破产案件的干预和介入,而是顺势引导和合理规范行政权在破产程序中的界限,将行政权的介入控制在合理的范围之内,充分发挥政府行政权对破产法实施的促进作用,减少其不利影响。"为此破产法的实施过程必须引入经济法的理念,需要国家的适当介入,从社会本位角度维护社会整体利益,解决各种社会资源配置的合理调控,才能完成现代破产法的历史使命。"②"需要国家干预理论"是政府行政权介入破产审判的理论基石。从这种意义上讲,政府参与破产审判程序其本质上就是一种"国家干预",这种干预是建立良好市场秩序所必需的,是国家调控和市场经济发展相协调的有效保障,也是社会主义市场经济发展的应有之义。

(四)域外破产立法例为我国政府行政权适当介入破产审判提供了有益经验

当今世界,在不少市场经济发展较为成熟的国家和地区,政府往往会采取譬如设立公共服务机构、提供财政资金、指导建立基金等各种形式介入破产案件的审理,确保了破产案件的顺利推进。美国1978年破产法改革中设置了新的联邦政府机构——联邦托管人机构,

---

① 王欣新、王斐民:《政府与市场之间的经济法——以政府保障破产法实施为例》,《经济法学评论》2011年第12卷,第45页。

② 王欣新:《论破产法在市场资源配置中的重要作用》,《中共杭州市委党校学报》2014年第6期,第18页。

该机构承担了破产案件中的行政管理职能，其主要的职责之一是确保在破产案件中公共利益得到保障。① 英国设置破产署，其主要职能在于：监管破产执业者、负责处理企业清盘程序、负责使用国家保险基金支付失业雇员的遣散费等。俄罗斯政府于 1992 年设立了独立的联邦企业重整与破产管理局，同时在各大区和地区设立了相应的垂直领导的分支机构，该局的主要职能是：提出有关破产的法律、规范性法律文件以及相关政策的建议；在破产案件中行使国家债权人的职能；培训和管理仲裁管理人等。② 德国则设立了由企业主缴纳、国家控制的劳动保障基金，企业破产时由该基金清偿职工的债权。③ 中国香港破产管理署的职能主要包括：根据法院或债权人的任命提供破产管理服务，变现资产，裁定债权人的债权，以及分配财产；为那些资产不足以支付清盘费用的企业破产个案提供公众服务；调查破产公司董事的行为操守等。④ 上述国家和地区的成功经验为我国政府行政权如何适当介入破产审判提供了可资借鉴的宝贵材料。

二、法院司法权在破产程序中的主导作用

"在发达的市场经济中，企业是否破产有一套明确的规则，实施规则的主要机构也是法院，而不是行政当局。"⑤破产程序本质上属于清偿债务的司法程序，目的在于通过公平、公正的程序使得债务人的债权人获得公平集体清偿，具有化解企业债务风险的作用。法院作为破产程序的组织者、主导者和裁判者应当对每一个环节或程序进行司

① 尹正友、张兴祥：《中美破产法律制度比较研究》，法律出版社 2009 年版，第 89 页。

② 李飞：《当代外国破产法》，中国法制出版社 2006 年版，第 138 页。

③ 王欣新：《论破产法在市场资源配置中的重要作用》，《中共杭州市委党校学报》2014 年第 6 期，第 17 页。

④ 董文彬：《如何规制我国破产程序中的行政权》，《江苏经济报》，2009年 6 月 17 日，第 B03 版。

⑤ ［美］德怀特·铂金斯：《中国经济的增长前景及其面临的挑战》，吴敬琏主编：《比较》(第 15 期)，中信出版 2004 年版，第 28 页。

法审查和全程监督，确保每一个程序的推进公正、透明，抑制行政权的不当干预，永葆破产程序的司法属性，从而实现对破产企业各利益相关者的利益平衡与保护。法院在破产程序中居于主导地位绝非意味着法院可以就破产案件所涉及的任何事项发挥决定性作用。法院作为居中裁判的国家机关，加上人力物力的限制，不可能也没有必要参与具体的、繁杂沉重的破产财产管理和清算事务，避免从程序的督导推动者沦为破产事务的具体操作者。法院应当在破产程序中找准角色定位，要明确自己的具体职责，既不能越俎代庖，擅自代替管理人或债权人会议作出决策，也不可疏于对破产程序进行监督与指导，更不能忽视与政府的沟通、协调和联动。

（一）程序方面的职责

在破产案件审理过程中，法院在程序方面的职责主要包括以下几个方面：第一，审查破产申请人提出的破产申请，裁定案件是否受理。在破产程序启动后，及时指定破产管理人并决定管理人的更换。第二，公告、通知债权人申报债权，召集第一次债权人会议。第三，中止对债务人已发生的诉讼程序、执行程序，维护债务人财产的完整性、安全性、合法性。第四，对破产管理人管理债务人行为的合法性和正当性进行监督与指导。第五，依法裁定终结破产程序。

（二）实体方面的职责

在破产案件审理过程中，法院在实体方面的职责主要包括以下几个方面：第一，对债权人、债务人或清算责任人申请破产所提出的破产原因及可能存在的破产障碍进行依法审查和认定，尽可能避免"虚假破产、真逃债"现象的发生。第二，确定破产管理人的报酬。第三，依法集中管辖并审理债务人之诉，对债务人不当处置财产行为予以撤销。第四，对当事人之间关于行使破产抵销权、别除权、取回权等方面进行裁决。第五，对于债务人提出的和解程序裁定是否批准，裁定确认经债权人会议表决通过的和解协议。第六，依法裁定是否准许债务人重整，审查重整计划时应当坚持对所有债权人既得利益在重整中不得予以损害原则，采取形式审查和实质审查相结合的审查方法，着重审查重整计划的合法性和可行性，并依法决定是否行使强制批准权。第七，对于债务人重整失败、和解失败的情形，及时宣告债务人破产并公告，裁定确认经债权人会议表决通过的破产财产变价方案与分配方案。对于表决未能通过的破产财产变价方案与分配方案依法决定是否行使强制批准权。

（三）协调方面的职责

在破产案件审理过程中，法院在协调方面的职责主要包括以下几个方面：

第一，协调解除其他法院、执法机关对债务人财产已采取的司法强制措施或行政强制措施。破产程序具有排他性，法院受理破产案件后，对于债务人财产所采取的保全措施和执行程序都应当自动解除和终止。若不及时解除已采取的强制措施，破产企业财产就无法进行变价和分配，若不中止已采取的执行程序，就会有损于全体债权人的公平受偿。但是，在破产审判实践中，受到地方保护主义及部门保护主义的影响，其他法院、执法机关往往对受理破产案件法院发出的终止执行程序或解除强制措施的要求要么置若罔闻，要么不积极配合，严重阻碍了破产程序的顺利进行。因此，受理破产案件法院一方面要积极协调其他法院解除或终止已采取的保全措施或执行程序，另一方面也要积极与其他执法机关沟通协调及时解除对破产企业已采取的强制措施，支持和配合破产程序的顺利推进。

第二，协调与政府的关系。在破产程序正式启动前，法院应当积极配合破产企业所在地政府，做好破产程序启动前期调研，掌握破产企业的情况及相关行业政策，充分研判企业破产程序一旦正式启动后可能出现的各种维稳风险，提前制定合理的应对预案及风险防控措施，协调政府及其相关职能部门在解决职工安置、资金垫付、维护社会稳定等方面的问题，避免引发群体性事件，为破产程序的顺利进行奠定良好基础。在破产案件审理过程中，法院应当主动地就破产程序中涉及的职工权益保障、破产财产变现、税费减免、破产重整企业信用修复、战略投资人的引进等社会问题，通过召开联席会或重大信息通报会等多种方式，与政府相关职能部门进行磋商、沟通与协调，争取政府的全力支持与配合，更好地推进破产审判工作。

第三，协调与破产管理人的关系。"在破产程序开始后，除非应当由法院作出决定，破产程序中的事务性管理工作应当由专业的管理人来完成，法院的作用应当被限定为仅做争议的裁决者。"①厘清法院与破产管理人的职责界限，确立破产管理人在日常管理事务及商业判断事务中的决策权、对债权人会议的决议及法院决定的执行权，充分发挥管理人的主观能动性，凸显破产管理人的核心地位。"对于破产程序中的事务性工作，不论《企业破产法》有无具体规定应当由管理人负责，都应当解释为管理人的职责范围内的事务，这不是应当由法院认为或者决定的事情。"②法院作为破产程序的主导者、组织者及主持者应当明确其职责范围，避免全面介入具体的、繁杂沉重的破产财产管理和清算事务，正确行使破产程序主持权、法律规定事项的决策权及对破产管理人的指导与监督权。但是，对于破产管理人因履职能力欠缺，确实需要法院予以协助的，法院可以向破产管理人施以协助，为其履职打开绿色通道。

三、政府行政权在破产程序中的协调辅助功能

在我国破产审判实践中，政府的角色定位往往会呈现出两个极端：要么政府行政权对破产审判进行过度干预和不当介入，政府支持力度大于配合，致使法院在破产程序中无法起到主导作用；要么政府以企业破产不属于政府法定职责为由消极不作为，撒手不管，不积极履行职责解决企业破产所涉及的社会问题，将本应由政府解决的社会问题推诿给法院承担。司法权效力的终极性特质决定了行政权必须接受司法权的终极性，亦决定了政府在企业破产程序中要充分尊重法院司法权在破产程序中的主导作用。政府行政权的缺位和越位在很大程

---

① George M. Treister, etc., Fundamentals of Bankruptcy Law, 3rd edition, American Law Institute, 1993, p. 89.

② 邹海林：《破产法——程序理念与制度结构解析》，中国社会科学出版社 2016 年版，第 185 页。

度上影响了破产审判效率，阻碍了破产案件的顺利推进。因此，政府要明确自己在企业破产程序中角色及具体职责，要摒弃破产案件受理后把所有社会问题推给法院的错误理念，应当和市场保持适当距离，有限地对濒临破产的企业实施拯救，妥当处理好行政权与司法权的关系，做到有所为、有所不为，既不缺位，也不越位。

（一）政府行政权应有所为：不缺位

1. 前期企业风险处置

企业破产涉及债权债务清偿、财产资源分配、资产变现、职工安置、社会救济、资金垫付、税收减免、土地处置、企业信用的修复、引进战略投资人、维护社会稳定等方方面面的问题，需要财政局、税务局、社保局、国土局、规划局、工商局、公安局等多个政府职能部门相互协调配合才能得以解决。破产审判实践中，一些地方政府为支持和配合法院破产审判工作，先后成立了临时性的领导小组或工作组，负责本地区企业风险处置工作，但是由于法定职责缺乏明确规定，政府协调的风险处置机制和企业破产的司法程序之间信息沟通不畅，协调事项不够到位，一定程度上影响了各自职能的充分发挥。因此，我国可以借鉴美国、英国、德国、俄罗斯等国家和香港地区的成功经验，设置破产行政管理机构，专门负责协调化解破产企业风险，承担企业破产过程中的行政管理职责，协调解决破产企业财产扣押解除、破产财产追回、企业税收减免、房屋土地产权确认、土地功能和性质的变更、工商登记注销、职工社会保险金缴纳、银行对不良资产的核销、破产财产变现、战略投资人引进、股权变更、破产清算和重整企业信用级评定等问题，建立与企业破产司法程序协调和对接的常态化企业风险监测、预警和处置机制。

2. 破产程序启动后

第一，职工权益保护问题。依法优先保护劳动者合法权益，既符合企业破产法的立法旨趣，也是企业破产法的重要价值取向。企业破产，尤其是大型国有企业、集体企业的破产，与企业职工的切身利益密切相关，职工权益保护问题成为困扰破产案件审理的重大障碍和难点。对职工权益的保护其实不仅限于对职工债权的保护以及对职工各种程序性权利的保护，还包括对职工的再就业安置、职工各种福利设施的社会化移交以及对国有企业老职工超额贡献的补偿。① 职工权益保护问题能否妥善解决，既影响到社会的和谐稳定，也直接影响到破产程序能否顺利推进。职工权益保护问题仅靠法院自身力量根本无法解决，政府作为社会管理者，在破产案件中应当肩负起提供社会保障和维护社会安全的重任。破产程序一旦启动，法院应当及时联络协调政府相关部门，积极争取政府相关部门的支持。对于企业破产后符合领取失业保险的职工，社会保险机构应及时组织好相关资金用于向破产企业职工发放失业保险。对于破产财产不能全额兑现职工的欠发工资或者欠缴社保费用而又无力补缴的破产企业，政府可以通过设立储备金或者鼓励第三方垫款的方式优先解决破产企业职工的安置问题，政府民政部门应组织好相关资金，用于向破产企业职工发放最低生活保障。"从表面上看，政府代替企业进行工资的垫付，是替经营不良的企业承担了一定的责任，但站在更高的行政管理角度而言，由于企业进入破产清算所产生的巨大社会影响，以及由此可能造成的社会劳动者心理伤害和社会秩序的破坏，实际上就是保障了社会整体利益，有助于减少群体性纠纷发生的可能性，提高突发事件处理的妥善程度。"②政府和第三方就职工债权的垫付款，转化成了相应的债权，在破产案件中取得代位求偿权，当然可以在破产程序中按照职工债权的受偿顺序优先获得清偿。此外，政府相关部门应当积极协调、引导、妥善解决职工的再就业问题，实现人力资源的合理开发、利用与配置。

第二，资产变现问题。破产财产变现难是制约破产案件审判效率、阻碍债权清偿程度的极其关键因素。破产财产的变现往往涉及土

---

① 尹正友：《企业破产与政府职责》，法律出版社 2010 年版，第 189 页。

② 戴晶莹：《论风险社会下司法权与行政权在破产机制中的协调——以政府先行垫付破产企业工资问题研究为切入》，王欣新、郑志斌主编：《破产法论坛》（第 10 辑），法律出版社 2015 年版，第 403 页。

地及地上附着物的处置问题。主要体现在两个方面：其一，国有企业、集体企业土地使用权多为划拨土地，以划拨方式取得的国有土地使用权不属于破产财产，而划拨土地上的附着物却属于破产财产。其二，土地及地上附着物因未办理登记手续或手续不完备、产权不明晰、征地补偿等历史遗留问题而无法进行拍卖。这些无疑给破产企业的财产变现带来了非常棘手的难题。划拨土地性质的变更、划拨土地及地上附着物的回购（收储）、土地及地上附着物产权不清障碍的清除无一例外地需要政府相关职能部门的通力合作、密切配合。

第三，税费减免问题。根据税法等相关法律的规定，企业应缴纳的税费通常包括营业税、增值税、企业所得税、流转税、印花税、房产税、契税等。国家向企业征税一方面是为了维持国家机器的正常运转，另一方面也是服务于市场和企业的重要方式。破产企业往往资不抵债，濒临倒闭，困难重重，在此种境况下，若国家再向破产财产的处置行为进行征税，就丧失了税收行为的正当性，损伤了税收之根基，严重背离了税收"取之于民，用之于民"的宗旨，它不仅会进一步加重企业的负担，降低破产清偿率，影响企业破产重整的成功，而且会变相地将破产企业的纳税义务转嫁到全体债权人身上，极大地损害全体债权人的利益，甚至会引发影响社会稳定的严重问题。税收优惠是指国家给予财政目的以外的特别目的，通过税法上之例外或特别规定，给予特定纳税人减轻或免除税收债务之利益的各种措施的总称。① 破产财产的管理与处置必然触及各种税费问题，税收优惠政策在破产清算程序中能够起到促进清算和提高债权人受偿率之功效。在企业破产重整过程中，若能够对破产企业施之以税收优惠政策，则有利于破产企业轻装上阵，直接降低企业重整成本，增加重整后的预期收益，有益于破产企业重整成功，有助于形成一个规模有序的破产企业营业市场，实现资源的有效配置。政府应当充分发挥税收优惠政策在企业破产重整中的作用，通过政府税收政策的干预，引导破产企业营业交易市场的建立和运行，并利用这一市场进行宏观调控，最终实

---

① 陈少英：《税法基本理论专题研究》，北京大学出版社 2009 年版，第212 页。

现企业破产重整制度价值的最大化、市场机制的效果充分化、宏观调控能力的强化。① 因此，政府税务部门应当在平衡国家利益与债权人利益的前提下，在坚持现有税收优惠政策的基础上进一步扩大破产企业税收优惠政策受益主体的适用范围，尤其要适当倾向于破产清偿率低、社会影响重大的破产企业，在法律和政策允许的范围内制定与推行更多的缓、减、免相关税费的优惠政策，进一步扩展税收优惠期间，扩大优惠税种范围，提高破产清偿率，实现全体债权人利益的最大化，促进企业成功重整，实现企业更生再建。

第四，破产重整企业信用修复问题。重整企业信用修复制度是指重整或重整成功后的企业，企业的法定代表人或责任人，在征信机构、法院、政府、管理人和债权人等的共同参与下，按照一定的法律程序和规定的条件，被获准消除其原有失信记录，重建其信用的法律制度。② 破产重整企业信用修复主要包括以下两种类型：一种是金融机构不良信贷信息修复，另一种是不良公共信用信息修复。重整企业信用修复涉及的具体内容通常包括银行、工商部门、税务部门、质监部门、食药部门、环保部门、司法机关等公共征信机构的信用记录，其中以银行征信信息的信用修复颇为棘手。破产重整企业不良信贷信息修复的诉求主要来自两个方面：一是企业进入破产重整后，重整计划可能涉及银行融资，但它在银行的贷款早已或即将逾期，已被银行列入不良贷款客户名单，基本上不可能再从银行融资；二是在重整计划通过、重整程序终结后，企业在人行征集系统的信用报告上仍有逾期欠款信息，在重整计划执行完毕前逾期欠款信息可能导致企业无法融资。③ 破产重整企业能否获得再生与再建，在很大程度上取决于或依赖于重整企业信用修复制度的构建和完善。破产重整企业往往资不抵债、债台高筑，在银行、工商部门、税务部门、质监部门、食药部

---

① 张文辉：《论税收优惠政策与企业破产重整制度的结合》，王欣新、尹正友主编：《破产法论坛》（第 7 辑），法律出版社 2012 年版，第 324 页。

② 宋玉霞：《实施破产重整企业信用修复制度》，《人民法治》2016 年第 9 期，第 28 页。

③ 南单婵：《破产重整企业信用修复研究》，《上海金融》2016 年第 4 期，第 86 页。

门、环保部门、司法机关存有失信记录,这些不良记录若不能被及时清除,必然会影响破产重整企业向金融机构的再融资行为,加大战略投资人引进的难度,进而阻滞企业营业事务的顺利开展,最终影响破产重整企业取得实质性重整成功。因此,中国人民银行、工商部门、税务部门等征信机构应当对破产重整企业推行宽松的资信认定标准,果断地清除破产重整企业旧有的失信记录,录入全新的信用信息,助推破产重整取得实质性成功。

第五,战略投资人的引进问题。企业破产重整往往涉及重大的资产重组、经营模式的选择、引入战略投资人等商业运作的内容。战略投资人的引入在整个破产重整程序中尤为重要。战略投资人引进难题的妥当解决对于重整能否取得实质性成功具有决定性作用。我国市场化的管理人模式尚处于培育阶段,不少中介机构管理人能力和经验相对欠缺,难以完全胜任引进战略投资人的职责,而政府以其固有的公共服务职能、独特的资源配置优势、超强的沟通协调能力,应当通过建立企业破产资产招商交易平台的方式,积极地配合管理人做好引进战略投资人的工作,确保企业重整成功。

第六,设立破产费用援助基金。现代破产程序具有纠正债务人欺诈行为、检索债务人财产、保障债权人清偿利益的多重功能。无产可破案件不宜简单地径行裁定终结已成为共识,因为"简单地终结破产程序,将反而促使债务人作出逆向选择——债务人通过欺诈行为将财产转移得越多,支付破产费用的可能性就越低,破产程序进行的可能性就越低,欺诈行为被追究的可能性也就越小,债务人也就越安全"。① 但是,无产可破案件的审理通常会产生诸如案件受理费、管理人报酬、职工基本安置费等费用,上述费用的支付问题倘若未能有效解决,必然降低债权人和债务人申请破产以及破产管理人履职的积极性,破产程序也无法继续推进。笔者以为,我国可以借鉴英国等国家的成功经验,政府可以通过适当比例的财政拨款补贴、鼓励债权人

---

① 宋晓明:《在全国法院审理企业破产案件工作座谈会上的总结讲话》,最高人民法院民事审判第二庭编:《商事审判指导》(第 27 辑),人民法院出版社 2012 年版,第 19 页。

及债务人的出资人等利害关系人垫资、提取其他案件管理人一定比例的报酬、对企业征收部分破产资金等多种形式设立专门的破产费用援助基金，用以解决无产可破案件中破产费用、管理人报酬、职工基本安置费等经费的来源问题，从而为破产程序的顺利推进扫清障碍，最终实现破产程序的社会目的。江苏、浙江、山东、广东等地对设立破产费用援助专项基金进行了有益的探索，并取得了良好的效果。这些地区的成功实践为下一步在全国范围内设立破产费用援助专项基金制度提供了鲜活的素材，积淀了弥足珍贵的案例资源。

(二) 政府行政权有所不为：不越位

正是由于地方利益的驱动，地方政府对法院审理破产案件的行政干预加剧，而面对破产企业错综复杂的利益关系和社会问题，原本脆弱的法院独立审判权更是难以抵御地方保护主义的侵扰。[1] 政府作为社会经济的宏观管理者，在破产案件的审理中，遵循"政府只有在必须出现的时候才出现的原则"，不宜过多介入破产案件所涉及的法律问题，应当扮演着协调者的角色，充分发挥其公共管理及社会服务职能，积极协助法院解决企业破产所引发的系列复杂的社会问题，若行政权过多介入或不当介入就属于越位行为，则会破坏市场规则，影响市场作用的发挥。"当行政力量过度膨胀时，不仅破产法的实施效果被扭曲，而且市场力量的空间被挤压，受到损害的不仅是破产法，而且是整个市场健康发展的基础。"[2]因此，在破产案件审理中，政府行政权不宜过多或过度介入，行政权应当充分尊重司法最终裁判权，不得恣意挤压法院司法权发挥作用的空间。

四、结　语

破产审判工作是一项系统工程，事关经济发展、民生保障与社会

---

① 刘贵祥：《当前审理破产案件中涉及的若干法律问题探析》，《法律适用》2002 年第 4 期，第 44 页。

② 李曙光、王佐发：《中国破产法实施三年的实证分析——立法预期与司法实践的差距及其解决路径》，《中国政法大学学报》2011 年第 2 期，第 79 页。

和谐稳定，需要司法权和行政权各司其职，各尽其能，明确各自的权力边界。积极探索构建行政权尊重司法权、行政权服务和保障司法权的有序运行机制，保证行政权与司法权的顺畅衔接，唯有如此，企业破产程序才能顺利推进。

法院外破产和解的功能阐释及运用

张善斌[*]

摘要：破产和解制度作为破产预防制度的重要内容，其制度价值尽管受到其后兴起的重整制度的冲击，但仍然有着不可替代的地位。破产和解分为法院外的和解与法院内的和解，由于我国《企业破产法》对法院外和解的立法缺失，学界对法院外和解尤其是破产宣告后的自行和解的破产预防功能存有质疑。一概否定自行和解在破产宣告后拯救企业的功能，不仅从整体上削弱了破产和解在破产预防上的制度价值，也有违现代破产法之价值理念。破产预防功能不仅内生于自行和解制度中，且基于自行和解之程序便利，在特定情形下其功能往往更加突显。自行和解制度以债务人和全体债权人意思自治为支撑，基于破产宣告后企业复苏之现实情形和企业再建之目的实现获得正当性，在破产宣告后，其破产预防功能仍然存续。

关键词：破产和解；自行和解；破产宣告；企业重建

一、问题的提出

通说认为，和解制度与重整制度是破产法构筑的债务人救济与重

---

* 张善斌，武汉大学法学院教授，法学博士，主要研究方向为民商法。

本文是武汉大学 2014 年横向课题"破产清算程序中和解若干法律问题研究"的研究成果。北京金杜律师事务所上海分所金恒律师在研究生期间参与了本课题研究，武汉大学法学院 2017 级民商法博士研究生宁园为本文的写作提供了帮助，在此一并表示感谢！

生程序，重在预防债务人破产，与传统的清算程序大异其趣。但近年来，破产和解制度的预防破产功能遭到了质疑。学者认为，"和解程序对于债务人的挽救是有限度的，它的直接目的并非为了债务人的再生"。① 和解制度之设立宗旨应与破产清算一致。② 鉴于此，本文以襄阳奥升工业公司(以下简称"奥升公司")破产案为例，探讨破产自行和解制度的理解与适用，力图阐释破产和解制度在破产预防中不可替代之功能，为破产企业重建提供更多思路。

奥升公司成立于 1994 年，是城镇集体所有制企业，隶属于襄城区科技局。注册资金 178 万元，原经营范围为生产、销售白炭墨、岩棉制品以及硅酸铝、耐火纤维制品，并兼营蔬菜、水产品、家禽销售。公司于 1998 年停产，1999 年改建襄樊仲宣楼集贸市场。2004 年 7 月 15 日，奥升公司经其上级主管部门同意，向襄城区人民法院申请破产清算。法院于 2004 年 7 月 27 日受理破产清算申请。合议庭经审理认为，奥升公司申请破产清算理由成立，依照《中华人民共和国民事诉讼法》第 199 条之规定，裁定宣告奥升公司破产还债，并指定清算组接管企业。经审计，公司资产总额为 2316405.84 元，负债总额为 6078031.04 元，资不抵债总额为 -3761625.20 元。公司负债包括：(1)职工债权共计 1191351.72 元，涉及职工工资、职工医药费、职工养老及失业保险、职工集资款、职工住房公积金等；(2)金融债权，即襄城工商行贷款本息 2373802.88 元；(3)其他应付款项 2512867.44 元。在清算期间，公司继续经营，并通过改建、扩建、利用农贸市场，经营状况逐步好转。截至 2013 年 4 月 30 日，公司清算期间取得收入为 10977566.19 元。在此期间，公司支付破产费用 7780962.41 元；清偿共益债务 345836.22 元；清偿襄城工商行债权本息共计 900000.00 元，收回抵押的土地使用权证，银行免除剩余全部债权；公司已经全额清偿欠付的职工养老、失业保险金，清偿欠付

① 李永军、王欣新、邹海林：《破产法》，中国政法大学出版社 2009 年版，第 175 页。
② 参见张钦昱：《破产和解之殇——兼论我国破产和解制度的完善》，《华东政法大学学报》2014 年第 1 期。

职工工资，同时公司逐月为在职职工缴纳养老、医疗保险及大病统筹金；此外，公司已经清偿普通债权 333000.00 元。① 奥升公司被宣告破产后，其财务状况明显好转，主要债权已经清偿，如果允许其继续经营，剩余债权也将得到清偿。在此情况下，阻止企业破产可以使债权人、债务人和社会公共利益最大化：债权人可以因债务人财务状况的改善而得到更充分的清偿，债务人可以因逃过破产之劫难而获得再生，企业职工可以因企业之继续经营而免受失业之苦。鉴于此，清算组意图通过法院外自行和解的方式，请求法院裁定认可和解协议，避免破产清算以实现企业存续。问题是，破产宣告是否具有不可逆性？企业一经破产宣告是否只能破产清算并最终被注销？法院外和解制度是以预防企业破产为目的，还是以实现财产分配清算之便利为目的？如何协调当事人的意思自治与司法裁定背后司法秩序的冲突？对此，确有进一步探讨之必要。

二、自行和解制度的破产预防功能及限制

（一）自行和解制度的存在价值

从立法体系来看，自行和解被置于《企业破产法》第九章"和解制度"之下，是破产和解制度的一部分，因此其价值和功能应统一于破产和解制度之中。另外，法院内破产和解只有与法院外自行和解相结合，才能构成完整的破产和解制度。现有破产法理念下，破产预防制度逐渐成为破产立法的中心，而设置尽可能多的破产预防程序供债权人和债务人选择则是实现破产预防功能的核心。② 法院外和解作为破产和解制度的一部分，充分发挥其破产预防的功能，不仅符合破产法的立法理念，而且可以弥补法院内破产和解制度之缺陷，进一步完善

---

①　详细案情参见襄阳市襄城区人民法院［2004］襄城民二初字第 333-3 号民事裁定书。

②　参见付翠英：《从破产到破产预防——一个必然的逻辑演绎》，《法学杂志》2003 年第 1 期。

破产和解制度，推动破产预防功能的实现。

1. 法院外和解更重视意思自治

法院内和解是债务人向法院申请，债权人会议对和解协议草案进行表决。其突出特点是债务人同债权人会议的和解，是采取多数决的"强制和解"。而法院外和解是债务人同每一个债权人的和解，以债权人全体与债务人达成一致为前提。出于预防企业破产之目的，法院内和解时，少数不同意和解协议的债权人遭强制性让步都具有正当性，那么法院外和解时所有债权人的自愿让步理所当然应被认可。

2. 法院外和解在简化程序、节省司法资源方面具有显著优势

法院内和解必须经过启动破产程序、提出和解申请、提交和解协议草案、债权人会议表决、法院审查和解协议、公告和解六个阶段，加之我国司法实践中破产保护程序的处理本身存在滞后和拖延，整个破产程序从启动破产程序到和解协议生效要经过一年甚至更长的时间。① 而法院外和解在程序上不需要提前向法院申请、拟定和解协议草案、召开债权人会议，法院也不需要要全程参与和监督，且允许债权人以更积极的身份参与磋商，其拯救企业的作用逐渐受到重视。② 在企业规模较小，或者债权人人数较少等情况下，法院外和解的预防功能更容易得到发挥。

(二) 自行和解制度的功能定位

1. 债务清偿功能

破产和解是通过协商方式清理债权债务，以争取企业的再生。破产和解不仅在程序上，而且在实现企业重建的方式上均与破产重整不同。重整强调通过法院干预为企业营造继续经营的条件，其中包括对债权的协商"冻结"，债权人利益保护则体现在重整溢价对其清算价

---

① 参见张亚楠：《完善我国破产保护制度的若干思考》，《政治与法律》2015 年第 2 期。

② 参见王卫国：《破产法精义》，法律出版社 2007 年版，第 300~301 页。

值的弥补。① 而破产和解采取积极协商清偿方法，通过债权人的让步以缓解企业债务积淀的负担和压力，为其重建提供机会和条件。因此，和解与清偿债务的联系更为紧密，实质上以协商清偿避免破产清算的发生，以实现企业重建。以债务清偿作为争取债权人让步的方式，也是破产和解制度的优势所在。

破产宣告后的自行和解作为破产和解的一个组成部分，当然也具有债务清偿功能。一方面，破产清算程序对破产财产的处置和分配更大程度上体现的是公平价值，但破产清算需要支出较高昂的破产费用，如评估费、拍卖费，债权人不得不承担破产财产变现所需要支出的所有费用和价值损失；同时债务人也不得不承担商业信誉、无形资产的巨大损失。② 另一方面，因破产程序的需要，破产财产往往被快速、廉价处置、变现，不利于实现破产财产价值最大化；在实物分配时，也因为破产财产的分割，使债权人分配到的财物丧失其原有价值，或者因破产财产的专业性质，债权人不能充分加以利用，造成资源浪费。③ 因此，破产宣告后允许自行和解能够有效利用债权人和债务人的自有资源，最大限度地减少各方财产损失，对弥补破产和解制度的缺陷具有重要意义。④

2. 破产预防功能

多数学者认可破产和解制度的破产预防功能⑤，但对法院外的自

---

① 参见韩长印：《破产法学》，中国政法大学出版社2016年版，第231~237页。

② 参见霍敏主编：《破产案件审理精要》，法律出版社2010年版，第206页。

③ 参见李国光主编：《破产法司法解释条文释义与适用》，人民法院出版社2003年版，第48页。

④ 参见霍敏主编：《破产案件审理精要》，法律出版社2010年版，第206页；霍敏主编：《破产审判前沿问题研究》，人民法院出版社2012年版，第315页。

⑤ 有学者对和解制度的破产预防、债务人救济的制度定位提出质疑，认为和解制度(包括破产和解与自行和解)虽然在立法上将其定位于预防债务人破产清算，但该种定位系定位偏移，该制度之设立宗旨应与破产清算保持一致，即清理债权债务。参见张钦昱：《破产和解之殇——兼论我国破产和解制度的完善》，《华东政法大学学报》2014年第1期。

行和解尤其是破产宣告之后的自行和解之目的和功能存有质疑，甚至以"执行和解说"①将破产宣告后的自行和解排除在破产预防体系之外。该说认为，在破产宣告后的自行和解中，破产预防已无法实现，自行和解的目的在于分配破产财产，达到债权人利益最大化和破产财产价值最大化的目的，其实质上是破产财产分配的一种方式。然而，笔者认为此种观点过于片面，且有损破产和解尤其是自行和解的制度价值。

认可和发挥自行和解制度的破产预防功能，符合现代破产法强调债权人利益保护与企业重建并重的立法理念，具有正当性。破产法产生之初，主要目的在于清理债务人的财产使债权人获得公平性、集体性的清偿，债权人本位十分明显，破产清算作为破产程序的必经阶段最终将债务人引向消灭。此后，随着经济发展及交易主体平等观念的传播，破产法理念开始向债务人倾斜，经济危机的爆发则使立法者意识到企业破产不仅涉及债权人、债务人之间的关系，而且还涉及与国家经济发展、社会稳定相关的更深层次的问题，破产法改革由此兴起，国家纷纷通过强制干预为有希望再建的企业提供机会，破产预防制度由此建立。② 我国《企业破产法》体现了破产预防、企业再建理念，最高人民法院《正确审理企业破产案件，为维护市场经济秩序提供司法保障若干问题的意见》也明确指出了"鼓励企业重整再生，充分实现利益相关方共赢效果"的原则。既然自行和解制度在事实上确能发挥破产预防、保护债权人利益的效果，减少企业破产清算对社会带来的震动，那么从拯救企业以及成本效率方面考虑，允许当事人向法院申请认可自行和解协议并裁定终结破产程序，保留债务人的法人资格，维持债务人企业正常运转，将带来更为积极的现实意义和社会效果。③ 自行和解制度符合破产法为企业再生创造条件以权衡债权人

---

① 参见霍敏主编：《破产案件审理精要》，法律出版社 2010 年版，第 220页。

② 参见张钦昱：《破产和解之殇——兼论我国破产和解制度的完善》，《华东政法大学学报》2014 年第 1 期。

③ 参见沈志先主编：《破产案件审理实务》，法律出版社 2013 年版，第344 页。

利益、债务人利益和社会利益的理念，为债务人的再生提供了不同于破产重整和法院内和解的再生程序，避免再生机会因漫长繁杂的程序而灰飞烟灭。在某些情形下，自行和解相较于法院内破产和解与破产重整，更有效率和可行性。

从司法实践来看，认可破产宣告后自行和解的破产预防功能，具有现实必要性和可行性。在特定情形下，债务人在破产宣告之后恢复清偿能力不是没有可能的，如破产宣告前所进行的经营行为可能在破产宣告之后产生经济效益。此时若不允许受破产宣告的企业重建，意味着需要其承担因债权人不信任或者经营行为的利益回收长等非因债务人过错引起的不利后果，事实上与破产法的立法理念相悖。问题在于，破产预防功能是否因破产宣告而不复存在。一般而言，破产宣告后，债务人即进入破产清算程序，并以法人资格注销而告终，若承认破产宣告后自行和解的破产预防功能，首先面临对司法裁定之效力及其背后司法权威的挑战。当然，为追求案件处理的"合情""合理"，无限制地进行诉讼延伸而抛弃程序合法是否进一步加剧我国"重实体轻程序"的问题亦值得思量。① 因此，破产宣告之后的自行和解是否能纳入破产预防体系，以及是否需要设置某些条件对其进行限制以维护司法裁判确立的法秩序是解决这一问题的关键。

事实上，我国司法实践中存在破产宣告后重新开启破产预防程序的情形。2006 年 3 月 31 日，国泰君安证券股份有限公司向深圳中院申请深圳市国基房地产开发有限公司破产清算。深圳中院受理该案后，先后两次召开债权人会议，对国基公司提出的和解方案进行表决，均因同意和解协议的债权人人数和所占债权额度无法达到法定条件而失败。由于国基公司不能清偿到期债务呈连续状态，且无法与债权人达成和解协议，亦无法提供担保，符合法定破产条件，法院遂于2006 年 10 月 15 日宣告国基公司破产。深圳中院认为，即使债务人被破产宣告，如果债务人财产尚未进行变价出售，债务人又确有挽救希望和挽救价值，且债务人清偿债务后能够恢复正常经营能力，人民

---

① 参见江伟：《探索与建构——民事诉讼法学研究（上卷）》，中国人民大学出版社 2008 年版，第 190 页。

法院仍然可以中止执行破产宣告裁定并进行重整。因此，深圳中院裁定中止执行破产宣告裁定，并裁定对国基公司进行重整。经过深圳中院和国基公司清算组的多次招商，哈尔滨工大集团股份有限公司愿意出资重整国基公司。2011 年 1 月 11 日，在国基公司破产案第四次债权人会议上，债权人会议就管理人提出的重整计划草案进行了表决，通过了重整计划。通过执行重整计划，国基公司的生产经营恢复正常，重整获得成功。在重整计划执行完毕后，深圳中院撤销了破产宣告裁定。① 尽管该案系《企业破产法》实施以来第一个破产宣告裁定作出后再回转至重整程序的案例。但法院基于社会效果的考虑，充分发挥司法能动性，突破法律的规定而谋求社会公共利益的最大化，值得肯定。在本文前述奥升公司破产案中，也是基于对债权人、债务人意思自治的尊重以及鼓励企业重建的理念，襄阳市襄城区人民法院认可了奥升公司破产宣告后自行和解之协议，撤销原破产宣告裁定，奥升公司最终免遭破产清算的厄运。②

此外，最高人民法院在《人民法院破产程序法律文书样式(试行)》中包括法院认可债务人与全体债权人自行达成协议的民事裁定书的样式，并说明若宣告破产后裁定认可协议的，应在裁定书的首部增加宣告破产的事实，在裁定主文中一并撤销宣告破产裁定。可见，最高人民法院的态度非常明确，基于和解协议可以撤销原破产宣告裁定。

(三)破产预防功能之限制

尽管破产宣告后自行和解之破产预防功能的发挥具有理论上的正当性、现实必要性和可行性。然而，无法回避的是法院破产宣告裁定是由代表国家司法审判权的法院依法作出，具有既判力，如果不存在法定的可撤销或变更的事由，不能因为客观情势一时之变化而随意撤

---

① 罗畅：《创新破产程序转换形式 充分发挥重整法律制度的积极作用》，http：//lvw. changde. gov. cn/art/2013/10/9/art_26771_1405143. html，访问日期：2017 年 6 月 7 日。

② 参见[2004]襄城民二初字第 333-3 号民事裁定书。

销裁定。同时，进入破产程序以后，法院的裁定会对以债务人为中心的多重法律关系在程序上产生重要影响，一旦撤销裁定，势必又要引起法律关系发生变动，危及程序的稳定。况且，如果一个纠纷可以不断地在诉讼上延伸而求得最满意的判决结果，法院做出的判决将不断因当事人和解而致的新的诉讼在既判力和执行力上被变动，实际上出现了变相的一事再理。① 破产宣告后允许企业再次通过自行和解协议获得重生意味着挽救企业的同时，裁定的效力陷入不确定甚至无秩序的状态，因此，破产宣告后的自行和解一方面基于破产法的立法目的和现实需求获得正当性，同时也基于对司法秩序和司法公平的维护而受到限制。这种限制一方面体现在破产宣告后的破产和解不再渗入国家的"强制和解"，仅全体债权人一致同意和解，始有撤销破产宣告裁定之必要，一方面体现在对破产宣告后自行和解制度的适用应当更加慎重。必须说明的是，和解协议和诉讼分别以意思自治和国家强制力作为效力来源，从而成为解决民事纠纷的两大方式，二者不能并存。② 因此，法院在破产宣告后认可自行和解协议的，必须撤销破产宣告的裁定。

　　破产宣告后自行和解之破产预防功能受限制的另一个原因在于，在供给侧结构性改革的背景之下，破产清算与破产和解、破产重整不应该完全对立，我国实践中也出现通过"出售式"重整促成破产清算功能逐渐向破产重整趋近。③ 由此可见，实现债权人、债务人和社会利益的平衡不再仅限于债务人本身的重建，企业破产的后果也因经济技术手段的丰富而得到一定程度的消解。④ 将破产清算与破产和解、

---

　　① 　参见晏芳：《二审和解协议与一审生效判决的效力》，《法律适用》2014年第 12 期。

　　② 　参见赵秀举：《论民事和解协议的纠纷解决机制》，《现代法学》2017 年第 1 期。

　　③ 　参见王欣新：《转换观念不破不立》，《人民法院报》，2016 年 9 月 15日，第 5 版。

　　④ 　参见记者余建华、通讯员祝璐：《司法清理"僵尸企业"的"破"自决——浙江绍兴法院处理"僵尸企业"工作调查》，《人民法院报》，2016 年 9 月15 日，第 5 版。

破产重整完全对立，认为维持企业存续的价值比企业破产清算更大，已不符合我国经济现状，尤其是产能过剩企业破产的现状。① 因此，在某些案件中，即使破产宣告后自行和解将挽救企业，法院仍需"因案施策"，从更为宏观和动态的角度权衡三方利益。

三、自行和解制度之适用

（一）申请主体

《企业破产法》第 105 条并未言及自行和解的申请主体，理论上多认为并无限制，债务人与债权人都可提出申请，要求法院认可该协议并裁定终结破产程序。

从操作角度而言，由债务人抑或债权人提出认可申请，并无差异。无论是债务人抑或债权人提出认可申请，都必须是债务人已经与全体债权人就债权债务处理达成协议，自行和解的实质条件已经具备。质言之，既然债务人已同所有债权人就债权债务处理达成协议，此时没有理由限制债权人申请法院认可协议的程序性权利，否则因为限制债权人的该项权利而导致已经达成的和解协议作废，徒增缔约成本，更会因为公权力的不当介入而严重干扰当事人的意思自治。因此，债务人与债权人均可成为自行和解协议的申请认可主体。

另外，根据《企业破产法》第 13 条的规定，人民法院受理破产申请的，应当同时指定管理人。因此在债务人进入破产程序后，债务人实际由破产管理人接管，债务人及其管理层被剥夺经营管理权，但这并不妨碍债务人私下与各债权人逐一或共同磋商，就债权债务的处理谋求和解。如果债务人与全体债权人达成自行和解协议，管理人亦可向法院提交自行和解协议代为申请认可，法院不能以管理人非债务人或债权人而无权提出申请为由拒绝审查。在奥升公司破产案中，一旦债务人奥升公司与全体尚未受偿的债权人就债权债务达成和解协议，

---

① 参见邹海林：《供给侧结构性改革与破产重整制度的适用》，《法律适用》2017 年第 3 期。

则债务人奥升工业公司、尚未受偿的债权人之一部或全部可以自行向法院申请或者委托清算组申请认可自行和解协议并裁定终结破产程序。

（二）申请时间

《企业破产法》第105条对申请时间的限制为"破产申请受理后"，但并未明确提出申请的截止时间。

有学者以和解提出的时间为准，将和解分为破产程序启动前提出的和解、破产程序启动后破产宣告前提出的和解以及破产宣告后提出的和解。① 实际上是主张申请和解的时间既可以是破产程序启动甚至是破产宣告之后，也可以是破产程序启动之前。这一观点值得商榷。首先，《企业破产法》规定的破产和解与自行和解，要么是基于当事人申请直接启动，要么是基于破产程序启动后转化，并不包括破产程序启动前的和解。破产程序启动前的和解，其实质为普通的债务契约变更协议，不涉及破产法意义上的和解制度。在破产申请受理前，债务人与债权人可以协商并由申请人撤回破产申请。根据《企业破产法》第9条的规定，人民法院受理破产申请前，申请人可以请求撤回申请。破产申请受理前的和解不属于《企业破产法》第105条规定的自行和解，债务人亦无需同所有债权人达成一致，只需与提出破产申请的债权人达成一致意见并由债权人撤回破产申请即可。其次，在破产申请受理后，法院宣告破产前，债务人可以提出破产和解，通过债权人会议的多数决即可推行破产和解程序预防企业破产；或者，债务人与全体债权人达成自行和解协议，债务人或债权人之一部或全部可自行或委托管理人申请法院认可自行和解协议，达成预防企业破产之目的。最后，在法院作出宣告企业破产清算的裁定后、破产财产分配完毕之前，债务人可否申请自行和解，存在肯定和否定两种截然对立的观点。赞成者认为，依据《企业破产法》第105条的规定，提出认可自行和解协议申请的时间是"人民法院受理破产申请后"，并未限

---

① 参见池伟宏：《破产和解的应用与思考》，王欣新、尹正友主编：《破产法论坛》（第三辑），法律出版社2009年版，第186页。

定为"破产宣告前"。而该法第 95 条以及《关于〈中华人民共和国企业破产法〉施行时尚未审结的企业破产案件适用法律若干问题的规定》第 1 条均规定，破产和解必须在破产宣告前提出。对比两者的规定可知，立法者和最高人民法院在两者的启动时间上的考量有所不同。第 105 条的规定事实上为破产宣告后当事人达成和解留有余地。另外，最高人民法院《关于审理企业破产案件若干问题的规定》(以下简称《破产规定》) 第 25 条第 3 款规定，破产宣告后，仍然可以申请和解。因此，破产宣告后依然可以申请自行和解。① 第 105 条规定的自行和解并不受破产宣告的限制，破产宣告后仍然可以自行和解，唯一需要满足的条件就是全体债权人同意。② 反对者则认为，《企业破产法》设置了重整、和解与清算三大程序，每种程序的制度价值与侧重均有所不同。在传统的破产法理念中，债务人一旦被宣告破产，则不可逆转地进入到破产清算程序，从而面临财产的变价、分配与主体资格的消灭。所以在宣告破产后不可能再逆转到和解程序，无论是破产和解抑或是自行和解。以此理念为基础，《企业破产法》第 95 条将破产和

① 笔者虽然赞同自行和解可以在破产宣告后提出，但对学者以《破产规定》第 25 条第 3 款作为解释依据并不认同。因为笔者认为该条规定之效力存疑，以此为论证依据，不够严谨。从理论上讲，司法解释是对法律适用进行的解释，一旦法律废止，则依附于该法律的司法解释自然亦应当废止。《破产规定》系由最高人民法院针对《企业破产法 (试行) 》的适用作出的司法解释。《企业破产法 (试行) 》现已废止，则《破产规定》自然亦应废止。就司法实践而言，《破产规定》虽名为司法解释，但其内容多已超越或改变法律之规定，因此即使在《企业破产法 (试行) 》废止之后，该司法解释的部分规定依然在适用，最为典型的即为《破产规定》第 1、2 条关于破产案件地域管辖与级别管辖的规定。甚至有学者认为，在新破产法实施以后，《破产规定》并未被明令废止，只要其规定与《企业破产法》及其他有关破产法司法解释不存在冲突，就应当继续适用。最高人民法院对于司法解释的废止都是通过下发"废止部分司法解释和规范性文件的决定"的方式进行的，如果有新法出台，在旧司法解释废止之前，对其效力则是采取与新法抵触者不再适用，其他仍然适用的方式解决。如最高人民法院《关于〈中华人民共和国企业破产法〉施行时尚未审结的企业破产案件适用法律若干问题的规定》第 16 条即有这样的规定。参见王欣新：《房地产公司破产案件中房产权属与合同继续履行问题》，《人民法院报》，2011 年 4 月 13 日，第 7 版。因此，关于《破产规定》第 25 条第 3 款现在能否适用，法律及司法解释并未明定，以此为据，自应慎重。

② 参见霍敏主编：《破产案件审理精要》，法律出版社 2010 年版，第 221 页。

解的申请时间限定在破产宣告前，是对之前《破产规定》第 25 条第 3 款的颠覆性修改，这不仅是针对破产和解，亦包括自行和解。且由于《企业破产法(试行)》并未规定自行和解程序，故《破产规定》第 25 条原本就不适用于自行和解程序。因此在破产宣告后，当事人不能向法院申请破产和解与自行和解。①

笔者认为，正如上文关于自行和解制度价值和功能的论述，自行和解制度的功能即为预防破产，并不包括所谓的执行和解功能。在破产宣告前，预防破产的功效主要由破产和解制度、重整制度来实现，自行和解制度存在的意义不大。自行和解制度存在的意义恰恰是在破产宣告裁定作出后、破产财产分配完毕之前，再行给予债务人与全体债权人通过协商一致清理债权债务的机会，阻断已经开始的破产清算程序，维持企业法人资格与正常经营，减少破产清算对社会的震动。这也是自行和解制度最重要的价值。《企业破产法》第 105 条只是规定可以在法院受理破产申请后提出认可自行和解协议的申请，并未规定截止时间。因此，提出申请认可自行和解协议的最晚时点为破产财产分配完毕之前。如果破产财产已经分配完毕，此时再行申请认可自行和解协议已无意义，债务人只能被注销。

(三) 债权人的范围——"全体债权人"的界定

《企业破产法》第 105 条要求债务人与全体债权人就债权债务处理达成一致意见。此处要求的是"全体债权人"，但并未界定"全体债权人"的范围，是包括所有可以通过普通民事执行程序予以强制执行的债权②，或者是破产和解中的和解债权③，或者是在破产清算程序

---

① 参见沈志先主编：《破产案件审理实务》，法律出版社 2013 年版，第 344 页。

② 此处"所有可以通过普通民事程序强制执行的债权"除包括"破产债权"外，还包括未被纳入破产债权但可以通过普通民事程序受偿的债权，如破产申请受理后的利息、债权人实现债权的费用、合同之债的高额违约金、债务人管理层的高额工资等债权。

③ 《企业破产法》第 100 条第 2 款：和解债权人是指人民法院受理破产申请时对债务人享有无财产担保债权的人。

中可以获得清偿的破产债权，法律规定付之阙如。

若将"全部债权"理解为所有可以通过普通民事程序予以强制执行的债权，一方面，债务人的磋商成本太高，达成协议的难度太大，尤其是在破产清算裁定作出后、破产财产分配完之前债务人才欲自行和解并从此时着手与全部债权人进行协商、谈判，如果要求债务人与所有可强制执行债权人全部达成一致意见，恐怕在协商过程中破产财产已经分配完毕，债务人的协商努力也将付之东流，毫无意义，遑论破产预防；另一方面，虽然破产程序性质上属于集体清偿程序，与普通民事清偿程序并无实质差异，但《企业破产法》作为兼具实体法与程序法的债权债务清理的特别法，该法中所设立的制度应在该法特定的语境下进行定位与分析，其债权受偿范围也应当限定在整个破产法所认可的清偿范围之内，而非所有的为普通民事清偿程序所认可的债权都当然纳入清偿范围之列，否则有违破产法作为债务清理特别法的性质。

若将"全部债权"理解为和解债权，一方面存在"全部债权"与"和解债权"的文义理解不符的问题，另一方面，虽然有担保债权人对债务人特定财产享有担保权，但由于担保财产的实际变现价值与约定抵押价值存在出入甚至差别较大，即使约定的抵押率较低，可能债权人的债权依然无法完全实现，如果认可债务人仅与无担保债权人协商达成的自行和解协议并裁定终结破产程序，则一旦抵押权人无法完全受偿，又要启动破产程序，引发二次破产，徒增纠纷解决成本。更重要的是，根据《物权法》第180条的规定，可供抵押的债务人财产主要为建筑物、建设用地使用权、生产设备、原材料、半成品、产品、交通运输工具等，而该类财产都关系债务人正常的生产经营，一旦被变现予以分配，则债务人的生产经营将无法维系，预防破产也就成为空谈。因此取得担保债权人的同意，让其解除担保或延迟行使担保权，对于自行和解之后的企业的正常生产经营、和解协议目的的实现至关重要，如果债务人未与享有担保权的债权人达成协议而任由担保权人行使债权，则债务人与其他普通债权人达成的协议必将因担保权人行使担保权而无法执行，成为一纸空文。因此，从自行和解协议的可执行角度而言，担保债权亦应纳入协商范围，不宜局限于破产和解债权。

因此，笔者认为，将"全体债权"理解为"破产债权"更为合理。自行和解既名为"和解"，则贯彻私法自治、契约自由是其应有之义，理论上亦以意思自治为基础对其进行了种类繁多的定性，但无论何种定性都不能也不应当脱离《企业破产法》的立法语境。① 虽然于其本质而言，自行和解系以充分尊重当事人的自由意志与处分权为考量而设立，但其在程序意义上依然系属于破产程序，其适用对象只能是破产程序所要直接解决的问题——破产债权，不能抛开《企业破产法》的规定和目的而对其进行任意解读，并据此恣意扩大或限缩《企业破产法》所欲处理之债权债务关系的范围。

（四）法院对和解协议的审查

《企业破产法》第 105 条要求法院对自行和解协议进行审查，但审查要素、方式与标准并未规定，笔者认为，应当从以下几个方面进行审查：（1）申请和解时间。如上文所述，当事人可以在破产宣告后、破产财产分配完之前申请和解，因此法院对和解申请审查的截止时间为破产财产分配完毕之前。（2）申请和解主体。只要债务人与全体破产债权人就债权债务关系的处理协商一致即可，至于由债务人、债权人抑或管理人提交自行和解协议，并无区别。（3）和解意思真实。自行和解必须是债务人与全体破产债权人就债权债务处理的真实意思表示，否则一旦出现法定可撤销或无效的情形，在法院裁定终结破产程序后，债权人又启动破产程序，浪费司法资源，危及程序安定。法院应当要求债权人提交声明或承诺，表明该自行和解协议系债权人真实意思表示，其愿意遵从该协议。一方面，此声明或承诺可以作为法院审查自行和解协议是否为债权人真实意思表示的主要证据之一；另一方面，如果嗣后债权人在法院裁定终结破产程序后以意思表

① 关于和解的法律性质，理论上存在司法契约说、裁判说、结合行为说、诉讼契约说与权利说。参见韩长印主编：《破产法》，中国政法大学出版社 2007 年版，第 182 页；李国光：《新企业破产法理解与适用》，人民法院出版社 2006 年版，第 437 页。

示瑕疵为由申请撤销和解协议或宣告和解协议无效而重新启动破产清算程序，法院可以以此承诺要求债权人提供证据予以推翻，防止债权人滥用诉权，确保程序稳定。(4)协议的内容和形式。就内容而言，主要审查其是否违反法律法规的强制性规定、是否存在侵犯第三人合法权益的行为，一般不审查协议的合理性。法院应当充分尊重当事人的意思，对于债权人作出的让步或债权人要求的苛刻条件，只要不违反法律法规强制性规定、不侵犯第三人合法权益、系当事人真实意思表示即可。债务人与债权人可以灵活处理，可对同一类型债权进行差别清偿，可以不必受《企业破产法》关于清偿顺位规定的限制。① 需要注意的是，此处第三人的范畴可能包含债权人。由于债务人与全体债权人协商一致，可能是分别、逐一进行，也可能是债务人与所有债权人一起协商，在前一种情形下，各个债权人虽然分别与债务人达成协议，但各债权人之间相互并不知晓其相互之间的协议内容，完全可能存在部分债权人与债务人之间达成的协议侵犯其他债权人合法权益的情形，如债务人与部分普通债权人就债务人已经设定抵押的财产进行债务清偿，侵犯有担保债权人的合法权益。在此种情况下，基于法院审查的方便，可以要求各债权人出具声明，明确其已经知悉债务人与涉案其他债权人之间的协议，且该协议并未侵犯自身合法权益。就形式而言，和解协议需以书面方式提出，便于法院审查。同时如果是债务人与各债权人分别达成协议，需要各债权人出具声明，确认其知悉涉案其他协议且认可该协议并未侵犯其合法权益。(5)法院裁定终结破产程序的时间有无限制。依据《企业破产法》第105条的规定，法院一旦认可和解协议，即应裁定终结破产程序，期间并无"冷静期"或"观察期"的要求。

笔者认为，由于债务人提交的和解协议尚未实际履行，该协议的执行情况是否会如协议预期，殊难认定。而法院作为法律评价者，只能进行合法性判断，对于合理性、可行性的商业判断则难堪重任。若债务人提交和解协议，法院认可后立即裁定终结破产程序，如果随即

---

① 参见许胜峰主编：《困境企业的退出与再生之路——破产清算与重整实务研究》，人民法院出版社2011年版，第301页。

债务人或债权人不执行和解协议，则会申请法院再行启动破产程序，自行和解反而成了推进破产程序的障碍，增加了破产程序推进的时间成本，有害而无益。因此，可以考虑由法院受理认可协议申请之后，赋予一定期间的观察期，由债务人在该期间内报告和解协议的执行情况，由法院根据协议执行的具体情况来裁定是否继续和解协议的执行并终结破产程序。虽然此举依然无法确保和解协议的顺利执行，但法院裁定终结破产程序的判断因素更为充分，可信度更高。尤其是在和解协议系在破产宣告后提出的情形中，法院本已裁定进入破产清算程序，此时当事人自行和解，要求终结破产程序，则法院应当慎重考虑，尤其要关注和解协议的可行性以及当事人对和解协议的执行情况，如果当事人虽然达成自行和解协议但怠于履行，而法院此时立即终结破产程序，随后债务人或债权人又以和解协议未履行为由要求重新启动破产程序，则法院的司法裁判将丧失主动权，毫无稳定与权威可言，受制于当事人的为与不为。

具体而言，法院收到当事人提出的认可自行和解协议的申请后，除非债务人与债权人已经将自行和解协议全部或主要内容履行完毕，法院不宜立即裁定终结破产清算程序，而应根据和解协议的内容及执行期限，结合破产清算程序的推进程度以及和解协议执行的可行性等因素划定一个观察期，在观察期之内根据和解协议的执行情况来决定是否裁定终结破产程序。具体操作可以借鉴《破产规定》第 25 条第 2 款、第 3 款的规定，法院接受认可申请后，初步审查之后认可该协议，但认为还有必要观察，则可以裁定中止破产宣告裁定执行，中止破产清算程序，并在裁定中规定观察期。在观察期内由债务人或管理人负责向法院报告自行和解协议执行状况，待观察期结束，法院认为和解协议具备可行性、当事人亦会执行协议，此时方可裁定终结破产程序。反之，法院则应当裁定恢复破产清算程序，继续进行破产财产的变价和分配。

（五）债权人对协议是否有反悔权及行权期间

此处涉及两个层次的问题：一是债权人可否无条件、无理由地申请不予执行和解协议而继续破产清算程序，即债权人是否享有反悔权；第二，如果债权人在特殊情形下享有反悔权，则行权期间有无限制。

首先，就债权人是否享有无条件反悔权而言，笔者持否定态度。一方面，债权人与债务人达成的自行和解协议系其真实意思表示，基于诚实信用原则与禁反言原则，债权人应当依照和解协议的约定履行其义务，如延期要求债务人清偿、减少债权数额等；另一方面，法院通过裁定方式认可当事人的自行和解协议并终结破产程序，是代表公权力对债务人与债权人之间合意的确认与肯定评价，应当维护司法裁判的权威性与稳定性，不能由债权人恣意违反约定而要求法院随意启动和变换司法程序。但如果债权人有证据证明该和解协议存在可撤销或无效的情形，则法院应当予以审查，在证据充分的前提下裁定撤销或宣告该和解协议无效，重新启动破产清算程序。债权人提出此类申请的具体事由可以参照《合同法》的规定。①

其次，如上所述，如果债权人有证据证明和解协议存在被撤销或宣告无效的情形，自然应当保障债权人的请求权，这是司法公平正义的应有之义。问题在于，前述申请权是否存在时间限制。对此，《企业破产法》并未规定。笔者认为，债权人的该种权利应当存在时间限制。如果行权期间无限制，债权人长时间不申请撤销或宣告协议无效，其余债权人与债务人已经按照和解协议履行完毕，以债务人为中心的债权债务关系已经基本清理完毕，此时如果部分债权人再行申请对和解协议效力作出否定性评价，本已恢复正常的交易秩序势必再次被扰乱，其余债权人基于协议履行获得的交易利益与信赖利益无从保障。就个体公平正义以及无效协议自始无效确定无效的性质而言，不应当限制债权人申请确认无效的时间，但就社会交易秩序的稳定以及多数债权人信赖利益的保护而言，两者平衡之下，以牺牲个体公平正义换取纠

---

① 《企业破产法》第103条规定：因债务人的欺诈或者其他违法行为而成立的和解协议，人民法院应当裁定无效，宣告债务人破产。该条虽然就破产和解协议的无效事由作出了概括规定，但并不明确。笔者认为，无论是破产和解协议抑或自行和解协议，都属于债务人与债权人协商订立的契约，其效力的否定性评价事由可以参照《合同法》关于合同可撤销与无效的规定。

纷解决、交易秩序稳定更为可取。因此，笔者认为，可以将债权人申请撤销或宣告和解协议无效的时间限定为债权人知道或应当知道存在可撤销或无效事由之日起一年，超过一年，则法院不予受理。

（六）法院裁判文书的出具——破产宣告裁定如何处理

依据《企业破产法》第 105 条的规定，法院一旦认可自行和解协议，应当裁定终结破产程序。如上所述，本文认为自行和解协议既可以在破产宣告前提出，亦可以在破产宣告后提出，尤其在后一种情况中，涉及破产宣告裁定如何处理。笔者认为，法院对两者的处理方式应有所区别：

若自行和解协议系在法院作出破产宣告裁定前提出，法院亦认可自行和解协议，此时法院尚未作出宣告破产裁定，可以直接终结破产程序。破产程序终结后，债务人与债权人按照和解协议履行，债务人处于正常的经营状态。在深圳市侨城旅游运输有限公司自行和解案中，深圳市中级人民法院于 2007 年 4 月 16 日依法受理侨城旅游运输公司破产申请。在深圳中院裁定宣告破产前，侨城旅游运输公司与全体债权人就债权债务的处理自行达成和解协议，并于 2007 年 9 月 21 日申请深圳中院裁定认可。深圳中院经审查，裁定：1. 认可深圳市侨城旅游运输有限公司与全体债权人自行达成的和解协议；2. 终结本案破产程序。①

若自行和解的申请是在破产宣告裁定作出后提出，法院亦认可该和解协议并欲裁定终结破产程序，则此时还涉及破产宣告裁定如何处理。一种观点认为，直接裁定终结破产程序即可，破产宣告裁定因破产程序终结裁定的作出而自动失效，即破产程序终结裁定的效力可以覆盖并否认破产宣告裁定的效力，此为"效力覆盖说"；另一种观点认为，法院在认可自行和解协议、终结破产程序的裁定中应当一并撤销破产宣告裁定，或另行单独撤销破产宣告裁定，使其失效，即"裁定撤销说"。在深圳市国基房地产开发有限公司破产重整一案中，法

---

① 霍敏、丁海湖：《深圳侨城旅游运输有限责任公司自行和解案》，http：//www.chinaqingsuan.com/news/detail/4223，访问日期：2017 年 6 月 9 日。

院先作出破产宣告裁定，后对债务人进行重整，法院遂裁定撤销原破产宣告裁定。①

笔者认为，"裁定撤销说"更为合理。一方面，最高人民法院《人民法院破产程序法律文书样式（试行）》中文书样式92——《人民法院认可债务人与全体债权人自行和解协议的民事裁定书》的"使用说明"要求："三、若宣告破产后裁定认可协议的，应在裁定书的首部增加宣告破产的事实，并在裁定主文中一并撤销宣告破产的裁定，具体表述为：撤销本院（××××）×破字第×-×号民事裁定书。"据此，法院认可自行和解协议并裁定终结破产程序，需要在裁判主文中一并撤销宣告破产的裁定，破产宣告裁定并不能被法院的破产程序终结裁定自动覆盖。另一方面，终结破产程序事实上并不能起到原有裁定不予执行的效果，这只是破产程序最后终结时的规定动作，而终结的原因有很多种，② 如果出现自行和解这种极其特殊的情形，但又不撤销破产宣告裁定，会导致实践当中对于债务人处于什么状态存在疑问，因此裁定撤销破产宣告裁定更能明确债务人的法人资格存续之状态。正是基于这方面的考虑，襄城区人民法院认可奥升公司与全体尚未受偿之债权人达成的自行和解协议，在裁定终结破产程序的文书主文中一并撤销先前的破产宣告裁定。

四、结　　论

法院外自行破产和解是破产和解制度不可分割的一部分，其相对

---

① 罗畅：《创新破产程序转换形式　充分发挥重整法律制度的积极作用》，http://lvw.changde.gov.cn/art/2013/10/9/art_26771_1405143.html，访问日期：2017年6月7日。

② 破产程序终结是指破产程序因既定目的已经实现，或因客观原因无法实现，或因特殊事项无需实现而归于结束。破产程序终结的原因依据不同标准有不同分类：以是否消灭债务人法人资格为准，可分为消灭型与存续型；以是否实现破产程序目的为准，可分为实现型与落空型。参见许胜峰主编：《困境企业的退出与再生之路——破产清算与重整实务研究》，人民法院出版社2011年版，第299页。

于法院内破产和解制度而言，避免了适用程序的繁琐以及由此消耗的大量时间和费用，亦为债务人实现企业再建提供了更多的可以选择适用的程序。而破产宣告后自行和解制度的破产预防功能并未消灭，由于破产宣告后破产财产分配之前仍然存在企业复苏之可能，基于现代破产法强调债务人救济和重生的立法理念，自行和解制度在破产宣告后的预防功能仍有保留和实现之必要性。同时，基于对破产宣告裁定之司法效力的尊重和维护，以及破产清算功能的转变，应对自行和解制度预防功能的延续作出限制，破产宣告后，仅在全体债权人同意和解而未有国家"强制和解"的情况下，破产宣告后的自行和解协议才可能获得法院认可，这也意味着破产宣告后，法院内的破产和解制度将无再次展开的正当基础。

企业破产案件中的税收债权及其保护

张亚琼　金　琳 *

摘要：破产中的税收债权是以破产财产获得清偿的税法上的支付请求权。在破产程序中，破产债权应当依法申报；管理人亦应根据具体情形进行审核确认。税收债权清偿时，应当注意税收优先权的效力层级；应坚持税收债权劣后于担保物权受偿的原则；破产申请日之后发生的税收债权应当优先清偿。破产重整程序对税收债权的调整，应注意协调《税收征收管理法》与《企业破产法》适用上的关系。"营改增"对税收债权的申报和确认具有一定影响。

关键词：企业破产；税收债权；破产法；税收征收管理法

企业破产是由于企业丧失了清偿能力，无法对应付债务进行清偿，经申请受理进入司法程序后，在法院的审理与监督下，强制清算其所有财产，公平清偿全体债权人。我国企业破产法中税收债权是指，破产企业在破产程序终结前因符合法律规定的税收构成要件而发生的，一般只能在破产分配时以破产财产获得清偿的税法上的支付请求权。

税收之债在性质上属于公法之债，是一种以税收债权债务为内容的公法上的法律关系。在这一法律关系中，国家或地方政府是债权人，依法享有请求对方履行给付税款的权利。纳税人是债务人，依法承担缴纳税款的义务。

---

* 张亚琼，法学博士，湖北山河律师事务所律师，合伙人；金琳，注册税务师，湖北山河律师事务所律师。

一、税收债权的分类

根据不同的标准，可将税收债权进行多种方式的分类，具体包括：

1. 根据企业申请破产的时间划分，税收债权可分为：（1）破产原生税收债权，即企业进入破产程序以前发生的税收债权；（2）破产新生税收债权，即企业进入破产程序后，在清算过程中产生的新的税收债权。

2. 根据税收债权的主从关系划分，税收债权可分为：（1）破产主税收债权，即破产企业符合税收构成要件所发生的税收本金；（2）破产从税收债权，即因破产主债权附带产生的税收债权，如企业欠税产生的滞纳金、罚款等。

3. 根据企业申请破产前税务机关采取的保全措施划分，税收债权可分为：（1）破产一般税收债权，即在破产案件受理前未设立税收担保的税收债权；（2）破产特殊税收债权，即在破产案件受理前已设立税收担保的税收债权。这种税收债权由于既具有一般优先权性质，又具有担保物权性质，因此具有较强优先性，在破产程序中可通过行使别除权就担保物优先受偿，并不从破产财产中获得，除非税收债权额超过担保物价值。

二、税收债权的申报

破产债权申报是指债权人在人民法院受理破产申请后确定的期限内向管理人主张并证明债权的意思表示。我国《企业破产法》第48条规定："债权人应当在人民法院确定的债权申报期限内向管理人申报债权。"第56条规定："在人民法院确定的债权申报期限内，债权人未申报债权的，可以在破产财产最后分配前补充申报；但是，此前已进行的分配，不再对其补充分配。"由此可见，债权人只有积极按时申报债权，才能更好地维护其债权利益。

(一)税收债权是否应当申报

我国《企业破产法》原则上要求所有债权都进行申报，只有"债务人所欠职工的工资和医疗伤残补助抚恤费用，所欠的应当划入职工个人账户的基本养老保险、基本医疗保险费用，以及法律、行政法规规定应当支付给职工的补偿金，不必申报，由管理人调查后列出清单并予以公示"(第48条第2款)。对税收债权是否需要申报，能否像劳动债权一样由管理人列出清单予以公示即可，法律没有具体规定。

理论界对此有两种不同观点：一种观点认为，对于税收债权，应当依法予以申报，申报的主体依据税收征收的主体确定。湖北省地方税务局也持同样的观点。其在《关于在企业破产程序中有关税收征收管理问题的通知》(鄂地税发〔2000〕52号)中规定，税务机关作为代表国家的企业税收债权人，应当及时向人民法院申报税收债权，参加债权人会议，监督破产债权是否得到公平清偿。另一种观点则认为，虽然法律未规定税收债权可免予申报，但由于税收债权是因行政关系产生的债权，而且如无债务人提供纳税申报资料，税务机关有时无法认定欠税数额，难以准确申报债权，故也可以考虑由管理人根据破产企业会计账目直接列入债权表，并向债权人公布；利害关系人无异议时，债权即得到确认，有异议时则通过债权确认之诉解决。如2004年北京市高级人民法院制定的《审理企业破产案件操作规程》里规定税收债权和劳动债权均不用申报。

实践操作中，我们认为税收债权还是应该进行申报，其必要性在于：(1)基于现实需要。破产是企业生命周期中一个特殊时点。在这个时点上，企业的主体资格面临消灭，而财产又不足以偿清所有欠债，导致债权人之间发生利益冲突。如果税收不需要申报，而是通过特别程序予以确认，不允许其他债权人提出异议，对私法债权人明显不利。如果税务机关不参与债权人会议，不能对有担保债权进行审查，对政府利益也可能产生妨害。(2)我国破产法仅明确劳动债权不用申请，劳动债权和税收债权存在着本质的差异，所以不应将税收债权作此类推。(3)如果不积极申报，很有可能导致应予确认的税收债权无法确认。破产案件中，一般破产企业在管理、财务上均存在一定的问题，例如在一破产案件中，由于破产企业将财务账簿部分烧毁了，如果不申报，管理人根本无法得知是否存在税收债权。所以税收债权如果不申报，是无法通过破产程序受偿的。

（二）申报的期限与形式

《企业破产法》第 45 条规定："人民法院受理破产申请后，应当确定债权人申报债权的期限。债权申报期限自人民法院发布受理破产申请公告之日起计算，最短不得少于三十日，最长不得超过三个月。"据此，税务机关应当于法院公告期限内进行申报。

《企业破产法》第 49 条规定："债权人申报债权时，应当书面说明债权的数额和有无财产担保，并提交有关证据。申报的债权是连带债权的，应当说明。"据此，税收债权申报应注意以下几方面的问题：

1. 书面申报原则。债权申报须采用书面形式，债权申报文书是债权人参加破产程序行使权利的重要文件。申报书必备事项包括：①债权数额，并说明债权产生的原因、债权到期时间、已发生的诉讼时效中断等情况。②财产担保情况，如有纳税担保则应明确说明担保的类型、设置时间及担保物或保证人等基本情况。财产担保决定了债权人的表决权和债权实现方式，如未主张或未证明，视为无担保债权。③申报人的名称、住所、代表人或代理人、通讯方式等，并有申报人的公章和负责人的签名。

2. 举证责任。即申报人应为自身的债权提供证据进行证明，主要包括两方面。一是税收债权证明。税收不同于一般债权而属于法定债权，其发生一般不需要任何凭证，只要满足法定的构成要件即可。税务机关申报税收时，可以凭其自己作出的生效行政决定，上级机关作出的生效行政复议决定，或者法院的生效行政裁判文书，向破产债务人主张权利。如果在法院受理破产申请后才发现欠税，税务机关应当直接向法院申报债权，无需另行制作税务处理决定书。二是身份证明，税务机关作为申报人应提交机关证明文件及法定代表人身份证明资料。

3. 代理申报。债权申报可以代理，代理申报除提交上述文件和证据外，代理人应当提交有效的身份证明和授权委托书。

4. 申报的依据。申报时税务机关需明确列明申报金额，而该金额的确定无法完全依赖于破产企业的自行申报。所以在申报前税务机关应对破产企业在破产受理日前的欠税进行稽核，如因未进行稽核或稽核后漏报税收债权的，在破产案件中往往难以获得保护。

（三）申报主体

代表国家行使税收债权的机关为国家税务机关、地方税务机关，还有一个容易忽视的机关是海关。如果破产企业涉及进出口业务，应通知海关申报债权。

三、税收债权的确认

债权人申报的债权需得到确认后才能在破产程序中行使权利。就税收债权而言，破产管理人对其进行确认需注意的几个问题是：

1. 已发生的欠税应予确认。对于税收而言，存在纳税义务发生时间问题。在此时间之前，纳税义务尚未发生，自然无从欠税。纳税义务发生之后，税法又规定了申报和缴纳期限。只有当申报和缴纳期限届满之后，如果纳税人仍然未能缴纳税款，才构成欠税。在税收征收管理实务中，当欠税的时间条件未能满足时，税务机关不能征收滞纳金，也不能采取强制执行措施，最多只能进行税收保全。

2. 破产时已发生的税收债权，即使纳税义务发生时间未届满，债权人也应当申报，管理人对此应予确认。因为进入破产程序之后，债务人的主体资格面临终止，所有债务都必须彻底解决。对于尚未完全成熟的税收，只要已经发生，就必须允许其申报。具体的法律依据在于《企业破产法》第 46 条规定，未到期的债权，在破产申请受理时视为到期。

3. 对于所得税等按年计算的税收，债务人在年中进入破产程序时，应以当年公历 1 月 1 日起至破产申请受理之日止，作为一个纳税年度，计算应纳所得税款。根据《企业所得税暂行条例实施细则》第

52 条，纳税年度是指自公历 1 月 1 日起至 12 月 31 日止。纳税人在一个纳税年度的中间开业，或者由于合并、关闭等原因，使该纳税年度的实际经营期不足 12 个月的，应当以其实际经营期为一个纳税年度。

4. 税收债权中应区分所欠税款与涉税罚款、利息、滞纳金等概念。

（1）税收罚款是税收行政主体针对相对人违法行为采取的行政处罚措施。一般认为破产程序启动，破产人即丧失财产管理处分的权利，如果将尚未执行的处罚作为破产财产，客观上等于处罚全体债权人，因此，应当对行政罚款作特殊处理。我国 2002 年《企业破产法（试行）》的司法解释明确规定，行政机关对破产企业的罚款不属于破产债权。原因就在于，税收是政府公共资金的来源，本身具有公益性，需要特别保护，而罚款或罚金属于惩罚措施，不是政府运作的收入基础，不能赋予优先受偿权。

（2）关于欠税利息，一般认为是对资金占用的补偿，而不是一种行政处罚措施，一般并入破产人所欠税款，优先于普通破产债权受偿。

（3）关于欠税滞纳金应当作为破产债权申报曾经存在争议。2012 年最高人民法院出台的《关于税务机关就破产企业欠缴税款产生的滞纳金提起的债权确认之诉应否受理问题的批复》中对此进行了明确："税务机关就破产企业欠缴税款产生的滞纳金提起的债权确认之诉，人民法院应依法受理。依照《企业破产法》、《税收征收管理法》的有关规定，破产企业在破产案件受理前因欠缴税款产生的滞纳金属于普通破产债权。对于破产案件受理后因欠缴税款产生的滞纳金，人民法院应当依照最高人民法院《关于审理企业破产案件若干问题的规定》第 61 规定处理。"

5. 税收债权不包括破产申请受理后所发生的税收。《企业破产法》第 107 条第 2 款规定，债务人被宣告破产后，债务人称为破产人，债务人财产称为破产财产，人民法院受理破产申请时对债务人享有的债权称为破产债权。因此，破产债权在破产法中具有特定含义，即在破产申请日之前发生的债权。

四、税收债权的清偿

(一)税收优先权

税收优先权，是指纳税人未缴纳的税款与其他未清偿债权同时存在，且其剩余财产不足以清偿全部债务时，税收可以排除其他债权而优先受偿的权利。税收是国家维护公共利益的重要物质基础，具有强烈的公益性，不少国家都从法律上对税收债权的优先权制度作了认可与规定。《企业破产法》第113条第1款规定，破产财产在优先清偿破产费用和共益债务后，依照下列顺序清偿：(1)破产人所欠职工的工资和医疗、伤残补助、抚恤费用，所欠的应当划入职工个人账户的基本养老保险、基本医疗保险费用，以及法律、行政法规规定应当支付给职工的补偿金；(2)破产人欠缴的除前项规定以外的社会保险费用和破产人所欠税款；(3)普通破产债权。该条款明确了税收优先权的效力层次，即优先于普通破产债权受偿。

但是，与旧破产法相比，税收债权的优先性呈现淡化的趋势。主要表现为：(1)现行《企业破产法》规定，破产财产应当优先拨付破产费用和共益债务，其中共益费用纳入管理人或者相关人员执行职务及债务人财产致人损害的侵权债务的规定，让后续债务清偿面临较大风险；(2)新破产法关于劳动债权的规定比旧破产法上的第一顺位的"破产企业所欠职工工资和劳动保险费用"更为丰富，即"破产人所欠职工的工资和医疗、伤残补助、抚恤费用，所欠的应当划入职工个人账户的基本养老保险、基本医疗保险费用，以及法律、行政法规规定应当支付给职工的补偿金"列为第一顺位，将"破产人欠缴的除前项规定以外的社会保险费用"列为第二顺位，与税收债权共同按比例清偿；(3)依据新破产法，即使是普通债权也可能通过行使第38、39条取回权及第40条抵销权，优先于税收债权获得保障。这也是世界破产立法的基本趋势，例如德国、奥地利、澳大利亚等国的新破产法都将税收优先权彻底取消而视为一般债权。因此，为确保税收债权的顺利实现，税务部门应当加强破产前以及破产法上其他制度对税收债权的保障。

（二）税收优先权与担保物权的冲突

《税收征收管理法》第 45 条规定："税务机关征收税款，税收优先于无担保债权，法律另有规定的除外；纳税人欠缴的税款发生在纳税人以其财产设定抵押、质押或者纳税人的财产被留置之前的，税收应当先于抵押权、质权、留置权执行。纳税人欠缴税款，同时又被行政机关决定处以罚款、没收违法所得的，税收优于罚款、没收违法所得。"据此，税收和担保物权孰优孰劣，要根据具体情况加以判断。如果担保物权设定在纳税申报期限届满之前，担保物权优先于该项税收。否则，担保物权劣后于该项税收。

《企业破产法》第 109 条规定，对破产人的特定财产享有担保权的权利人，对该特定财产享有优先受偿的权利。这说明，在《企业破产法》中，担保物权优先于作为破产债权的税收。即便担保物权的设定在后，破产企业欠税发生在先，结论也是如此。只有当担保债权人行使优先受偿权利未能完全受偿时，其未受偿的债权才作为普通债权，劣后于税收受偿。

可见，上述两部法律关于税收优先性的规定是存在冲突的，按照《税收征收管理法》，担保物权有条件地优先于税收；而按照《企业破产法》，除非权利人放弃权利，担保物权绝对优先于税收。

对于两者冲突如何解决存在争议。目前主流的观点认为，担保债权还具有促进信用、降低风险的公益性质，税收债权与担保债权的优先性确定应以不破坏维持市场秩序安全为前提。鉴于企业破产还债程序的特性，可以将《企业破产法》当成《税收征收管理法》的特别法。依据特别法优先于普通法的原理，《企业破产法》优先适用，即税收债权后于担保债权受偿。

（三）破产申请后发生的税收债权如何清偿

破产申请日之后，至少在三种情形下，破产企业有可能发生税收。第一，法院受理破产申请后，对破产申请受理前成立而债务人和对方当事人均未履行完毕的合同，管理人有权决定解除或者继续履行。而当合同继续履行时，就会发生相应的税收。第二，破产宣告之后，破产财产一般都需要变价，将实物或无形资产转换成货币。而财产在变卖或拍卖时，也会发生相应的税收。如果将实物分配给债权人，同样可能会发生税收。第三，企业重整计划通过之后，在管理人的监督之下，企业的生产经营恢复进行。不管重整是否能够达到目的，只要这个过程开始，就会和正常企业一样发生税收。

根据《企业破产法》第 41 和 42 条的规定，法院受理破产申请之后，管理、变价和分配债务人财产的费用属于破产费用。因管理人或者债务人请求对方当事人履行双方均未履行完毕的合同所产生的债务，以及为债务人继续营业而产生的债务，属于共益债务。《企业破产法》第 43 条接着规定，破产费用和共益债务由债务人财产随时清偿。债务人财产不足以清偿所有破产费用和共益债务的，先行清偿破产费用。债务人财产不足以清偿所有破产费用或者共益债务的，按照比例清偿。债务人财产不足以清偿破产费用的，管理人应当提请人民法院终结破产程序。

根据上述规定，管理、变价和分配债务人财产的费用属于破产费用，由此而产生的税收也就是破产费用。既然债务人继续履行合同或者继续经营所产生的债务或费用属于共益债务，那么，由此而产生的税收也就是共益债务。而由于破产费用优于共益债务、共益债务优于破产债权，那么，税收内部也要进行区分，才能确定各自的清偿顺序。总体来说，破产申请日之后发生的税收优先于破产申请日之前发生的税收。而在破产申请日之后发生的税收中，作为破产费用的税收优先于作为共益债务的税收。

五、破产重整程序中的税收债权保护

(一) 税收债权人的分组与表决

重整程序中，一个较为核心的内容是对债权人重整计划草案的表决，它决定了重整程序是否能够启动和顺利进行。重整计划草案包含债权人的经营方案、债权调整方案等内容，涉及债权人的利益变动，需要经过权益被调整的债权人表决通过方可成立。对于重整计划草案的表决采用分组表决制，即按照债权性质标准，将债权人分为若干表决组，以组为单位分别进行重整计划草案的表决，以各组表决通过为重整计划草案通过的标准。其目的是给予类似的债权同等的待遇。

根据《企业破产法》第82条之规定，参见重整计划的债权分为有担保债权、职工债权、税收债权和普通债权四类；另在普通债权组内，可根据实际情况需要，分出小额债权作为单独的表决组。原则上，税收债权在重整计划中应当全额清偿，但在税收机关同意的情况下，也可适当减免，所以重整计划草案可能涉及税收债权的调整问题，故有必要对其单独分组进行表决。对比而言，根据第83条规定，重整计划不得减免债务人欠缴的社保费用，因此该类债权人不参加对重整计划草案的表决。

关于重整计划的表决规则：（1）组内表决。根据《企业破产法》第84条第2款之规定，出席会议的同一表决组的债权人过半数同意重整计划草案，并且其所代表的债权额占该组债权总额的三分之二以上的，即为该组通过重整计划草案。（2）通过和批准。根据《企业破产法》第86条之规定，各表决组均通过重整计划草案才能获得成立，而后获得法院裁定批准方可生效，并终止重整程序。（3）再表决。部分表决组未通过重整计划草案的，债务人或者管理人可以同未通过重整计划草案的表决组协商。该表决组可以在协商后再表决一次。双方协商的结果不得损害其他表决组的利益。（4）强制批准。未通过重整计划草案的表决组拒绝再次表决或者再次表决仍未通过重整计划草案，但重整计划草案符合条件的，债务人或者管理人可以申请法院批准重整计划草案。其中就税收债权而言，如果税收债权组未通过重整计划草案时，根据重整计划草案，税收债权可以获得全额清偿，则法院可以强行批准该重整计划草案。所谓全额清偿，应为货币清偿，可以采用延期清偿或者分期清偿的方式。

（二）税收债权的调整与税收优惠措施

大多数破产重整均会涉及税收债权的减免、延期等调整事项，这些调整是否必须符合税法规定的税收优惠条件？

《税收征收管理法》第31条第2款规定:"纳税人因有特殊困难,不能按期缴纳税款的,经省、自治区、直辖市国家税务局、地方税务局批准,可以延期缴纳税款,但是最长不得超过三个月。"第33条第2款规定:"减税、免税的申请须经法律、行政法规规定的减税、免税审查批准机关审批。地方各级人民政府、各级人民政府主管部门、单位和个人违反法律、行政法规规定,擅自作出的减税、免税决定无效,税务机关不得执行,并向上级税务机关报告。"据此,税收减、免、缓等优惠措施须经过有关部门审批,且延期时间也有限制。上述规定显然不能适应重整期间和重整计划执行的需要。

对此,仍适用《企业破产法》优先适用的规则予以解决:

1. 税收债权的优惠措施事先经过有关机关审查批准的,债权人可在审批的范围内进行表决。如重整计划草案规定的税收债权调整超出审批范围的,债权人可不同意。

2. 如果重整计划草案未通过税收债权组通过而由法院强行批准的,根据《企业破产法》第87条的规定,在税收债权可以获得全额货币清偿的前提下,法院批准的重整计划草案可能规定延期3个月以上的税收债务清偿方案。此时,尽管超出了税法的有关规定,但仍具法律效力。

六、破产案件中"营改增"对税收债权的影响

2016年5月1日,我国全面推行营业税改增值税试点。由于两税种的征税机关不同,故税收债权的申报主体不同,由国税、地税分别对各自应征收税款申报债权。尤其对于房地产企业的破产案件,还需注意以下几个问题:

1. 原预收房款欠缴营业税但未开具销售发票,地税申报税收债权确认并获得清偿,但已无法补开营业税发票,实务中的解决方法是由国税部门代为开具零税率的增值税发票。

2. 房地产老项目总包方破产后对税率的影响。根据《财政部国家税务总局关于全面推开营业税改征增值税试点的通知》(财税〔2016〕36号)附件2:《营业税改征增值税试点有关事项的规定》第1条中规

定："房地产开发企业中的一般纳税人，销售自行开发的房地产老项目，可以选择适用简易计税方法按照 5% 的征收率计税。"房地产老项目是指《建筑工程施工许可证》注明的合同开工日期在 2016 年 4 月 30 日前的房地产项目。如果施工方破产则会导致施工主体发生变化，从而需更换新的《建筑工程施工许可证》，导致房地产开发企业无法适用简易计税方法，从而成倍增加了税负，该问题的解决需要针对破产情形完善税收政策。

税务机关是破产申请主体

覃柳翠*

摘要：我国《企业破产法》对税务机关能否申请企业破产并未作出明确规定；实务操作上的做法也并未统一；学理上对这个问题同样存在争议，但进行专门研究的文献仍然十分匮乏。对税务机关的破产申请主体地位展开进一步的探讨显然很有必要。本文的具体研究路径是以浙江省温州市国税局破产申请案引出问题，进而梳理当下关于税务机关是否为破产申请主体的不同见解并进行评析，提出税务机关是破产申请主体，但在提起破产申请时应受一定限制。应当在破产法律制度中对该问题进行完善。

关键词：企业破产法；破产申请主体；税务机关；税收债权

一、引　　言

2016 年 8 月 24 日，《中国税务报》刊登了一篇引起热议的文章，题为《维护国家税收权益——温州国税主动向法院提起企业破产清算》。文中提到：经过温州市国税局与当地人民法院讨论，该案的税务机关享有破产申请主体地位。这是浙江省国税局系统首次以债权人的名义，主动向人民法院提起企业破产清算申请。① 税务机关主动向人民法院提起破产清算申请的情形实属罕见，因而浙江省温州市国税

---

* 覃柳翠，武汉大学法学院 2015 级民商法硕士研究生。
① 蔡景像、周浩、董晓岩：《维护国家税收权益——温州国税主动向法院提起企业破产清算》，《中国税务报》，2016 年 8 月 24 日，第 2 版。

局破产申请案一经刊登便在各界引发广泛的讨论。

温州市是民营经济的集聚地，难免会产生"僵尸企业"。这样的环境促使该市的人民法院在破产审判工作中不断面临前沿问题的挑战，本案即为典型。立法上，根据我国《企业破产法》第7条，享有破产申请权的主体为债务人、债权人与依法负有清算责任的人。① 税务机关是特殊性质债权的债权人，法条中的"债权人"是否将税务机关涵括在内还存在疑问。实务中，仅有个别税务机关曾向人民法院提出企业破产清算申请并被立案受理。浙江省温州市国税局破产申请案为其中之一。② 另外，我国正在大力推进供给侧结构性改革，通过破产法律制度清除"僵尸企业"是消除落后产能的重要手段，破产俨然已经成为供给侧结构性改革的重要组成部分。温州市国税局副局长章力也认为，在推进供给侧结构性改革的过程中，税务机关既要为破产企业提供税收政策的支持，也要清理欠税从而保障国家的税收权益。恰逢我国《企业破产法》实施十周年，从一个具体问题入手对本法的得与失进行小结与展望很有意义。如何妥善解决税务机关的破产申请主体地位，成为因现实需求而有待解决的问题。

二、学说梳理

学者在破产法领域中研究的税法问题大多与税收优先权相关，有关税务机关破产申请主体地位的探讨往往是浅尝辄止，大致可归纳为

---

① 《企业破产法》第7条规定："债务人有本法第二条规定的情形，可以向人民法院提出重整、和解或者破产清算申请。债务人不能清偿到期债务，债权人可以向人民法院提出对债务人进行重整或者破产清算的申请。企业法人已解散但未清算或者未清算完毕，资产不足以清偿债务的，依法负有清算责任的人应当向人民法院申请破产清算。"

② 在浙江省温州市国税局破产申请案发生之前，同样引起热议的还有江苏首例税务机关申请破产案。案中，因辖区内某房地产开发企业不能清缴欠税、资不抵债且无财产供税务机关强制执行，沭阳地税局遂向人民法院提出申请，意在通过破产程序保障税收债权。参见何龙：《沭阳受理江苏首例税务机关申请破产案》，《新华日报》，2013年12月3日，第2版。

"肯定说"、"限制肯定说"和"否定说"。

"肯定说"与"限制肯定说"有着相同的理论基础，不同之处在于是否对税务机关提出破产申请的条件进行限制。持"肯定说"的学者认为，既然普通债权人能申请企业破产，立法也没有禁止税务机关申请企业破产，那么，税务机关作为破产债权人之一，自然也可以通过行使破产申请权申请企业破产。还有学者对税收债权进行制度上的新安排，从而为赋予税务机关破产申请主体地位提供依据。理由在于，税收债权具有特殊性质，其产生的依据是公法，其权利主体是国家。税收债权体现的是一种发生在管理者与被管理者之间的隶属关系。近年来，很多国家和地区的破产立法呈现出淡化税收债权优先清偿地位的趋势。我国立法应该遵循这种趋势，也将税收债权列为一般债权。如此一来，税务机关的破产申请主体地位就不再是个疑问，最终也能达到有限地扩大债权人范围的目的。① 持"限制肯定说"的学者认为，对于是否赋予税收债权人破产申请主体地位并得以行使破产申请权的问题，可以尝试通过税收债权的数额、欠缴持续时间以及具体的税收债权的种类来确定，最终妥善解决税务机关破产申请主体地位问题。②

"否定说"为主流观点，其主要理由如下：

1. 我国《企业破产法》的立法价值已经向保护债务人利益转移，赋予税务机关破产申请主体地位与此相悖。曾经，在构建破产法律制度时首要考虑的是保护债权人的利益。时过境迁，给予债务人救济已经成为破产法律制度新的意义。破产重整制度与破产和解制度的广泛运用，更是反映出债权人地位不断降低、债务人地位不断提升的现象。无论是抽象的指导思想还是具体的法律制度，都证明我国《企业破产法》十分重视对债务人利益进行保护。在这样的背景之下，承认税务机关是破产申请主体并赋予破产申请权，无疑是过度地保障债权人的利益，置债务人于破产的境地而不顾，完全与我国《企业破产法》的立法价值相违背。

---

① 参见李永军：《破产法研究》，厦门大学出版社 2004 年版，第 763 页。
② 参见韩长印：《破产法学》，中国政法大学出版社 2016 年版，第 45 页。

2. 公法债权不能采用私法债权的保护手段，因而税务机关不能通过行使破产申请权来保障国家税收。破产申请权是民事债权保护制度的内容，申请债务人破产是债权人追偿债务最后的司法救济手段。债权人的破产申请需满足"债权人所拥有的债权是依据民事法律关系形成的，非依民事法律关系形成的债权不能启动破产程序"的条件。基于这样的要求，税务机关明显不能享有破产申请权。首先，"债务关系说"认为税收法律关系的性质是国家向纳税人请求履行税收债务的关系，国家是债权人，纳税人是债务人。因而，税收不是依民事法律关系形成的平等法律关系，而是公法上的债权债务关系。① 其次，将税收视为公法债权只是因为税收也存在请求给付的现象。赋予税务机关私法上的保护手段后，公法债权将会深入私人交易领域，最终将会危及交易安全。② 最后，公法债权具有私法债权所不具备的权利救济途径。破产法律制度能够给予私法债权的保护，远远少于税务机关自身拥有的权利实现手段，公法债权没有援用私法债权救济手段的必要。③ 如根据《税收征收管理法》第40条，在法定情形下税务机关完全可以采取扣缴、扣押、查封、依法拍卖或者变卖等强制执行措施。④ 允许税务机关成为破产申请主体先向人民法院申请企业破产，进而在破产程序中依据破产分配的顺序受偿，实际上是舍近求远。

3. 赋予税务机关破产申请主体地位，容易造成破产申请权的滥用。因而，从企业和其他债权人的角度来看，要警惕税收债权的行使。⑤

---

① 参见王东敏：《新破产法疑难解读与实务操作》，法律出版社2007年版，第47页；参见李显先：《论我国破产申请主体制度之完善》，《人民司法》2006年第2期。

② 转引自郭明瑞等：《优先权制度研究》，北京大学出版社2004年版，第89页。

③ 参见尹正友、张兴祥：《中美破产法律制度比较研究》，法律出版社2009年版，第20页；参见王新欣主编：《破产法原理与案例教程》(第二版)，中国人民大学出版社2015年版，第48页。

④ 参见《税收征收管理法》第40条。

⑤ 陈夏红：《企业破产时，政府不该与民争利》，中国社会科学网，http：//www.cssn.cn/fx/fx_cgzs/201611/t20161117_3279592.shtml，访问日期：2017年3月10日。

普通债权人为了提高债权清偿率,通常会将目光放得更为长远——挽救陷入破产泥潭的企业,而不是选择提出破产申请。我国传统税法展开研究的理论基础是"国家意志说"和"国家分配理论",侧重税收的"权力性、强制性与无偿性",这使得确保国家税收的取得成为税收首要职能,纳税人权利的保护则被放置在次要地位。如此一来,税务机关显然没有挽救企业的动机。这样的理论在立法中也有所反映,我国《税收征收管理法》的税收制度构建更偏向于行政机关权力的实现,而非税务机关和纳税人之间权利的平衡。在税收与破产交织的情形下,税务机关享有的权利往往乐于寻求权力的庇护,最终将会呈现出税务机关和纳税人之间力量不均衡的状态。① 更何况,税收债权的破产清偿顺序排在普通破产债权之前。这使得税务机关很有可能无视债务人还有挽救的可能,直接提出破产申请来确保税收的取得,挤占了其他债权人的利益。赋予税务机关破产申请主体地位,无疑是为税务机关滥用破产申请权打开了方便的大门。

4. 法无授权即禁止,税务机关不得享有破产申请权。② 根据我国《税收征收管理法实施细则》第50条,当纳税人有破产情形而未结清税款时,税务机关有权参加清算,以保证国家税款优先受偿。③ 依据我国《税收征收管理法》第50条,税务机关在法定情形下可以依照我国《合同法》第73条、第74条的规定行使代位权、撤销权。④ "依照"一词的使用,足以说明税务机关并不是当然地享有私法债权人的权利。否则,在我国《税收征收管理法》中专门授权税务机关代位权与撤销权的做法就是多此一举。税务机关参加清算、行使代位权或撤

---

① 参见刘剑文、汤洁茵:《试析〈德国税法通则〉对我国当前立法的借鉴意义》,《河北法学》2007年第4期。

② 无极小刀:《脑洞大开,国税局以债权人名义申请企业破产清算,法院立案了!》,新浪网,http://blog.sina.com.cn/s/blog_65aa97010102wy2u.html,访问日期:2017年3月15日。

③ 《税收征收管理法实施细则》第50条规定:"纳税人有解散、撤销、破产情形的,在清算前应当向其主管税务机关报告;未结清税款的,由其主管税务机关参加清算。"

④ 参见《税收征收管理法》第50条。

销权的前提是"法已授权"。在"法无授权"的情况下，税务机关不能享有破产申请主体地位从而行使破产申请权。

三、学说评析

无论是"肯定说""限制肯定说"还是"否定说"，都试图为税务机关的破产申请主体地位寻求合理的解释。笔者认为，"否定说"的立论依据存在许多弊端，不能充分否定税务机关的破产申请主体地位。在"肯定说"基础之上提出的"限制肯定说"，更能为税务机关的破产申请主体地位提供理论支撑。具体评析如下：

1. 应该以利益平衡原则来解读破产法的立法价值。破产自始就是一个复杂的过程，并不是单独地涉及债权人或者债务人的利益，它还承载了很多相关者的利益。破产立法经历着债权人本位、债务人与债权人的利益平衡和债权人与债务人以及社会利益并重的变化发展过程。破产法的立法价值并非是一成不变的。[①] 在破产法的演进中，始终贯穿债权人利益与债务人利益之间的价值冲突。税收债权与私法债权虽然有别，但在税收债权债务关系中配置双方的权利义务，仍然应注重在财政收入与纳税人权利保障之间实现利益平衡。[②] 具体到个案中，温州市国税局主动向人民法院提起企业破产清算申请，不仅能掌握清理欠税的主动权，还保障了其他债权人的合法利益。"否定说"认为赋予税务机关破产申请主体地位不利于保护债务人的利益。实际上，采取过于侧重保护债务人一方利益的单一模式也是不妥当的。我国《企业破产法》应当摒弃破产中心主义，以平衡多方主体利益为立法价值。为此，应当充分发挥重整与和解程序挽救危困企业，实现企业持续经营的作用。最终兼顾保障社会资源有效利用、正确适用《企

---

① 徐建新主编：《破产案件简化审理程序探究》，人民法院出版社 2015 年版，第 30 页。

② 参见韩长印：《公司破产立法目标的争论及其评价》，《中国法学》2004年第 5 期。

业破产法》的各项制度以及充分保护债权人合法权益。① 在破产法中坚持利益平衡原则，还需要进一步构思作为平衡利益冲突的标准和规则。②

2. 依据"债务关系说"，税收法律关系的属性是债权债务关系，税收债权是破产债权。③ 依据"权力关系说"，税收法律关系的属性是国民对国家课税权的服从关系。在这种关系之中，税务机关和纳税人的法律地位是不平等的。虽然从保障国家税收的角度来看，"权力关系说"和"债务关系说"并没有产生实质性的分歧。但是从纳税人权利保护的角度来看，"债务关系说"关注纳税人地位的提升与权利的保护，无疑更具有进步意义。应当以"债务关系说"来确立税收法律关系的税收债权债务关系属性。立法上，我国《企业破产法》第 82 条规定不同类别债权分组对重整计划草案进行表决时将债务人所欠税款列为债权种类之一，实际上明确了税收的债权特性。在不同时期，我国税收债权的清偿顺序有所不同。根据我国《企业破产法（试行）》第 37 条，破产企业所欠税款的清偿顺序优先于破产债权。可见，破产企业所欠税款不是破产债权。根据我国《企业破产法》第 113 条，税收债权的优先受偿的对象是普通破产债权。仅从字面就可推出，破产人所欠税款也是破产债权，只是具有特殊性而已。④

现在的社会关系十分复杂，仅仅依靠一个法律部门很难圆满地进行调整。公法债权与私法债权的相同点是，都具有"请求一定给付"的内容。因而，公法债权并不排斥私法的调整，对公法债权增加私法

---

① 最高人民法院：《最高人民法院〈关于正确审理企业破产案件为维护市场经济秩序提供司法保障若干问题的意见〉》，中华人民共和国最高人民法院，http：//courtapp. chinacourt. org/fabu-xiangqing-20132. html，访问日期：2017 年 3 月 18 日。

② 参见王建平：《企业破产法上的利益平衡》，《人民司法》2006 年第 11 期。

③ 参见汤洁茵：《税收之债与法治理念分析》，《税务研究》2005 年第 4 期；参见刘剑文、汤洁茵：《试析〈德国税法通则〉对我国当前立法的借鉴意义》，《河北法学》2007 年第 4 期。

④ 参见熊伟：《作为特殊破产债权的欠税请求权》，《法学评论》2007 年第 5 期。

债权的保护手段有双保险的效果。① 重要的是能防止债务人逃税、维护公权力及政府的威信。另外，最高人民法院指出，为保障破产案件顺利立案受理、破产程序正常启动，禁止在法定条件之外设置附加条件，限制剥夺当事人的破产申请权。② "债权人所拥有的债权是依据民事法律关系形成的，非依民事法律关系形成的债权不能启动破产程序"，实际上是在法定条件之外设置的附加条件，限制剥夺了税务机关的破产申请权，不足取。既然理论上用"债务关系说"来阐释税收法律关系的属性，立法上税收债权与普通破产债权已经一并列为破产债权，司法实践也十分注重对破产申请权的保障，税收债权当然可以享有普通破产债权的救济手段。税务机关作为破产债权人，当然享有破产申请权。

3. 赋予税务机关破产申请主体地位并不必然造成破产申请权的滥用。首先，我国破产程序的启动采用申请主义，债权人或债务人提出破产申请的确会引起破产程序的启动。但是，如果据此就认定税务机关有滥用破产申请权的嫌疑，那么债务人也应遭受质疑。其次，破产开始的标志是人民法院裁定受理破产申请，而非破产申请权的行使。根据我国最高人民法院《关于适用〈中华人民共和国企业破产法〉若干问题的规定(一)》第 7 条，人民法院收到破产申请后先对申请人的主体资格、债务人的主体资格和破产原因以及有关材料和证据等进行审查。再依据我国《企业破产法》第 10 条的规定作出是否受理的裁定。债务人也可以通过行使异议权来防止债权人恣意申请债务人破产。据此，人民法院对破产申请进行审查后只会裁定受理符合条件的破产申请。再次，中央要求在破产领域处理"僵尸企业"时要做到尽可能多兼并重组，少破产清算。③ 哪怕法院受理企业破产清算申请，

① 参见申卫星：《信心与思路：我国设立优先权制度的立法建议》，《清华大学学报》(哲学社会科学版)2005 年第 2 期。

② 张娜：《依法开展破产案件审理，积极推动企业破产审判——杜万华在第七届中国破产法论坛上作书面发言》，《人民法院报》，2016年8月14日，第1版。

③ 罗书臻：《法开展破产案件审理，稳妥处置"僵尸企业"——专访最高人民法院审判委员会专职委员杜万华》，中华人民共和国最高人民法院，http://courtapp. chinacourt. org/fabu-xiangqing-20132. html，访问日期：2017 年 3 月 20 日。

在破产程序中也还有转入重整或和解程序的可能。破产清算程序是法人终止的程序，可促进市场主体有序退出。重整与和解程序在破产法律制度中起到预防破产的作用，这两种程序的有序展开可以实现企业再生。"税务机关和人民法院在破产领域联动处理僵尸企业，会加大企业破产清算的可能性"的担忧，无视现实中重整与和解程序对企业的挽救功能。最后，依据"权力关系说"形成的观点具有局限性，已经有很多学者对此加以澄清。① 我们不能带有偏见，先入为主地认为税务机关拥有特权就必然会滥用破产申请权。"否定说"将赋予税务机关破产申请权与税务机关滥用破产申请权两个问题简单画等号，从而否定税务机关的破产申请主体地位，实乃因噎废食。

4. 在现行立法体系中，的确难以直接为税务机关享有破产申请权寻求"法已授权"的依据，有待今后通过立法加以完善。诚然，公法上的金钱给付义务与私法债权债务关系之间存在差异。体现在税收上，就是国家应受依法行政原则的拘束，纳税义务人的基本权应受充分保障。② 但是，我国《税收征收管理法》在制定的时候，没有将与破产相关的问题纳入考虑。想要在其中为税务机关的破产申请主体地位直接寻求答案，过于勉强。我国《企业破产法》对破产申请规定得十分简略，更谈不上对税务机关等特殊主体单独作出规定。在这样的立法背景之下，我们必然难以在现行立法中直接找到"法已授权"的依据。在浙江省温州市国税局破产申请案中，温州市国税局公职律师杨云平认为，我国《税收征收管理法》直接移用《合同法》的规定，赋予税务机关代位权和撤销权，意在明确税务机关可以成为债权债务关系的主体。从立法精神的角度为税务机关的破产申请主体地位寻求"法已授权"的依据，也不失为一种途径。破产申请为破产程序开始

---

① 参见陈少英：《中国税法问题研究》，中国物价出版社 2000 年版，第 16 页以下。

② 转引自葛克昌：《捐税行政法——纳税人基本权视野下之税捐稽征法》，厦门大学出版社 2016 年版，第 74 页。

的绝对要件，我国《企业破产法》对破产申请规定得过于简化，不利于破产申请的规范提出，今后立法对破产申请作出细化规定很有必要。

5. 税收债权的优先受偿地位不能轻言放弃。持"肯定说"的部分学者建议放弃税收债权的优先受偿地位，从而给税务机关的破产申请主体地位一个说得通的解释。破产债权清偿顺序的设置，往往涉及特定的社会状况，尤为重要的是与社会保障体系的完善与否息息相关。有的国家与地区已经取消税收债权的优先受偿地位，改列为普通破产债权。这种立法趋势的背景是，这些国家的福利国家属性与本国经济实力几乎同步增强，这要求税收要更大程度地服务公共利益。经济的发展促使国家财政能力增强，放弃税收债权的优先受偿地位也不会给国家财政收入造成太大的损失。加重纳税之后，又在破产法律制度中赋予税收债权优先受偿地位，无疑会降低普通破产债权的受偿率。因而，域外的立法作出改动实际上与自身国情相符。我国要成为一个福利国家还任重道远，税收在当下仍然占国家财政收入很大的比重，放弃税收债权的优先受偿地位在我国缺乏合适的土壤。笔者认为，尽管破产法律制度的具体规定具有很强的技术性，借鉴国外立法经验很有必要，但也要立足于本国实际情况出发，循序渐进地加以吸收，不能单纯效仿。

笔者在上文以五个要点对"肯定说"和"否定说"进行评析，指出两种学说的立论理由存在的误区。无论是采纳其中的哪一种，都不能妥善解决税务机关的破产申请主体地位，反而容易走向非此即彼的极端。关于税务机关破产申请主体地位的争论，是我国《企业破产法》第7条规定得过于原则导致在适用上缺乏可操作性引起的。"肯定说"认为税务机关作为破产债权人，自然享有破产申请主体地位，但遗憾的是这并没有解决如何进行进一步操作的难题。笔者认为，在现行法律框架内赋予税务机关破产申请主体地位，并不存在实质性障碍。不妨以"肯定说"为基础，尝试"限制肯定说"这一折中路线。具体做法就是在承认税务机关是破产申请主体的基础之上，对税务机关提起破产申请的条件加以必要的限制。对该制度在破产法体系中进行完善的建议如下。

四、制度完善

1. 完善关于债权人提出破产申请的规定，明确不能作为破产申请主体的债权人种类。实践证明，对破产申请规定得完善与否将会影响破产程序的启动，而我国立法在这方面的规定明显存在欠缺。根据最高人民法院《关于审理〈企业破产案件若干问题的规定〉》第8条，在债权人提出破产申请的情形下，人民法院可以通知债务人核对债权人的债权在债务人不能偿还的到期债务中所占的比例。根据该规定第12条，人民法院对债权人借破产申请毁损债务人商业信誉，意图损害公平竞争的情形不予受理。我国《企业破产法》对破产申请规定得相对简略，仅在第二章第一节以三个条文对申请破产清算主体和内容、破产申请书和证据以及破产申请的撤回作出规定。最高法出台的两部司法解释没有纳入破产申请主体的有关内容。比较法上，《德国破产法》明确规定不得提出破产申请的情形有以下几种：申请人对破产程序的开始没有法律上的利益，当事人有更便捷和经济的法律救济手段，破产申请并不能使申请人的法律地位好转以及申请人试图通过破产申请追求与破产无关的目标。在德国法上，排除以上几种情形后，债权人的范围仍然十分广泛。① 《英国破产法》第267条指出债权人提出破产申请的条件，第271条专门规定债权人申请破产的程序。② 美国很少发生非自愿破产案件，但是美国《破产法典》仍通过申请人人数、债权性质和债权金额对债权人提起非自愿破产申请进行限制。③

笔者认为，我国在处理类似的问题时，不妨借鉴域外的立法经验，完善关于债权人提出破产申请的规定。具体做法是，修订《企业

---

① 参见许德风：《破产法论——解释与功能比较的视角》，北京大学出版社2015年版，第113页。

② 参见《英国破产法》，丁昌业译，法律出版社2003年版，第203页。

③ 参见尹正友、张兴祥：《中美破产法律制度比较研究》，法律出版社2009年版，第27页。

破产法》或者制定司法解释，对债权人提出破产申请时的债权人人数、债权性质和债权金额等进行细化规定，列举不能作为破产申请主体的债权人种类。就税务机关的破产申请主体地位而言，明确赋予税务机关破产申请权，或者明确规定不能作为破产申请主体的债权人种类而税务机关不在禁止之列，税务机关自然就享有破产申请权了。

2. 限制税务机关提起破产申请的条件。根据我国《企业破产法》第 7 条，债务人与债权人的破产申请条件并不相同。债务人的破产申请条件采取了较为严格的并列式立法模式，债权人的破产申请条件则规定得较为宽松。对此，"官方"的解释是债务人对自身状况很熟悉，而债权人很难证明债务人的资产状况、是否资不抵债以及是否已经明显缺乏清偿能力。为实现公平与保护债权人合法权利，对债权人提出破产申请的条件不应过于严苛。① 债务人提起破产申请的条件为"债务人不能清偿到期债务"，因而可以做这样的解读——税务机关在"欠税企业不能缴纳到期税款"时，可以对欠税企业提起破产申请。对税务机关适用较为宽松的条件，存在破产申请权滥用的隐患：一旦欠税企业不能缴纳到期税款，税务机关很有可能为降低自身执法风险，忽视欠税企业仍有挽救余地，直接采取"一破了之"的手段。

笔者认为，应该对不同种类债权人规定不同的破产申请的条件，以解决不同债权人笼统适用统一标准造成的适用难题。采纳"限制肯定说"赋予税务机关破产申请主体地位后，需要对税务机关提起破产申请的条件进行限制。依据我国《税收征收管理法》第 54、55、56 条，税务机关有权进行税务检查，在符合条件的情况下可以采取保全措施或者强制执行措施，还可以要求纳税人、扣缴义务人如实反映情况，提供有关资料。与债务人相比，税务机关对债务人信息的了解程度并非处于绝对劣势，与其他债权人相比则有明显的优势。税务机关可以适用比债务人提起破产申请时更为严苛的条件。另外，税务机关在筛选目标企业时要慎之又慎，不能仅以"清理僵尸企业"为目标，应侧重考虑税收债权的数额、欠缴持续时间与具体的税收债权的种

---

① 参见安建主编：《中华人民共和国企业破产法释义》，法律出版社 2006 年版，第 20 页。

类，从而加大对税务机关申请企业破产的限制，消除关于税务机关滥用破产申请权的疑虑。在浙江省温州市国税局破产申请案中，温州市国税局建立起一套系统的清算企业筛选机制，通过设置欠税数额、欠税时间和纳税申报信息等，初步筛选出目标企业。再经过强制扣款、实地核查等程序确认企业资不抵债之后，最终确定向人民法院申请破产清算的企业名单。此种做法对于解决企业破产问题很有裨益，应该加以完善并在税务系统中加以推广。

3. 明确债权人滥用破产申请权的法律责任。比较法上，德国法规定债权人滥用破产程序提出破产申请的，在符合《德国民法典》第826 条的条件下要承担损害赔偿责任。①《日本破产法》也有用于防范债权人滥用破产申请权的规定。申请的债权者不仅要说明自己债权和破产原因，还要预交直至破产程序结束为止的必要且充分的费用。②为了阻止债权人滥用破产救济，美国《破产法典》第 303 条第（i）款规定，当非自愿破产申请被驳回时，法院将判决由债权人承担诉讼成本和代理费；如果债权人是基于恶意提起破产申请，法院还会额外增加由此申请所造成的损失。我国《企业破产法》没有对债权人提出破产申请设置太多的限制，这有助于对债权人利益进行充分保护，但容易导致债权人滥用破产申请权。立法又欠缺破产申请人滥用破产申请权应承担法律责任的规定。笔者认为有必要借鉴比较法上的规定，在债权人滥用破产申请权时责令其承担法律责任。正所谓"无救济则无权利"，通过设立债权人滥用破产申请权之惩罚措施，可以突破事先难以防范、事后缺乏惩罚措施的困境，更系统地对债务人利益进行保护。

4. 完善由税务机关提出破产申请的破产案件审理程序。

首先，要对税务执法人员与司法人员展开税收与破产知识的专项培训。现阶段，多数基层税务执法人员对破产法律制度知之不深；人

---

① ［德］莱因哈德·波克：《德国破产法导论》，王艳柯译，北京大学出版社 2014 年版，第 41 页。

② ［日］石川明：《日本破产法》，何勤华、周桂秋译，中国法制出版社 2000 年版，第 38 页。

民法院的破产案件审理经验虽逐年积累，但是对于破产案件中所涉及的税收法律制度缺乏深入了解。这导致税务机关和人民法院在处理税收与破产交织的问题时，双双处于被动的境地。在破产案件审理程序中，税务执法人员与司法人员扮演不可或缺的角色，对他们展开税收与破产知识的专项培训，有助于破产案件审理的专业化。

其次，对于税务机关提出破产申请的破产案件审理程序应该"化简为繁"。当下的现状是，破产案件的审理周期过长，破产功能得不到充分发挥，"化繁为简"的有序进行成为解决问题的关键。与此相反，由于此前毫无相关规定，在通过立法赋予税务机关破产申请主体地位后，税务机关提出破产申请的破产案件审理程序则有"化简为繁"的需求。对我国破产案件审理程序进行"化繁为简"和"化简为繁"看似截然相反，实际上都是为了确保破产法律制度功能得以充分发挥而作出的探索。细化税务机关提出破产申请的破产案件审理程序，成为这类案件顺利审结的关键。当然，现有的程序如果能适用于税务机关的则自动适用，存在适用疑问的应加以释明，以免引发适用上的障碍。

最后，由税务机关提出破产申请的破产案件可以适用听证会形式。破产申请主体在提出破产申请的时候，或者债务人对此申请提出异议时，都会向人民法院提供大量的事实与证据。按照惯常做法，人民法院对这些事实与证据进行审查并依此判断债务人是否具备破产原因，径行作出裁决。当下有部分人民法院借鉴域外立法的经验，试行立案前破产听证程序。① 另外，在强制清算案件中，人民法院在审查决定是否受理强制清算申请时，一般应当召开听证会。② 破产清算与

① 美国《破产法典》规定，如若债务人在债权人申请债务人破产时提出异议，法院应当举行听证会，由双方相互质证，破产法院审理后再决定是否作出破产救济令。

② 最高人民法院印发《〈关于审理公司强制清算案件工作座谈会纪要〉的通知》第9条规定："审理强制清算案件的审判庭审查决定是否受理强制清算申请时，一般应当召开听证会。对于事实清楚、法律关系明确、证据确实充分的案件，经书面通知被申请人，其对书面审查方式无异议的，也可决定不召开听证会，而采用书面方式进行审查。"

强制清算本身存在相似性，笔者认为可以做同样考虑。立案前听证会为债权人与债务人提供一个相互质证的平台，法院据此得以直观了解债务人的财产状况，判别债权人申请破产是否基于正当的理由。特别是在由税务机关提出破产申请的破产案件中，"化简为繁"后增加听证会形式的适用，有助于减轻关于税务机关滥用破产申请权的顾虑。

五、结　语

基于政策的考量，在未来一段时间内为供给侧结构性改革提供有力的司法保障将成为人民法院的一项重大任务。恰逢我国《企业破产法》施行十周年，笔者指出我国《企业破产法》立法规定的欠缺，以期为今后对法律进行修订提供一个新视角。就解决税务机关的破产申请主体地位而言，笔者论证了税务机关是破产申请主体并尝试为完善这个制度提出建议。破产申请主体范围的明确有助于破产申请的顺利提出，我国《企业破产法》应该一改以往模棱两可的态度，明确税务机关是破产申请主体，增加"僵尸企业"进入破产程序的可能性，以此响应供给侧结构性改革的号召。

破产程序中让与担保权人的权利实现路径

冉克平　谭玲妮*

摘要：让与担保作为一种非典型担保，是所有权因现实经济生活的需要而呈现被灵活、弹性运用的状态，是当事人意思自治和交易习惯的产物，具有存在的正当性和必要性。根据让与担保的担保权构成理论，在破产程序中应赋予让与担保权人别除权而非取回权。让与担保权人在担保设定人破产时应当享有优先受偿权，并能就物上代位权行使代偿别除权。但对于让与担保容易滋生的过度担保和秘密担保行为也应予以规制。

关键词：让与担保；别除权；撤销权；过度担保；秘密担保

一、让与担保的正当性与必要性

(一)正当性

让与担保自产生之初就存在众多的争议，经过一百多年的发展，让与担保制度的合法性和正当性已经为相关国家或地区解决，① 但仍

---

* 冉克平，武汉大学法学院教授，博士生导师，主要从事民法学研究。谭玲妮，华中科技大学法学院硕士研究生。

① 参见［日］我妻荣：《新订担保物权法——我妻荣民法讲义Ⅲ》，申政武、封涛、郑芙蓉译，中国法制出版社 2008 年版，第 543 页。

存在一些质疑,一定程度上影响着让与担保的应用。这其中以让与担保的公示问题、流质契约问题最为突出。

1. 公示问题。让与担保以书面形式为成立要件,以所有权转移为有效要件,公示条件的具备为其对抗要件。是否公示并不会影响让与担保合同的效力,只影响对第三人是否具有对抗力的问题。以是否移转占有为标准,动产让与担保可以分为占有转移型和非占有转移型。在前种场合,动产由让与担保权人占有,此种情况下已经具备公示条件和对抗要件。在后一种情况下,动产由让与担保设定人以占有改定的方式进行占有,由此引发占有改定能否作为动产公示方法的争议。德国以信托式的让与构建非占有转移型动产担保是在既有的民商法体系内进行,公示与否,德国未作要求。《德国民法典》确立动产交付公示方式的同时也确立了简易交付、占有改定、返还请求权的让与三种交付方式,在此三种方式中,所有权变动是通过当事人双方协议的方式进行,根本无外在可见性。若要求让与担保的设定必须有一种外在可见性的公示,也就是要求所有权的取得也必须如此,这实际上从根本上否认了动产的观念交付形式。即使从日本的担保权构成说角度出发,既然所有权的变动可以以占有改定方式进行且为各国民法所接受,作为限制物权的担保物权变动更应承认此种公示方式。让与担保也正是为了克服典型担保对于公示的要求导致动产用益与动产担保功能不能分离而产生和发展的。动产借助于让与改定之法律规定而绕过了公示性要求。① 这样规定有利于让与担保适用的灵活与方便;另一方面,如果按照担保权构成说,自然首选登记,但对于动产,登记并不是一种恰当的公示手段,因为存在诸多类似物品,并且登记造册费用高。如果让与担保依赖于登记公示方式,那么让与担保的表征特征将土崩瓦解,这种破坏力远甚于让与担保本身。更何况物权公示方法多种多样,在日本甚至将标的物打上标记或交付财产权利凭证也视为公示方法。我国宜确立多种公示方法,由当事人自由选择。

2. 流质契约。该观点认为,让与担保违反了法律禁止性规定,应属无效。强行法规的适用必须按它在民法体系中的意义及社会作用

---

① 向逢春:《让与担保制度研究》,法律出版社 2014 年版,第 41 页。

来被限制。流质的禁止是为保护债务人而构建的方法，但此种方法太过于形式化，不符实情。与其如此，还不如在个案中具体考察其中是否存在乘债务人的穷困状况而为的暴利行为，从而来判定其效力的做法更为妥当。而另一方面我们不能忽视让与担保之社会需求中所具有的重要性和科学性。所以应该限定解释有关动产质权的条文。就我国司法实务来看，法院也多次在司法审判中对让与担保制度予以肯定。① 根据《担保法司法解释》的规定，流质条款无效也并不影响担保合同其他部分的效力，司法实务中法院可能认可各方标的物提供担保的意思表示，最终采取清算型让与担保予以处理。② 日本判例中也有同样的做法。日本最高裁判所在当事人为了 77000 日元的债务，在价格是该债务的大约 8 倍的不动产上设立了担保，当事人约定当发生债务不履行时债权人可以用担保物代替债务的清偿，而债务人不可以返还的案件中，二审判决认为该案违反了公序良俗，但是无效的只是通过不动产代物清偿的约定。③

总之，在大陆法系国家，让与担保因具有担保融资之功能而在经济生活中具有强大生命力，虽对其有效性问题在发展历史上存在不同争论，但现已被各国判例所确认，并为学说所承认，故肯定说现为各国之通说。

（二）必要性

1. 经济发展迫切需求

法根源于物质的经济生活关系，"无论是政治的立法或市民的立

---

① 黑龙江省高级人民法院(2014)黑高商终字第 30 号，黑龙江省高级人民法院(2014)黑高商终字第 37 号。参见最高人民法院中国应用法学研究所编：《人民法院案例选》，人民法院出版社 2001 年版，第 185~188 页。

② 参见临海市工艺服装绣品厂破产清算组诉临海市第四建筑工程公司让与房屋产权担保债务逾期未履行返还房产权案。

③ 参见［日］我妻荣：《新订担保物权法——我妻荣民法讲义Ⅲ》，申政武、封涛、郑芙蓉译，中国法制出版社 2008 年版，第 563 页。

法，都只是表明和记载经济关系的要求而已"。① 当下，担保物权从单纯价值控制型向物权利用型、从单纯的债权保全型向物权投资型方向发展是担保物权发展的基本趋势。我国担保物权所确立的担保形式均为限制物权型担保，以债权保全功能和价值控制功能为主，这远不能适应迅速发展的现代市场经济活动对资金融通担保的需求，以及担保物权的客体范围和种类不断扩大的需要。②

反对让与担保制度的学者认为其实践需求不足，"无论是动产还是不动产，实践中并没有产生对一般意义上让与担保制度的立法需求"，"至今仍无一起动产让与担保的案例报道"。③ 而事实上，实践中存在大量的以让与担保方式设立担保的司法案例（见表 1），且法院在司法裁判中直接予以认可。早在 1999 年台州市中院在"临海市工艺服装秀品厂破产清算组诉临海市第四建筑工程公司让与房屋产权担保债务逾期未履行返还房产权案"判决中指出"……这种担保方式不是抵押，而是让与担保"。④ 该案被视为让与担保的经典案例。后来，最高院在"王绍维、赵炳恒、郑文超等股东资格确认纠纷案中"⑤，更是肯定了债权人的担保权利。另外，在"港丰集团有限公司与深圳市国融投资控股有限公司、长城融资担保有限公司等纠纷案"⑥中，法院更是肯定了债权人的优先受偿权。

---

① 马克思、恩格斯：《马克思恩格斯全集》（第 4 卷），人民出版社 1958 年版，第 121~122 页。

② 顾长浩：《论日本的让渡担保制度》，《民商法论丛》（第 10 卷），法律出版社 1998 年版，第 560 页。

③ 王卫国、王坤：《让与担保在我国物权法中的地位》，《现代法学》2004 年第 5 期；朱传峰：《动产让与担保与动产抵押的规定》，《泰山学院学报》2006 年第 4 期。

④ 最高人民法院中国应用法学研究所编：《人民法院案例选》，人民法院出版社 2001 年版，第 185 页。

⑤ 中华人民共和国最高人民法院（2015）最高法民申字第 3620 号民事裁定书。

⑥ 中华人民共和国最高人民法院（2016）最高法民申字第 1689 号民事裁定书。

表1　　　　　　　**2009—2016年让与担保案件统计表**①

年份	2009	2010	2011	2012	2013	2014	2015	2016
案件数（件）	1	3	0	4	12	87	180	615
增长率（%）		200	-100	400	200	625	107	242

纵观判例可以看出，各级各地法院对于让与担保的态度各异，以不违反法律、法规禁止性规定而肯定者有之；有以违反流质契约禁止、违反物权法定等而否定其效力；有对其态度暧昧、规避迂回、犹抱琵琶、讳莫如深者。② 为解决司法审判之乱象，对让与担保制度给予立法确认和规范实有必要。

2. 典型担保的局限

在典型担保中，不动产为抵押的主要标的物，而可以抵押的动产范围较小。质押的范围仅限于动产和权利。如此，随着社会经济的发展，财产形式的多样化，传统的抵押和质押不能灵活适用于集合财产、流动财产及无体财产的担保。这就无法满足现代市场经济对资金融通的强烈要求，而让与担保的标的物范围十分广泛，"凡是具有转让性的权利，均可以成为让与担保的客体"。许多市场主体都是通过设立让与担保这一非典型担保方式获得支持自己发展所需要的资金。

否定让与担保制度的另一重要原因为让与担保制度与我国现有的动产抵押制度发挥着同样的功能，因此没有必要打破现有的物权法定原则。③ 在近代欧洲大陆民法典运动以来，物权与债权、不动产与动产区分明确，动产抵押因公示性问题在近代欧洲大陆法系国家各国民

---

① 数据来源于中国裁判文书网，http：//www. court. gov. cn/zgcpwsw/，访问时间：2017年5月。

② 向逢春：《让与担保制度研究》，法律出版社2014年版，第125页。

③ 参见[日]近江幸治：《担保物权法》，祝娅等译，法律出版社2000年版，第219页；史尚宽：《物权法论》，中国政法大学出版社2000年版，第336页。

法中被普遍废弃。① 随着经济的发展对传统的担保制度提出的新的要求，促使各国努力开辟新的担保途径。其结果是，有的国家摒弃动产抵押制度而改采让与担保制度（德国）；有的国家和地区形成了动产抵押和让与担保并存的担保格局（日本和我国台湾地区）。② 然而日本的动产抵押制度有 4 部特殊的动产抵押法予以特别规定，现如今这 4 部动产抵押法已基本被弃置不用而着力完善让与担保制度。由此看出，日本的动产抵押制度已基本被让与担保制度所取代。动产抵押制度在我国台湾地区的应用较广，尤其是商事领域，让与担保在我国台湾地区担当的是弥补动产抵押制度之不足的角色。

自 1995 年我国引入动产抵押以来，我国学者对于动产抵押制度诟病颇多，认为动产抵押制度有违传统民法之典型担保，在公示方法、效力上产生了矛盾和障碍。③ 理论上的障碍影响着实践中的功能发挥——动产抵押在实践中的利用率极低，远未实现发挥动产担保融资功能的目的。④ 而且动产抵押制度突破了传统民法对担保的制度设

---

① 德国曾于 17 世纪继受罗马法上的动产抵押制度，该继受不仅消灭了公示原则，德国法上原来健全的物的信用也被颠覆，动产信用基础发生了动摇。18 世纪，各地纷纷通过特别法而将这一制度予以废除。普鲁士于 1722 年、1794 年颁布《抵押权及破产令》和《普通土地法》后，动产抵押在德国被完全抛弃。参见许明月：《抵押权制度研究》，法律出版社 1998 年版，第 29~30 页。

② 向逢春：《让与担保制度研究》，法律出版社 2014 年版，第 163 页。

③ 陈本寒：《动产抵押制度的再思考——兼评我国民法（草案）对动产抵押与让与担保制度之规定》，《中国法学》2003 年第 2 期。

④ 2003—2004 年中国人民银行与世界银行集团外国投资咨询服务局、世界银行集团国际金融中心中国项目开发中心合作研究了《中国信贷人权利的法律保护》项目，该项目选取我国东、中、西部 7 个有代表性的城市进行了实地调研与调查问卷，结果显示：无担保的信用贷款占贷款总额的 17%；由个人和第三方提供担保的贷款占贷款总额的 35%；由不动产担保贷款占贷款总额的 34%；同时由担保物和第三方保证的贷款占贷款总额的 6%；动产质押占贷款总额的 8%；动产抵押担保贷款占贷款总额的 4%，为最低，且远远落后于动产质押的利用率。参见中国贷款人权利的法律保护总报告，中国人民银行研究局"中国信贷人权利的法律保护"课题组，价值中国网，http://www.chinavalue.net/Article/Arive/2005/11/16/13920. 转引自向逢春：《让与担保制度研究》，法律出版社 2014 年版，第 171 页。

计，因而在理论上产生了难以逾越的障碍；在立法上，导致结构性的冲突；应用于实践中也发生难以调和的矛盾。因此，不论是如德国直接由让与担保制度取代动产抵押制度，还是采用日本和我国台湾地区动产抵押和让与担保并存模式，让与担保制度的确立都实有必要。

二、让与担保法律构成

让与担保涉及破产法的首要问题是担保人或债权人被宣告破产时，担保权如何定性的问题。解决此问题须先厘清让与担保的性质，主要有两种观点：所有权构成理论和担保权构成理论。

（一）所有权构成说

所有权构成说源于罗马法上的信托行为理论，由于信托行为的性质存在着"相对的转移"和"绝对的转移"，将信托理论应用于让与担保时，也就形成了"相对的所有权转移说"和"绝对的所有权转移说"。前者认为，仅在外部关系上发生所有权转移，而在内部关系上并不转移所有权。该说提倡将此说作为承认信托人在受托人破产的场合享有取回权的根据。较好地平衡了让与担保中转移所有权的法律形式与设定担保的实质目的。但因该说割裂了所有权的整体，遭到学界的批评，从而逐渐过渡到绝对的所有权转移说；后者是以罗马法上的信托 Fiducia 为原型的理论。认为让与担保的法律构成是"所有权的让渡+债权的约束"。标的物发生了绝对的所有权转移，债权人处分标的物，第三人无论善意或恶意，都可以确定地取得标的物的所有权。该说为德国和我国台湾地区的通说。但是，该说在让与担保的内容与形式关系上过分强调形式而忽视实质内容；在法律功能发挥上偏重于行为的灵活、便利及其对典型担保制度的补充作用，忽视其对社会公正、公平的损害，从而使设定人处于十分不利的地位。[1] 更有甚者，采用绝对所有权转移说的德国，在债权人破产时，将设定人的取回权

---

[1]　顾长浩：《论日本的让渡担保制度》，《民商法论丛》（第 10 卷），法律出版社 1998 年版，第 537 页。

作为例外情况来对待，就此而言，绝对的所有权转移说并不能对让与担保作出妥当的解释。

（二）担保权构成说

该说认为让与担保以担保债权受偿为目的而设立，故应认为其构成担保权。根据这个观点，让与担保仅仅是设定了一种担保，担保物的所有权仍归于担保人，故第三人不能马上取得所有权。然而，如何理解让与担保作为担保物权的构造，存在着不同的观点：①

授权说认为让与担保的实质不是移转所有权，只不过将换价权授予债权人，所有权仍由债务人保留。这一理论加强了债务人的地位，但又削弱了债权人的地位，存在矫枉过正的结果。同时，该说认为担保权人仅是外观上的所有权人，在当事人之间并不发生所有权转移的意思，这使得让与担保陷入虚伪意思表示的泥潭，因此现在持此主张者几乎很少。二段物权变动说认为让与担保的设定发生二阶段物权变动，其一是观念上所有权移转债权人；其二则是将标的物之担保价值以外部分返还于设定人，担保权人仅为担保债权所能享有之部分。此种构成中，在经过两次观念上的占有改定，双方权利均具有对抗要件。但是该说要求设定保有担保价值之外的部分份额，该份额该如何确定将是一个立法和司法难题。期待权说认为让与担保设定后，担保权人仅取得对所有权的一种期待权，当债务人不能按期履行债务时才实际取得所有权；反之，对设定人而言，则是待债务清偿之后对所有权得以回复的期待权，因而在债务履行期届满前，双方当事人均不得擅自处分标的物。它揭示了让与担保的内外特征，较好地反映了其特性。但在民法上，期待权存有特性上暧昧不清的弊端。抵押权说认为动产让与担保实则为动产抵押权，标的物为不动产时亦可作同样解释。持该观点者主要是日本学者米仓明，② 米仓明教授并将该说推广

---

① 参见［日］近江幸治：《担保物权法》，祝娅等译，法律出版社 2000 年版，第 219 页；史尚宽：《物权法论》，中国政法大学出版社 2000 年版，第 251 页以下。

② ［日］米仓明：《让渡担保之研究》，有斐阁昭和五十五年版，第 44 页。

于不动产让与担保之中。批判者认为该说既承认为担保而转移所有权，同时也有设定抵押的真意，难免有虚伪意思表示的嫌疑。况且，该说直接以抵押权理论解释让与担保，未将典型担保与非典型担保作区分，无法揭示出让与担保独有的法律特性。担保权说为目前日本学界之通说。日本学者吉田真澄认为："让与担保的法律构成应依标的物的不同而不同：动产让与担保以动产抵押为其法律构成；不动产让与担保以伴随所谓私的实行方法的抵押权为其构成；权利让与担保则属于伴随着私的实行方法的权利质权。"①持相同观点的还有加藤一郎等学者。该说揭示了让与担保的担保之本质，并且提出了相应的公示方法，代表了让与担保法律构成学说的发展方向。

随着让与担保在实践中运用得越来越广，我国学界对让与担保的探讨也越来越多。对于让与担保法律构成主要存在以下几种观点：所有权构成说②、二重所有权构成说③、担保物权构成说④和折中说⑤。所有权构成说是我国前几年的通说，随着对让与担保深入研究，受德、日让与担保理论发展的影响，学者逐渐推翻此看法；二重所有权构成说仍然以所有权构成说为依据，而无视让与担保之担保目的，削弱设定人的地位，难免会受到德、日相对所有权构成说的质疑；折中说在坚持担保权构成说的同时，兼顾所有权构成说的合理成分，肯定了设立让与担保移转所有权的特有方式，此种学说对担保权构成说起到了较好的补充作用；担保物权构成说是在日本担保权构成说的理论

---

① ［日］吉田真澄：《让渡担保》。转引自王闯：《让与担保法律制度研究》，法律出版社 2000 年版，第 183 页。

② 参见梁慧星主编：《中国物权法研究》，法律出版社 1998 年版，第 1062 页；陈华彬：《物权法原理》，国家行政学院出版社 1998 年版，第 770 页；陈本寒主编：《担保法通论》，武汉大学出版社 1998 年版，第 336 页。

③ 梅瑞奇：《让与担保制度的法律构成》，东方法眼网，2003 年 12 月 19 日。

④ 参见梁慧星主编：《中国物权法草案建议稿》，社会科学出版社 2000 年版，第 783 页；王利明：《动产让与担保若干问题研究》，《民商法研究》（第 6 辑），法律出版社 2004 年版，第 315 页。

⑤ 顾长浩：《论日本的让渡担保制度》，《民商法论丛》（第 10 卷），法律出版社 1998 年版，第 539 页。

基础上发展而来，但又区别于担保权构成说——让与担保应成为一种独立的担保物权。由梁慧星教授负责的课题组所起草的《中国物权法草案建议稿》第 414 条规定可以看出，对让与担保法律构成和性质的理解倾向于担保权构成说，并认为债权人在担保期间不当处分担保物，构成对担保设定人"财产权"的侵害。① 让与担保作为一种独立的担保物权也具有可能，因此，我们应大胆地进行理论和制度创新，应不断克服让与担保的弊端，肯定其新型担保物权的合法地位。

三、让与担保权人破产规制模式选择

由于让与担保标的物通常由设定人占有使用并依约定将其所有权移转于担保权人，一旦设定人破产，让与担保权人能依照破产法的规定行使何种权利，就成为一个颇有争议的问题。一种观点认为，债务人或担保人破产时，让与担保权人可依其所有权对担保物行使取回权。② 另一种观点认为，债务人或担保人破产时，让与担保权人对担保物享有别除权，而非取回权。③ 由此可见，让与担保权在破产法中如何定性，采取何种模式予以规制更为合理，有待进一步论证。

采取回权模式的学者主要认为：让与担保权人享有标的物的所有权，因此担保权人在破产程序中享有取回权。在此问题上，采所有权构成理论的我国台湾地区"破产法"也如此规定。④ 坚持期待权构成

---

① 参见梁慧星主编：《中国物权法草案建议稿》，社会科学出版社 2000 年版，第 783 页。

② 参见王欣新：《破产法理论与实务疑难问题研究》，中国法制出版社 2011 年版，第 223 页。另参见邹海林、常敏：《债权担保的方式和应用》，法律出版社 1998 年版，第 409 页。

③ 参见李永军：《破产法律制度》，中国法制出版社 2000 年版，第 242 页。相同观点参见王延川：《破产法理论与实务》，中国政法大学出版社 2009 年版，第 236 页。

④ 谢在全：《民法物权法论》（下册），中国政法大学出版社 2011 年版，第 1119 页。同样的观点参见史尚宽：《物权法论》，中国政法大学出版社 1998 年版，第 426 页。

说者也有同样的观点。① 笔者认为取回权模式有待商榷。

从其本质来看，让与担保是以转移所有权为特征的担保方式，因此从外观上看，标的物的所有权移转给了让与担保权人，但是让与担保权人取得的是一种受限制的所有权。② 联邦德国最高院于1979年10月24日作出的一项判决，也可以对此问题予以论证，该判决指出："……担保所有权不是充分的、无限制的所有权；担保设定人破产的场合，它赋予担保权人的现实权力不是从破产财产（mass）中分割财产，而仅仅是从中寻求单独的受偿。"③纵观德国在破产法之外让与担保权的实现只能通过强制执行进行，担保权人无法直接要求所有物的返还。因此按照破产法尊重非破产法规范的原则，让与担保权应作为别除权对待。④ 根据重视让与担保实质目的的理论，石川明指出，担保权人自破产程序中对担保物没有取回权，而有别除权。⑤ 我国台湾地区也有学者持相同的观点。⑥ 我国《企业破产法》第109条规定，破产程序中担保权人享有优先受偿的权利。就让与担保的担保本质来看，应赋予让与担保权人同其他典型担保权人一样的破产别除权。

从域外立法来看，在承认让与担保的大陆法系国家，一般承认其为别除权的基础权利。即使采所有权构成理论的德国也认为，设定人破产时，根据"换位原则"（Principle Conversion），让与担保权人取得一种类似质押权人的权利即别除权（Absonderungsrecht），可以就设定

---

① 可参考"临海绣品厂清算组诉临海市第四建筑工程公司案"，见房绍坤、王莉主编：《房地产典型判例研究》，人民法院出版社2003年版，第190页。

② 王建源：《让与担保制度研究》，梁慧星：《民商法论丛》（第10卷），法律出版社1988年版，第793页。

③ BGH，24 October 1979. 转引自 *Securities in movables in German Law*，by Rolf Serickp，p. 29.

④ 许德凤：《破产法论——解释与功能比较的视角》，北京大学出版社2015年版，第329页。

⑤ ［日］石川明：《日本破产法》，何勤华、周桂秋译，中国法制出版社2000年版，第74页。

⑥ 陈荣宗：《破产法》，台湾三民书局1982年版，第240页。

人担保其债权等财产不依破产而单独地进行优先受偿的权利。① 对于《德国破产法》第 51 条规定的某些其他债权人视同质权债权人，实践中最重要的例子就是基于(动产)让与担保和(权利)让与担保的别除权。在此，尽管担保权人为所有权人，但他同样不能取回担保物，而只能请求别除受偿，因为从经济上来说，属于他的并不是物本身，而是体现为变价收益的物所代表的价值。② 从日本立法也可以看出，让渡担保权者没有取回权，只有别除权。《日本国税征收法》第 24 条规定，作为滞纳处分，纳税义务人设定的让渡担保之标的物可以再次查封、换价。此外临时登记担保法否定了临时登记担保权者的取回权(《临时登记担保法》第 19 条)，关于公司更生程序的判例也否定了让渡担保者的取回权(最高法院 1966 年 4 月 28 日判决，《民事判例集》第 20 卷第 4 号，第 900 页)。③ 在英美法系中，别除权的权利基础主要包括契约型、司法型和法定型担保，而让与担保正被包含于契约型担保物权之中，成为破产别除权的权利基础。

从司法实践来看，法院判决不仅承认让与担保的存在，而且承认让与担保的优先受偿。如在"玉灿、吴俊与福建渝商投资有限公司、丁建辉民间借贷纠纷案"④中，一审法院认为……让与担保作为一种物的担保制度，仅存在优先受偿问题。二审法院也作出同样的判决。由此，可以推翻一些学者从立法和法院裁判未明确承认让与担保角度否认让与担保权人别除权的观点。⑤

让与担保作为别除权的权利基础应予以承认。这也证明了，虽然

---

① 王建源：《让与担保制度研究》，梁慧星：《民商法论丛》(第 10 卷)，法律出版社 1988 年版，第 775 页。

② [德]莱茵哈德·波克：《德国破产法导论》(第六版)，王艳柯译，北京大学出版社 2014 年版，第 137 页。

③ [日]石川明：《日本破产法》，何勤华、周桂秋译，中国法制出版社 2000 年版，第 75 页。

④ 参见福建省高级人民法院(2014)闽民终字第 360 号民事判决书；另参见河北省石家庄市中级人民法院(2014)石民三初字第 00221 号民事判决书。

⑤ 王卫国等：《破产法原理规则案例》，清华大学出版社 2006 年版，第 185 页。

所有权构成理论法律构成简单、易于理解，但涉及破产问题时与担保的设定初衷相悖。应当坚持担保权构成理论，在破产程序中赋予让与担保权人以别除权，这也已为当前理论界所认可。①

四、让与担保权人别除权的实现

S 于 2001 年 3 月将其汽车为其债权人 G 提供了让与担保。2003 年 1 月，S 陷入了资不抵债困境中。另一债权人 W 得知 S 陷入资不抵债困境，因此向具有管辖权的破产法院提出申请。在针对 S 的破产程序开始后，G 提出对汽车的优先受偿权。但破产管理人 I 和无担保债权人更愿意将库存货物为了无担保债权利益归入破产财团中，因此依据破产撤销权来对抗 G。并且由于自始担保过度以及危害债权人，I 决定以担保性所有权无效来对 G 的别除权提出异议。

（1）在让与担保中，破产管理人能否以让与担保无效或具有可撤销性否定让与担保权人的优先受偿权？

（2）若债务人 S 违反约定将汽车出卖于 D，且在将汽车出让给 D 后不久，S 就陷入了破产，G 可以对价款债权行使别除权吗？或者可以要求物上代位权吗？

（3）若 G 行使别除权时损害了无担保债权人 W 的利益或者 G 和 S 为逃避债务秘密担保，无担保债权人 W 的权利该如何保护？

（一）优先受偿权

以担保物权为基础的别除权在破产法上的具体表现，就是别除权人对标的物享有排他的优先受偿权。一般来看，被担保人似乎是对其他债权人的攻击进行防卫的“幸运的占有者”（beatus possidens）。但是无担保之债权将会努力推翻被担保人较强的法律地位。他们会根据撤

---

① ［日］石川明：《日本破产法》，何勤华、周桂秋译，中国法制出版社 2000 年版，第 74 页。

销权的规定或者说明担保性让与是无效的，或者证明是有损害赔偿义务的。① 因此，作为与质权相似的权利，担保性所有权也必须在与担保提供人其他债权人的竞争中证明自身是有效可靠的，在破产程序中也是如此。

撤销权的依据是无担保（破产）债权人的第一种防卫之可能性。② 如前所述，让与担保"形式上转移了所有权，实则为担保"，转移所有权仅仅是担保之假面，担保价值超过担保债权尤其是事后过度担保实属常态。因此，在破产程序中常受到"以明显不合理的低价进行交易"和"事后担保"的质疑。

1. 以明显不合理的低价

让与担保是本质上一方提供资本（capital），另一方提供技能（know-how）的合作，体现了交易中债权人的资本优势与债务人投资专长的互补。③ 债权人能够容忍债务人利用借款进行投资经营，债务人也愿意为该笔借款承担必要的担保风险，因此，某些看似"以明显不合理的低价"或"无偿"转让财产，也应推定其具有合理性。在此背景下，对于"无偿"或"明显不合理的低价"事实上是要求主观要件的，只是并未直接体现在对当事人交易时主观状态的判断，而是将其吸收到交易价格是否合理的认定上：若交易符合诚信（good faith）要求并且是正式的交易（arm's length transaction），即便交易价格与市场上的交易价格有出入也应推定交易价格合理。④ 在"港丰集团与国融公司

---

① ［德］鲍尔·施蒂尔纳：《德国物权法》（下册），张双根译，法律出版社2004年版，第626页。

② ［德］鲍尔·施蒂尔纳：《德国物权法》（下册），张双根译，法律出版社2004年版，第629页。

③ Baird et al. , Fraudut Conveyance Law and Its Proper Domain, 38 Vanderbilt L. Rev. 829, 838(1985).

④ Baird et al. , Fraudut Conveyance Law and Its Proper Domain, 38 Vanderbilt L. Rev. 829, 838(1985).

股权转让一案"①中，双方约定以 1 元的价格转让 100%的股权。双方以如此低的价格转让股权，但最高法院最终依然最高人民法院《关于审理民间借贷案件适用法律的若干问题的规定》第 24 条的精神认为此种合同约定中各方的意思表示为以标的物优先受偿，并非是取得所有权。由此可见，即使在当事人设置让与担保时，可能存在以明显不合理的低价转让担保标的物的可能，但法院也会以归属清算的方法承认让与担保权人的优先受偿权。在"工艺服装绣品厂与四建建筑案"中，法院也作出了相似的判决。日本在"就让与担保权人在设立人停止支付后，对标的物进行估价并通过代物清偿进行清算一案"，最高裁判所撤销并发回承认否认权行使(破第 72 条第 2 号)的二审判决，并作出如下判示：代物清偿在被担保债权额的范围内有效，它不能成为否认权的对象。② 由此判决可见，最高法院肯定了让与担保的实质，并不能以明显不合理低价转让财产为由而认为存在欺诈性转让而予以撤销。

2. 事后担保

根据我国《企业破产法》的规定，事后担保行为应按偏颇清偿对待。③ 那么让与担保可否运用偏颇性清偿之理由予以撤销，尚需具体讨论。让与担保的特点为先转移标的物的所有权，一般不会存在偏颇性清偿可能。值得研究的是，需要登记的而未予登记的动产或不动产。若担保是在借款提供的同时提供，此时担保提供人通过担保获得借款，属于清偿使债务人受益的情形(《企业破产法》第 32 条第 2 句)，不存在撤销的可能。但当事人应在合理期限内完成设定登记手续。若在借款合同签订后很长时间内未予登记，而在债务人进入破产临界期内才完成担保设定手续，很可能会视为事后担保而以偏颇清偿

---

① 中华人民共和国最高人民法院(2016)最高法民申字第 1689 号民事裁定书。

② 最高判昭和 39.6.26 民第 887 页(因仅借室权的正常估价额就超出了被担保债权，所以承认了对超出部分和日常用具、电话加入权部分的否认)。

③ 许德凤：《破产法论——解释与功能比较的视角》，北京大学出版社2015 年版，第 393 页。

为由予以撤销。德国法上对此也持相同的观点。[1]

对于采登记对抗主义的担保，若担保合同和借款合同同时生效，则不构成事后担保。即使非占有转移型的让与担保中，普通债权人也应该合理期待债务人财产上可能存在未公示的担保。在德国法的让与担保制度下，债务人之普通债权人应合理预见到债务人财产上已为他人设定让与担保，进而承受其"对抗"效力的问题。目前德国通说认为社会一般概念早已接受企业将其几乎所有动产设置让与担保的事实。[2] 尤其以担保设定人未来可能取得的物进行担保时，在签订担保合同时，担保设定人尚未取得担保标的物，但在担保设定人进入破产临界期后取得担保标的物，例如内容发生变动的集合物、加工材料等。那么进入破产临界期后，设定人取得的标的物是否属于增加债务财产担保而可以撤销？采登记对抗主义的担保，在担保合同和借款合同生效时担保即已设立。根据《企业破产法》第 31 条第 3 项行使撤销权，强调的是对没有财产的担保提供担保，才可以撤销。最高院司法解释对此也予以肯定（法释[2013]22 号第 14 条）。由此可见，我们应充分尊重当事人之间的意思表示，只要该让与担保合同未有失公平，未变相对外转移财产，不应被撤销。否则，在破产申请受理前，债务人便因缺乏信用，难以维持必要的经济活动。但是，物权法上采登记对抗主义原则的美国和日本，为规避秘密担保而在破产法上对此采取严格的登记生效规则，由此来看，在立法中也应注重防范债务人和别除权人设立事后担保而规避法律的行为。

（二）代偿别除权

多数情况下，让与担保是由担保设定人占有，担保标的物尤其是非占有转移型的动产让与担保很容易被担保设定人予以处分。若担保

---

① 《德国破产法》第 142 条仅排除了对直接履行的即付交易的撤销。而联邦法院将《破产法》第 42 条的适用限于一致性清偿，由此仅排除了《破产法》第 130 条的撤销，而并不排除依据《破产法》第 131 条以及 133 条的撤销。

② 许德凤：《破产法论——解释与功能比较的视角》，北京大学出版社 2015 年版，第 404 页。

设定人处分了担保标的物，让与担保权人能否就物上代位权行使优先权？从德日立法来看，担保物权上的物上代位一样适用于让与担保。争议最大的是，保险金请求权能否为让与担保之代位物。依德国所有权构成理论，标的物所有权已转移于被担保人，担保权人为自己的利益投保，则保险金请求权当然归属于担保权人。因设定人已经失去标的物的所有权，若为标的物投保，该保险契约应为无效，不生保险金请求权效力。① 对此有学者反对，认为标的物价值一般情形下总是大于被担保债权，担保提供人对标的物有期待权或返还请求权，待债务被适当履行后可回复标的物所有权，且标的物通常由担保设定人占有、使用、保管，不能认为设定人对标的物无保险利益。② 而日本我妻荣先生认为：让与担保人为所有权人利益而签订的损害赔偿保险契约有效，但应该承认设立人的返还请求权；在设立人为所有权人利益签订的损害保险契约无效（岐阜地判昭和 34.3.23 民第 528 页），但认为非占有转移型让与担保中，在两个场合有效——保险金请求权被转让给了让与担保权人和为他设立质权的场合下有效。③ 我国《担保法》肯定了抵押权人和质权人对赔偿金所享有的权利。④ 可见，原物毁损、灭失后，他物权人对原物的代偿财产可以延伸到其代位物，即便代位物是货币形态的赔偿金。但让与担保权人在破产程序中能否像担保设定人行使代偿取回权一样行使代偿别除权，尚需进一步考证。

在 2013 年，最高人民法院在法释［2013］22 号第 32 条中，明确规定了代偿取回权，而未明确规定代偿别除权。《德国破产法》关于

---

① 谢在全：《民法物权法论》（下册），中国政法大学出版社 1999 年版，第914 页。

② 向逢春：《让与担保制度研究》，法律出版社 2014 年版，第 53 页。谢在全先生在其后修订版中也采此观点，参见谢在全：《民法物权法论》（下册），中国政法大学出版社 1999 年版，第 1117 页。

③ 参见［日］我妻荣：《新订担保物权法——我妻荣民法讲义Ⅲ》，申政武、封涛、郑芙蓉译，中国法制出版社 2008 年版，第 568 页。

④ 参见《中华人民共和国担保法》第 58 条和第 73 条。

别除清偿的规定中，也并没有与《德国破产法》第 48 条的代偿取回①类似的规定。但公认的一点是，如果由于破产管理人对无权出卖担保物而损害别除清偿，就允许准用代偿取回，进行代偿别除。只要债权人请求权依然成立，他就可以类推适用《德国破产法》第 48 条，就对待给付请求权来请求别除清偿。只要对待给付还可分辨地存在于财团，给付本身就成立别除权标的；否则，便仅剩损害赔偿请求权和不当得利请求权。反之，如果债务人在程序启动前已无权出卖了担保物，则不能类推适用《德国破产法》第 48 条，因为此时该规则与整个体系相矛盾。② 日本学者石川明指出："在担保物权之标的物的所有者，因标的物被拍卖、租赁、毁损、灭失而得到的金钱以及其他物品（代位物）的场合，担保物权的效力及于此代位物。"③对先取特权者基于行使物上代位权而提出的分配要求不能拒绝，即使是在债务者接受破产宣告后也可以行使物上代位权。④ 因此，为减少担保权人的风险，保护担保权人的利益，也应在破产程序中承认让与担保权人的代偿别除权。

（三）优先受偿权的限制

让与担保以所有权移转为基本形式，很大程度上依从于当事人的意思自治。当事人的意思自治若不在法律的控制下，让与担保有可能被滥用甚至妨害交易安全。正如我妻荣先生所言："让与担保还存在着不少损害第三人，特别是普通债权人的危险。"⑤因此，为了确保破

---

① 《政府草案》第 60 条曾有一条规定，后来被法律委员会删除，但它其实无意废除这一早在旧法中就得到认可的代偿别除权。见 BT-Drs. 12/7302, 160.

② ［德］莱茵哈德·波克：《德国破产法导论》（第六版），王艳柯译，北京大学出版社 2014 年版，第 143 页。

③ ［日］石川明：《日本破产法》，何勤华、周桂秋译，中国法制出版社 2000 年版，第 82 页。

④ ［日］石川明：《日本破产法》，何勤华、周桂秋译，中国法制出版社 2000 年版，第 84 页。

⑤ 参见［日］我妻荣：《新订担保物权法——我妻荣民法讲义Ⅲ》，申政武、封涛、郑芙蓉译，中国法制出版社 2008 年版，第 544 页。

产债务人及普通债权人利益的充分实现，也有必要对让与担保优先受偿权作适当的限制。此种限制并非一定对债权人优先受偿权带来负面效应，在很大程度上也能产生一种正面影响。让与担保作为一种担保物权同样需遵循典型担保物权在破产程序中的诸多限制，对此也已有学者在其著作中予以阐明①，在此不再赘述。对于让与担保物权，需要予以重点强调的是让与担保制度容易滋生过度担保行为和秘密担保行为。

1. 过度担保。通常情况下，让与担保权人会要求担保人提供价值高于主债权一定比例的担保物。甚至直接在担保合同中约定若到期不偿还，则远远超过本息总额的标的物将确定地转移归债权人或者以标的物租金为名收取高额的利息。《德国破产法》对高于一定比例的担保物也予以承认。但是，为保障无担保债权人的利益，也有必要对此做一定的限制。德国最高院在1997年的一项判决中指出，原则上，如果担保物的价值在所担保债权的160%以下，就不构成过度超额担保。② 超额担保比例的确定受诸多因素的影响，立法技术需考量的问题。对此值得借鉴的是，在法律上对让与担保的超额担保比例做适当的限制。

在非破产程序中，让与担保可以弥补抵押、质押等拍卖手续上的缺陷，由当事人自己决定折价方法清偿，所以通常会低价变卖担保标的物，也正是让与担保的这个作用容易被暴利行为所利用。③《德国破产法》为防止此类现象的发生，特别规定将变现权收归破产管理人行使。④ 我国学者在典型担保物权中也有同样的观点，如王欣新教授认为"别除权人要求依法行使其优先受偿权时，应由管理人依法定程

---

① 许德凤：《破产法论——解释与功能比较的视角》，北京大学出版社2015年版，第307页。

② 许德凤：《破产法论——解释与功能比较的视角》，北京大学出版社2015年版，第330页。

③ 参见［日］我妻荣：《新订担保物权法——我妻荣民法讲义Ⅲ》，申政武、封涛、郑芙蓉译，中国法制出版社2008年版，第542~543页。

④ Jaeger-Henckel，§51Rn. 10 ff InO.

序处置担保物"。① 但我国现行法并没有对此予以明确规定，实务操作中也多是以"拍卖"的形式变现。因此，未来立法可以考虑将变现权赋予破产管理人，由此更有利于担保物变现价值的最大化，也将是更有效率的安排。

2. 秘密担保。担保性所有权让与提供的是一个秘密的质权，在外部难以被辨别。尤其非占有转移型的让与担保以占有改定作为公示方式，那么在破产程序中，担保债权人和担保提供人还可能存在秘密的担保交易，便会给普通债权人带来一种危害，即信赖于外观表象，并且认为债务人是有信用的风险。这可能会导致担保合同违反风俗。② 在《德国破产法》138 条对担保性所有权让与有效性评断中作了规定，如果其要件满足，那么该担保物就属于债务人的财产。甚至若违反第 826 条的规定，让与担保权人需要对无担保债权人承担损害赔偿义务（《帝国最高法院民事判例集》，第 143 页）。德国还通过判例的形式确立了贷款给予人检验义务，即检验担保性所有权让与对债务人财产影响的义务。尤其是债务人陷入破产时，贷款给予人更应尽到谨慎的检验义务（《比较联邦最高法院裁判》，《新法学周刊》，1995年，第 1668 页）。③ 由此判例德国对担保性所有权让与泛滥限制取得了较好的成效。我国在建设让与担保制度时，对此种检验义务或者注意义务可资借鉴。

五、结 论

破产法中的让与担保权的处理，重点在于两个层面的问题：一是根据让与担保的法律构成，明确让与担保权人在破产程序中的规制模式。根据所有权构成理论，担保权人享有取回权，担保设定人破产之

---

① 王欣新：《破产法理论与实务疑难问题研究》，中国法制出版社 2011 年版，第 398 页。

② ［德］鲍尔·施蒂尔纳：《德国物权法》（下册），张双根译，法律出版社 2004 年版，第 632 页。

③ ［德］鲍尔·施蒂尔纳：《德国物权法》（下册），张双根译，法律出版社 2004 年版，第 633 页。

时，担保权人享有返还原物请求权；根据担保权构成理论，担保权人享有别除权，担保设定人破产之时，担保权人仅享有优先受偿权。从让与担保之本质来看，我们应坚持担保权构成理论，赋予担保权人破产别除权更为适宜。二是根据破产别除权特性，平衡担保权人和担保提供人之间的利益，以及担保权人与无担保债权人之间的利益。被担保债权人必定会重视优先权地位的实现，而无担保的债权人则必定力求将被担保人限制在被担保债权额的范围内，以便于物的价值的无负担剩余部分服务于他们的利益。以破产法检视让与担保权人的优先受偿权，不应以明显不合理的低价而予以撤销。能否因事后担保而以偏颇清偿为由而予以撤销，则应视情况而定：采登记生效主义的担保，应在合理期限内予以登记，若在破产临界期内予以登记，则存在被撤销的风险；采登记对抗主义的担保，只要借款合同和担保合同同时生效，则应当充分尊重当事人之间的意思自治，而不应被撤销。同时应赋予担保权人代偿别除权，以期更好地维护担保权人的利益，降低担保权人的风险。但因让与担保的特性，让与担保也存在诸多的危险，容易滋生过度担保、秘密担保等行为而损害无担保债权人的利益，因此我们赋予担保权人破产别除权时，也应对其予以规制。

破产程序中抵销制度的反思与完善

刘忠民 *

摘要：我国关于破产抵销权的规定存在诸多问题，由此引发了理论上和实践中的较大争议，有必要从立法论的角度完善我国破产抵销权。破产程序是利益衡量的过程，应该限制破产抵销权以平衡全体债权人的利益。破产抵销权的争议在于行使方式和适用限制，对其完善也应围绕上述两个方面展开。破产抵销权行使方式的完善应从行使主体和行使程序着手；破产抵销权适用限制的完善应从时间限制和特别限制着手。

关键词：破产抵销权；利益衡量；行使方式；适用限制

抵销权是民法上当事人终止债权债务关系的一项权利。破产法上的抵销权(以下简称破产抵销权)源于民法上的抵销权(以下简称民法抵销权)，但由于发生在破产程序中，因此既要体现民法抵销权的基本特征，又要体现破产法赋予的特别内涵。破产抵销权，指债权人在破产申请受理前对债务人即破产人负有债务的，无论是否已到清偿期限、标的是否相同，均可在破产财产最终分配确定前向管理人主张相互抵销的权利。① 我国《中华人民共和国企业破产法》(以下简称《企业破产法》)以及最高人民法院《关于适用〈中华人民共和国企业破产法〉若干问题的规定(二)》(以下简称《企业破产法司法解释(二)》)对破产抵销权作出了规定。但是，上述法律和司法解释中的规定存在着

---

* 刘忠民，武汉大学法学院2015级民商法硕士研究生。

① 王欣新、王中旺：《论破产抵销权》，《甘肃社会科学》2007年第3期，第161页。

诸多问题，对于破产抵销权的行使方式和适用限制，不管理论上还是实践中都存在较大的争议。因此，笔者将结合实践中出现的典型案例，对《企业破产法》第40条及相关司法解释进行反思，并从立法论的角度完善我国破产抵销权。

一、破产抵销权的实证分析

（一）实践中破产抵销权的运用

长江支行和江汉支行与南方证券破产抵销权纠纷案。[①] 2003年，农行湖北分行的离退休干部丁锐等103人，投入总计876万元委托南方证券武汉分公司投资国债，并以老年基金会的名义与其签订了协议。2004年1月2日，南方证券因违规经营出现风险被行政接管。2006年7月11日，深圳市中级人民法院受理了南方证券破产申请，并于8月16日依法宣告南方证券破产还债。在南方证券被行政接管后，上述103名国债投资者即不断申诉，要求尽快解决其个人投资兑付问题。农行湖北分行经请示总行和湖北省人民政府后，决定根据国家相关政策对上述离退休干部的债权予以全额收购，并于2006年9月11日分别与老年基金会和离退休干部个人签订了三方的《债权收购协议书》。2007年4月4日，南方证券确认了农行湖北分行的876万元债权。2009年年初，上述债权划归长江支行管理。经几次破产财产分配，上述债权剩余约331万元尚未受偿。根据生效的（2011）粤高民二终字第10号民事判决书，长江支行和江汉支行应向南方证券支付税后红利1717100元。据此，长江支行和江汉支行提出将长江支行的债权与应向南方证券支付的债务抵销，南方证券则认为长江支行和江汉支行不能行使破产抵销权。最终一审法院和二审法院否定了长江支行和江汉支行的破产抵销权，驳回了其诉讼请求。

忠成公司管理人与建行温州分行破产抵销权纠纷案。[②] 忠成公司

---

① 广东省高级人民法院（2013）粤高法民二破终字第1号。
② 浙江省高级人民法院（2014）浙商终字第27号。

因需与建行温州分行签订了信用证开证合同，约定由忠成公司在建行温州分行处开立保证金专用账户，用该账户中的款项作为偿还开证合同项下债务的保证。建行温州分行在忠成公司不履行债务时，有权将账户中的保证金直接扣划，用于偿还债务。忠成公司于 2010 年 4 次向被告交纳了信用证保证金，信用证到期付款日分别为 2010 年 10 月 27 日、2010 年 11 月 11 日、2010 年 12 月 16 日、2011 年 3 月 17 日。在建行温州分行就信用证向外付款后，忠成公司已经向其履行了支付义务，但信用证保证金仍以存款方式留存在账户上。后因忠成公司无力清偿到期债务，温州市中级人民法院于 2013 年 7 月 19 日受理了忠成公司破产一案，并指定浙江嘉瑞成律师事务所、中汇会计师事务所有限公司担任管理人。建行温州分行申报并经忠成公司管理人审查，确认对忠成公司享有的债权金额为人民币 25311292.49 元、美元 6861027.78 元。2013 年 9 月 5 日，建行温州分行两次划扣忠成公司账户中的款项共计人民币 1417286.15 元。为此，忠成公司管理人要求建行温州分行返还上述款项，建行温州分行则提出了破产抵销的主张。忠成公司管理人向法院起诉要求确认建行温州分行主张的 1417286.15 元债务抵销行为无效。最终一审法院和二审法院认可了建行温州分行的破产抵销权，驳回了忠成公司管理人的诉讼请求。

（二）破产抵销权运用之分析

第一个案例中值得我们思考的是：长江支行和江汉支行是否具有行使破产抵销权的主体资格？长江支行和江汉支行是否属于禁止行使破产抵销权的情形？对于第一个问题，长江支行和江汉支行认为，农行湖北分行与长江支行之间对南方证券债权管理权的转移，代表中国农业银行总行对该债权进行管理，长江支行与江汉支行的民事责任亦由中国农业银行总行承担，因而其具有行使破产抵销权的主体资格。南方证券认为，农行湖北分行对南方证券享有破产债权，并参与了南方证券破产程序中的历次破产财产分配，而长江支行和江汉支行均非南方证券的债权人，因而其不具有破产抵销权的主体资格。一审法院认为，只有农行湖北分行才是南方证券的债权人，长江支行和江汉支行作为民事责任主体是相对独立的，不能因此认定长江支行和江汉支行亦具有南方证券的破产债权人资格。二审法院对此没有加以说明。对于第二个问题，长江支行和江汉支行认为，其取得债权完全是被动的、善意的行政行为，是为了维持社会稳定的需要，该债权不属于禁止抵销的情形。南方证券认为，长江支行和江汉支行的破产债权，是农行湖北分行在南方证券宣告破产之后才收购的，因此该笔债权不得抵销。一审法院认为，农行湖北分行对债权的收购政策，虽然是国家对个人债权采取的一项特殊保护措施，但仅就收购双方而言完全具备债权转让特征，支持长江支行和江汉支行的抵销请求对其他债权人而言不公平。二审法院认为，农行湖北分行取得对南方证券的债权，是在法院受理南方证券破产之后，长江支行和江汉支行不得行使破产抵销权。

第二个案例中值得我们思考的是：建行温州分行是否符合行使破产抵销权的条件？建行温州分行行使破产抵销权的方式是否合法？对于第一个问题，忠成公司管理人认为，建行温州分行的扣款行为发生在破产案件受理之后，属于利用自身便利条件扣划债务人财产的个别受偿行为，有悖于破产法规定的债权公平受偿原则，其抵销权主张无效。建行温州分行认为，划扣的保证金属于忠成公司的到期债权，不存在抵销权限制的情况，其主张符合破产抵销制度的相关规定。一审法院认为，忠成公司对建行温州分行享有的债权形成于忠成公司破产受理一年前，且建行温州分行对忠成公司亦享有到期金融债权，因此建行温州分行依法享有破产抵销权。二审法院认为，忠成公司和建行温州分行之间互负债权债务关系，债权人建行温州分行对忠成公司的债务发生于破产申请受理日之前，并且其负担债务时主观上并不存在恶意，因此建行温州分行符合行使破产抵销权的条件。对于第二个问题，忠成公司管理人认为，破产抵销权不包括扣划的行为，建行温州分行的扣款行为，构成偏颇性清偿或优惠清偿。建行温州分行认为，扣划行为是行使破产抵销权的后果，目前法律对如何行使破产抵销权没有详细规定，在不影响其他债权人利益的前提下，其有权通过划扣来行使抵销权。一审法院认为，建行温州分行对忠成公司存款的扣划属于单方行为，不产生破产抵销的法律后果，若扣划有误忠成公司仍享有返还请求权，因此建行温州分行有权在划扣后提出破产抵销主张。二审法院认为，破产抵销权行使的程序条件，是债权人主张抵销的债权依法申报并经人民法院裁定确认，建行温州分行已经向忠成公司申报债权，虽然该笔债权尚未经法院裁定确认，但这一瑕疵尚不构成破产抵销权行使的实质性障碍。

我国《企业破产法》规定破产抵销权后，其在破产实践中的运用引发了诸多争议。考察破产抵销权在实践中的运用可知，破产抵销权的问题主要表现在行使方式和适用限制两个方面。就行使方式而言，行使破产抵销权的主体并不明确，同时，破产抵销权的行使程序也存在缺失。就行使限制而言，并非所有破产申请受理后取得的债权都不能抵销，同时，行使破产抵销权的限制条件也并不明确。笔者接下来将分析破产抵销权所体现的利益，并针对上述实践中的问题逐一展开讨论，以期为完善我国破产抵销权略尽绵薄之力。

二、破产抵销权的利益衡量

（一）破产抵销权的不同立法

对于破产抵销权的适用，各国形成了两种不同的立法例。大多数国家在破产法中肯定了破产抵销权的适用，如大陆法系的德国、日本，英美法系的美国、英国。① 肯定破产抵销权的理由在于：第一，破产抵销制度有利于实现破产程序中的公平。禁止破产程序中的抵销对抵销权人不公平：一方面，其需要全面履行对破产企业的债务；另一方面，其所拥有的债权只能按比例得到清偿。相同当事人的债权却受到了不平等的对待，这有违私法领域所强调的公平原则。第二，破产抵销制度具有担保债权实现的功能。债权人通过行使破产抵销权，可以不经过破产程序而优先实现债权。正如日本最高法院所言，就行使抵销权之债权人一方言，在债务人资力不足的场合下，仍能为自己的债权受到确实及充分清偿利益，这时的主动债权对于被动债权宛如

---

① 《德国支付不能法》第 94 条、《日本破产法》第 67 条、《英国破产法》第 323 条以及《美国联邦破产法》第 55 条都规定了破产抵销权。

具有类似于担保地位之机能。① 第三，破产抵销制度能够减少债权人的风险。破产抵销制度可以变相地实现对债权的担保，因此债权人可以通过抵销有效地实现债权。否则，债务人破产会使债权人遭受严重损失，更有甚者，会引起连环破产的发生。当债权人利益得到充分的保障后，企业的融资也会变得更为容易。不过，为了防止抵销权人受到过分保护，上述国家也对破产抵销权的行使进行了严格的限制。

并非所有的国家都对破产抵销权的适用持肯定态度，法国、比利时、卢森堡以及一些拉美国家就禁止抵销在破产程序中的适用。否定破产抵销权的理由在于：第一，破产抵销制度违背了平等清理债权债务的原则。通过破产抵销权的行使，部分债权人的债权在抵销范围内得到了优先清偿，这实际上是对按比例分配债务人财产精神的背离。这使得抵销类似于一种未公开的担保权，对其他债权人而言是不公平的。② 第二，破产抵销制度不利于对一般债权人的保护。抵销权人在获得优先清偿后，债务人的财产在抵销范围内减少，一般债权人获得清偿的比例将会降低。这实际上是牺牲一般债权人的利益来维护抵销权人实现债权。禁止破产抵销制度则可以使所有的债权得到公平清偿。值得注意的是，上述国家虽然对债权人采取了严格平等的态度，但同一交易内的抵销也是被允许的，被禁止的主要是两个相互独立的请求权。在一些国家的实践中，对于并非同一交易内的债权但存在特殊的情形时，法院可能会通过对"同一交易内的抵销"进行扩张解释，以保护债权人利益，维护破产程序的公平。如在法国法上，若两个合同安排属于同一框架协议，便很可能被解释为是"同一交易"。③

从上述不同立法可以看出，不管是对破产抵销权持肯定态度还是否定态度，都是为了更好地平衡破产程序中各方的利益。这实际上是公平原则在破产法领域中的表现。对不同立法例的选择，需要结合一

---

① 刘得宽：《民法诸问题与新展望》，中国政法大学出版社 2002 年版，第569 页。

② 石静霞：《跨国破产的法律问题研究》，武汉大学出版社 1999 年版，第300~301 页。

③ Cassation commerciale，12December 1995，BRDA 96-2，p. 8. 转引自许德风：《破产视角下的抵销》，《法学研究》2015 年第 2 期，第 140 页。

个国家的实际情况进行考量，这也涉及不同国家对公平的不同理解。肯定破产抵销权对于抵销权人更为有利；否定破产抵销权对一般债权人更为有利。我国采取的是第一种立法例，《破产企业法》第 40 条明确规定债权人可以主张抵销。笔者认为，在现有的制度框架下，通过对破产抵销权的合理限制，以达到全体债权人利益的平衡，同样可以实现破产程序中的公平。

（二）我国破产抵销权的特点

抵销是民法上债的关系终止的方式之一，我国《合同法》对抵销权进行了规定。根据《合同法》第 99 条和第 100 条的规定，当事人可以通过法定抵销或者约定抵销来终止债权债务关系。① 由于破产抵销权源于民法抵销权，因此，两者既有一致的地方又存在着一定区别。分析破产抵销权的特点，是明确其功能和价值的基础，有利于我们更深入地认识破产抵销权。

对于破产抵销权与民法抵销权的关系有两种不同观点：一种观点认为，破产抵销权从属于民法抵销权。破产抵销权不是破产法上一种新的权利，只是民法抵销权在破产程序中的适用，因而并不需要将破产抵销权作为独立的权利概念。② 其主要理由在于：首先，民法是普通法而破产法是特别法，在没有特殊规定的情况下，普通法的基本制度自然适用于特别法，破产抵销权只是为保护部分债权人而对民法抵销权的强调。其次，破产抵销权并未对民法抵销权扩张适用，反而是在承袭民法抵销权的基础上，基于保护一般债权人利益的理念，对抵销权的行使进行了一定的限制。另一种观点认为，破产抵销权独立于民法抵销权。破产制度是一种有别于民法的特别法，故破产抵销权也就必然有别于民法抵销权。③ 其主要理由在于：与民法抵销权相比，

---

① 约定抵销是意思自治原则的体现，由双方当事人自行通过协议达成，在破产程序中并不适用。因此，本文所探讨的民法抵销权主要是针对法定抵销。

② 参见蓝邓骏、杜敏丽：《破产抵销权新论》，《河北法学》2004 年第 2 期，第 122 页。

③ 参见李永军：《破产法律制度》，中国法制出版社 2000 年版，第 294 页。

破产抵销权有着不同的特征；破产抵销权无非是民法抵销权的扩张与限制。笔者支持第一种观点，也即破产抵销权从属于民法抵销权，是民法抵销权在破产程序中的延伸。因此，民法抵销权的一般规则适用于破产抵销权。

破产抵销权虽然是民法抵销权的延伸，但由于破产程序的存在，破产抵销权必然具有了一些特别之处。第一，权利的设立目的不同。民法抵销权设立的目的主要在于简化交易程序。互负债务的双方当事人，不需要履行各自的债务，可以通过抵销来直接消灭债权债务关系。这就减少了交易过程的成本，进而促进交易活动的进行。抵销制度最初就是为了便利而得到使用。破产抵销权的设立也追求简化交易程序的目的，但其更主要是为了实现对个别债权人的保护。破产程序不允许对债权人的个别清偿。对于与债务人互负债务的债权人而言，其需要全面履行对破产企业的债务，但同时只能按比例受偿自身债权，这是明显有违公平原则的。破产抵销实际上达到了个别清偿的效果，以实现对抵销权人的保护。第二，权利的行使主体不同。民法抵销权的行使主体是双方当事人，抵销的意思表示到达对方当事人后，抵销便可以在双方当事人之间产生效力。破产抵销权的行使主体只能是债权人。债务人不得主张抵销，因为在破产程序中债务人对其财产的处分权受到限制，在破产宣告后债务人更是丧失了对破产财产的处分权。破产管理人原则上不得主张抵销，只有在抵销对债务人财产有利的情况下才可以。① 因为破产管理人代表的是全体债权人的利益，而破产抵销实际上使得部分债权人优先受偿，破产管理人主张抵销从而导致债务人财产减少有违其职责。第三，权利的行使条件不同。民法抵销权行使的条件较为严格。当事人用于抵销的债务，不仅种类和品质必须相同，而且必须已届清偿期限。不过，民法抵销权对当事人互负债务的时间并没有加以限制。破产抵销权行使的条件相对宽松。当事人用于抵销的债务，不论种类和品质是否相同，也无论清偿期限是否届满均可。② 这是由于在破产程序受理时，未到期的债务视为已

① 参见《企业破产法司法解释二》第41条第2款。
② 参见《企业破产法司法解释二》第43条。

到期；不同种类和品质的债务，都需要转化成金钱债务来清偿。因此，一些民法上不能抵销的债务在破产法上也可以抵销。不过，破产抵销权对当事人债务的成立时间进行了限制，原则上只有破产申请受理前的债务可以抵销。

三、破产抵销权的行使方式

(一)破产抵销权的行使主体

各国破产法对于行使破产抵销权的主体有着不同规定。在日本的破产程序中，破产抵销权原则上由破产债权人行使，管理人在法院许可并且符合债权人利益的情况下也能行使。① 在德国的破产程序中，只有支付不能债权人才能作为破产抵销权的主体。② 台湾地区"破产法"第113条明确规定，无论双方所负债权债务给付种类是否相同，都可以主张抵销，主张抵销权的主体仅限于破产债权人。由此可以看出，大多数国家或地区都将破产抵销权的主体限定为债权人，但也有少数国家规定在特定条件下可由管理人进行抵销。我国理论上对于破产抵销权的行使主体存在着两种不同的观点。有学者认为，民法上的抵销权，只要符合抵销条件，双方当事人都可以行使；但对于破产抵销权而言，法律只赋予债权人以抵销权，而债务人以及债务人的破产管理人都不能行使该项权利。这是破产法对破产抵销权施加的一种限制。③ 也有学者认为，原则上只有债权人能够行使破产抵销权，在特

---

① 《日本破产法》第67条规定："破产债权人在破产程序开始时针对破产人负担债务的，可以不依照破产程序予以抵销。"第102条规定："在以属于破产财团的债权与破产债权相抵销符合破产债权人的普遍利益时，破产财产管理人在取得法院的许可后可以进行抵销。"(李飞主编：《当代外国破产法》，中国法制出版社2006年版，第743、756页。)

② 《德国支付不能法》第94条："在支付不能程序开始时，一个支付不能债权人依法或依协议有权抵销的，此项权利不因程序而受影响。"(杜景林、卢谌：《德国支付不能法》，法律出版社2006年版，第49页。)

③ 罗培新、伍坚：《破产法》，格致出版社2009年版，第210页。

别情况下应允许破产管理人主张抵销。一是破产债权人本身亦被宣告破产或被裁定破产程序时，应有条件地允许破产管理人主张抵销；二是破产债权人的债权额已经依破产分配方案确定，在破产债权人未提出抵销时，破产管理人可以主动进行抵销。①

在前面的论述中提到，就我国的破产抵销制度而言，原则上只有债权人在条件具备时能够行使破产抵销权。根据《企业破产法》第40条的规定，债权人在破产申请受理前可以向管理人主张抵销。从条文的字面意义上看，该条只是赋予了债权人破产抵销权，因此管理人不能主动向债权人发起抵销。但是，对于管理人能否主动抵销理论上有着不同意见，实践中也不乏管理人行使破产抵销权的情形存在。《破产法司法解释二》第41条弥补了上述不足，明确规定债权人应当向管理人提出抵销，管理人不能主动向债权人发起抵销，但在抵销使债务人财产受益的情况下除外。换而言之，原则上只有债权人是破产抵销权行使的主体，但在一定情况下管理人也能够行使破产抵销权。笔者赞同这一规定，这与理论上的第二种观点相契合，也符合我国的破产实践。不过，由此带来的问题则是，在哪些情况下管理人主动抵销会使债务人的财产受益。

笔者认为，管理人可以行使破产抵销权的情形如下：第一，享有抵销权的债权人本身进入破产程序。此时，破产管理人实际上是以破产债权人的身份主张抵销权。在享有抵销权的债权人破产时，如果对破产债权人的清偿比例较低，不允许破产管理人进行抵销可能损害全体债权人的利益。此外，当债权人和债务人均处于破产状态时，允许其中一方的破产管理人主张抵销，可以节约双方互相履行债务而产生的成本。因此，当享有抵销权的债权人破产时，应当允许破产管理人在分析得失的基础上决定是否抵销。第二，债权人的债权份额得到分配方案的确定。在破产清算程序中，分配方案已经得到了法院的裁定确认，而享有抵销权的债权人并未提出抵销时，破产管理人行使抵销权不再受到限制。此时，破产管理人实际上是在行使民法抵销权，这既不会对全体债权人的利益产生不利影响，也有利于简化破产清偿程

---

① 李永军：《破产法律制度》，中国法制出版社2000年版，第295页。

序、节约债务履行费用。同理,破产费用、共益债务以及有担保的债权都属于债权份额已经确定的债权,应当允许破产管理人主动行使破产抵销权。

(二)破产抵销权的行使程序

各国立法对于破产抵销权的行使程序有着不同态度。在采取当然抵销主义的国家,破产抵销权于债权对立的事实形成之时产生抵销效力,双方当事人不需要作出意思表示便自动发生抵销的效果。在采取单独行为主义的国家,破产抵销权于抵销权人作出意思表示时产生抵销效力,债权人需要作出意思表示才能使债务得以抵销。我国有学者主张当然抵销主义,认为抵销权可以不经意思表示而自动行使。也有学者认为上述观点不妥,因为当然抵销主义不符合当事人订立合同的意图,不当的扩张了原本结算意义上的抵销制度,会对正常的交易秩序产生不利影响,甚至可能出现欺诈性的订立、履行合同的现象。① 我国破产立法并未对抵销是否需要意思表示作出明确规定,但是《企业破产法》第 40 条规定抵销由债权人向管理人提出。笔者认为上述规定实际上采取的是单独行为主义,即抵销应当由抵销权人向债务人作出意思表示。这符合世界上大多数国家的做法,也体现出对抵销权行使的限制精神,是一种较为合理的立法。

接下来的问题在于,破产抵销权的行使是否应当以债权的申报和确认作为前置条件。对此,我国理论上有三种不同的学说,即积极说、消极说以及折中说。积极说认为,主张抵销的债权必须是经过破产程序申报和确认的债权。其理由在于,债权申报是我国破产法的一项基本原则,强调可抵销债权的申报,不仅有利于保护破产债权人的合法权益,也有利于保护抵销权人的合法权益。② 消极说认为,破产债权人无须申报和确认债权就能够行使抵销权。其理由在于,抵销权

① 参见王欣新、王中旺:《论破产抵销权》,《甘肃社会科学》2007 年第 3 期,第 162 页。

② 参见郑远民:《破产法律制度比较研究》,湖南大学出版社 2002 年版,第 117~118 页。

的行使只要向管理人以意思表示的方式作出即可，双方对抵销权行使存在的争议可通过诉讼方式解决。① 折中说认为，由于抵销的方式以通知为准，债权是否申报不影响抵销权利的实现，但是如果管理人对于抵销存在异议，则抵销权需要经过债权申报程序。② 其他国家针对这一问题的立法也不统一。旧的德国破产立法采取了消极说，于第53条明确规定，债权人无须申报债权就可以行使破产抵销权。日本和我国台湾地区的破产立法并未明确加以规定，理论上存在着积极说、消极说以及折中说的争议。

　　笔者认为，上述学说的产生是基于不同的价值衡量。积极说更重视程序，抵销权人作为破产债权人，需要通过申报债权来确认其债权；消极说更重视效率，管理人可以在破产债权人主张抵销时直接审查债权，这实际上是对破产程序的进一步简化。但是，消极说的弊端在于不当地对抵销权进行了扩张，这与限制破产抵销权行使的价值取向相违背。此外，在采取折中说的情况下，如果管理人存在异议，则需要进行债权申报，这使得管理人对债权进行了重复的审查，既扰乱破产程序又毫无效率。因此，积极说是更为合理的选择。首先，从我国破产法的法律体系上看，债权申报是我国破产法的一项基本原则。除《企业破产法》第48条明确规定不必申报之外，任何债权都需要经过申报才能获得清偿，就连有担保的债权同样需要申报。根据"举重以明轻"的法理，可抵销的债权也需要申报。其次，从债权人利益平衡的角度看，破产抵销权具有担保债权实现的功能。只有通过债权申报和确认程序，让其他债权人对可抵销的债权进行审查和确认，才能保证破产抵销权的行使对所有债权人都是公平的。在前述第一个案例中，二审法院的观点说明我国司法实践中也采用积极说。

　　至于破产抵销权行使的时间，我国破产立法上并没有加以明确。对此的分歧主要在于，破产抵销权行使在破产宣告后还是破产管理人

---

　　① 参见李永军：《破产法律制度》，中国法制出版社2000年版，第304～305页。

　　② 参见韩长印：《破产法学》，中国政法大学出版社2007年版，第159页。

指定后？在破产财产分配方案提交之前还是破产程序终结之前？笔者认为，破产抵销应该在法院指定破产管理人之后，破产财产分配方案提交到债权人会议之前。首先，破产债权需要向管理人申报，破产债权人需要向管理人主张抵销，因此，在破产管理人确定之前破产抵销权无法行使。其次，如果破产债权人在破产财产分配方案提交到债权人会议后主张抵销，破产管理人将不得不对破产分配方案进行重新修订。这不仅会增加破产程序的复杂程度，而且使得破产分配方案的效力得不到保证。

四、破产抵销权的适用限制

（一）破产抵销权的时间限制

所谓时间限制是指以一定的时间节点为界，禁止发生在其后的债权债务进行抵销。抵销的行使会对债权人的利益产生重大影响，为避免破产抵销权被滥用从而损害其他债权人的利益，大多数承认破产抵销制度的国家都从时间上对破产抵销权予以限制。根据《日本破产法》第71、72条，破产程序开始后负担债务或者取得债权的，不得实行抵销；已知有支付停止或破产申请而负担债务或者取得债权的，不得实行抵销，但在例外情况下可以抵销。我国台湾地区"破产法"第114条的规定与之基本相同。根据《德国支付不能法》第96条，一个支付不能债权人在支付不能程序开始后负担债务或取得债权、以可以撤销的法律行为取得抵销的可能性、债权应当由债务人的自由财产清偿的债权人负担债务的，不得抵销。根据《美国联邦破产法》第55条，在破产申请前90天内且债务人已处于不能支付状态的，不得抵销。由此可以看出，日本和台湾地区对破产抵销制度行使的时间限制较为宽松，德国和美国对此的规定则较为严格。

就我国而言，《企业破产法》第40条明确规定四种情况下债权人不得主张抵销。需要进一步思考的是，在破产申请受理后负担的债务或者受让的债权是否任何情况下都不得抵销呢？有没有可以抵销的例外存在？在前述第一个案例中，双方当事人的争议焦点之一，就是破产申请受理后因政策原因而受让的债权能否抵销。对此，有学者认为，不论债务人的债务人是基于善意还是基于法定原因受让债权，均不得主张抵销。① 笔者同意基于善意负担的债务或者受让的债权不得抵销，但是，在法律规定的例外情况下负担的债务或者受让的债权可以抵销。这里的法律规定主要是指因继承、合并等原因而导致的债权让与。首先，从破产抵销权设立的价值上看，允许因法律规定受让债权或者负担债务的抵销，有利于维护抵销权人的利益，符合破产抵销制度所体现的公平价值。其次，从破产法的逻辑体系上看，"破产申请受理后"和"已知债务人有不能清偿到期债务或者破产申请的事实"这两个阶段并无本质不同，何以在后一阶段有例外规定存在，前一阶段却没有呢？因此，对破产申请受理后抵销的限制，有必要将因法律规定而负担债务或者受让债权作为除外情形。

此外，如何认定债权人或者债务人的债务人，对债务人有不能清偿到期债务或者破产申请的事实"已知"，需要予以细化。② 这实际上是对破产抵销权适用限制主观上的考察。在前述第二个案例中，就有债权人行使破产抵销权是否存在恶意的问题。对此，各国在破产立法中作出了不同的规定。日本在破产法中区分了是否已知有支付停止或破产申请而负担债务或者取得债权，台湾地区的"破产法"同样进行了区分。德国和美国则并未区分债权人或债务人的债务人的主观状态。笔者认为，对"已知"的认定，可以通过举证责任的分配或者常见"已知"情形的列举来解决。在举证责任的分配方面，债权人或者债务人的债务人是否"已知"，由破产管理人承担举证责任。如果债权人不能证明债权人或者债务人的债务人存在恶意，则可以推定其并不知情。在对"已知"情形的列举方面，对债权债务的取得和负担，要区分是直接取得和负担，还是受让取得和负担。第一，债权人直接负担对债务人的债务，债权人"已知"有两种可能：一是债务人向债

---

① 参见罗欢平：《论破产抵销权的限制》，《河北法学》2015 年第 1 期，第 96 页。

② 这主要发生在没有法律规定，且由于破产申请受理一年内的原因而负担债务或取得债权的情况下。

权人告知,二是通过种种迹象推定债权人已知。第二,债务人的债务人直接取得债权,由于不安抗辩权的存在,债务人的债务人没有行使破产抵销权的余地。第三,债权人受让负担债务或者债务人的债务人受让取得债权,因债权的让与需要通知债务人,此时可以推定债权人或者债务人的债务人"已知"。①

(二)破产抵销权的特别限制

民法对破产抵销的限制。在前面的论述中提到,破产抵销权是民法抵销权的延伸,民法抵销权的一般规则适用于破产抵销权。因此,除债权债务发生时间上的限制外,民法上不得抵销的情形同样适用于破产上的抵销。民法上禁止抵销的情形如下:第一,双方债权标的的给付虽为同种,债权性质不允许抵销时不能为抵销,否则会违反成立债务的本旨。如不作为债务、提供劳务的债务、与人身不可分离的债务等依其性质均不得抵销。第二,法律规定不得抵销的债务不得抵销。根据我国现行立法及司法实践,法律规定不得抵销的债务主要有禁止扣押和强制执行的债务、故意侵权行为所生的债务以及约定应向第三人为给付的债务。②

公司法对破产抵销的限制。破产企业股东的债权与其未缴纳的注册资本能否抵销是一个存在争议的问题。各国在这一问题上的立法惯例是禁止抵销。例如《日本商法》第 200 条明确规定,股东的破产债权不得与其因出资形成的债务进行抵销。德国、韩国等国家的公司法中也都作出了同样的规定,旨在防止股东虚假出资或抽逃出资,损害其他债权人的利益。我国《公司法》和《企业破产法》均未予以规定,理论上对此存在着不同的看法。③ 笔者认为,破产企业股东的债权与其未缴纳的注册资本的抵销应该受到限制。首先,从股东出资的意义

---

① 参见聂德明、周梁云:《破产抵销权的法经济学分析》,《中共云南省委党校学报》2013 年第 5 期,第 160~161 页。

② 参见马俊驹、余延满:《民法原论》,法律出版社 2010 年版,第 610 页。

③ 参见朱慈蕴:《从破产中股东欠缴出资之债能否抵销谈起》,《法治论坛》2008 年第 2 期,第 78~79 页。

上看，股东的出资行为具有特殊性，股东出资所形成的公司财产维持着公司的运行，构成对公司债务的担保。股东应当遵守资本充实原则，不得虚假出资或抽逃出资，否则需要承担相应的法律责任。因此，股东因出资形成的债务有别于普通债务，允许股东的债权与其未缴纳的注册资本抵销，是违背资本充实原则的变相抽逃出资。其次，从保护债权人的利益上看，股东的债权与其未缴纳的注册资本的抵销，实际上构成了对股东的个别清偿，会造成债务人可分配财产的不当减少。因为股东需要足额履行出资义务，而其破产债权并不能得到完全的清偿。因此，允许股东足额的出资与不能完全受偿的债权抵销，会损害其他债权人的利益，违背了破产法上债权公平受偿的理念。此外，从我国的司法实践上看，我国最高人民法院曾在司法解释中规定，破产企业股东的债权不得与其未缴纳的注册资本抵销。①

破产抵销的概括性限制。我国《企业破产法》第40条规定了4种不得抵销的情形，但这种通过列举对破产抵销制度的进行限制并不完善。列举无法涵盖所有不得抵销的情形，当出现新的不得抵销的情形时，将会处于无法可依的尴尬境地。笔者认为，有必要借鉴德国等国家的做法，通过设置一个概括性的条款，采取概括式和列举式相结合的方式规定不得抵销的情形。首先，从比较立法上看，英美法系的列举主义和大陆法系的概括主义出现了融合的趋势，英美国家通过采用概括主义作为列举主义的补充，大陆法系通过采用列举主义使概括主义具体化。我国破产抵销制度应该顺应世界立法趋势。其次，从价值衡量上看，通过概括性的条款来扩张不得抵销的范围，符合对破产抵销权严格限制的价值取向。设置概括性的条款可以涵盖无法列举而又不得抵销的情形，避免了当出现新的不得抵销的情形时无法可依的弊端。这一概括性的条款应该包括两个方面的内容：一是抵销的行使不得违背诚实信用原则；二是抵销的行使不得损害其他债权人的利益。

---

① 最高人民法院《关于破产债权能否与未到位的注册资金抵销问题的复函》(1995年4月10日法函[1995]32号)："为保护其他债权人的合法权益，武汉公司对货柜公司享有的破产债权不能与该公司对货柜公司未出足的注册资金相抵销。"

诚实信用原则，指债权人或者债务人的债务人应该善意地行使破产抵销权，不得以损害他人利益或者社会公共利益的方式进行抵销。不得损害其他债权人的利益则是公平清偿原则的体现，指除《企业破产法》第40条列举的情形以外，其他不得损害一般债权人利益的情形。

我国应确立更为宽松的破产标准

余亮亮[*]

摘要： 破产标准的宽严程度来自立法者对特定时代下经济与社会形势的判断。破产标准能否提供符合所处时代和国家现实需要的行为规则，是决定其公平性与效率性的内在根据。我国现行《企业破产法》确立的破产标准相较1986年《企业破产法（试行）》稍作宽松，但其中现金流标准与资产负债表标准并列、推定性标准的缺失、标准内涵与适用方式的不明均反映了破产标准宽松程度的失量，造成破产案件申请难、受理难、法律适用难的现实困境。重构我国破产标准，需对先前标准有充分的了解，对现今标准之利弊有清晰的认识，对未来破产实践有充分的洞见，立足于所处时代与现实的需要，在坚持宽松化趋势的主线下，确立以不能清偿作为企业法人的直接性破产标准，资不抵债和停止支付作为推定性破产标准的宽松化破产标准体系。

关键词： 破产标准；宽松；不能清偿；资不抵债；停止支付

一、问题的提出

我国现行《企业破产法》取消了1986年《企业破产法（试行）》中以"企业法人经营管理不善造成严重困损，不能清偿到期债务"作为破产标准①

　＊　余亮亮，武汉大学法学院2015级民商法硕士研究生。
　①　破产标准在理论界存有广义与狭义之分，广义的破产标准是从破产申请、破产受理、破产宣告的多重角度，指当事人得以提出破产申请、法院据以启动破产程序、作出破产宣告的法律事实。狭义的破产标准仅指法院得以宣告债务人破产的依据。

的构成要件，取而代之以"债务人不能清偿到期债务与资产不足以清偿全部债务或明显缺乏清偿能力"的双重要件确定为企业法人的破产标准。虽然破产法司法解释相继对"不能清偿到期债务"、"资产不足以清偿全部债务"、"明显缺乏清偿能力"的涵义与具体情形做出规定，但司法实践中破产案件"申请少、受理难"等与破产功能发挥不相适应的困境仍未解决。笔者认为，为保证正当的破产程序顺利启动，保障企业法人"由生到死"的权利，实现破产制度的功能，有必要探讨的是：第一，我国现行《企业破产法》所确立的破产标准相较1986年颁布的《企业破产法（试行）》有何变化？何为该变化的内在根据？第二，比较各国破产标准，在分析其中差异性和共同性，得出针对破产标准修正的若干启示之基础上，结合我国社会经济发展的现实，分析我国破产标准制度之优缺，提出若干完善之建议。

二、我国新旧破产法比较：从严苛到宽松

破产标准的宽严设置，直接影响到破产程序启动门槛的高低，间接影响着破产法的整体实施效果，最终关乎破产制度功能的实现。相较于现行《企业破产法》（下述简称"新破产法"），我国1986年颁布的《企业破产法（试行）》（下述简称"旧破产法"）确立的破产标准①显然较为严苛，具体表现为如下两个方面：一方面，旧法不仅规定对企业法人适用破产程序需满足"不能清偿到期债务"的客观事实，另规定清偿不能必须源自企业自身经营管理的不善，限制了以不能清偿作为破产标准的适用条件；另一方面，旧法明确规定了当债务人属于公用企业或和国计民生有重大关系的企业时，法院不得对其启动破产，限定了破产标准适用的主体范围。

笔者认为，尽管旧破产法制定了较新破产法显属严苛的破产标准，但其作为立法者的价值判断，是对旧破产法制定之时我国特定经

---

① 《企业破产法（试行）》第3条规定："企业因经营管理不善造成严重亏损，不能清偿到期债务的，依照本法规定宣告破产。"

济、政策形势的反映。① 究其理由，我国旧破产法制度之初，正值经济转型时代下转变国有企业经营模式、建立现代企业制度的特殊时期。出于保障国有困难企业平稳退出市场，优化国有企业整体结构的现实需要，政策性破产成为企业面对无解改制结果的首要选择。然而，不当或过度适用政策性破产，不仅易导致大量职工的失业，也会损害国计民生，动摇社会经济秩序的稳定性。为避免滥用政策性破产损害国家、集体、社会公共利益，适当抬高破产程序的启动门槛，制定相对严苛的破产标准成为立法者无可厚非的选择。

变革性既是衡量民法现代化的一个重要指标，② 也是衡量破产法现代化的必然标准。新破产法为适应社会主义市场经济条件下新的现实生活状况和需求，力图摒弃旧破产法中陈旧无用的规定。其破产标准的内容不再考虑债务人不能清偿的经济原因，即不管是经营管理不善抑或政策性原因甚至不可抗力而造成的不能清偿，均可直接作为破产标准的一部分，与资不抵债或"明显丧失清偿能力"并列作为适用于企业法人破产的直接标准。笔者认为，新法的变动反映了破产标准逐渐宽松的总体趋向，是回应我国不断变化的社会经济形势，适应破产法"现代化"与"市场化"的体现。首先，新法取消将导致不能清偿发生的经济原因作为破产标准的一部分具有现实合理性。新破产法制定实施的背景下，国有企业的改革已落下帷幕，早已不存在因避免滥用政策性破产损害社会公共利益的现实必要性，曾经严苛的破产标准自然失去了赖以存在的土壤，破产标准宽松化已成为"大势所趋"。适当放宽破产标准，反而有利于通过破产程序的及时启动，协调债权人与债务人的利益，避免欺诈性清偿等有损市场诚实信用、公序良俗原则之行为发生，从而为社会主

① "人民法院在破产法实施数年后极少受理破产案件，当然不是因为符合破产条件的企业不多，而是因为无法解决破产中的社会问题。"孟勤国：《论政策法在当代中国的历史必然》，《天津社会科学》1991 年第 6 期。

② 孟勤国、戴欣悦：《变革性与前瞻性：民法典的现代化使命——〈民法总则〉的现代性缺失》，《江汉论坛》2017 年第 4 期。

义市场经济的发展奠定良好秩序基础；其次，当今时代下，企业"经营管理不善造成严重亏损"与"不能清偿到期债务"早已不具有必然的逻辑关系，我国司法实践中存在大量的企业本身经营并不亏损，但却因不适当地承担了担保责任而被宣告破产的案例。该司法实践表明将严重亏损等导致破产发生的经济原因规定为破产标准的构成要件，难以适应我国司法实践的现实需要，若继续维持其作为适用破产程序的前提条件，不仅有失内容的科学性，也难保破产法作为技术性法律规范的可操作性。

综上所述，破产标准的宽严程度与立法者于规范制定之初，对特定时代下经济与社会形势的判断密切相关。破产标准能否提供所处时代和国家的现实需要的行为规则，是决定其公平性与效率性的内在根据。

回到现实，尽管我国新破产法对破产程序启动门槛稍作放松，一定程度上回应了经济社会形势的需要，但据最高法院统计数据显示，近十年来，全国企业宣告破产率呈逐年下降趋势，其中 2012 年的比例为 20.52%，比十年前下降了 17.09 个百分点，2013 年更是近十年来全国法院破产案件数量的"谷底"，全年只有 1900 多件，之所以破产机制在我国长期不振，可归结于新破产法于我国存在的实施障碍，主要为破产案件受理难，法院不能依法受理破产案件，一些地方政府干预法院依法受理破产案件等。撇开政策性因素对破产案件受理数量的影响，直接影响破产程序启动难度的因素即为破产标准门槛的高低。虽然新破产法表明导致债务人陷入破产的各种经济原因对破产程序的启动没有影响，但破产标准的内容仍涉及"不能清偿到期债务"、"资产不足以清偿全部债务"、"明显缺乏清偿能力"之多重事实判断，经实践检验，仍然难言为宽松到位、准确反映债务人清偿不能的法律事实、适应现实生活需要的破产标准。为避免破产法的实施障碍，发挥破产制度于现实生活的应然功能，接下来笔者认为有必要在立足于我国国情的基础上，借鉴域外立法先进经验，从宽松程度、实质内涵、适用结构之角度，对新破产标准的科学性与现实可操作性予以探讨。

三、域外破产标准对我国启示：再度宽松

破产标准是破产法的标配。当今世界各国的破产法中，债务人的实质破产标准是债务人清偿能力的丧失（不能清偿）。如何确定丧失清偿能力，达到破产标准，存在两种规定模式，一是列举主义，即在法律中列举规定若干种表明债务人丧失清偿能力、影响债务人清偿能力的损害债权人利益的行为，① 此模式主要被英美法系国家采用，典型立法如英国1914年破产法②、美国1898年破产法；二是概括主义，即从破产发生的一般原因角度，对破产标准作抽象概念性规定，该模式主要被大陆法系国家及地区采用，如依据德国新破产法第17条规定，"债务人不能履行到期支付义务的客观状况"为破产程序开始的一般标准；《日本破产法》第126条第1款规定："债务人不能支付是破产程序开始的一般原因"；我国台湾地区"破产法"第1条规定："债务人不能清偿到期债务者，依本法所规定和解或破产程序，清理其债务。"

---

① 王欣新：《破产法》（第三版），中国人民大学出版社2011年版，第34页。

② 1914年英国《破产法令》第1条规定："债务人有下列行为之一的，法院可宣告其破产：（1）债务人为债权人之利益，将其在英国或其他地方之财产让与或委付于受托人者；（2）债务人将其所有在英国或其他地方之财产，就其全部或一部诈害之让与、赠与、交付或移转之行为者；（3）债务人将其财产一部或全部为让与或移转，或设定负担行为，而其行为与受破产宣告时将依本法或其他法律宣告其为诈害的优待行为应归于无效者；（4）债务人有以诈害于债权人的意思，离开英国，在国外滞留，离开住所，或依其他方法不在，或匿居于其住所中者；（5）依民事程序对债务人为执行，已将其动产查封并出卖，或查封后由执行官保存达21日者，但有执行参加时，其系属中所费时间应予扣除；（6）债务人向法院提出不能清偿声明书，或自行申请为破产宣告者；（7）债权人基于终局判决或终局命令对债务人为强制执行，执行中经债权人请求法院准许对债务人依破产法发出破产申请书，在英国之债务人于收受通知书之送达7日内，在他处之债务人于收受通知书送达后，在法院所指定的期限内，不为回答，或虽为回答而不能向法院证明其有反对债权、抵消债权或交叉债权，足资清偿债权人终局判决或终局命令所载金额及其他债权人债权额者；（8）债务人对其债务曾有停止支付之事实或正在停止支付中或曾通知债权人停止支付者。"

　　然而，随着经济全球化进程的推进，各国破产法也不断地借鉴融合，以适应本国现实生活与时代进程的需要。现今域外破产法中，破产标准概括主义已成为大势所趋，原先采取列举主义的主要国家接连改采概括主义。就列举主义的创始国家——英国对破产标准的设定历程而言，虽然该国 1914 年《破产法令》第 1 条以逐一列举的方式规定了达到破产标准的八种破产行为，并且随后通过修订与颁布相关成文法之方式对破产行为予以增补，但仍于 1986 年 7 月颁布了《资不抵债法》，以抽象性概括的模式取缔了原先的列举模式，规定了以"债务人丧失清偿能力"作为企业破产标准的实质内涵。除此之外，美国、加拿大、我国香港地区"破产法"①皆放弃列举模式而转采概括主义。概括主义成为大势所趋，一方面可归结其抽象灵活之特点赋予了法官根据现实情况充分行使自由裁量权的机会；另一方面，相比列举主义，概括模式更有利于当事人举证，也降低了法院认定破产界限达到与否的难度，回应了司法实践的效率性，可谓更具生命力。

　　我国新破产法第 2 条明确规定："企业法人不能清偿到期债务，并且资产不足以清偿全部债务或者明显缺乏清偿能力的，依照本法规定清理债务。"实际确立了破产标准概括主义的立法模式。尽管回应了当今世界破产标准概括化的大趋势，但就法律适用数量即实施效果而言，仍与同样采取概括主义的国家存在较大的差距②，归根结底，实施效果的落后来自破产程序启动标准的"居高不下"或"宽松失量"，

---

　　①　由于特定历史原因，我国香港地区"破产法"在内容与体例上均效仿英国破产立法。1932 年香港地区"破产条例"以列举模式规定了 8 种破产行为，随后于 1996 年修订的"破产条例"同样效仿英国 1986 年《资不抵债法》，采取了破产标准概括主义，同样以不能清偿到期债务作为公司的一般破产原因。

　　②　采概括主义模式的国家中，法国破产案件数量从 2004 年的 1.63 万件迅速增加至 2015 年的 3.34 万件；德国 1999 年到 2007 年，法庭受理的消费者破产案件数量从 1634 件爆炸式增长到 10.31 万件，近年破产案件数量微降至 9.57 万件；英国破产案件数量由 2003 年的 3.56 万件上升到 2015 年的 8.65 万件。马剑（最高人民法院研究室）：《人民法院审理破产案件的统计分析》，法制网，http：//www.legaldaily.com.cn/zbzk/content/2014-03/26/content ＿ 5401182.htm? node＝25497，访问日期：2017 年 3 月 26 日。

即放宽程度尚无法满足现实生活的需要。新破产标准的"宽松失量"体现于如下四个方面：

首先，相比域外立法通例中单独以"不能清偿"作为债务人的一般破产标准①，我国新破产法将"不能清偿到期债务"与"资产不足以清偿全部债务"合并规定为企业法人的一般破产标准，实为破产一般标准与辅助标准、现金流标准与资产负债表标准的双重并列，不仅有违立法通例，也易产生法律适用上的逻辑矛盾，更在无形中过于抬高了破产程序启动门槛，与破产标准宽松化趋势背道而驰。

其次，我国新破产法仅规定了破产一般或直接标准，推定性标准尚缺法律上的明确根据。尽管新破产法规定债务人"明显缺乏清偿能力"可与"不能清偿到期债务"连用，作为债权人为破产申请主体时，推定债务人丧失偿债能力以开启破产程序的依据，但新破产法仍然缺乏一个兼具适用上的独立性与内涵上的明确性的推定标准——停止支付②，停止支付作为推定性破产标准起源于法国，如今被多数国家破产立法所采纳。之所以将停止支付作为破产标准之推定，其宗旨在于解决债权人对不能清偿事实予以举证的难题，维护举证责任分配之公平，实现对债权人利益的及时保护。我国新破产法缺失"停止支付"这一推定性破产标准，一方面在债务人自愿申请破产的情况下，法院难以依据其未清偿到期债务的客观行为和自愿申请破产的主观意愿而推定达到破产标准，并在无人提出相反证据的情况下受理案件；另一方面，在债权人申请破产的情形下，法院难以凭借债务人不能举证推翻构成破产标准的客观事实而依法受理破产案件。总之，缺失停止支付作为我国破产标准"宽松失量"的表现形式之一，无益于破产法的实施。

---

① 参见王欣新：《破产法》(第三版)，中国人民大学出版社 2011 年版，第 41 页。

② 所谓停止支付，是指债务人以其持续一定时间停止支付的行为向债权人作出不能支付债务的主观意思表示，其仅作为债务人不能清偿到期债务和达到破产标准的推定，而并非构成破产标准的直接依据。王建平译：《法国破产法中停止支付的概念》，《国外法学》1986 年第 4 期。除法国之外，德国、日本、俄罗斯、英国等域外国家及地区现行破产立法均规定停止支付可视为或推定为不能清偿。可见，"停止支付"之推定破产标准与"不能清偿"之破产一般标准均普遍为各国(地区)立法所采纳，为域外破产标准立法之通例。

再次，相比域外立法中将资不抵债规定为适用于特定主体或特殊情况的辅助或推定性破产标准，如《德国破产法》第 19 条第 2 款规定："债务人的财产不再能抵偿现有债务，即资不抵债。但在评估债务人财产时，根据各种情况显示仍然极有可能继续经营企业的，应以继续经营企业作为评估基础。"我国新破产法将"资产不足以清偿全部债务"作为债务人破产的直接标准，极大增加了破产申请主体的举证难度、法院的受理与审查难度，难保破产法作为技术性法律规范的可操作性，与破产标准宽松化趋势背道而驰。究其理由，归结于资不抵债本身的特殊性：一方面，资不抵债作为资产负债表标准，着眼点仅为债务人的资产与负债比例，就其考虑范围而言，仅以债务人实有财产为限，而不考虑其信用、商誉、能力等影响其偿债能力的众多因素，因而对债务人客观财务状况的客观反映程度有限；另一方面，从实际操作层面，判断债务人是否构成资不抵债是个复杂的工程，对企业"债"而言，涉及对其账面债务与实际债务、需要清偿的债务与不需要清偿的债务之审查与认定。对"资"而言，则涉及企业或第三方资产评估机构能否真实、客观、独立、公允地准确计算出关系到企业核心价值的净资产，并分析企业的资产构成以及实际支配率。将上述认定起来如此复杂的事实作为破产程序启动的直接标准，不仅极大提升了破产申请人举证难度，在耗费其大量时间与金钱成本的同时，增加了法院对破产案件受理的审查压力，降低了破产标准法律规范在司法实践中适用的可操作性与效率性。

最后，法律实施背景下的宽松环境依赖于规范本身在法律适用上的明确性。"明显缺乏清偿能力"作为新破产法的独创，本质上依赖于法官行使自由裁量权。尽管从适用方式与内涵界定上，我国新破产法第 2 条与《企业破产法司法解释》第 4 条①相继作出规定，但相对时

---

① 该司法解释第 4 条规定：债务人账面资产虽然大于负债，但存在下列情形之一的，人民法院应当认定其明显缺乏清偿能力：（一）因资金严重不足或者财产不能变现等原因，无法清偿债务；（二）法定代表人下落不明且无其他人员负责管理财产，无法清偿债务；（三）经人民法院强制执行，无法清偿债务；（四）长期亏损或经营扭转困难，无法清偿债务；（五）导致债务人丧失清偿能力的其他情形。

代现实的需要，仍具有内涵上的模糊性与实践上的欠操作性，难以谓之宽松适量，且兼具逻辑性与规范性的破产标准。究其理由：一方面，从法律适用的流畅性而言，新破产法中"债务人不能清偿到期债务"本来就包含对债务人清偿能力的界定，其要件包括债务人丧失清偿能力。既然缺乏清偿能力已是不能清偿到期债务的固有之意，那么我国新破产法第 2 条将债务人"不能清偿到期债务"与"明显缺乏清偿能力"叠加在一起就是同义语反复，必将导致法律适用上的混乱与歧义。另一方面，从立法本意而言，新破产法引入"明显缺乏清偿能力"的概念，旨在适度降低债权人申请破产时的举证难度，弱化破产标准中关于资不抵债的要求，① 以维护债权人与债务人之间举证责任分配之公平。反观破产法司法解释对"明显缺乏清偿能力"涵括情形的解释，不仅包括基于债务人"停止支付"的"经人民法院强制执行，无法清偿债务"与"经人民法院强制执行，无法清偿债务"之外在行为，也包括基于"不能清偿"的"因资金严重不足或者财产不能变现等原因，无法清偿债务"和"长期亏损或经营扭转困难，无法清偿债务"之内部资产负债状况。显而易见，债权人往往难以对后例有关债务人资不抵债或不能清偿的情形作出完整、正确的评价，并提供相应证据证明，既不利于解决债权人提出破产申请时的举证责任问题，也与立法引入"明显缺乏清偿能力"至破产标准中的初衷相背离。

综合上述新破产标准"宽松失量"的具体表现及"失量"原因，笔者认为，尽管新破产法呈现了商事立法为适应计划经济时代走向市场经济中不断变化的社会生活关系所作出的努力。但同时，随全球化背景下中国社会现代化前进的快速步伐，我们愈加需要一部旨在反映和稳定中国业已成型的社会经济关系，为民商事活动的自由与效率提供坚实的法律基础的破产法。作为破产法得以实施的起点——破产标准，自需回应其宽松性的缺失，构建完整的标准宽松化方案。

---

① 　参见宋晓明、张勇键、刘敏：《〈关于适用企业破产法若干问题的规定（一）〉的理解与适用》，《人民司法》2011 年第 21 期。

四、我国破产标准之重构：完整的宽松化方案

"立法者不是在创造法律，不是在发明法律，而是在表述法律。"①重构我国破产标准，必须对先前标准有充分的了解，对现今标准之利弊有清晰的认识，对未来破产实践有深刻的洞见。基于前文对新破产标准宽松性缺失的分析，笔者认为，未来我国破产标准的重构，需立足于所处时代和国家的现实需要，抛弃不合乎现实之弊端，设置适应现实生活的新破产标准，在完整的破产标准宽松化方案下，最终实现破产法的现代性②、变革性、前瞻性。

首先，不能清偿作为破产标准的实质内涵，为保障其现实可操作性，避免破产案件"申请难、受理难"之困境的出现，顺利实现破产制度之积极功能，我国未来破产法有必要进一步明确"不能清偿"的构成要件与适用方式。从结构上，宜采取一元化立场，放弃现行《企业破产法》第2条中破产标准构成要件的多元化，即将债务人不能清偿独立地作为企业法人破产的一般标准。从内容上，可通过积极完善破产法司法解释的方式，对不能清偿的构成要件之认定，采纳如下建议：第一，不能清偿的债务是没有争议的债务，且不限于金钱债务，还包括非金钱债务；第二，不能清偿的债务是对特定债务的不能清偿；第三，债务须经过请求而未能支付；第四，不能清偿是一个持续的、客观的状态，即持续了一定时间。

其次，我国破产法将"资产不足以清偿全部债务"作为债务人破产的直接标准，不仅难保对债务人客观财务状况的全面反映，也极大增加了破产申请主体的举证难度、法院的受理与审查难度，难以实现

---

① 马克思：《论离婚法草案》，马克思、恩格斯：《马克思恩格斯全集》第1卷，第182~185页。转引自孟勤国、戴欣悦：《变革性与前瞻性：民法典的现代化使命——〈民法总则〉的现代性缺失》，《江汉论坛》2017年第4期。

② "现代性代表着法典的基本价值，法典能否提供所处时代和国家的现实需要的行为规则，是决定法典基本价值和判断法典优劣的唯一标准。"孟勤国、戴欣悦：《变革性与前瞻性：民法典的现代化使命——〈民法总则〉的现代性缺失》，《江汉论坛》2017年第4期。

破产法作为技术性法律规范的可操作性，与破产标准宽松化趋势背道而驰。为了保证破产程序启动的正当性，降低法院对破产案件受理与否的审查压力，实现破产法在司法实践中的公平性与效率性，未来破产法在规范资不抵债作为破产标准的适用时，宜采纳如下建议：第一，取消将资不抵债作为企业法人破产的直接标准；第二，将资不抵债规定为推定的标准；第三，明确资不抵债作为推定的破产标准，并不意味着债务人出现资不抵债时法院不能宣告债务人破产。如果债务人不能举证推翻债权人的主张，同样可宣告债务人破产。

最后，"明显缺乏清偿能力"虽为我国新破产法独创之标准，且旨在降低债权人提出破产申请时的举证难度，以保障破产程序顺利启动，但不论从法律适用的流畅性、逻辑关系的严密性、立法本意的符合性等方面而言，均难以称之为"适格"的破产标准。为避免法律规范的模糊带来实务操作的困难，平衡债权人与债务人间的利益关系，未来破产法宜放弃采纳"明显缺乏清偿能力"，借鉴大陆法系破产法通例，引入"停止支付"作为企业法人的推定破产标准，即若债务人以其持续一段时间不支付到期债务的行为向债权人作出不能支付债务的主观意思表示，则可推定债务人达到"不能清偿"的一般破产标准。另外，停止支付作为一种消极法律事实，其内涵及外延具有一定不确定性，未来破产法宜在明确其构成要件①之同时，采纳下述建议：第一，参考破产法司法解释中对符合"债务人明显缺乏清偿能力"列举的系列情形，尽量列举停止支付的法定情形，并保留法官对没有列举情形的自由裁量权，如果出现法定情形，在没有反证的情况下，应推定为达到破产标准；第二，明确规定构成停止支付的程序要件。例如指明何为"持续一段时间不支付到期债务"的具体标准，对于构成停止支付的前置程序要件，另外规定："当债务人不支付到期债务时，

---

①　停止支付的构成要件如下：第一，债务人有表明不能支付到期债务意思的外部行为；第二，债务人以明示、暗示等形式表示的各种行为向债权人表示不能清偿到期债务；第三，停止支付是对到期要求清偿、无合理争议或经生效法律文书确定的债务停止支付；第四，停止支付的行为应持续至法院作出启动破产程序裁定之时。

债权人应向债务法发出催款通知书，同时规定债务人接到通知书后应予支付的法定期限，债务人在法定期限内仍未停止支付的，即视为不能清偿到期债务，债权人可依据上述证据提出破产申请"。

第二部分
执转破问题

"执转破":何以可能及如何实现

——兼评《最高人民法院执行案件移送破产审查若干问题的指导意见》的得失

夏　勇[*]

摘要：执行案件移送破产审查制度是一项植根于本土司法实践的极具特色的法律制度，其产生有着现实的、理论的和制度上的深厚基础。《最高人民法院执行案件移送破产审查若干问题的指导意见》颁布后，"执转破"在实践中存在相关利益主体动力不足、破产审判司法资源配置不足、"执转破"自身制度供给不足三大问题。本文认为，为促进"执转破"制度的高效有序运行，应当从加强破产的审判专业化建设、强化法院职权作用、强化债务人股东或董事破产清算义务及责任、建立完善的破产费用保障机制、建立破产简易程序五个方面对"执转破"制度予以完善和发展。

关键词：执行破产；执转破

执行案件移送破产审查（以下简称"执转破"）无疑是一项极富中国特色的法律制度。它基于现实司法需求而产生，植根于本土司法实践而不断发展完善，承载着丰富的实用主义功能和法律价值。诚如最高人民法院杜万华专委所言，开展执行案件移送破产审查工作，是一次重大的理论创新，也是一次必要和有益的司法实践。[①] 最高人民法院

---

* 夏勇，湖北省高级人民法院民二庭审判员。

① 杜万华主编：《最高人民法院企业破产与公司清算案件审判指导》，中国法制出版社 2017 年版，第 419 页。

《关于适用〈中华人民共和国民事诉讼法〉的解释》(以下简称新民诉法司法解释)虽明确了"执转破"制度,但仅为制度框架,作为制度核心的《最高人民法院执行案件移送破产审查若干问题的指导意见》(以下简称"执转破"指导意见)今年才颁布实施,目前全面评估"执转破"制度实施效果未免过于仓促,但实施过程中初步显现的问题也应引起高度重视,本文即是对此的思考,以期对司法实践和理论研究均有所有裨益。

一、"执转破"制度何以可能

(一)"执转破"制度的建立有着丰富的现实需求

1. 服务供给侧结构性改革的政治需求。党的十五届五中全会提出,要更加注重运用市场机制、经济手段、法治办法化解产能过剩,加大政策引导力度,完善企业退出机制。2015 年中央经济工作会议强调,在处置"僵尸企业"、化解产能过剩、推进供给侧结构性改革过程中,司法部门要依法为实施市场化破产程序创造条件。从司法实践看,绝大多数僵尸企业都涉及执行不能问题。因此,运用"执转破"将整体执行不能的"僵尸企业"转入破产程序是运用破产制度化解产能过剩的重要手段。

2. 解决部分执行难问题的司法需求。2016 年 12 月 7 日,最高人民法院召开全国法院执行案件移送破产审查工作视频会议,全面动员和部署执行案件移送破产审查工作。最高人民法院杜万华专委在会上指出:"当前我国执行不能案件数占到未执行到位案件数的 40% ~ 50%,其中相当一部分案件是以企业为被执行人的案件,由于没有破产制度的保障,这部分案件大量沉淀下来,成为人民法院执行工作的隐患。"最高人民法院将破产提升到并列于立案、审判、执行的第四个重要司法环节的高度,将"执转破"作为解决执行难问题的重要抓手,从制度上打通解决部分执行难问题"最后一公里"。

3. 充分发挥破产制度功能的制度需求。在我国,破产制度功能不彰是众所周知的事实,而破产程序启动难则是制约破产制度职能发挥的瓶颈问题。究其原因,从债务人角度看,其对破产制度存在广泛的认识不足甚至是误解，通过破产清算退出市场的动力不足。从债权人角度看，破产程序中的债权清偿难于执行程序，债权人更倾向于通过个案诉讼争取优先执行受偿，而不愿采取破产中的所有债权人公平受偿的方式。从政府角度看，职工安置、维护社会稳定以及政府绩效考核等外在压力，成为政府不支持国有"僵尸企业"破产的重要原因。从法院角度看，案多人少的矛盾与办理破产案件面临的巨大信访、维稳压力相互交织，使得法院对于"僵尸企业"的破产案件倾向于"谨慎受理"，甚至"不愿受理"和"不敢受理"。一个制度科学、运行有效的"执转破"程序至少可以解决债权人、债务人和法院三方在启动破产程序上的顾虑，同时，也有利于破产程序启动后的破产程序的顺利进行。

（二）执行和破产功能复位为"执转破"制度建立扫清了理论障碍

1. 参与分配制度的弊端充分显现。长期困扰执行和破产制度关系的一项制度就是参与分配制度。1992 年，最高人民法院在《关于适用〈中华人民共和国民事诉讼法〉若干问题的意见》中，首次明确了参与分配制度。该制度的基本含义是，在被执行人的财产不能清偿所有债权时，已取得金钱债权执行依据的债权人，在其他债权人提起的执行程序开始后、完毕前，可申请参与对被执行人财产分配的制度。建立这一制度主要基于对破产立法与司法实践两方面的考虑。第一，我国破产法的适用范围未涵盖应经破产程序保障公平清偿利益的各种社会主体，参与分配的平等执行可缓解不能适用破产法造成的清偿不公和矛盾。第二，因观念偏见、社会保障等配套制度不健全、不当行政干预、法院内部机制阻碍，以及一些政府部门不履行解决破产社会问题职责（如安置职工）等因素的制约，在立法规定的主体适用范围内，破产法往往也难以顺利实施。为填补本应以破产程序解决，但实践中又难以做到而出现的法律调整空白，最高人民法院通过司法解释建立了参与分配制度。[1] 参与分配制度某种程度上取代了破产还债之功

---

[1]　王欣新：《参与分配制度不应与破产法相冲突》，《人民法院报》，2014 年 4 月 30 日，第 8 版。

能，成为了破产与执行两种截然不同价值取向交汇作用的"混合场"，客观上形成了参与分配制度在实践中左右为难、顾此失彼的局面：侧重执行功能则难以顾全破产功能，而侧重破产功能则又无法顾全执行，导致参与分配举步维艰。①

2. 执行与破产制度功能得以全面厘清。执行与破产在清偿债务方面具有相似的功能，本质上都属于债务的清偿程序。不同之处在于，执行程序是建立在债务人有财产可供执行的基础上，且贯彻的是普通债权"先到先得"的清偿原则。破产程序则是建立在债务人无法清偿全部债务或明显缺乏清偿能力的基础上，贯彻的是平等清偿的原则。执行和破产之间存在天然的连接通道，但也存在"一扇门"，这扇门就是"资产不足以清偿债务"。过往的理论和实践过分强调了执行和破产在清偿债务方面的共同性，特别是在执行手段相比破产手段更为强势和有效的情况下，有着明显的以执行取代破产的取向。但执行程序相比于破产程序，不具有使市场主体退出市场的功能。正是由于执行程序缺乏这一功能，且破产功能未得以发挥，致使大量财产不足以清偿债务的市场主体淤积在执行程序，形成执行案件的"堰塞湖"，滋生了所谓执行难问题。探究执行难的本意，应当是指有财产可供执行而执行不到位的难，不是指无财产执行而产生的所谓执行难。对于后者，按照市场经济的要义，市场主体已无存在的价值，理应通过破产程序予以出清。因此，只有我们正确认识了执行与破产功能的异同，才能打通执行转往破产的制度通道，充分发挥二者的制度价值。

（三）法律的修改为"执转破"制度建立提供了制度供给

2015年年初颁布的新民诉法司法解释第513~516条对执行程序与破产程序衔接作了明确规定。第513条采取了"当事人同意+法院依职权移送"的模式。执行法院只要征得申请执行人之一或者被执行人的同意，且被执行人符合《企业破产法》关于破产实体条件的，则

---

① 许尚豪、欧元捷：《执行分配与破产还债的功能分离：参与分配制度的现实重构》，《人民司法（应用）》2014年第17期。

由执行法院依职权移送被执行人住所地法院审查。执行法院再根据审查结果采取不同的措施：裁定受理破产案件的，中止执行；裁定宣告被执行人破产的，终结对该被执行人的执行；不受理破产案件的，恢复执行。同时，第516条还规定了倒逼机制。如果当事人不同意移送破产或者被执行人住所地人民法院不受理破产案件的，执行法院就执行变价所得财产，在扣除执行费用及清偿优先受偿的债权后，对于普通债权，按照财产保全和执行中查封、扣押、冻结财产的先后顺序清偿。从而引导那些难以足额受偿的债权人申请破产。

由于新民诉法司法解释只有区区4个条文，导致实践中"执转破"具体操作无法可依。2017年1月20日，最高人民法院又颁布实施了"执转破"指导意见。在坚持破产启动当事人主义的同时，回应破产司法实践中破产法不"落地"的问题，发挥司法执行能动作用，对执行程序与破产程序的衔接与协调进一步加以明确和细化。这一解释，对于化解执行难以及促进破产法的实施，对于各级法院依法正确审理企业破产案件，从而为维护市场经济秩序提供司法保障，有着积极的促进意义。①

二、"执转破"实施中的现实障碍

"执转破"指导意见颁布后的较短时间内深圳、青岛等地法院"执转破"工作就取得了令人称赞的成绩，但就全国法院而言，"执转破"案件并未如雨后春笋般涌现，而是呈现出冷热不均的局面。总体特点是：破产审判力量较强的省份，"执转破"工作开展的较为顺利；破产审判力量相对较弱的省份，"执转破"工作较为沉闷。因此，分析"执转破"实施过程中遇到的各种障碍应放在破产法实施的大背景下进行，这其中既有破产法实施的共性问题，也有"执转破"实施的个性问题。

_____

① 徐阳光：《执行与破产之功能界分与制度衔接》，《法律适用》2017年第11期。

(一)"执转破"相关利益主体的动力不足

1. 从债权人角度看。首先,执行程序中的债权人在通过诉讼、仲裁、公证或其他方式获得债权确认过程中投入了大量的时间和金钱,希望通过执行"先到先得"原则获得较高的清偿回报,因此对执行程序有着合理偏好和主动选择。申请破产意味着其前提投入化为乌有,而且未参与诉讼的人反而获得了更大利益,使债权人陷入"替他人做嫁衣"的窘境。其次,由于我国破产程序没有设置简易程序,程序普遍较为繁琐,案件耗时长、成本高,让债权人望而却步。普通债权人虽然启动破产程序可能会获得公平受偿的机会,但被执行人符合《企业破产法》第2条规定条件的,基本已无财产可供普通债权人分配,启动破产程序付出的时间与精力代价与其可得利益相比相差很远。上述因素使得债权人不愿意同意"执转破"。

2. 从债务人角度看。首先,破产程序可能会使企业财务以及全部资产情况均被曝光并处置,而且破产也会使得企业经营中的不规范甚至违法行为得到全面暴露,被执行人一般不愿意主动提出破产。其次,法律没有规定企业董事、监事或者高级管理人员不及时申报破产的民事责任。《企业破产法》第125条规定,企业董事、监事或者高级管理人员违反忠实义务、勤勉义务,致使所在企业破产的,依法承担民事责任。有前款规定情形的人员,自破产程序终结之日起三年内不得担任任何企业的董事、监事、高级管理人员。但吊诡的是,法律却没有规定他们不及时申请破产的民事责任,使得债务人的董事、监事或者高级管理人员在不及时申请破产方面毫无外在压力。此外,现行立法对于债务人不履行生效法律文书或不履行清算责任的惩罚力度不大,法律后果不严重,违法成本不高。因此,作为债务人的被执行人对申请破产也态度消极。

3. 从管理人角度看。执行案件转入破产程序后,应当选聘破产管理人。管理人有权依法获取报酬。最高人民法院《关于审理企业破产案件确定管理人报酬的规定》第12条规定,管理人报酬从债务人财产中优先支付。债务人财产不足以支付管理人报酬和管理人执行职务费用的,管理人应当提请人民法院终结破产程序。但债权人、管理人、债务人的出资人或者其他利害关系人愿意垫付上述报酬和费用的，破产程序可以继续进行。上述垫付款项作为破产费用从债务人财产中向垫付人随时清偿。由于"执转破"案件很多都为无产可破案件，转入破产程序后，管理人获取不了报酬，所以管理人参与破产程序的意愿不高，这势必影响受移送法院作出是否受理破产案件的决定，从而反向挤压了"执转破"程序适用的可能。

（二）破产审判的司法资源配置不足

1. 从受移送的法院角度看，破产审判力量的缺乏导致其不愿意接收移送。虽然从 2016 年开始，最高人民法院在全国法院范围大力推进破产审判专业化建设，也取得了一定成效，截至 2017 年 2 月，全国共有 73 家法院新设立了清算与破产审判庭。① 但这一数字与全国 4000 多家法院相比显得微不足道。大多数法院仍以合议庭作为破产案件审理的组织形式，少数法院甚至没有设立固定合议庭。即使设立了固定合议庭，由于法院内部轮岗、调动的原因，合议庭成员流动性较大，合议庭的专业化特点未得到充分发挥。非专业化的审判组织设置，使得破产法官缺乏破产审判实践的历练，其知识结构、业务能力、审判经验等不能满足破产审判的实践需求。此外，破产案件法律关系复杂、利益主体多元，审理难度大、周期长、效率低，特别是"执转破"案件，矛盾在执行阶段已经处于"睡眠"状态，移送到破产程序后矛盾被"唤醒"，并得到集中释放，受移送法院比执行法院承受了更多的压力和冲突，使得受移送法院不敢接收移送。

2. 从执行法官角度看，终结本次执行制度的存在为执行法官留下了更好的选择。相比于终结本次执行，启动"执转破"程序，执行法官所作出工作付出要大得多。执行法官不但要穷尽执行措施，查控企业财产，还要全面掌握企业涉诉、涉执情况，更要承担甄别恶意破

---

① 《最高法：全国 73 家法院新设立清算与破产审判庭》，http：//www.chinapeace.gov.cn/2017-02/24/content_11397197.htm，访问日期：2017 年 5月 30 日。

产的负担，同时还要开展与受移送法院或者同一法院内部立案、审判部门的衔接、沟通工作，很多时候案件移送后还面临被退回、前期工作徒劳的风险。另外，被执行企业普遍存在多保证人、多连带责任被执行人的情况，"执转破"后这些案件尚需继续执行保证人、连带责任人，执行法官仍然不能做到"案结事了"。基于此，执行法官也更多选择终结本次执行制度，而不是启动"执转破"程序。

3. 从破产审判法官角度看，现行的案件绩效考核制度影响了破产案件承办法官的工作积极性，使其不愿意承办"执转破"案件。目前，多数法院对破产案件数量的折算、审判绩效评价、法官业绩的考核等仍沿用传统民商事案件的标准体制和管理制度，不符合破产案件的审判规律和特点，难以对法官工作进行客观评价。加之破产案件相比普通民商事案件任务更重、压力更大，故而部分破产法官选择离开破产审判岗位。

(三)"执转破"制度供给不足

1. 半职权主义使得法院作用无法充分发挥。"执转破"制度的重要价值在于弥补破产自治的失灵，加重法院在破产程序启动中的话语权。传统的破产申请主义理论，强调当事人对破产申请权利的自愿处分，强调的是破产自治原则。但在我国的破产实践中，无论是债权人还是债务人基于多重因素都不愿意主动申请破产，破产自治存在某种程度的失灵，导致市场主体退出市场的通道不畅。"执转破"指导意见虽然想加大人民法院的职权作用，但受到《企业破产法》采用的破产申请主义立法限制，仍然强调必须经过债权人的书面同意。但是，如果债权人愿意或同意申请破产，就存在"执转破"制度和债权人直接申请破产制度之间的竞争关系。此外，作为非执行当事人的债权人，其因尚未提起诉讼程序或者诉讼程序尚未终结没有取得强制执行依据，不能加入到执行分配程序中，其可得利益是滞后和被动的，这部分群众更可能积极启动破产程序，但现行规定只允许申请执行人或者被执行人对"执转破"表示同意。

2. 过高的门槛使"执转破"无法体现出比债权人直接申请破产更好的制度效益。新民诉法司法解释第 513 条规定的实质条件是"作为被执行人的企业法人符合企业破产法第二条第一款规定情形"。"执转破"指导意见规定的实质条件是"被执行人不能清偿到期债务，并且资产不足以清偿全部债务或者明显缺乏清偿能力"，移植了《企业破产法》的条文。虽然"执转破"指导意见的主要起草者王富博法官认为，只要债务人经强制执行，没有财产或财产无法清偿全部债务，即符合《破产法司法解释（一）》第4条规定的情形，就可以认定为具备了明显缺乏清偿能力这一破产原因。① 但是这一条件，仍然要比债权人直接申请债务人破产的条件要高。在管辖问题上也出现了同样的情况。"执转破"指导意见第3条规定，执行案件移送破产审查，由被执行人住所地人民法院管辖。在级别管辖上，实行以中级人民法院管辖为原则、基层人民法院管辖为例外的管辖制度。中级人民法院经高级人民法院批准，也可以将案件交由具备审理条件的基层人民法院审理。实践中，执行案件以基层法院执行为主，"执转破"案件以中级法院管辖为原则，意味着基层法院要将案件移送至中级法院，即使交由基层法院管辖还必须经过高级法院批准。而债权人直接申请破产，根据相关司法解释的规定可以直接向基层人民法院提出。可见，在管辖问题上债权人直接申请破产要比"执转破"更有效率。此外，"执转破"指导意见为了防止执行部门滥用移送程序，规定了繁琐的报批程序，也在很大程度上降低了"执转破"程序的效率。

3. 对执行和破产程序的资源共享重视不够。执行相比于破产之所以更为强势有效，一个重要的原因在于执行部门相比破产管理人在对债务人财产的查扣、追索上有着更为强大的手段。"执转破"指导意见第10条仅规定，执行法院作出移送决定后，应当将采取财产调查措施查明的被执行人的财产状况，已查封、扣押、冻结财产清单及相关材料移送给受移送法院。对后续的破产程序如何吸收归并执行程序中的成果以及对于债务人财产如何检索等问题未作规定，使得执行和破产程序在实现资源共享、吸收共享上大打折扣。

---

① 王富博：《关于最高人民法院〈关于执行案件移送破产审查若干问题的指导意见〉的解读》，《法律适用》2017年第11期。

三、何以实现——"执转破"制度的完善之策

(一)加强破产的审判专业化建设

执行案件转入破产程序后,必须有足够的审判力量对破产案件进行审判。因此,实现破产审判组织、破产审判法官和破产审判管理制度的专业化,提升破产审判能力,是"执转破"制度得以顺利实施的关键。对破产审判机构的设置,广东省采取将执行部门和破产审判部门合二为一的方法值得借鉴。这主要是基于执行和破产在共同清偿债务上的同质化特点,应当在机构设置上进一步优化配置并进行集约化管理,执行机构和破产机构应当联合,破产机构的主要职责应当转变为执行不能程序的延续,执行局和破产审判业务庭实现资源共享、分工合作、集约化管理,从而保证执行程序和破产程序的有效衔接,打破"执行难"僵局,彻底打开执行不能案件的"出口"。① 同时,有必要建立一套符合破产案件特点的专业化审判管理体制,特别是要建立科学准确的破产法官绩效考评制度。要依托破产案件质量评估体系建立法官绩效考评体系,既反映破产案件办理的质效,又要反映法官付出的辛勤劳动和承担的各种压力,提高破产法官办理破产案件的积极性。

(二)强化法院在"执转破"中的职权作用

目前,"执转破"指导意见采取的为半职权主义模式,即"执转破"程序的启动仍然需经过债权人的书面同意。如前所述,在债权人同意破产的情况下,"执转破"程序相比债权人直接申请破产存在程序繁琐、效率较低的劣势,"执转破"制度的效果大打折扣。因此,笔者认为,未来的"执转破"制度的发展方向是由人民法院的半职权主义模式转向全职权主义模式,即人民法院在"执转破"程序的启动

---

① 池伟宏:《执行转破产程序的运行机制与机构改革设想》,《人民法院报》,2014 年 8 月 13 日,第 8 版。

中占据绝对主导地位。特别是针对某些涉及当事人众多、关乎社会稳定的特殊类型案件，人民法院可在事前征求债权人和债务人意见，如果他们同意，签订同意书，如果不同意，法院仍可依职权启动移送程序。同时，为了保护债权人和债务人的利益，应当赋予他们"执转破"复议申请权，建立复议程序、答辩程序。

（三）强化债务人股东或董事破产清算义务及责任

《公司法》规定了破产清算人的破产申请义务，但未规定企业的法定代表人或者实际控制人在公司具有破产原因时的破产申请义务。为维护社会公共利益，应当明确法定代表人与实际控制人在公司达到破产临界点时的破产申请义务，通过破产追责来迫使公司高管主动申请破产。因为在破产原因的第一时间启动破产程序，既可避免债权人血本无归的结局，还可通过重整程序挽救公司，保护公司投资人及债权人。

（四）建立完善的破产费用保障机制

鉴于"执转破"案件多数属于无产可破或资产不足以抵偿破产费用的案件，只有建立完善的破产费用保障机制才能保证破产程序的顺利进行，最大程度的发挥"执转破"制度的功效。对"执转破"案件的破产费用，最高人民法院提出了分类解决的方式，即对破产案件的诉讼费用，原则上法院可依法依规予以减免。对包括管理人报酬在内的其他破产费用，各级法院应结合实际，采取鼓励关系人垫付费用，从其他破产案件管理人员的报酬中提取一定比例解决破产费用，建立管理报酬保障资金等措施来解决。①

（五）建立破产简易程序制

普通破产程序是设立在债务人有产可破的基础上，因此其设计了一整套较为复杂的程序保障当事人特别是债权人利益。但是，大多数

---

①　杜万华主编：《最高人民法院企业破产与公司清算案件审判指导》，中国法制出版社 2017 年版，第 419 页。

"执转破"案件都没有或者只有很少的财产，没有必要在债权申报、破产公告等程序上规定与普通程序一样长的时间。因此，开展破产案件的简易程序审理，通过破产简易程序大幅提升破产效率，减少当事人、法院、管理人的时间和金钱成本。简易程序的设置一般应包含以下内容：一是适用简易程序的案件范围。对具备债务人资产较少甚至无产可破，破产财产可能不足以支付全部破产费用，申请人、被申请人及其他主要破产参与人协商一致同意简化审理程序，债务人与全体债权人就债权债务的处理自行达成协议等条件的案件，如果其事实清楚、债权债务关系明确、争议不大可以考虑简化其审理程序。二是缩短程序时限。适用简易程序的案件在受理时限、债权申报期限、破产宣告的时限以及案件的审理期限等方面要比普通案件短得多。三是简化程序运行。考虑对公告、送达方式，债权人会议程序和表决方式等进行简化。

新民诉法司法解释初步构建了执行转破产制度，"执转破"指导意见为执行转破产提供了具体的操作指引。任何一项制度从制度确立到落地生根必然经过"发现问题—解决问题—发现问题—解决问题"的螺旋发展，"执转破"制度也不例外。对"执转破"制度不断发展完善，最终目的就是让执行程序与破产程序各归其位、各司其职，共同成为保护债权人权益、维护市场秩序的法治利器。

"执转破"制度研究

黄　芳*

摘要："执转破"制度作为执行程序与破产程序的衔接制度，是对申请人主动启动破产的补充，破产制度相较执行参与分配制度的优越性决定了"执转破"制度设立的必要性，而其社会经济本位价值、公平价值、效率价值、秩序价值的多价值体系引导着法院制度推广与施行，但现阶段经济相较不发达地区因执行法院内部启动动因缺乏、新矛盾风险、破产审判资源匮乏、破产费用难以保障、后续破产审理难等问题缺乏实践土壤，还需从市县两级法院执转破工作小组建设、市工税法公多单位预警联动协调机制建设、破产专业审判人才培养、优化破产审理程序等方面完善，为"执转破"制度价值的实现提供无阻实践环境。

关键词："执转破"制度；必要性；价值；实践基础

引　言

2015年2月4日起实施的最高人民法院《关于适用〈中华人民共和国民事诉讼法〉的解释》中正式确立了"执转破"制度——执行法院在执行中发现被执行企业法人符合破产条件的经有关当事人同意后中止执行程序将相关材料移送至被执行人所在地法院进行破产审查，但因内容篇幅的限制仅作出概括性规定，后最高人民法院于2017年2

---

* 黄芳，湖北省荆州市中级人民法院民四庭法官助理。

月 6 日发布《关于执行案件移送破产审查若干问题的指导意见》，为人民法院"执转破"工作的开展提供较为完备的制度保障。"执转破"制度确立以来，虽然多地实现了案件数"零"的突破，少数沿海发达城市法院落实情况较好，但总体而言"执转破"工作仍处于起步阶段，对其制度价值认知及普及、相关实践环境铺设上存在不足。这要求我们从理论和实践两方面出发，一方面，在理论上探索"执转破"制度的合理性、必要性及其价值体系，为实践能够重视并把握"执转破"制度价值打下理论基础；另一方面，再优秀的制度也需要现实的土壤培育才能实现价值，以"执转破"制度施行的现实困难为问题导向，为实践基础铺设提供可行性方案，有助于"执转破"制度的长效施行。

一、"执转破"制度的必要性探究

长期以来，在民事执行程序中存在着大量因被执行企业法人无财产可供执行或财产无法变现而囤积的执行案件，这些案件仅能作"终本"处理，等待下一次开启，无法真正"终结"，这类企业的各种民事关系未清结的状态对市场经济发展、社会稳定存在诸多隐患，原有的民事执行程序中的执行参与分配制度和申请人主动启动破产制度并不能破解困境，"执转破"制度的设立正是基于这种实践需求。而"执转破"制度能够作为困境的出口，探寻其内在原因需理清"执转破"制度与执行参与分配制度、申请人主动启动破产制度的关系。

（一）"执转破"制度与参与分配制度

1. "执转破"制度与参与分配制度之间具有一定的相似性

我国的执行参与分配制度是指在执行程序中，被执行人的财产不能清偿所有债权时，其他债权人参与到执行程序中，执行申请人与加入的债权人就被执行人的财产公平有序受偿的制度。执转破制度与执行参与分配制度均规定在最高人民法院《关于适用〈中华人民共和国民事诉讼法〉的解释》第二十一章执行程序之中，第 513~516 条是执转破制度相关内容，第 508~512 条是执行参与分配制度相关内容，二者均是民事执行制度的一种，存在一定的相似性。

（1）两者适用的前提存在竞合，"执转破"制度适用的前提是符合《企业破产法》第2条第1款——企业法人不能清偿到期债务，并且资产不足以清偿全部债务或者明显缺乏清偿能力的，执行参与分配制度适用的前提是被执行人的财产不能清偿所有债务。

（2）财产分配制度、债权分类处理方式相似，二者均是优先债权清偿完毕后剩余财产在普通债权人之间按照债权比例受偿，且执行参与分配制度规定有和破产制度相似的财产分配方案规则。

2. 执行参与分配制度不能代替企业破产清算程序

正是因为参与分配制度在适用前提和主程序规则设置上与"执转破"制度、破产清算制度有一定的相似性，还有"小破产程序"之称，部分学者认为可以进一步完善参与分配制度，延续最高人民法院《关于人民法院执行工作若干问题的规定（试行）》第96条的意见将企业法人纳入到参与分配制度适用对象中，直接在执行阶段解决企业法人资不抵债时的债务清偿问题，但是由于参与分配制度存在一定的缺陷不能代替企业破产程序，其只能是我国在缺乏个人破产规定的情况下对非企业法人准用的破产替代品。①

（1）参与分配制度不能清理被执行人所有的债务，参与分配制度是执行程序，债权人需有执行依据才能申请加入，未取得执行依据的债权、未到期的债权无法加入处理，其本身只是个别清偿而非全面清理。

（2）不能实现债权的最大限度清偿，执行程序中没有设置破产管理人，只是对被执行人的财产进行查封、扣押、冻结而不进行管理，也没有追回、撤销等制度，债务人的财产极可能因为缺乏管理而贬值，无法实现被执行人财产财富的最大化，进而影响债权人的可清偿债权数额。

（3）执行程序效率优先，未设置清算程序，一方面因为缺乏清算

---

① 参见李帅：《论执行案件中法院职权主义启动破产程序的构建》，《法律适用》2015年第11期。

对被执行人财产整体情况无法掌握导致进入参与分配程序难，实践中参与分配多适用于对特定财产享有优先权的债权人直接申请参与分配情形，很少有普通债权人申请参与分配；另一方面因缺乏清算难以甄别债权真伪，被分配的财产也仅限于查扣冻的财产范围，一次参与分配完毕后发现可供执行的财产可以再次提起分配，执行难以彻底终结。

（4）如企业法人作为参与分配制度的适用对象，但在分配完毕后未对其企业法人主体资格进行处理，企业法人主体的存续容易引发市场风险，企业的法定代表人、股东等可以继续以法人主体生产经营的名义订立难以完成的商务合同，破坏市场道德和信用体系。

3. "执转破"制度应与参与分配制度平行适用

以上已经论述参与分配制度存在缺陷，不能代替企业破产清算制度，而"执转破"制度是民事执行与企业破产的衔接制度，基于企业破产清算制度的无可替代性"执转破"制度具有必要性及优越性。另外，破产包含清算、和解、重整三种制度，在被执行企业法人财产不能清偿全部债务时通过执转破程序导入破产清算程序审理能够真正化解债务，解决执行难题，让被执行企业法人"入土为安"，导入破产和解、重整制度又能打破债务压迫僵局，避免债务因利息、延迟履行金等进一步扩大，帮助企业"重获新生"。正是基于这种考量，民事诉讼法司法解释将企业法人排除到参与分配制度之外，并在最高人民法院《关于执行案件移送破产审查若干问题的指导意见》第 4 条规定无人同意移送破产审查的按照查扣冻先后顺序清偿，其他债权人申请参与分配的不予支持，确立了"执转破"制度与参与分配制度平行适用原则。

（二）执转破制度与申请人主动启动破产制度

1. 申请人主动启动破产的现状分析

根据最高院统计，2007 年《企业破产法》实施后，全国法院每年受理的企业破产案件数量分别为：2008 年、2009 年各为 3000 件左右；2010 年为 2000 件左右；2011—2013 年均为 2000 件以下；2014 年为 2031 件；2015 年为 3568 件；2016 年为 5665 件。虽然 2016 年有较为明显的增幅，但破产案件的受理案件数与每年几十万个退出市场的企业法人数量仍然严重不符，大量符合破产条件的企业不经清算便"逃出市场"，给市场体制造成巨大的隐患。我国《企业破产法》规定经债权人或债务人申请程序方能启动，而实践中债权人和债务人往往对破产程序有所误解、缺乏申请动因不申请破产，许多企业经营者认为破产即意味着"企业死亡"，也并不清楚破产具有保护功效，持有传统观念宁愿苟延残喘也不愿进入破产，还有的企业经营者认为进入破产对其本身没有好处，资不抵债的情况下投资无法收回，还不如拿点东西"跑路"，而有的债权人更愿意寻找企业财产线索通过民事强制执行程序或是通过上访、多手段讨债主张债权等，导致单一的仅靠申请人自主申请破产的破产启动制度不符合我国市场体制经济发展的要求，不能发挥破产制度对市场血液有序新陈代谢的制度保障功效。

2. "执转破"制度是对申请人主动申请破产的补充

基于《企业破产法》施行的现实，而现有民事强制执行制度不能解决债权公平清偿问题，执行参与分配制度又不能彻底解决债务清理和企业有序退出市场的问题，许多学者开始探讨民事执行中职权主义破产制度的构建，希望建立在民事执行程序中对于符合破产条件的被执行企业法人由执行法院依职权直接移送破产审查的制度，通过破产程序解决被执行企业法人债务公平清偿问题，作为申请人破产启动程序的补充。然而，我国《企业破产法》仅赋予债权人和债务人申请权，并未赋予法院依职权让债务人进入破产程序的权利，且法院不顾当事人的意愿径直强制破产容易引发公众对法院中立性的质疑，完全的职权主义破产启动制度不符合现行法律规定及现实状况，比较而言，民事执行中"半职权主义"移送破产审查制度能够符合实践制度需求，法院在发现被执行企业法人符合破产条件积极主动地征询执行当事人的意见，在申请执行人之一或被执行人书面同意满足《企业破产法》规定的依申请启动条件时，将案件移送至审判业务部门进行破产审查，这样能够较好地解决因单一申请人主动申请方能启动破产程序导致破产程序难以启动的现实困境。

二、"执转破"制度的价值探究

价值是被评价的客体对满足个人、群体或者国家需要的积极意义，探究"执转破"制度的价值体系有助于理解制度深层内涵，在实践中合理把握运用尺度。根据法理学观点，法的价值可以分为目的性价值和工具性价值。目的性价值是主导价值，构成了法律制度所追求的社会目的，反映着法律制度产生和实施的宗旨，工具性价值为服务性、工具性的价值，是指为实现目的性价值应具备的属性。借助此种分类理解，将"执转破"制度的价值从目的性价值和工具性价值两层次进行剖析，其目的性价值主要侧重为社会经济本位价值，其工具性价值主要侧重为公平、效率、秩序。

（一）社会经济本位价值

法院积极主动向被执行人或申请执行人释明并征询意见，改变在破产启动上的原中立地位，是基于社会整体经济利益的考量，制度本身具有社会本位属性。

现阶段，我国处于供给侧结构性改革关键时期，没有制度支撑难以仅依靠现有市场本身完成去产能、去库存、去杠杆，只有市场和法治双线并进才能继续推进资本市场的稳定健康发展，支持实体企业的创新驱动发展。① 破产程序作为企业退出和再生救治机制，利用市场力量实现供给侧端资源重新配置，在制度层面给供给侧结构性改革提供支持，而在供给侧结构性改革过程中能否充分运用破产制度是检验我国市场经济改革成效的标准之一，② "执转破"制度给破产程序的

---

① 刘志彪：《中国语境下的供给侧结构改革：核心问题和重点任务》，《东南学术》2016 年第 4 期。

② 参见邹海林：《供给侧结构性改革与破产重整制度的适用》，《法律适用》2017 年第 3 期。

启动开辟了一条新的道路，能够增加进入破产程序的企业法人数量，进一步发挥破产程序对于市场经济的制度优越性。

具体来说，首先，资不抵债的被执行企业法人中存在一些经济效益不佳、长期扭亏无望，主要依靠银行信贷和政府补贴维持生存，且难以顺利从产业内退出的濒临死亡的僵尸企业，这类企业如果不重组、不清出市场会扰乱市场秩序、占用生产要素、阻碍创新发展，通过执转破制度将这类重组无望的企业导入破产清算程序，依法清算终结其法人主体资格，让生产要素流向创新产业，提升市场活性。其次，民事执行中企业法人处于待处置的"静止"状态，生产经营难以继续，有的企业法人打破僵局后具有通过融资优化企业结构等方式焕发新生的可能，这种情况下申请执行人或者被执行企业法人同意破产重整，通过"执转破"制度导入到破产重整程序，帮助企业清理债务和再生，能达到资源最优配置。

（二）公平价值

民事强制执行追求优先主义，以保全顺序确定清偿顺位，体现的是"沉睡的权利不是权利"的法意，然而在多个债权人之间进行有限财产分配时民事执行的清偿原则欠缺公平，法律素养高、社会关系能力强、经济能力雄厚的债权人可能能够较为轻松地取得被执行人的财产线索，先行采取执行保全措施，处于劣势地位的债权人可能因轮候查封而最终债权无法清偿。通过"执转破"制度转入破产程序清理债务，优先债权清偿后剩余部分普通债权按比例清偿更能体现公平价值，保障债权公平有序受偿。

（三）效率价值

在民事执行案件中存在着"终本"的多"终结"的少的执行困境，无财产可供执行或不足以清偿全部债务的企业法人执行标的不能到位只能作"终本"处理，执行申请人四处寻找后发现新的财产线索申请恢复执行，因为被执行企业法人主体资格的存续可能导致"终结本次—恢复执行—终结本次—恢复执行"的循环，导致本就有限的执行资源被浪费，降低执行效率；另外，被执行人与申请执行人之间的债权债务关系仍存在，申请执行人可能会通过上访等途径给法院施加压力，极大程度影响法院资源的配置效率。符合条件的企业法人通过"执转破"制度移送破产处理后，原执行案件符合条件可以终结处理，执行积案化解，债权债务清洁完全，避免司法资源的浪费。

（四）秩序价值

秩序是我们经济生活的必要前提，而"执转破"制度能够达到保障市场经济秩序和维护社会秩序的双重效果。"应破而未破"的被执行企业法人主体存续过程中，经营者可能选择在有限责任制的保护下以法人主体的名义在外进行经济活动，损害相对方的利益，破坏市场信用体系，影响市场经济秩序，被执行企业法人经过破产程序后其主体资格消灭或是焕发新生，可以解除对于市场秩序的消极影响；另外，职工债权人因要经历仲裁、诉讼多重程序及维权意识淡薄等原因，可能无法在执行中获得较为靠前的清偿顺位，职工安置问题不处理好可能引发社会的不稳定，给地方维稳造成压力，而破产程序中职工债权属于优先债权，清偿顺位在前，有利于保障民生，维护社会秩序。

三、"执转破"制度运行的现实困境及实践基础铺设路径

（一）"执转破"制度运行的现实困境

1. 执行法院内部启动动因缺乏。对于执行标的没有执行到位的案件做"终本"处理，在绩效考核时与"终结"同等对待，执行人员对执行积案无绩效上的压力，习惯于固有的处理模式，不想为自己"找事"，对作"终本"的案件不想主动拿出再做新的处理，对新制度的接受程度尚浅，尚未引起重视，而执转破制度要求执行人员积极主动审查被执行企业法人是否属于《企业破产法》第 2 条的情形，尤其是同一企业的不同民事执行案件在多个法院进行时，虽可以通过全国执行信息网获取企业的执行案件情况，但几个执行法院中谁来收集资料启

动甄别,对执行法院的主动性提出很大的要求。其次,执行法院需征求当事人意见,向当事人释明现阶段的情况及破产程序的特征,一方面对执行人员的破产制度相关知识提出要求,一方面这种"半职权主义"破产制度容易将矛头引向执行人员。综上,执行法院在现有形势下很难积极主动启动程序,缺乏内部动因和外部执行信息快速获取机制。

2. 未同意的申请执行人因执行分配预期与破产分配落差引发新的矛盾。当事人民事权利的行使原则是自身利益的最大化,有的申请执行人之所以同意进入破产程序,是因为经过比较认为在破产程序中债权能够更大程度的清偿,而能够得出这种考量结果的多是排在后面清偿无望的普通债权人。其他不同意的优先债权人及排在前面能够清偿的债权人因为利益受损而与之发生矛盾,通过上访、闹访等形式要求恢复执行程序保障他们的债权清偿份额,给法院破产程序的推进造成不利影响。

3. 破产审判资源不足。长期以来非经济发达城市破产案件相对较少,尚未培养起专业的破产审判团队,以荆州为例,荆州中院仅有一名民四庭审判员主办清算与破产类案件,所有破产案件均由其一人承办,同时其还需参与商事审判合议庭及部分案件的审判工作。荆州八基层法院具有破产审判经验的法官少之又少,甚至有的法院在前人退休后无一人具有破产审判经验,而荆州建立起独立的清算与破产审判庭不符合现阶段的工作量情况,但破产审判资源的不足及人才培养机制缺失势必会影响执转破制度的推行,无法保障转入破产程序后的优质审理。

4. 破产费用难以保障。根据最高院执转破指导意见的要求,首批现筛选出符合移送破产条件的无财产可供执行、无经营资金、无营业场所和管理机构和人员下落不明的"三无"案件的被执行企业法人作为目标企业,但这类企业可能已无资产,诉讼费用可以依法适当减免,但进入破产程序后需指定破产管理人,破产管理人报酬及其他破产费用无法保障。

5. 后续破产审理难。《企业破产法》第 43 条第 4 款规定:"债务人财产不足以清偿破产费用的,管理人应当提请人民法院终结破产程序。人民法院应当自收到请求之日起十五日内裁定终结破产程序，并予以公告。"但适用的前提是管理人已调查清楚债务人财产状况，确定债务人财产不足以清偿破产费用，而一方面，"三无"企业极可能财务账目被下落不明的经营者带走或无规范财务账目，财产状态难以调查；另一方面，债务人财产包含管理人履行撤销权、追回权、取回权、出资追缴等后取得的财产，实践中民营企业运营不规范、法人主体与个人的财产混淆、债务涌现后股东抽回出资等现象常见，撤销权、追回权、取回权、出资追缴的行使难以产生实际效果。

(二)"执转破"制度实践基础铺设路径

1. 以市为单位设立两级法院执转破工作小组。本市同一被执行企业法人的不同民事执行案件因诉讼标的额的不同可能在中级或基层法院进行，为避免两级法院执行部门消极对待，利于共享信息、提升效率，由市中院牵头组织两级法院执行局、破产审判部门组成工作小组，对本市"终本"及尚在执行阶段的案件进行摸底排查，对初步符合移送破产的被执行企业法人情况分析核实，以案件有无信访隐患、劳动者安置状态、债权债务复杂程度对案件进行分类，完成"三无"且无隐患案件首批移送，再根据破产案件审理情况制定"执转破"下步实施方案，先易后难、逐步完成执行积案中符合执转破条件案件的消化。

2. 以市为单位建立市工税法公预警联动协调机制。首先，工商税务部门掌握企业信用信息，如能及时与法院共享被执行企业法人资信信息，有助于在执行阶段掌握被执行企业法人的资信情况，提高法院对被执行企业法人的状态评估效率；其次，执转破程序的运行可能引发部分债权人的上访、闹访，需要政府和公安机关的联合维稳，破产审理中股东、实际控制人、高级管理人员涉及抽逃出资、侵占公司财产而下落不明的，将涉嫌犯罪的线索移送公安机关后需要公安机关及时处理；再次，本土企业有序退出市场需要当地政府的支持，法院对市场熟悉程度不高，如能充分发挥政府的招商引资能力则能提高债务人资产处置率，且及时与政府保持信息畅通，为政府及时调整企业扶持政策及调控资源配置提供信息支持，于区域经济发展有益。

3. 以省为单位建立破产法官培训交流网。根据尚未设立清算与破产审判庭的全省各级人民法院破产及清算案件受理情况在每院确定对应应培养破产法官数量，并由各法院自行确定培养目标，报送省法院，省法院统筹设立破产法官培训交流网，组织定期培训、业务交流等活动，完善破产法官的培养机制，建立湖北法院破产专业审判队伍。

4. 优化破产审理程序，缩短审理时效。破产案件中需要处理与债务人相关的方方面面关系，程序复杂，审理周期长，根据荆州法院的审理现状平均审结期限在 2 年以上，这也是债权人不愿意进入破产程序的原因之一，时间成本与收益不能成正相关关系。简化破产程序，在符合法律规定的范围内适度减少各阶段用时，提升破产审判效率，才能保障执转破制度长效推进。

5. 协调政府建立专项破产费用保障资金制度。破产费用得不到保障，"三无"企业的破产程序难以推进，而利害关系人垫付、从其他破产案件管理人报酬中提取一定比例等方式不符合经济不发达地区的现实环境。不能顺应市场竞争占用生产要素的企业通过破产程序解决与其主体相关的社会经济关系，有序退出市场，生产要素流入市场，资源新一轮配置，服务地区经济发展，协调政府建立专项破产费用保障资金制度才能发挥破产程序的市场清洗功能，为破产程序的高效适用提供基础保障。

"执行转破产"制度的反思与完善

——以法院内部审查审理机制为视角

王杰兵　　吴亦伟[*]

摘要："执行转破产"的制度价值在于有序地实现对全体债权人的公平清偿；制止参与分配制度中债权人的搭便车行为，解决破产立案难问题；清理"僵尸企业"，回应供给侧结构性改革的需求。但该制度在施行过程中面临着审判人员办案经验不足、行政支持弱化、管理人队伍未能充分发育、维稳的需要令审判人员处理案件更加谨慎、破产费用增加可能进一步激发矛盾等障碍。为了有效应对执行转破产的施行障碍，本文建议法院应慎选合议庭、探索简易破产程序，推动设立执行转破产案件相关基金，并将管理人选任的方式特殊化。

关键词：执行转破产；合议庭；简易破产程序；执行转破产基金；管理人选任

2015 年施行的新《民事诉讼法司法解释》创立了"执行转破产"制度，其在第 513 条中规定，"在执行中，作为被执行人的企业法人符合企业破产法第二条第一款规定情形的，执行法院经申请执行人之一或者被执行人同意，应当裁定中止对该被执行人的执行，将执行案件相关材料移送被执行人住所地人民法院"。该制度通过发挥司法机关的主观能动性在执行程序和破产清算程序之间架起了一座桥梁，有力地回击了司法实践中执行难、破产立案难等问题。然而，细节决定成

---

[*] 王杰兵，江苏省江阴市人民法院民二庭副庭长，助理审判员，法学硕士。吴亦伟，武汉大学法学院 2015 级民商法博士研究生。

败，如何确保这一制度在司法实践中落地生根，真正发挥其应有的制度价值，还需要从微观层面对其潜心雕琢。本文将结合"执行转破产"制度的制度价值，分析其在司法实践中的施行障碍，并提出完善建议。

一、"执行转破产"的制度价值

2016年3月，最高人民法院院长周强在人大报告中提出："向执行难全面宣战，用两到三年时间，基本解决执行难问题，破除实现公平正义的最后一道藩篱。"①执行程序转破产程序的过程，本质上是法院对个别债权的个别执行向整体债权的概括执行的转变。它不仅巧妙地化解了执行难问题，更利于有序的实现对全体债权人的公平清偿。

（一）发挥破产制度的价值：有序地实现对全体债权人的公平清偿

执行转破产的前提条件是作为被执行人的企业法人符合破产清算原因，即支付不能或资不抵债。如果符合破产清算原因的企业法人无法进入破产清算程序，而仍以一般强制执行程序对债权人一一受偿，这就会产生部分债权人获得全部清偿、部分债权人只能获得部分清偿或不完全清偿的局面，这不仅违背了债权平等原则，且易造成各债权人争先恐后行使债权的混乱局面。但进入破产程序后，所有的民事执行程序都会中止；债务人的个别清偿行为无效；在破产申请受理前的半年内，债务人的偏颇型清偿行为可撤销；受理前的一年内，债务人的不当处分财产行为可撤销。这些都是为了尽可能公平清偿每一个债权人的债务。另外由于破产程序本质是司法程序，法院的参与保证了程序的公正性和有序性。因此，执行转破产制度的首要目的就是有序地实现对全体债权人的公平清偿。

① 罗书臻：《破除实现公平正义的最后一道藩篱——全国法院"基本解决执行难"工作综述》，中国法院网，http://www.chinacourt.org/article/detail/2017/02/id/2557897.shtm，访问日期：2017年5月25日。

而在实务操作层面，破产制度相较于一般执行程序也存在特殊的优势，主要体现在：一是管理人的引入可以全面深入彻底查控债务财产，特别是通过审计发现股东高管侵占公司财产的线索予以追收；二是对全体债权人依据债权性质按照顺位清偿，对于未能清偿的债务及时核销；三是全程接受债权人会议或者债权人委员会的监督，避免消极执行、乱执行、过度执行、选择性执行等弊端的产生。

（二）制止参与分配制度中债权人的搭便车行为，解决破产立案难问题

破产法实施以来，破产案件立案难成为破产制度发挥价值的首要障碍。根据最高人民法院统计，2008 年至 2015 年全国法院破产案件受理数量长期处于低位运行，各年度的案件数量分别为 3700、3650、1900、1800、1980、1798、2500、3589 件。上述数据与同时期未经破产清算而注销的近百万个企业数量相比呈现几何级差异。① 破产案件立案难的原因很多，其中一个重要的原因是现行执行案件中的参与分配制度。最高人民法院《关于执行工作若干问题的规定》第 96 条规定了该制度。根据该制度，在后申请执行的债权人有机会在执行程序中按比例受偿，并将未取得执行依据的普通债权人排除于执行程序之外，因此债权人往往不愿意启动相对复杂的破产程序。② 司法机关主动将执行程序转为破产程序，不仅令债权人搭便车的意义不再，而且解决了破产立案难的问题。《民事诉讼法司法解释》第 513 条规定，"在执行中，作为被执行人的企业法人符合企业破产法第二条第一款规定情形的，执行法院经申请执行人之一或者被执行人同意，应当裁定中止对该被执行人的执行，将执行案件相关材料移送被执行人住所地人民法院"；第 516 条规定，"当事人不同意移送破产或者被执行人住所地人民法院不受理破产案件的，执行法院就执行变价所得财

---

① 数据来源于国家法官学院第一期全国法院"僵尸企业"处置与破产审判实务研修班授课专家讲义资料。

② 赵晋山、葛洪涛：《民事诉讼法司法解释执行程序若干问题解读》，《法律适用》2015 年第 4 期。

产，在扣除执行费用及清偿优先受偿的债权后，对于普通债权，按照财产保全和执行中查封、扣押、冻结财产的先后顺序清偿"。由此明确了依据保全顺序清偿企业法人对外债务的制度，从而倒逼在保全中处于劣后顺位或者未能保全的债权人积极申请债务人破产。2016 年全国法院受理企业破产案件 5665 件，比 2015 年上升 53.8%；审结企业破产案件 3602 件，比 2015 年上升 60.6%；虽然尚未有明确统计数据表明上述破产案件系由执行转为破产的比例，但从数量大幅提升可以初步判定执行转破产制度取得的了初步效果。

（三）清理"僵尸企业"，回应供给侧结构性改革的需求

供需结构错配是我国当前经济运行中的突出矛盾，矛盾的主要方面在供给侧，主要表现为过剩产能处置缓慢，多样化、个性化、高端化需求难以得到满足，供给侧结构调整受到体制机制制约。2015 年以来，中央将调结构、去库存、去产能、去杠杆作为经济领域改革的重点方向，为配合上述经济领域改革的推进，最高人民法院相关文件精神中将法院定位于破产企业的"医院"，即通过分类识别，尊重市场规律，对到期不能清偿债务的企业采取差异化处置措施，能救则救，当退则退。对符合国家产业政策、具有发展前景的企业，通过"变债为股"、"放水养鱼"等方式推动企业重整；对不符合国家产业政策、债务包袱沉重、挽救无望的企业，引导其通过规范的破产清算程序退出市场，清理各类债务。"执转破"的过程也是一个切断债权人源源不断向"僵尸企业"输血路径的过程，同时保障债权人、职工的利益得到合理地分配。而有效运行的破产制度，还可以引导资本、劳动力、科技成果和其他生产要素向有利于转方式、调结构的行业和领域流动，从而真正发挥破产审判在化解重大涉企债务纠纷、清理"僵尸企业"、优化市场资源配置、促进经济转型升级中的作用。

二、"执行转破产"的施行障碍

虽然"执行转破产"制度的优势明显，但其在施行的过程中也面临着不小的挑战。从根本上来讲，"执行转破产"的施行障碍同时也

是破产审判过程中的障碍。具体来说：

（一）审判人员办案经验不足

长期以来，除个别经济发达地区的法院设立破产审判专业庭室外，绝大部分法院并未专门设置破产审判庭，甚至存在相当部分的法院未曾办理过破产案件。这种情形与国外专业破产法院相比，甚至与国内法院知识产权庭、劳动争议庭的设置已成普遍趋势的情况相比，都直接表明破产案件的专业性从审判机构的设置层面尚未得到有效保证，换言之，法院系统缺乏一支素质精良的破产审判队伍。从统计的数据而言，截至 2017 年 2 月底，全国共有 73 家法院新设立了清算与破产审判庭，其中包括 4 家高级法院、47 家中级法院、22 家基层法院，数量依然偏少。另外，自 2008 年以来，破产案件总体立案数量不足，审判队伍缺乏应有的锻炼，也成为破产审判能力的短板。破产案件的特征是案件专业性强、矛盾大、会议多、文书多、信访多、程序长、协调工作任务重，审理破产案件需要承办人员具有较为丰富的审判经验，但目前在案多人少的情况下，真正施行破产专业审判的情况较少。而执行案件中具有相当大的比例符合转为破产的条件，特别是当被执行人系企业法人的情况下，一般而言只要存在多个执行案件，一般都符合破产法规定的裁定受理破产申请的情形，因此一旦放开立案，破产案件将在短期内急剧增长，当前的审判力量根本无法应对。

（二）行政支持弱化

旧破产法具有较为浓厚的计划经济色彩，而现行破产法的制度设计主要是以市场化为基础，以管理人为主导，法院扮演的主要功能是监督与指导。近年来破产企业的主体逐步变更为民营企业，以江阴市人民法院为例，民营企业所占的比例在 80%，由于破产企业没有公有经济成分，行政介入的程度较低。主要体现在：一是没有介入的动机，破产被普遍认为是法院办案职责；二是缺乏介入的具体参与方式，较少企业存在之前"主管部门"，因为在管理人选任时，均为市场化的主体担任管理人，公职人员较少参与。但法院在办案过程中，不得不面对的情形是，政府部门掌握了大量的行政资源，破产案件审理中涉及的职工问题、无证土地房产处置问题、税费问题等如果缺乏行之有效的行政协调机制，将导致案件久拖不决。执行转破产案件中，之所以要通过破产方式终局性化解矛盾，往往都是依靠单一的执行措施难以克服障碍的疑难案件。执行转破产案件需要协调的事项比一般破产案件更多，如果一旦进入破产程序，按现有法定程序，将几乎不可逆转，很可能导致矛盾集中爆发，在缺乏行政资源有效支援的情形下，执行转破产案件的审理风险将急剧增大。

（三）现有管理人队伍未能充分发育

现有的管理人队伍主要分为三类：会计师事务所、律师事务所、清算类公司。目前来看，管理人队伍的执业水平参差不齐，且各地司法政策大相径庭。会计师事务所担任管理人时，缺乏法律知识背景，而执行转破产案件中具有大量的法律事务，存在执业能力不足风险；律师事务所担任管理人时，缺乏财务知识背景，而破产企业普遍存在财务失真、账目缺失、管理人失范的情况，无法从财务信息中及时发现有效的资产线索；对于清算类公司，各地情况差异较大，部分缺乏固定人员和资产，没有明确的主管部门，难以有效监管。此外，由于整体立案破产案件数量较少，管理人也缺乏相应的执业经验，目前尚未有一支综合实力强、公信度高、社会声誉佳的管理人队伍。而执行转破产案件作为新生事物，管理人对此也缺乏相应的了解，现有的管理人队伍在应对大量执行转破产案件时能否胜任存在疑问。

（四）维稳的需要令审判人员对待"执转破"更加谨慎

司法责任制被认为是当前司法改革的"牛鼻子"。在追责日趋严厉的背景下，司法人员对于自身的职业风险极为敏感。破产案件大多存在刚性维稳任务，实践中不排除执行部门对易于变现的资产先变现先分配，当案件移送至审判部门时，遗留的各类问题在缺乏有效资产的情况下难以化解。比如在执行程序中参与分配制度规定较为原则，线条较粗，可以在法律规定的限度内通过种种技术化的手段，优先解决职工问题，而一旦进入破产程序，债权分配有着严格的顺序要求，不仅如此，职工债权问题在执行案件中多反映为工资款问题，但进入破产程序后，经济补偿金、社保缴纳等问题将不能回避。

(五)破产企业债务的增加可能激化矛盾

执行转为破产将新增大量的费用支出，如诉讼费用、审计费用、评估费用、公告费用、邮寄费用、管理人报酬、查档费用、存档费用等。特别是如果执行过程中已经进行了资产评估拍卖等程序，部分费用就已经产生，而在破产清算过程中，各类报告有效期问题需要二次评估审计等，又将产生额外支出。如此计算，破产企业本身资产极为有限，大量费用产生导致各方矛盾更加尖锐，特别是在相关费用仅能保障职工债权的情况下，破产费用、管理人报酬等主要开支，将直接引发新的矛盾。鉴于破产将可能导致增加大量劳动债权，产生额外费用与支出，普通债权尤其是集资债权的清偿比例将被进一步压低，从而导致法院在进行执行转破产决策时不得不考虑执行与审判部门各自的利益与风险。

三、有效应对"执转破"案件的建议

为了有效应对"执行转破产"的施行障碍，笔者从以下几个方面提出建议：

(一)慎选合议庭

由院庭长担任审判长，破产案件的定案把关与一般案件不同，部分事项不仅是法律问题，还涉及与其他单位沟通协调，由院庭长担任审判长可以以此统筹审判资源，通过上述措施，实现办案与办事、开庭与开会、审判与谈判相结合，大大提高审判效率。由原执行部门承办人担任合议庭成员，打破内部分工限制，充分利用其了解案情的优势，避免内部推诿耗费司法资源，发挥合力。如执行法官执行过程中形成的工作经验使得其在司法强制措施运用及把握更为熟练，可以克服审判部门在审理案件中较少采用强制措施，对适用强制措施存在畏难情绪的弊端。结案后考核予以倾斜。计算工作量时进行折算，同时对审判长、合议庭成员分别计算工作量。

（二）探索破产简易程序

对于执行转破产案件，在不违反现行法律规定的前提下，简化有关程序，快速推进进程。如在债权人、债务人对于破产清算均无异议的情况下，已经在执行阶段启动的变现程序，及时恢复变现，做好前后衔接；对于破产受理前已经变现的资产在计算管理人报酬时设定区别于管理人追收资产的计酬比例；尽量压缩债权申报时间；在裁定受理破产案件后及时进行破产宣告等；除法定登报及书面告知事项外，充分运用最高人民法院设立的破产案件信息发布平台，发布相关信息；简化债权人会议程序，由管理人推荐部分债权人作为其他债权人的委托人参加债权人会议，减少债权人的成本；原则上只召开一次债权人会议，其他以书面方式反馈意见；总体而言，要在制度设计时考虑到执行转破产案件的特殊性，避免案件久拖不决，衍生过多费用。

（三）推动设立执行转破产案件相关基金

一是管理人报酬基金。鉴于执行转破产案件一定程度上均存在债务资产严重不足，管理人报酬无法保障的情况，设立管理报酬基金，调剂互助。对于资产较多的案件，从管理人报酬中抽取一定比例存入基金，当部分案件出现管理人成本无法回收的情况时启动基金及时予以补偿，提高管理基金性。二是职工劳动债权基金。对于完全无产可破的债务人，多渠道筹集资金设立破产企业职工债权基金，相关资金可主要来源于如财政资金、执行救济资金、工行救助资金、行业协会捐助、其他公益捐助等。

（四）管理人选任方式特殊化

采用律师事务和会计师事务所作为联合体管理人，共同承担管理人职责，既能解决法律问题，又能解决财务问题，同时审计和法律顾问费用不再另行列支，节省费用，提高债权人清偿比例。无锡地区法院自2016年开始采用联合体担任管理人的探索，已取得了积极的效果。另外，破产管理人的产生方式，可由当前的法院指定主义转为债权人会议选任和法院指定相结合的模式，从而最大限度地尊重债权人的意志。

《执转破指导意见》的理解与适用

辛志奇　王　鑫　金　恒*

摘要：《民诉法司法解释》《执转破指导意见》等系列司法解释，建立起较为完善的执行移送破产制度，并与《企业破产法》相配套，共同厘清了执行制度、参与分配制度与破产制度的关系，构建起针对不同债务人的差异化债权实现方式，有望实现多种方式并举的债权实现方式的格局，但执转破制度能否按照预期运行，是否会出现执行法院滥用、破产难、管理人办理此类案件积极性不高的局面，值得关注。

关键词：执行；破产；参与分配；破产主体；职权主义

最高人民法院于 2017 年 1 月 20 日下发《关于执行案件移送破产审查若干问题的指导意见》(以下简称《执转破指导意见》)，在最高人民法院《关于适用〈中华人民共和国民事诉讼法〉的解释》(以下简称《民诉法司法解释》)确立的执转破制度基础上，就执行法院如何在司法实践中落实执转破机制制定了更加具体详尽的规则，以大力推进执转破工作开展，有效化解执行领域的"僵尸案件"，落实中央供给侧结构性改革部署。在此之前，浙江省高级人民法院、江苏省高级人民法院等先后颁布有关执转破工作的指导意见或会议纪要，着力推进执

* 辛志奇，北京市金杜律师事务所合伙人；王鑫，北京市金杜律师事务所合伙人；金恒，北京市金杜律师事务所上海分所律师。

转破工作。① 北京市第一中级人民法院于 2016 年 11 月 18 日裁定受理北京国光高科电子有限公司破产清算案件。该案系北京市首例执行移送破产案件，受到社会广泛关注。② 在此背景下，本文将对《执转破指导意见》的核心条款规定进行解读分析，同时就该规定背后涉及的有关执行、破产的深层次问题进行思考，以供读者参考。

一、适用条件

《执转破指导意见》第 2 条对执行案件移送破产审查的条件进行了规定，既界定了执行法院的移送标准，也界定了受移送法院的审查标准。

(一)适用范围——被执行人为企业法人

根据《民诉法司法解释》第 513 条的规定，执转破案件适用于被执行人为企业法人的案件，自然人和企业法人以外的其他组织作为被执行人的案件不适用执转破制度。《执转破指导意见》第 2 条延续了前述规定，将执转破制度适用范围限制为被执行人为企业法人的案件，并无例外。

关于执转破适用主体的范围，在《执转破指导意见》起草过程中即有两种不同观点，一种认为根据《企业破产法》第 153 条之规定，执转破应当适用于企业法人和企业法人之外可以参照适用破产程序的组织；一种观点认为执转破应当仅限于企业法人，不适用企业法人之

---

①　例如，2016 年 5 月 9 日，浙江省高级人民法院审判委员会第 2633 次会议审议通过《关于执行程序与破产程序衔接若干问题的纪要》；2016 年 7 月 4 日，江苏省高级人民法院审判委员会第 13 次全体委员会讨论通过《关于规范执行案件移送破产的若干规定》；广东省高级人民法院于 2016 年 11 月 17 日印发《关于执行案件移送破产审查的若干意见》。

②　引自全国企业破产重整案件信息网，http：//pccz.court.gov.cn/pcajxxw/jdzz/jdzzXq？id＝B464AAB987D2309B890C31577B646B19，访问日期：2017 年 5 月 28 日。与此类似，浙江安吉同泰皮革有限公司执转破清算案亦是成功运用执转破制度的典型案例。

外的其他组织。《执转破指导意见》最终采用后一种观点,认为将执转破适用范围限定于企业法人,与《民诉法司法解释》保持一致,同时合伙企业、民办学校等可以适用破产程序的非法人组织执转破的条件与企业法人并不一致,加之参与分配制度对非法人组织更有吸引力,且执转破并非此类主体进入破产程序的唯一途径,故《执转破指导意见》规定执转破只适用于企业法人。①

根据《企业破产法》第 135 条的规定,《企业破产法》虽然在第 2 条将其适用范围限定为"企业法人",但前述第 135 条通过"参照适用"的方式扩大了适用范围,涵盖合伙企业、农民专业合作社和民办学校等非法人组织。因此,从与《企业破产法》关于破产主体范围的协调性而言,《民诉法司法解释》第 513 条及本条对执转破案件适用范围的限定稍显不足,从法律适用的统一性而言,不应当将适用范围限制在企业法人。司法实践中,不排除前述合伙企业、民办学校等非法人组织对执转破的制度需求。

(二) 当事人明示的意思表示——被执行人或者有关被执行人的任何一个执行案件的申请执行人书面同意将执行案件移送破产审查

1. 延续破产程序启动的依申请主义

该条第 2 项要求,执转破的启动必须以被执行人或者有关被执行人的任何一个执行案件的申请执行人书面同意将执行案件移送破产审查为前提。换言之,执转破应经过被执行人或者至少一个申请执行人同意。之所以附加该条件,系因《企业破产法》第 7 条规定破产程序启动采取当事人申请主义,法院不得自行启动破产程序。执转破制度的适用,实质将执行案件转入破产程序,受移送法院将在符合法定条件的情况下启动破产程序,而《企业破产法》并未规定执行法院有权提起破产申请,故司法解释无权扩大破产程序申请主体,应当与《企

---

① 参见王富博:《关于〈最高人民法院关于执行案件移送破产审查若干问题的指导意见〉的解读》,《法律适用》2017 年第 11 期。

业破产法》保持一致。

在该条出台过程中，是否应当规定执行法院依职权启动执转破程序存在较大争议。一种观点认为应该构建法院依职权启动执转破程序，作为申请主义的有益补充；① 一种观点认为破产法系典型的商法，规定法院依职权启动执转破程序有违私法自治和私权处分原则。② 在《执转破指导意见》起草过程中，经与全国人大法工委的反复沟通，各方均认为以司法解释或司法政策形式突破现行法律规定有所不妥，不同意采取职权主义。③

2. 法院行使释明权予以引导

《企业破产法》实施虽已十余载，但破产理念的传播及破产制度的推行却非尽如人意，众多法律关系的当事人对破产程序的启动、推进不甚了解，更为复杂的执转破制度更是鲜为人知。鉴于此，法院有必要在当事人未主动提出申请的情况下将符合移送破产的执行案件向当事人予以释明，征求其意见，以增强该制度的适用性。

在《执转破指导意见》第 4 条中，最高院将该种释明确定为执行法院的法定义务，即执行法院采取财产调查措施后，发现作为被执行人的企业法人符合《企业破产法》第 2 条规定的破产原因的，应当及时询问申请执行人、被执行人是否同意将案件移送破产审查。该条将法院的释明权确定为征询义务，实质要求执行法院不能再单纯查询被执行人的财产情况，还需要充分了解被执行人的债务总体情况、资产总体情况，以便对被执行人是否符合《企业破产法》第 2 条的破产原因进行初步判断，履行征询当事人是否同意移送的法定义务。

---

① 参见郭毅敏：《发挥破产审判职能　建立执行不能案件退出机制》，王欣新、郑志斌主编：《破产法论坛》（第 9 辑），法律出版社 2013 年版，第 200 页。

② 参见沈德咏主编：《最高人民法院民事诉讼法司法解释理解与适用（下）》，人民法院出版社 2015 年版，第 1364 页。

③ 参见王富博：《关于〈最高人民法院关于执行案件移送破产审查若干问题的指导意见〉的解读》，《法律适用》2017 年第 11 期。

3. 以书面形式固定当事人之明示意思表示，且不得推定

该条中"同意将执行案件移送破产审查"仅限于当事人明示书面同意。之所以限定当事人同意需要以书面形式明示，一方面系为判断法院是否履行征询义务所需，另一方面，为贯彻破产启动当事人申请主义及移送法院审查所需。当然，也是贯彻禁反言与诚实信用原则，确保移送稳定与法律适用的严肃性所需。

在延续破产申请主义的立法基础上，对于当事人同意执转破的意思表示是仅限于明示同意还是亦包括默示推定同意，亦存在争议。持明示同意的观点认为，不作为的默示推定只有在法律有明确规定或当事人有明确约定的情况下才能适用。持默示同意的观点则从务实的角度提出，采取该种方式，有利于及时化解执行积案，彻底清理债权债务，具有积极的现实意义。笔者认为，既然要求当事人的意思表示需要以书面形式固定，则法院在履行征询当事人是否移送的法定义务时，若当事人既不表示同意也不表示反对，法院不能采取默示推定而认定当事人同意并据此移送案件。

（三）破产原因审查——被执行人不能清偿到期债务，并且资产不足以清偿全部债务或者明显缺乏清偿能力

由于执转破亦是破产程序启动的一种方式，与当事人自行向法院提出破产申请并无实质差异，故破产原因审查亦是执转破的前提，执行法院有必要对被执行人是否具备《企业破产法》第2条规定的破产原因进行审查。

1. 破产原因不等于破产申请原因，执行法院仅负形式审查义务①

最高人民法院民二庭负责人就《执转破指导意见》答记者问中提

---

① 有观点认为，根据《民诉法司法解释》第 513 条的规定，执行法院的责任显然不是按照立案部门的做法进行形式审查，而是应该对是否具备破产原因进行实质审查。参见徐阳光：《执行与破产之功能界分与制度衔接》，《法律适用》2017 年第 11 期。

及，在执行环节判断是否应将案件移送破产审查时，同样也要以《企业破产法》第 2 条的规定作为依据。执行法官在适用时，可以结合执行环节所取得的相关证据对债务人是否具备破产原因进行具体判断。一般而言，只要债务人经强制执行，没有财产或财产无法清偿全部债务，即可以认定为明显缺乏清偿能力，就符合破产原因，即具备转出的实质要件。

笔者认为，《企业破产法》第 7 条系破产申请原因，与破产原因并非同一概念，于申请人而言，只要具备破产申请原因即可，而非需要具备破产原因。对于执行案件而言，债权人申请法院强制执行，若无相反证据，本身即可说明被执行人无法清偿到期债务，则申请执行人即可经由执行法院启动执转破程序。

2. 是否需要审查《企业破产法》第 2 条第 2 款规定的重整原因

《广东高院意见》第 3 条规定：执行案件移送破产的，仅对被执行人进行破产清算，不适用重整及和解程序。但是《执转破指导意见》并未作此规定。有观点认为，除非在审查过程中债务人或债权人明确提出破产重整申请，否则审查受理后进入的只能是破产清算程序，至于受理后是否转入重整或和解程序，则是破产程序进行中的程序依法转化问题，与执行程序无涉。①

通常而言，对于已经进入执行程序的案件，被执行人已经资不抵债，无法全额清偿债务，但该种执行局面是否意味着被执行人不符合破产重整或和解条件而只能进行破产清算，并无法得出唯一的肯定结论。因此，笔者认为：一方面，基于《企业破产法》建立的破产程序多元主义的立法规定，《执转破规定》不能限制移送案件只能进入清算程序；另一方面，若作此规定，亦不具有实际可操作性，故不应限制移送案件只能进行破产清算，而应当根据移送当事人的意思表示及法院依法审查后适用重整或和解程序。

---

① 参见徐阳光：《执行与破产之功能界分与制度衔接》，《法律适用》2017年第 11 期。

二、管　辖

《执转破指导意见》第 3 条就执转破案件的管辖作出了规定,涉及地域管辖与级别管辖问题,具体分析如下。

(一)地域管辖

对于执转破案件的地域管辖,《指导意见》第 3 条仍坚持了《企业破产法》第 3 条的规定,明确由被执行人住所地法院管辖。而根据最高人民法院《关于审理企业破产案件若干问题的规定》(以下简称《若干问题的规定》)第 1 条的规定,企业法人住所地即其主要办事机构所在地,无办事机构的,由其注册地人民法院管辖。

(二)级别管辖

该条就执转破案件级别管辖的规定突破了目前破产案件级别管辖的规定。《企业破产法》并未规定破产案件级别管辖规定,实践中依然适用《若干问题的规定》第 2 条的规定,根据在不同级别的工商机关登记的债务人的不同,分别由基层人民法院和中级人民法院管辖,但《执转破指导意见》第 4 条对此进行了突破。

1. 以中级法院管辖为原则、基层法院管辖为例外

该条规定执转破案件实行以中级人民法院管辖为原则、基层人民法院管辖为例外的管辖制度。根据最高人民法院民二庭负责人就《执转破指导意见》答记者问所述,《执转破指导意见》之所以就此类案件级别管辖作此规定,一方面系与企业工商登记权限下移配套,另一方面与破产法庭建设相适应。

2. 特定情形下指定符合条件的基层法院审理

鉴于目前东部沿海省份的基层法院已经建立了专门的破产审判庭,破产审判人员专业水平也较高,具备审理破产案件的能力。因此可以通过由省级人民法院指定的方式,将执转破案件继续交由相关基

层法院审理。①

根据上述规定，未来我国破产案件级别管辖将呈现两种样态：执转破案件，原则上由债务人所在地中级人民法院管辖，例外情况下，经省级人民法院批准，可以由基层人民法院管辖；非执转破案件则依旧根据债务人工商登记的行政机关级别确定级别管辖法院。

三、执行法院的移送

《执转破指导意见》第4~9条就执行法院移送破产审查的内部决策程序、应当移送的材料及物品、移送审查期间的保全措施、执行措施延续等问题进行了规定，具体分析如下：

（一）执行法院的告知与征询

《执转破指导意见》第4条规定了执行法院对执转破启动的告知与征询义务。《执转破规定》第2条规定执转破的条件之一为"被执行人或者有关被执行人的任何一个执行案件的申请执行人书面同意将执行案件移送破产审查"，延续了《企业破产法》规定的破产程序启动依申请主义。鉴于破产制度本身即鲜为当事人所知，遑论执转破制度。为顺利实施该制度，引导符合《企业破产法》规定的破产条件的执行不能案件转入破产程序，该条要求执行法院应当主动履行告知与征询义务，征求当事人是否同意将执行案件转入破产程序。最高院之"推进执转破工作的开展，有效化解执行领域的僵尸案件"之良苦用心，可见一斑。

（二）执行法院内部决策程序

根据《执转破指导意见》第5、6条规定，现行执转破程序的启动应当按照"承办人提出审查意见—合议庭评议同意—执行法院院长签

---

① 参见《最高人民法院民二庭负责人就〈执行案件移送破产审查若干问题的指导意见〉答记者问》，中国法院网，http：//www.chinacourt.org/article/detail/2017/02/id/2540069.shtml，访问日期：2017年6月7日。

署同意移送决定"的流程推进。若基层人民法院拟将执行案件移送异地中级人民法院进行破产审查的，在作出移送决定前，应先报请其所在地中级人民法院执行部门审核同意。

笔者认为，上述规定从避免执转破随意性这一点而言意义重大，但从执转破制度的运行及《执转破指导意见》的背景而言，该种严格限制执行法院内部的决定程序，大可不必。一方面，执转破作为执行案件向破产程序移送的通道，依然延续当事人的申请主义，故该制度运行的核心还在于当事人是否申请，对于当事人已经提出申请的情况下，执行法院内部无需进行过多审查，由承办法官或合议庭进行形式审查后即可移送，对于是否符合破产案件受理条件的实质审查，应当由专司破产审判的受移送法院审查，不应在决定移送端设置过多限制。此外，在执行法院内部设置严格审查程序之外又设置上级审查程序，实无必要。另一方面，作此严格限制并无意义，若当事人已经同意移送，而执行法院内部严格审查后决定不予移送，当事人可以在执行程序之外另行申请启动破产程序即可，并无障碍，故该条规定之用心虽然良苦，但实则不必。

(三) 中止执行程序

《执转破指导意见》第 8 条要求执行法院作出移送决定后应当书面通知所有已知执行法院，执行法院均应中止对被执行人的执行程序。该条相较于《企业破产法》第 19 条更进一步，在受移送法院审查是否受理期间即中止执行，而前者需要法院正式受理破产申请后方才具有中止执行的效果。

就前者而言，执行法院书面通知内容不仅应当告知其他执行法院其已经作出移送的决定，还应当包括本条规定的中止执行的内容。就后者而言，移送法院通知的已知其他执行法院范围可能无法完全覆盖全部其他执行法院，而该条要求所有执行法院均应中止执行，故可以衍生出接到通知的其他执行法院应当中止执行，未接到通知但事实上知悉移送决定的执行法院亦应中止执行，该条约束的并非仅限于移送法院已经通知的其他执行法院。作此解释，方能避免部分未接到通知但事实上已经知悉案件移送的法院在受移送法院审查期间继续执行，变相实现对部分债权人的个别清偿。

四、受移送法院的立案及审查

《执转破指导意见》第10~13条规定了执行法院作出移送决定后应当移送的材料以及受移送法院的立案及审查。具体情况如下：

(一)移送材料

根据《执转破指导意见》第10条的规定，执行法院作出移送决定后，应当向受移送法院移送有关材料，但我们认为：第(1)、(2)两项材料必须具备，其余4项材料，不宜要求执行法院事无巨细地全部移交，执行法院只需将已经掌握的与此有关的材料移交即可，此类材料缺失并不影响受移送法院的审查。之所以作此理解，系因虽然执行案件由执行程序转入破产程序，但实质上依然是在破产申请主义的立法模式下，由《企业破产法》规定的申请主体在执行程序中通过向执行法院表明启动破产程序的意思，并由执行法院转达给破产案件受理法院的一种启动破产程序的意思表示，与当事人自行向破产案件受理法院提出破产申请并无实质差异。鉴于此，则受移送法院有权根据《企业破产法》第8条第3款的规定要求被执行人提供有关资料，配合受移送法院进行破产案件受理审查。

此外，《企业破产法》第11条就移送的材料不完备或内容错误补正事宜进行了规定，但笔者认为，与其就缺失或有误的资料要求执行法院补充，不如直接根据《企业破产法》第8条的规定要求被执行人提供。于受移送法院而言，破产受理审查需要根据《企业破产法》的规定进行，而《企业破产法》第8条规定的债务人所需要提供的材料是受理法院审查的依据，因此直接要求被执行人提供此类资料即可，无需再要求执行法院提供。执行法院补充此类资料，依然需要通过债务人补充提供，故由受移送法院直接要求债务人补充更为高效、便捷。

(二)受移送法院的立案与审查

《执转破指导意见》第12、13条规定了受移送法院对移送案件的立案、审查及相应的处理，主要包括三部分内容：

1. 立案部门接收材料并进行形式审查

对于执行法院移送的执转破案件，应当由受移送法院的立案部门负责接收，且立案部门不得以材料不完备等理由拒绝接收。立案部门仅负责接收材料，并对材料进行形式审查，就材料的完整性及内容的明显错误之处要求执行法院进行补齐、更正。若经过形式审查后认为执行法院移送的材料完整、内容无明显错误，则立案部门应当以"破申"①作为案件类型代字编制案号登记立案，并将案件移送破产部门进行实质审查。

2. 破产部门的实质审查

根据《执转破指导意见》第13条的规定，破产审判部门应当自收到移送的材料之日起30日内决定是否受理执转破案件，并以裁定形式作出。该条适用应当关注如下注意事项：

（1）此处要求破产审判部门应当自收到移送的材料之日起30日内作出是否受理的裁定，而非立案部门接收材料之日起30日内。

（2）该条所规定之30日与《企业破产法》第10条的规定存在冲突。后者根据破产程序的申请人不同而设置不同的审查时限。对于债务人自行提出的破产申请，法院最长应当在30日内（15+15）作出裁定；对于其他主体提出的破产申请，法院应最长应当在37日内（5+7+10+15）作出裁定。而《执转破指导意见》第12条之规定并未延续《企业破产法》的前述规定，而是另行针对执转破案件规定了统一的

---

① 根据2016年8月1日起施行的最高人民法院《关于调整强制清算与破产案件类型划分的通知》的规定，强制清算案件、破产案件从民事案件中分出，单独作为一大类案件，在此之下细化了二、三级案件类型。执转破案件并非强制清算案件与破产案件类型下的单独案件类型。根据反映法院办案司法活动所体现的职权属性和适用程序特征这一案件类型划分标准，执转破案件与破产申请审查案件最为相近，可以归属于此种案件类型，并以"破申"作为案件类型代字编制案号登记立案。参见沈德咏主编：《关于人民法院案件案号的若干规定及配套标准的理解与适用》，法律出版社2015年版，第2页。

30 日审查期限，因此，未来法院对破产案件审查期限存在三分格局：

（1）债权人、清算组提出破产申请，债务人有异议的，法院应当在 37 日内完成审查。

（2）债务人直接提出破产申请，法院应当在 30 日内完成审查。

（3）执转破案件，法院应当在破产部门收到移送材料之日起 30 日内完成审查。

五、受移送法院的裁定

（一）受移送法院的通知义务

《执转破指导意见》第 13 条要求受移送法院作出裁定后应当在 5 日内将裁定送达申请执行人、被执行人，同时送交执行法院。该规定的适用需要注意与《企业破产法》的衔接：

1. 通知对象

受移送法院的裁定送达对象应该是申请执行人、被执行人及执行法院。由于《执转破指导意见》第 10 条中移送材料并未明确包括申请执行人的信息，故受移送法院对于经审查作出的裁定可以委托执行法院送达，以省去确定众多申请执行人收件信息的时间。当然，若移送材料中已经有申请执行人的信息，则由法院自行送达即可。该规定与《企业破产法》第 10、11 条的差异在于，后者根据法院是否裁定受理破产申请而作出区分：若裁定受理，且为债权人提出申请，则通知债权人与债务人；若为债务人提出申请，则在 5 日内送达债务人即可，在 25 日内通知已知债权人并进行公告；若裁定不予受理，则直接 5 日内送达申请人即可。因此，对于执转破案件，因其特殊性，受案法院的通知义务加重，送达主体范围扩大。

2. 送达时间

该条与《企业破产法》第 10、11 条均限定为 5 日内送达，时间一致。

(二)裁定受理案件的处理及效力

受移送法院裁定受理执转破案件,与受理申请人提出的破产申请无异,产生《企业破产法》规定的一系列效力。而根据《执转破指导意见》的有关规定,受移送法院裁定受理执转破案件后,还将产生一系列特别的效力,主要包括:

1. 评估、拍卖费用参照破产费用处理

根据《执转破指导意见》第 15 条的规定,若受移送法院裁定受理破产案件的,则在此前的执行程序中产生的评估费、公告费、保管费等执行费用,可以参照破产费用的规定,从债务人财产中随时清偿。

根据《企业破产法》第 41 条的规定及理论观点,破产费用需要同时具备两项条件:第一,发生于破产案件受理后;第二,为全体债权人共同利益。① 基于该两项条件分析,前述执行费用并不符合破产费用的条件。笔者理解,即使使用"参照破产费用"的表述,亦存在不合理性。该部分费用是部分债权人实现债权的费用,并非为全体债权人利益服务,但其却可以全额优先受偿,实质无异于以全体债权人偿债资产为个别债权人实现债权的费用买单,于其他非申请执行的债权人不公平。

2. 移交财产

《执转破指导意见》第 16 条要求执行法院收到受移送法院受理裁定后,应当于 7 日内将已经扣划到账的银行存款、实际扣押的动产、有价证券等被执行人财产移交给受理破产案件的法院或管理人。本条在《执转破指导意见》第 8 条要求所有执行法院中止执行的基础上,进一步要求执行法院在受移送法院裁定受理破产案件后将已经通过执行程序控制的被执行人财产移交受移送法院或其指定的管理人。

此外,根据《执转破指导意见》第 13 条的规定,受移送法院作出裁定后,应当在 5 日内送达申请执行人、被执行人,并送交执行法

---

① 参见范健、王建文:《破产法》,法律出版社 2009 年版,第 133 页。

院。从文义解释及体系解释的角度理解，本条中执行法院应当理解为"作出移送决定"的执行法院，但笔者理解，从有效避免其他执行法院在受移送法院公告受理破产前执行债务人财产，有效防止部分法院或债权人利用该间隙通过执行程序实现个别受偿，此处受案法院的通知义务应当扩大，通知对象应当涵盖执行法院移送材料中告知的已经对债务人采取执行措施的法院以及受案法院通过法院查控系统知悉的全部执行法院，告知该部分执行法院中止执行。

3. 移交未分配完毕的价款

《执转破指导意见》第 17 条系对第 16 条的反面规定，对于已经完成执行而不再属于被执行人的财产，执行法院无需移交。此类财产因所有权已经发生变动，不属于被执行人的财产，故不能作为债务人财产，执行法院亦无需移交。对于错误移交而导致管理人占有不属于债务人的财产，权利人可以根据《企业破产法》第 38 条的规定取回。

同时，对于该条的适用，还涉及对执行程序中不同方式处置资产时资产所有权变化时点的判断。笔者认为，这取决于执行程序中资产处置的不同方式，简要分析如下：

（1）通过拍卖方式处置资产

根据最高人民法院《关于如何理解〈最高人民法院关于破产法司法解释〉第 68 条的请示的答复》（［2003］民二他字第 52 号，以下简称《批复》）①的规定，拍卖程序中视为"执行财产已经向申请人交付"需

---

① 该批复规定：人民法院受理破产案件前，针对债务人的财产，已经启动了执行程序，但该执行程序在人民法院受理破产案件后仅作出了执行裁定，尚未将财产交付给申请人的，不属于司法解释指的执行完毕的情形，该财产在债务人被宣告破产后应列入破产财产。但应注意以下情况：第一，正在进行的执行程序不仅作出了生效的执行裁定，而且就被执行财产的处理履行了必要的评估拍卖程序，相关人已支付了对价，此时虽未办理变更登记手续，且非该相关人的过错，应视为执行财产已向申请人交付，该执行已完毕，该财产不应列入破产财产；第二，人民法院针对被执行财产采取了相应执行措施，该财产已脱离债务人实际控制，视为已向权利人交付，该执行已完毕，该财产不应列入破产财产。

要同时具备法院针对正在进行的执行程序做出了生效裁定，被执行财产履行了估值程序，买受人支付了对价，非因买受人过错而未办理变更登记手续。而《执转破指导意见》第 17 条只要求"成交裁定送达买受人"即可，条件更为宽松。但笔者认为该规定更为合理，其与《物权法》第 28 条、《民诉法司法解释》第 493 条的规定保持一致。

（2）以物抵债方式处置资产

根据《民诉法司法解释》第 493 条的规定，依法定程序裁定以物抵债的，标的物所有权自抵债裁定送达接受抵债物的债权人时转移。《执转破指导意见》第 17 条也与前述规定保持一致，判断以物抵债标的物所有权是否发生转移，取决于抵债裁定是否送达接受抵债的债权人。

（3）对"已完成转账、汇款、现金交付的执行款"的判断

对于"已完成转账、汇款、现金交付的执行款"的判断，《执转破指导意见》实施以来，司法实践存在理解与适用争议。笔者认为，该种争议主要发生在拍卖、变卖款和法院从被执行人账户划转的款项未直接进入申请执行人账户中，而是暂存于法院执行专户中。有观点认为，根据《批复》的规定，待分配款项进入法院执行专户后，虽然尚未向申请执行人分配，但该部分财产已经脱离债务人控制，不应再属于债务人财产，而应该属于申请执行人。而有观点认为《执转破指导意见》第 17 条仅仅是为解决拍卖物归属问题，并未涉及前述问题，从而导致对法律适用存在解释空间，需要最高院再行明确。①

4. 终结执行

基于破产程序的不可逆性，一旦受案法院宣告债务人破产，债务人将进行破产清算，破产财产将变现后向包括申请执行人在内的全体债权人公平分配，分配完毕后债务人将注销法人资格，不再存续。而根据《企业破产法》的有关规定，一旦法院裁定终止重整或和解程序：（1）债务人即进入执行重整计划或和解协议阶段，执行完毕即告程序

① 参见徐阳光：《执行与破产之功能界分与制度衔接》，《法律适用》2017年第 11 期。

终结，按照重整计划或和解协议调整的债务清偿后即告债务清偿完毕；（2）或者债务人转入破产清算程序，分配完毕后注销法人资格。因此，《执转破指导意见》第 20 条规定一旦受移送法院裁定宣告被执行人破产或裁定终止和解程序、重整程序，则意味着债务人的债务将在破产程序中依法全部处理完毕，不再执行，故应当终结对债务人的全部执行。①

（二）裁定不予受理案件的处理及效力

1. 退回材料及财产

根据《执转破指导意见》第 18 条的规定，受移送法院在裁定不予受理或驳回申请的裁定后，应当将执行法院移交的材料、财产退回执行法院。笔者认为，受移送法院裁定不予受理移送案件，应当将不予受理裁定或驳回申请裁定通知原移送法院和其已知的其他执行法院，与当时通知的其他已知执行法院范围一致，确保其他执行法院知悉案件不被受理的事实，以便尽快恢复中止的执行程序，消除其他执行程序的不稳定状态。

根据《企业破产法》第 12 条第 1 款规定，申请人对人民法院作出的不予受理破产申请的裁定不服的，可以自裁定送达之日起 10 日内向上一级人民法院提起上诉。而对于受移送法院依据本条裁定不予受理的执转破案件，同意移送的当事人是否有权根据《企业破产法》第 12 条第 1 款的规定向受移送法院的上一级人民法院提起上诉，不无疑问。笔者认为，同意移送之当事人有权据此提起上诉。理由在于：如上所述，本规定延续了《企业破产法》的破产申请主义立法模式，当事人同意移送是执转破程序启动的前提之一，其同意之意思表示即为申请破产之意思表示，同意移送之当事人即为破产申请人，故其当

---

① 根据《企业破产法》的规定，法院宣告重整或和解程序终止，在不同情形下将产生两种效果，一种效果为转入重整计划或和解协议执行阶段，如第 86、87、98 条的规定；一种效果是转入破产清算程序，如第 78、79、88、93、98、104 条的规定。

然有权依据《企业破产法》之规定就受移送法院作出的不予受理裁定提起上诉，因为其在执行程序中的同意移送之意思表示与其在执行程序之外的自行申请破产之意思表示无异，并不因此而在上诉权上存在差异。

2. 执行法院恢复执行

《执转破指导意见》第18条规定：受移送法院做出不予受理或驳回申请裁定的，应当在裁定生效后7日内将接收的材料、被执行人的财产退回执行法院，执行法院应当恢复对被执行人的执行。因此，执行法院中止执行后应当根据受移送法院的裁定而作出不同处理。

若受移送法院裁定不予受理，则执行法院应当继续恢复执行，但该条未规定受移送法院及执行法院对其他非移送执行法院关于裁定的通知义务。虽然《企业破产法》第14条规定破产案件受理法院有通知及公告义务，但对于不予受理裁定并不适用，而如前所述，一旦执行法院作出移送决定，所有执行法院均应中止执行，而中止执行系中间状态，具有不确定性和非终局性，执行的最终走向取决于受移送法院的审查决定，故应当要求受移送法院或执行法院通知所有已知执行法院有关审查裁定，以便执行法院对现有执行作出恢复执行/继续中止执行的处理，然而《执转破指导意见》并未规定，但不影响司法实践如此操作。

3. 禁止重复移送

《执转破指导意见》第19条规定了移送单次原则，即一旦受移送法院裁定不予受理执行案件，则该执行案件不得再行通过执转破方式移送破产审查，受移送法院的裁定具有阻断再次移送的效力。笔者理解，之所以作此限制，系因执转破制度运行成本较高，从内部决策、外部移送到受移送法院审查均耗时费力，若重复多次移送，势必增加执行法院与受移送法院的审查工作量，影响其正常的执行工作与审判工作。更为重要的是，该条并未阻断有权申请主体在执行程序之外的申请权，故作此限制，在确保程序严肃的前提下，亦未损害当事人的法定申请权，自为合理。

六、分析思考

稳步推进执转破工作，是法院充分发挥破产制度在淘汰落后产能、贯彻中央供给侧改革部署和推进解决"执行难"的重要举措，也是公平保护债权人合法权益、弥补传统民事救济手段之不足、疏导执行不能案件和"僵尸企业"之堰塞湖的客观需要。① 但该制度的运行背后依然存在如下值得思考的深层次问题。

（一）管理人办理案件的积极性存疑

《执转破指导意见》旨在将执行不能但符合破产条件的案件依法转入破产程序。该类案件的特征在于被执行人债权人众多，债权金额已经超过公司可偿债资产，被执行人均已经资不抵债，无力偿债，甚至无法支付破产费用与共益债务，由此可能导致管理人报酬无法保障。最高院也认识到该问题，在最高人民法院民二庭负责人就《执转破指导意见》答记者问中提及，执行不能的案件移送破产审查后，相当一批企业可能已没有资产或者资产已不足以抵偿破产费用，此时破产费用如何保障，是一个难题。

最高院企图通过建立管理人报酬保障基金的方式来保障管理人报酬，但管理人通常系专业的中介服务结构，通过市场化收费来正常运转，对于执转破制度实施后大量增加的执转破案件所伴生的无产可破案件，无法保障管理人按照最高人民法院《关于审理企业破产案件确定管理人报酬的规定》获取报酬，仅靠管理人保障基金，能否确保管理人积极参与此类案件办理，对于大量尚未建立管理人保障基金的地方，管理人报酬如何保障，尚无制度性措施，长此以往，能否确保执转破制度顺利实施不无疑问。

---

① 参见丁海湖、田飞：《"执转破"操作模式及相关实务问题研究》，《法律研究》2017 年第 11 期。

(二)执行难可能转为破产难，破产案件积压

对于执转破案件，大量案件系被执行人财产信息不明、被执行人管理层及财务人员下落不明，无法顺利进行执行，但亦无充足证据可以终结执行。在此情形下，将此类案件转入破产程序，由法院指定的管理人接管并开展资产清收、追查及债权审查工作，并拟定财产变价与分配方案。但值得注意的是，在司法实践中，执行机构的执法力量、覆盖网络以及机构本身的地位都远远超过破产实践，尚且不能进行有效的财产查控，导致执行不能。① 在目前的企业破产制度下，管理人尚无独立调查权，实践中管理人进行财产调查障碍重重，不仅需要法院受理裁定、指定管理人决定书、调查令，甚至需要两名执行法官到场，财产调查受限。在此背景下，② 执行法院凭借公权力与完善的查控系统均无法查实追收的案件，管理人能否顺利履行职责，调查清楚债务人财产与债权，不无疑问，由此极有可能导致执行难转化为破产难，大量案件积压在破产案件受理法院，久拖不决。

(三)防止制度运行异化

执行程序作为个别的财产分配程序，坚持先到先得原则，建立在债务人有财产可供执行的基础上，而破产程序作为概括执行程序，系在债务人无法清偿到期债务、丧失偿债能力的情况下，贯彻普通债权平等受偿原则，两制度存在不同的适用条件，对债权人利益影响甚巨，不能随意转化。③

经过梳理现行规则，可以发现执转破制度设立的目的之一即在于

---

① 参见唐应茂：《为什么执行程序处理破产问题》，《北京大学学报》(哲学社会科学版)2008 年第 6 期。

② 参见章恒筑、王雄飞：《论完善执行程序与破产程序衔接协调机制的若干问题——基于浙江法院的实践展开》，《法律适用》2017 年第 11 期。

③ 参见曹守晔、杨悦：《执行程序与破产程序的衔接与协调》，《人民司法》2015 年第 21 期。

化解执行难。① 执转破的制度规则基本健全，而在"用两到三年基本解决执行难"的司法追求下，执转破总是被作为解决"执行难"的推手。② 在此背景下，执转破制度在实践运行中需要严格审查条件，加强监督，防止制度异化，避免执行法院为化解执行难而滥用该制度，将本应该通过执行程序解决的案件全部一揽子移送破产法院，由此可能导致该制度异化而增加对案件移送法院的工作压力。

（四）《企业破产法》改革方向——申请主义向适度职权主义的转变

《执转破指导意见》延续了《企业破产法》的破产程序依申请启动主义，除非由有权主体（执行案件当事人）同意移送破产，执行法院不得依职权决定移送破产审查。因此，是否移送破产的真正决定权在当事人手中，法院没有任何强制力。坚持当事人申请主义符合《民事诉讼法》和《企业破产法》所确立的申请主义原则，也尊重了当事人自治原则。③ 但在执转破制度之前，当事人自愿申请企业破产的积极性本来就不高，执转破制度如何保障该制度能够有效运行，值得关注。相反，针对目前我国单一制的破产程序启动模式，应当赋予人民法院依职权主动启动破产程序的权力，允许司法权在特定情形下主动介入破产案件的启动，将民事执行案件中达到破产界限的被执行之企业法人转入破产程序，完成执行程序与破产程序的衔接。④

（五）破产法适用主体的扩张

参与分配首先创设于 1992 年最高人民法院《关于贯彻执行〈中华

---

① 参见杜万华：《充分认识执行案件依法移送破产审查工作重要意义》，《人民法院报》，2016 年 12 月 10 日。

② 参见韩蓉、徐阳光：《"执破衔接"之问题与对策研究》，王欣新、郑志斌主编：《破产法论坛》（第 12 辑），法律出版社 2016 年版，第 313 页。

③ 参见郭瑞、江河：《破产程序：破解执行难问题的路径选择——以无财产可供执行案件为视角》，《法律适用》2013 年第 1 期。

④ 参见李帅：《论执行案件中法院职权主义破产启动程序的构建》，《法律适用》2015 年第 11 期。

人民共和国民事诉讼法〉若干问题的意见》（以下简称《适用意见》）第297 条之规定，即"被执行人为公民或者其他组织，在执行程序开始后，被执行人的其他已经取得执行依据的或者已经起诉的债权人发现被执行人的财产不能清偿所有债权的，可以向人民法院申请参与分配"。后在 1998 年最高人民法院《关于人民法院执行工作若干问题的规定（试行）》（以下简称《执行规定》）第 90~96 条中作出了进一步规定。其中，第 96 条规定"被执行人为企业法人，未经清理或清算而撤销、注销或歇业，其财产不足清偿全部债务的，应当参照本规定第90~95 条的规定，对各债权人的债权按比例清偿"。上述司法解释条文对参与分配制度的适用条件、分配原则做了规定，但参与分配制度外延至被执行人为企业法人的情形，由此导致实践中大量企业法人债权人不愿意适用破产程序而适用参与分配执行制度，导致参与分配执行制度与破产制度在适用范围上存在冲突。《民诉法司法解释》第 516条正本清源，厘清参与分配制度适用范围——自然人与非法人组织，企业法人不再适用参与分配制度，改变《执行规定》实施以来带来的混乱局面，以此倒逼企业法人破产制度的回归与正常适用，《执转破规定》本条之规定重申《民诉法司法解释》的意旨，最高院推行企业法人破产制度的决心可见一斑。因此，未来可以考虑扩大破产法的适用主体，将非法人组织亦纳入破产程序中，彻底废除参与分配制度。

论执行转破产的启动困境及其出路

唐　瑞[*]

摘要： 2015 年最高人民法院通过《关于适用〈中华人民共和国民事诉讼法〉的解释》，首次对执行转破产的具体制度做出规定，以解决民事诉讼执行过程中出现的执行难、执行不能等问题。然而从执行转破产的实际运行情况来看，执行转破产目前陷入启动难的困境，究其原因既有申请执行人、被执行人、人民法院等多方主体主观上不愿意启动执行转破产程序，又有困于缺少破产费用等客观原因。经过探究，要实现执行转破产的立法目的，促使执行转破产走出启动难的困境，应对企业法人怠于启动破产程序的责任做出规定；同时逐步解决执行转破产费用等客观问题。

关键词： 破产法；执行转破产；被执行人；启动责任

一、导论：执行转破产的缘起与启动困境

随着供给侧结构性改革的深入进行，在我国已经出现一大批走向或者即将走向被淘汰边缘的企业，这些企业由于各种债务纠纷被诉诸人民法院，最终进入民事诉讼的执行程序。产生的问题在于，这些进入执行程序的企业往往濒临破产，自身根本没有足够的财产可供执行，债权人即便胜诉也无法获得相应的财产，由此导致执行程序陷入僵局。与此同时，《企业破产法》自 2007 年制定实施至今已十年，如

---

* 唐瑞，武汉大学法学院 2016 级民商法博士研究生。

何发挥《企业破产法》在社会主义市场经济中的重要作用，解决好当下司法实践中存在的执行难、执行不能等问题已经成为一项重要议题。所谓执行不能，是指民事诉讼执行过程中，因被执行人无可供执行的财产，出现资不抵债，不能部分或全部履行债务，致使申请执行人的债权不能得到满足或实现。① 据统计，当前中国执行不能案件数占未执行到位案件数的 40%~50%，其中相当一部分是以企业为被执行人的案件。② 由于执行不能导致人民法院大批的案件无法得到执行，债权人的合法权益得不到有效救济，而这些已经达到破产标准的企业也陷入悬而未决的状态。在此背景之下，有学者提出将这些执行不能的案件转入破产程序处理，通过破产程序彻底清理这些执行不能的案件，使已达破产标准的企业尽早退出市场。这一立法建议随即被最高人民法院采纳，最高人民法院相继通过 2015 年《关于适用〈中华人民共和国民事诉讼法〉的解释》和 2017 年《关于执行案件移送破产审查若干问题的指导意见》两个司法解释对执行转破产作出明确规定。虽然目前司法解释已对执行转破产做出明确规定，但是其在运行过程中却出现了偏差，主要问题集中体现为执行转破产的启动难，并且可以说执行转破产的启动难已严重影响上述立法目的的实现。

二、司法案例：执行转破产启动难的典型纠纷案

2015 年浙江省高级人民法院审结一起执行转破产的典型案例，这起案例是最高人民法院通过《关于适用〈中华人民共和国民事诉讼法〉的解释》后，国内较早审理的执行转破产案件，该案集中反映出执行转破产规定实施后存在的若干问题，其中突出的问题就是执行转破产的启动难。

该案的案情大致如下：湖州汇源石化有限公司（以下简称"汇源

① 参见左登：《健全民事执行程序中执行不能应对机制的若干思考》，《湖南社会科学》2010 年第 1 期。

② 李金健：《市第三人民法院受理我市首宗"执转破"案件》，《东莞日报》，2017 年 5 月 17 日，第 A09 版。

公司")的主要财产经吴兴区人民法院依法委托评估、拍卖后，得价款65815631元。汇源公司进入执行程序的案件涉及债务4.68亿余元(不含诉讼费和执行费)。在吴兴法院执行过程中，征求各债权人对公司财产的分配意见时，沈某、钱某表示不同意按执行程序进行分配，认为根据最高人民法院《关于〈中华人民共和国民事诉讼法〉的解释》第513条规定，应进入破产程序，同时向法院提出申请，要求移送至管辖权的法院进行破产清算。湖州市中级人民法院认为：最高人民法院《关于〈中华人民共和国民事诉讼法〉的解释》规定了执行转破产制度，从该制度与原有执行规定的变化来看，其主要是对普通债权的清偿顺序作了调整，即原来企业法人只要是符合歇业、撤销、注销等情形，财产不足清偿所有债务，可以参照适用参与分配制度，各普通债权人按照债权比例公平受偿，调整为按照财产保全和执行中查封、扣押、冻结的先后顺序清偿。汇源公司的现有企业财产中，土地厂房均设置抵押或存在建设工程价款优先受偿权，具有优先权的债权人无法对其债权在相应财产中获得足额清偿。而没有设置抵押或存在建设工程价款优先权的财产价值只有606728元，可供普通债权进行清偿的财产实际上远远不足以支付职工工人工资等债权，不存在其余可供分配普通债权的财产，沈某、钱某作为普通债权人，其事实上已无法通过破产程序获得一定比例的受偿。故申请人沈某、钱某经申请启动破产程序的目的无法予以实现。同时破产程序相比于执行程序，具有程序复杂，审理时间较长、耗费司法资源较大，处置代价较高等不利因素。从实际情况来看，进入破产程序后形成的破产受理费、管理人费用、财务审计费用等各种破产费用也将难以落实。而吴兴法院在执行过程中，已经采取了大量的执行措施，对企业资产进行全部处置，初步形成分配方案，通过原有执行程序处理将更加快捷高效，同时也并不损害各普通债权人。因此，对破产申请不予受理。沈某、钱某不服，提起上诉。浙江省高级人民法院认为，鉴于原审法院已经出具了不予受理破产申请的裁定，其裁定依据的理由存有不妥但结果并无不当，可予以维持。①

（一）该案的判决结果不符合执行转破产规定

笔者认为，该案的判决结果是值得商榷的，判决缺乏合法性，主要理由如下：一是，根据 2015 年最高人民法院公布实施的《关于适用〈中华人民共和国民事诉讼法〉的解释》第 513 条规定，"在执行中，作为被执行人的企业法人符合企业破产法第二条第一款规定情形的，执行法院经申请执行人之一或者被执行人同意，应当裁定中止对该被执行人的执行，将执行案件相关材料移送被执行人住所地人民法院"。该案中，申请执行人沈某、钱某是符合最高人民法院司法解释关于执行转破产申请人要求的，即经得申请执行人的同意，湖州市中级人民法院既未裁定中止对被执行人汇源公司的执行，又未将执行案件相关材料移送被执行人住所地吴兴区人民法院，显然是不符合上述司法解释规定的。二是，我国《企业破产法》第 2 条第 1 款规定，"企业法人不能清偿到期债务，并且资产不足以清偿全部债务或者明显缺乏清偿能力的，依照本法规定清理债务"。该案中，被执行人汇源公司的资产仅 65815631 元，而进入执行程序的案件涉及债务 4.68 亿余元，显然已经达到《企业破产法》规定的企业破产标准。三是，根据 2017 年最高人民法院出台的《关于执行案件移送破产审查若干问题的指导意见》，其在第 2 项规定，将执行案件移送破产审查，应同时符合下列条件：（1）被执行人为企业法人；（2）被执行人或者有关被执行人的任何一个执行案件的申请执行人书面同意将执行案件移送破产审查；（3）被执行人不能清偿到期债务，并且资产不足以清偿全部债务或者明显缺乏清偿能力。该案中，被执行人汇源公司为企业法人，申请执行人沈某、钱某书面同意将执行案件移送破产审查，被执行人汇源公司的资产不足以清偿全部 4.68 亿元的债务。因此，该案的被执行人是完全符合执行转破产条件的，现有判决结果缺乏合法性。

---

① 浙江省高级人民法院民事裁定书，（2015）浙破（预）终字第 9 号。

(二)该案集中反映执行转破产存在的启动难题

笔者认为，在看到该案判决结果存在问题的同时，也应看到执行转破产在实务中存在的主要问题。该案中，湖州市中级人民法院对申请执行人沈某、钱某的破产申请不予受理的裁判理由在于，申请人沈某、钱某作为普通债权人，事实上已无法通过破产程序获得一定比例的受偿；同时破产程序相比于执行程序，具有程序复杂、审理时间较长、耗费司法资源较大、处置代价较高等不利因素；此外，进入破产程序后形成的破产受理费、管理人费用、财务审计费用等各种破产费用也将难以落实。笔者认为，首先，湖州市中级人民法院以申请人沈某、钱某作为普通债权人，事实上已无法通过破产程序获得一定比例的受偿作为裁定破产申请不予受理的理由，显然是不能成立的。因为执行转破产不但是要解决申请执行人的受偿问题，更是要解决执行程序陷入僵局导致的各方当事人所处的这种悬而未决的状态。《企业破产法》的重要功能亦在于使已达破产标准的企业尽早退出市场。其次，湖州市中级人民法院以破产程序复杂、审理时间长、耗费资源大等理由裁定不予受理破产申请，更是直接反映出当前执行转破产的启动困境，即不仅某些当事人不愿意启动执行转破产，甚至连人民法院都不愿意启动此程序。破产程序复杂、审理时间长正是人民法院不愿意启动执行转破产的重要原因之一。三是，湖州市中级人民法院提到的破产受理费、管理人费用、财务审计费用等问题确实是制约当前执行转破产的一项客观因素，陷入执行不能的被执行人本身就存在无财产可供执行的情况，要实现执行转破产就需要解决破产费用的问题。

三、执行转破产启动难的原因与启动方式

正如前述司法案例，目前执行转破产困难重重，为实现执行转破产的立法目的，必须对启动难的根源加以厘清，那么除了前述人民法院不愿意启动执行转破产以外，还有无其他原因？

（一）执行转破产陷入启动困境的主要原因

从客观上来说，启动执行转破产程序需要支付破产管理费用，而具备执行转为破产条件的企业已经处于无可供执行财产，出现资不抵债，不能部分或全部履行债务的状态，被执行人难以负担由此带来的破产费用。从主观上来说，导致执行转破产启动难，不仅是人民法院的问题，更是各方主体大多不愿意启动执行转破产所引发的问题，而各方主体不愿意启动的原因主要有以下几点：

首先，申请执行人不愿意启动执行转破产程序。究其原因主要有以下几点：一是申请执行人基于对执行程序与破产程序时间和效率的考量，不愿意启动执行转破产。破产程序与执行程序相比较而言，破产程序显得十分复杂，需要耗费申请执行人大量的时间和精力，申请执行人需要完成大量的举证工作；而在执行程序之下，申请执行人可以将执行完全交由人民法院去执行，执行程序所耗费的时间也相对较少。二是启动执行转破产程序，将使申请执行人的受偿比例减小。众所周知，被执行人可供执行的财产有限，一旦启动执行转破产程序，将使被执行人的所有债权人参与到破产程序中，由此申请执行人的受偿比例势必会减小。三是启动执行转破产程序将使担保物效力暂停，申请执行人原本可以通过担保物效力优先获得的财产经由破产程序而暂停。① 四是启动执行转破产程序将使申请执行人丧失追偿的可能性。在执行程序之下，虽然被执行人暂时可能无财产可供执行，但是申请执行人可以期望申请执行人债务状况的好转，而当执行转破产启动，被执行人一旦被宣告破产，申请执行人的追偿可能性可能彻底丧失。② 五是由执行转破产程序，破产程序需要大量的管理费用，被执行人原本可供执行的财产就少，破产费用的支出将使申请执行人可以受偿的债权进一步减少。

---

① 李帅：《论执行案件中法院职权主义破产启动程序的构建》，《法律适用》2015 年第 11 期。

② 徐隽：《深圳中院："执转破"让市场更健康》，《人民日报》，2017 年 4 月 26 日，第 18 版。

其次，被执行人不愿意启动执行转破产。究其原因主要有以下几点：一是启动执行转破产将耗费被执行人大量的时间和精力。正如前述，破产程序具有程序复杂、耗时较长的特点，如果被执行人启动执行转破产程序，势必将耗费被执行人大量的时间和精力。二是被执行人不愿意启动执行转破产程序，也是基于可能带来的负面影响考虑。这种负面影响既是来自社会对于破产企业的否定性评价，又是来自被执行人对于企业财务暗箱操作被曝光的担心。① 三是从我国的现行立法来看，我国《公司法》和《企业破产法》都缺乏对企业法人怠于启动破产程序责任的规定。在司法实践中，当企业达到破产标准需要破产之时，由于缺少责任的规制，企业的法定代表人、董事、股东往往怠于启动执行转破产。② 四是启动执行转破产，将需要大量的管理费，会进一步加剧被执行人的债务负担，被执行人当然不愿意再负担额外的费用，因此怠于启动执行转破产。

再次，人民法院不愿意启动执行转破产。正如前案，人民法院事实上也不愿意启动执行转破产程序。笔者认为，其主要原因在于：一是破产程序本身程序复杂，耗时长，人民法院将案件决定由执行转为破产，将使审判的工作量进一步加大。二是执行转破产的程序也相对复杂，执行转破产程序，涉及不同级别法院之间的移送，同一法院不同庭的相互配合和协作。三是人民法院通过执行程序已对案件花费一定的时间和精力进行处理，而由执行转为破产程序意味着人民法院又需要完成一项新的程序。四是办理破产案件的专业性强，对法官的要求比执行案件要高，不少法官又缺乏破产案件相应的办案经验，这也是人民法院不愿意启动执行转破产的重要原因。

最后，被执行人所在地政府往往也不愿意启动执行转破产程序。主要原因在于：一是启动执行转破产程序势必就意味着要解决职工的安置问题，由于具备执行转破产条件的企业又根本拿不出职工安置的

---

① 池伟宏：《执行转破产程序的运行机制与机构改革设想》，《人民法院报》，2014 年 8 月 13 日，第 8 版。

② 郭洁：《论强化法院对涉众案件执行转接破产的职权干预》，《法学》2016 年第 2 期。

经费，如何安置职工、维护社会的和谐稳定就成为了政府的一大难题。二是启动执行转破产程序，当地的企业破产，也会影响政府的政绩，基于经济和政治因素的考虑，当地政府也不愿意启动执行转破产。①

(二)执行转破产的主要启动方式

执行转破产主要有两种启动方式，即当事人申请主义和法院职权主义。

首先，是当事人申请主义。根据最高人民法院《关于适用〈中华人民共和国民事诉讼法〉的解释》和《关于执行案件移送破产审查若干问题的指导意见》的规定，现有立法在执行转破产规定上采用的是当事人申请主义，即由被执行人或者有关被执行人的任何一个执行案件的申请执行人书面同意将执行案件移送破产审查。从前述我国执行转破产启动难的原因亦不难看出，我国采取的乃是当事人申请主义，正是由于各方主体不愿意申请执行转破产才导致启动难。

其次，是法院职权主义。法院职权主义是指由法院在办理执行案件的过程中，发现企业法人执行不能，同时具备《企业破产法》第2条规定的企业破产标准"企业法人不能清偿到期债务，并且资产不足以清偿全部债务或者明显缺乏清偿能力的"，由法院依职权启动执行转破产。法院职权主义事实上也是针对当前司法实践中执行转破产的启动困境提出来的，有学者试图用法院职权主义来扭转执行转破产的启动难题。众所周知，我国《企业破产法》第7条确立的破产程序启动方式是当事人主义，如果要采用法院职权主义启动执行转破产程序，势必就需要对我国《企业破产法》第7条的破产启动方式进行修改。

①　张佳莉：《依职权启动执行程序转破产程序的必要性研究》，《法制与经济》2017年第2期。

四、结论：执行转破产启动难之立法建议

当前我国执行转破产陷入启动困境，已经严重影响执行转破产这项制度的立法目的和实际运行。那么这是否意味着我国《企业破产法》应当采用法院职权主义代替当事人主义启动执行转破产呢？同时，限制执行转破产的客观费用问题又应当如何加以解决呢？

（一）不宜将破产程序的启动方式修改法院职权主义

笔者认为，结合当前的实际情况，我国《企业破产法》第7条，不宜将破产程序的启动方式修改为法院职权主义。主要理由如下：一是从不愿意启动执行转破产的主体来看，不仅是申请执行人和被执行人不愿意启动执行转破产，实际上人民法院也不愿意启动执行转破产，但是不应当直接粗暴地将各方不愿意启动执行转破产的义务和责任全部推给人民法院，这将给人民法院的工作带来极大负担。二是被执行人应当是启动执行转破产的责任主体。被执行人作为企业的成立者，以盈利为目的，参与企业经营活动的全过程，了解企业的财务、职工以及经营等状况。当企业发生执行不能时，有义务提出申请将执行转入破产程序。三是依法院职权主义启动执行转破产程序，就意味着法院自己既要当运动员又要当裁判员，法院自己提出执行转破产，又自己决定执行转破产，容易导致法官自由裁量权的扩张，最终造成企业利益的损害。比如，法院将一些不具备破产条件的被执行人实施破产。四是根据我国民事诉讼的处分原则，同意执行转破产的当事人可以自行决定是否行使或如何行使自己的民事权利和诉讼权利，[①] 在执行转破产的启动程序上采用当事人主义也更加符合民事诉讼的处分原则。五是即使法院依职权主义启动执行转破产程序以后，如果案件当事人不积极配合，破产程序也难以进行，这也需要侧重于对被执行人启动责任的规定。综上，笔者认为，我国《企业破产法》在启动方

---

① 周建良：《执转破当事人反悔及异议的处理》，《人民法院报》，2017 年 5 月 10 日，第 7 版。

式上应维持既有的当事人申请主义，但是必须同时对当事人中的被执行人怠于启动的责任予以明确规定。

(二)执行转破产重在确立被执行人的启动责任

从执行转破产启动困难的主观方面来看，虽然多方主体都不愿意启动执行转破产，但是执行转破产的启动责任不应归于申请执行人、政府和人民法院，而应主要归属于被执行人。审视我国现行立法，我国对于企业法人在企业发生解散事由以后，不履行相应的清算责任惩罚力度明显不足，这也是当前大批企业发生执行不能以后，均不及时向法院申请破产的根本原因。① 针对于此，笔者建议，我国执行转破产程序可以借鉴《德国破产法》的规定，即规定被执行人必须提出破产申请，否则应当承担由此造成的损害赔偿责任直至刑事责任，加大责任人不作为的成本。② 《德国破产法》在破产程序启动方式上采取当事人申请主义，同时将破产申请的义务全部赋予债务人。例如，《德国破产法》规定，当法人机关违反申请义务，对于因此造成的损失，根据《德国民法典》第 823 条第 2 款，结合《德国破产法》第 15a 条，除债务人外，其他人也要以私人财产承担责任，同时必须补偿债权人的程序费用预付款或自己支付预付款。③ 综上，笔者建议，我国执行转破产程序同样可以规定被执行人的申请责任，如果被执行人在执行过程中出现执行不能，达到我国《企业破产法》的破产标准，就有义务主动提出执行转破产申请，否则就此承担相应民事责任。

(三)化解执行转破产的相关费用难题

从执行转破产启动困难的客观方面来看，由于适用执行转破产制度的被执行人，往往都是无可供执行财产的企业，而启动执行转破产

---

① 徐隽：《深圳中院："执转破"让市场更健康》，《人民日报》，2017 年 4 月 26 日，第 18 版。

② 刘亚玲、李腾：《探索执行不能转破产程序的新举措》，《人民法院报》，2011 年 5 月 18 日，第 8 版。

③ 莱因哈德·波克：《德国破产法导论》，王艳柯译，北京大学出版社 2014 年版，第 41~42 页。

程序，则需要被执行人承担数额不小的破产费用。如果没有足够的破产费用，执行转破产程序也难以启动。对此，笔者建议，一是可以成立专门用于执行转破产程序的破产基金，从当前的破产案件管理费中提取一定比例成立破产基金或者由当地政府出资成立专项破产基金，专门用于解决执行转破产的经费难题。① 二是人民法院在办理执行转破产的案件时，针对被执行人实在无足够破产管理经费的情况，也可以适当减免破产费用。② 综上，从目前来看，可以通过上述两条路径来解决破产费用问题。

---

① 安海涛：《打通转化渠道破解执行难题——福建省厦门市中级人民法院执行转破产工作调查》，《人民法院报》，2016 年 12 月 15 日，第 5 版。

② 罗书臻：《大力推进执转破工作开展推动破产工作法治化专业化制度化》，《人民法院报》，2017 年 2 月 17 日，第 3 版。

第三部分
重 整 制 度

论经济转型视角下破产重整程序之适用

程继伟 *

摘要：破产重整在我国供给侧结构性改革中具有促进债务人再生、优化资源配置的重大意义。但在破产法的实施中，在重整程序启动、破产管理人选任、股东权益调整、重整计划强制批准等环节还存在诸多缺憾和不足。在未来的立法和司法上，应着力就这些问题完善配套制度和规则，从而使重整程序发挥更大的制度价值。

关键词：破产重整；程序启动；管理人选任；重整计划

引　言

在我国经济发展与转型的特定阶段，产能过剩已成为制约我国经济转型的一大包袱。因此，供给侧结构性改革的关键问题是如何解决产能过剩的问题，其所要破解的也是当前经济面临的严重结构性问题，其目标就是要通过改革的方式优化资产配置，推动转型升级。然而，仅将产能过剩企业停产或限产，甚至是关闭使其退出市场的方式并非供给侧结构性改革的全部内容。只有将产能过剩企业（行业）的生产要素，如土地、人力、资本、技术、管理等转移到其他需求合理的供给领域，才可以说是供给侧结构性改革。从这个视角出发，重整制度立足于债务人的挽救，通过债权人、出资人、重组方、企业职工等利害关系方的积极互动实现债务人的再生，这其中体现的关键点正

---

* 程继伟，湖北省武汉市中级人民法院环境资源审判庭副庭长。

是资源优化配置。

国务院 2016 年 9 月 23 日通过的《关于积极稳妥降低企业杠杆率的意见》再次明确了破产法在僵尸企业治理中的核心地位，并指出僵尸企业的治理问题是当前供给侧结构性改革的首要任务。破产法的积极实施是实现我国僵尸企业依法治理的主要方式，破产清算程序是僵尸企业退出市场的主要路径，从而使确有"再生希望"的企业通过破产重整程序实现重生则是目前处理僵尸企业的当务之急，然而《中华人民共和国企业破产法》(以下简称《企业破产法》)在重整程序中尚存在诸多问题，一定程度上严重影响了重整程序制度优势的发挥。本文在对破产重整程序的特点予以归纳的基础上，深入分析目前企业在重整阶段遇到的现实问题，并寻求重整制度的完善之道，以期对司法实践能有所裨益。

一、破产重整与相近概念之厘清

重整制度，又称公司更生制度，指对可能或者已经存在破产原因但又确有再建希望的企业，在法院主持下，由利害关系人协商通过或依法强制通过重整计划，进行企业的经营重组、债务清理等活动，以挽救企业、避免破产、获得更生的法律制度。① 破产重整制度肇始于美国在 20 世纪 30 年代初经济大萧条期间的破产法补充条文，成型于 1938 年的钱德勒方案，成熟于 20 世纪 70 年代的破产法改革以及随后的全球性破产法改革运动。2007 年 6 月 1 日起施行的《企业破产法》顺应国际潮流与我国现实需要，于第八章专章规定了破产重整制度，使我国破产法形成了破产和解制度、破产重整制度、破产清算制度三足鼎立的局面。欲了解重整制度的特征，首先需从与其相近的资产重组与和解制度的对比着手。

---

① 王欣新：《破产法理论与实务疑难问题研究》，中国法制出版社 2011 年版，第 358 页。

（一）重整制度与资产重组

根据《企业会计准则第 12 号——债务重组》，债务重组是指债务人发生财务困难的情况下，债权人按照其与债务人达成的协议或者法院的裁定作出让步的事项，根据这一定义，按照处于法律程序的不同阶段，债务重组可以分为未进入破产程序的重组和进入破产程序后的重整，本文将未进入破产程序的重组称为资产重组，并主要探讨其与重整制度之间的不同。两者的差异主要体现在以下两个方面：

首先，破产重整属于破产法的重要内容，《企业破产法》对于重整程序的申请主体、启动、重整草案的制定和表决、重整程序的终结等都规定了具体的操作方法，企业在重整过程中要遵守严格的法定条件和程序，因此，破产重整也被称为司法重整；而资产重组主要是在政府有关部门的指导下由重组企业通过市场化的方式自主进行，较多地体现的是企业之间针对重组事项的意思自治，具有较大的自治范围。

其次，破产重整的目的是通过重整程序缓和债务人公司和债权人以及和员工等的矛盾，使得有再生希望的债务人公司获得喘息的机会，达到使其起死回生的目的，以最大限度地保护债权人、债务人和公司相关利益人的利益。而重组制度并不以一方企业存在破产风险为前提，重组的主要目的在于实现企业之间资源的优化配置。

（二）重整制度与和解制度

作为破产预防的破产法路径，破产重整程序和破产和解程序有诸多相同之处，他们都在一定程度上起到了尽量避免公司破产清算，给债务人提供喘息之机的作用。两者的相同之处还表现在司法权对程序的介入，无论是重整程序还是和解程序无疑都涉及多方利益的协调与均衡，两者都需面对的是如何平衡公司股东和债权人之间的利益，处于中立第三人地位的法院介入能有效避免因信息不对称而导致的弱势当事人利益受损。两者的差异性主要表现在以下几点。

1. 适用差异

重整程序主要适用于规模较大的企业，譬如，房地产公司的重整和上市公司重整，这些公司的一个显著的特点是一旦破产，将造成严重的社会影响，因此，重整程序的目的不仅在于挽救企业，给企业提供有利条件，使企业实现再生，还具有重要的社会意义和价值。与此不同的是，和解程序的目的只涉及公司债权债务的清理，不具有重整程序所具有的挽救企业的目的。因此，在理论上，和解程序只适用于当事人关系不复杂的公司中。

2. 利益主体差异

重整程序中涉及的利益主体众多，重整程序解决的主要问题就在于如何平衡各方的利益，如债权人和债务人之间的利益冲突，债权人和股东之间的利益冲突，债权人、股东和投资人之间的利益冲突。而和解程序具有高度的自治性，债权人会议有较大的权利，因此，和解程序中的利益冲突较小，股东基本没有发言权，也不涉及投资人利益协调问题。[1]

3. 司法权介入之程度差异

重整程序涉及多方主体的利益平衡，因此，需要贯彻司法权介入原则，且司法权介入的程度高，最为典型的在于法院对于重整计划的批准权，甚至当存在有表决组未通过重整计划草案时，法院拥有对重整计划草案的强制批准权。[2] 而和解程序的开展则更多取决于当事人双方协商谈判的结果。

通过上述分析可以发现，重整程序相对于其他处置方式，在供给侧结构性改革中可以发挥更积极的制度价值：濒危企业通过重整中的债务减免和资源重置等，能完成再建，恢复盈利；债权人通过对濒危企业减免部分债务，能获得不低于破产清算的受偿；职工通过濒危企业的主体延续，能得到就业安置。可见，破产重整中的资源重置，恰恰能完成结构性改革的任务。

---

① 参见邓艳君：《破产重整与破产和解程序之比较》，《中国林业科技大学学报》(社会科学版)2008 年第 6 期。

② 参见《企业破产法》第 87 条。

二、我国破产重整程序适用现状

(一)破产重整程序启动之缺陷

破产重整程序的启动首先需要具有申请权的主体向法院申请，根据我国《企业破产法》，债权人、债务人和出资额占注册资本十分之一以上的出资人都是适格主体。[①] 在对重整申请的审查上，我国法院主要采取形式审查和实质审查兼顾的方式。形式审查主要包括案件的管辖权、重整申请主体和被申请主体是否适格等，而实质审查则主要针对重整原因和重整能力开展。我国《企业破产法》对重整原因的规定在第2条，分3种情形，分别是"企业法人不能清偿到期债务，并且资产不足以清偿全部债务或者明显缺乏清偿能力"或者"有明显丧失清偿能力可能的"。相对于形式审查而言，实质审查无疑要复杂得多，但法律并未对实质审查的具体标准给予明确的规定，法院通常也不具备相关的财务会计知识来对债务人公司是否"资产不足以清偿全部债务"或者"有明显丧失清偿能力可能"进行审查，将此部分耗时且专业性极强的实质审查任务交给法院无疑是不妥当的。除此之外，具有高度或然性的审查标准导致具体操作过程中法院适用标准的不统一，给重整程序的启动带来很大的不确定性，一旦使不具备"再生希望"的企业进入破产重整程序，无疑是在浪费宝贵的司法资源和社会资源。

(二)破产管理人制度不健全

破产管理人是破产重整程序中最为重要的机构，它对于破产重整程序的公平、公正，维护全体利害关系人的合法权益等有着举足轻重的作用。反观我国《企业破产法》，管理人制度中存在的问题主要表现在，重整管理人的选任模式不完善，我国法律规定由人民法院按照管理人名册，使用轮候、抽签、摇号等具体方式，随机公开指定管理

---

① 参见《企业破产法》第71条。

人。由法院选任既加重了已经很繁重的法院业务，又无法满足重整程序对管理人综合能力的选任要求。同时这些随机公开的方式保障了公平价值的贯彻，但效益价值却难以有效实现。

对于我国尚不健全的破产重整程序来说，随机选任管理人的方式可以使每一位候选管理人都平等地参与破产案件中，而且保证了法院选任管理人程序的公平、公开、公正，可以较好地平均分配破产案件参与的机会，并且可以最大限度地避免选任管理人时进行的暗箱操作。但是，这种随机的管理人选任方式也只是一种尝试或者说无奈之举，采用轮候、抽签、摇号等方式选出的管理人有可能完全无法胜任工作，在实践中可能会造成复杂的重整案件由资质不够的管理人处理，或者法律方面更复杂的破产重整案件由会计师事务所来处理的情况。

(三)股东权益调整未能有效平衡当事人权益

重整程序的一个重要内容就是如何对股东的权益进行调整，股东权益调整是投资人进入企业并取得股份的前提，也是争取债权人对重整计划赞同票的可行方式。在进行股权调整时需要兼顾两组权益的平衡，即股东与债权人之间的权益平衡，大股东与中小股东的权益平衡。

1. 对股东与债权人权益平衡未予重视

股东的出资是公司成立的基础，离开股东的出资，公司可谓是无本之木、无源之水，在公司资产大于负债的情形下，债权的数额是确定的且没有减损的风险，而股东享有公司剩余的索取权，因此，公司奉行"股东利益至上"理念。但是一旦由于"资不抵债"而进入破产程序，股东的债权人在重整程序中处于不利地位，基于利益平衡原则的要求，在对重整程序进行制度设计之时，理应给予其更多的倾向性保护，以使其在重整程序中作出的牺牲能得到些许补偿，因此，重整程序奉行的理念应从"股东利益至上"转变为"债权人利益优先"。① 作

---

① 参见王世虎：《重整计划与债权人利益保护》，《法学》2007 年第 1 期。

为一种新兴的破产制度，重整制度涉及多方利益主体的博弈，在这场利益的博弈中每个主体都希望实现自身利益的最大化。债权人作为公司的外部人身份，对于企业进入困境并不存在过错，且基于信息的不对称性，在重整过程中应注重其权益的保护，也因充分保护债权人的利益，获得债权人的理解和支持，才能确保企业破产重整的成功及重整目的的实现。反观我国《企业破产法》，仅仅规定了："重整计划草案涉及出资人权益调整事项时，应当设出资人组，对该事项尽心表决"，并没有出资人权益调整的具体规则。

2. 忽视大股东与中小股东之间的权益平衡

由于重整企业的资不抵债现状，若要投资人进入，现有股东必须进行股权调整，股东权益调整的具体方式是重整计划的重要内容。现行《企业破产法》第85条明确规定："债务人的出资人代表可以列席讨论重整计划草案的债权人会议。重整计划草案涉及出资人权益调整事项的，应当设出资人组，对该事项进行表决。"但并未规定表决通过的具体标准，对此，最高人民法院《关于审理上市公司破产重整案件工作座谈会纪要》作出了补充规定。① 但上述规定忽略了司法实践过程中广泛存在的一种情况，即大股东"一股独大"情形下中小股东的表决权问题。司法实践过程中，由于控股股东的广泛存在，中小股东话语权被剥夺的现象并不罕见。例如＊ST锦化重整案件中，锦化集团是造成公司困境的主要原因，同时又持有公司超过半数的股票，在股东组进行表决时重整计划是否通过全凭其一家之言，广大中小股东在整个过程中并没有发言权，这也是中小股东强烈抵制重整计划草案的主要原因。

（四）法院批准重整计划缺乏操作规则

重整制度所涉及的企业，一般来讲都是规模较大、具有较强社会

---

① 最高人民法院《关于审理上市公司破产重整案件工作座谈会纪要》第7条规定："出资人组对重整计划草案中涉及出资人权益调整事项的表决，经参与表决的出资人所持表决权三分之二以上通过的，即为该组通过重整计划草案。"

影响力的企业，为避免各方利益谈判久拖不决，产生更加严重的社会问题，重整制度需要中立的权威性机构介入，以协调各方利益，确保重整效率的实现，而最能扮演好这一角色的就是法院。法院强制批准重整计划草案，指各表决组对重整计划草案进行表决之后，即使存在部分表决组未通过重整计划草案的情形，经法院裁定批准重整计划并使之产生法律效力的行为，在我国法院强制批准重整计划草案时往往会过多地考虑社会利益而牺牲债权人的利益。

"在一个复杂而又人口众多的社会中，法律履行着一种不可缺少的职能。没有任何法律制度——不论它是法官创制的还是立法机关制定的——可以被起草得如此完美，以至于没有留下争论的空间。"①法院强制批准重整计划草案规定在我国《企业破产法》第87条，但该条规定过于宽泛和原则，司法实践过程中将广泛的自由裁量权给予法院，但公权力和私人自治之间的"度"应该如何把握成为困扰法院的一大难题。公力干预和强制性的增强必然会对私人自治形成限制，公力干预的大小和强制的程度决定私人自治的退缩或扩张，必须有一定的限度与意思自治形成有机结合。否则不但会使破产重整本应具有的私法属性消失殆尽，当事人已有的权利格局被改变或打破，反过来也会对破产重整形成消极的抑制作用。

四、完善破产重整程序之路径

(一) 构建科学的重整启动程序

有学者归纳了世界各国企业重整程序启动中的特点："第一，重整制度的目标是为了维持债务人企业的继续经营，同时使债权人获得较清算程序更大的利益；第二，重整程序的提出人一般为债务人，更多从债务人角度着手；第三，重整程序启动的权力分配重在防止欺诈性重整，保护债权人利益；第四，法院在重整启动中的权力与责任都

---

① [美]富勒：《法律的道德性》，郑弋译，商务印书馆2005年版，第67页。

很大；第五，重整程序的启动要维持债权人与债务人之间的利益平衡。"①科学的重整程序的构建需要围绕重整启动程序的以上特征展开。为了实现重整程序之目的，法院对企业是否能够进入重整程序的审查，应集中于该企业是否具有"再生希望"，由于该审查主要涉及财务会计上的知识，因此法院在进行审查时应充分调动各方力量，在各方充分表达意见的基础上居中裁判，以此来实现重整程序中债权人与债务人之间利益平衡，并避免欺诈性重整。

从具体操作上来说主要包括以下几个方面：（1）赋予债务人异议权。在债权人或债务人的出资人提出重整申请的情况下，法院应将申请书副本通知送达债务人，债务人可对该申请提出书面异议，该异议应包括初步的证明材料，如债务人在规定的时间内未提出异议，则表示债务人对该重整以默示的方式予以同意。（2）广泛听证。对于债务人公司是否具有"再生希望"应广泛听取意见，必要时应以听证会的方式进行，参加会议的主体包括债务人公司、主要已知债权人、股东、职工代表等利害关系人，行政、工商、劳动、证券、税务等部门均可列席，各方可围绕债务人是否具备"再生希望"充分表达意见，通过利害关系人的陈述可以弥补法院经营管理知识的不足，从而做出更为全面、准确的裁量。

（二）完善管理人选任方式

在破产管理人的选任方式上，我国主要采用两种方式，一种是随机方式，一种是竞争方式。② 这样提高了管理人选任的风险，降低了破产重整的效率。因此在具体完善路径上，可以考虑以下几个方面：首先扩大管理人来源，吸收擅长企业管理、熟悉科学技术、了解资本市场的专业人才充实管理人队伍，强化管理人队伍的人才聚集。其次，完善管理人名册，并辅之以管理人工作考核体系的建立，以弥补

---

① 李曙光：《重整程序的启动》，《法制日报》，2007 年 4 月 15 日，第 11 版。

② 在商业银行、证券公司、保险公司等金融机构或者在全国有重大影响的破产案件中，则是采取竞争的方式来指定管理人。

现有方式的不足，探索更有益的道路。最后，对于法律关系复杂、在全国范围内有重大影响、债务人财产分散的破产重整案件可以采取竞争的方式选任管理人，法院邀请各地管理人名册中的管理人参与竞争，并从参与竞争的候选管理人中选出合适的管理人，如此，不仅可以提高选任工作的效率，还能够提升管理人的自身素质。除此之外，建立由财政出资设立破产基金，解决破产财产不足时管理人报酬等经费难问题，也是完善管理人制度的应有之义。

（三）股东权益调整兼顾内部与外部的平衡

1. 外部平衡：股东与债权人权益平衡

从破产重整实践看，企业资不抵债的情况下，出资人持有的股份已无任何价值，即使存在所谓的上市公司的"壳资源"，也只有在企业重整成功的大前提下才具有价值，因此，在权益调整方面，如公司已无资本净值，出资人便丧失行使权力的基础，也即权益应调整为零。但从目前的破产重整案例看，有的企业破产重整中对股东权益没有进行调整，或者进行了调整，单基于中小股东利益保护及社会稳定的考虑，对股东权益调整的比例要远远小于对债权人的调整比例。① 以上严重损害了债权人的利益，造成债权人对重整计划草案的不满，最终影响重整计划的顺利开展。为确保股东与债权人之间权益的外部平衡，在股东权益调整时，应将关注点集中于公司是否存在资本净值。

2. 内部平衡：大股东与中小股东权益平衡

在公司经营过程中，企业内部的股东权力分配也是不均衡的，因此，妥善处理大股东与中小股东之间的权益平衡是重整程序不容忽视的一点。在具体操作过程中，应重点考虑大股东对于企业困境局面是否应该承担主要责任，如造成公司困境的局面主要由大股东造成，则在权益调整时大股东调减的比例应高于广大中小股东。此外，在涉及

---

① 贾纯：《企业破产重整中债权人利益保护研究》，《金融理论与实践》2011年第1期。

出资人组表决的程序中，应建立大股东回避制度，避免中小股东的意志被大股东意志所绑架的情况出现。重整程序必须给予各方充分表达意愿的渠道，因此，出资人组存在大股东的情况下，在程序上应首先了解大股东的意愿，而后使其回避表决，以便于中小股东对于出资人权益调整的意愿得以充分表达。

（四）法院的强制批准权与债权人的救济权

重整程序是社会公权力干预经济生活的体现，这种干预必须限定在一定的范围内，否则将会破坏市场的交易秩序，降低社会经济效益。法谚有云："无救济则无权利。"司法权介入重整程序对于债权人利益而言是一把双刃剑，既可以对重整程序进行有效监督，防止债权人利益受损，又有可能基于整体利益或重整效率原则的要求侵蚀债权人的应得利益。因此，探讨司法权介入视角下的债权人利益保护路径具有重要意义。具体来说，债权人利益保护不仅需要司法权介入时给予保障，更为重要的一点是要赋予债权人对自身利益受损后的救济机制，并在重整程序中以立法的形式予以确认。债权人的救济路径可以从三个方面展开，首先，异议债权人的知情权，法院在强制批准重整计划草案时应将相关的裁判依据进行公开，以确保异议债权人的知情权；其次，异议债权人的诉求表达权，当异议债权人对法院公开的相关裁判依据表示反对时，法院应充分听取异议债权人的主张；最后，异议债权人的求偿权，重整失败后，对于重整计划持反对意见的股东有权对其在重整程序中获得的利益与企业直接进行破产清算获得的利益之间的差额获得赔偿，这一做法不仅符合公平原则，还会倒逼法院慎重行使权力。

五、结　　语

相比我国《企业破产法》中规定的破产和解程序与破产清算程序，破产重整制度对拯救确有"再生希望"的"僵尸企业"具有很大的优越性，但同时也伴随着自身的种种缺陷，例如本文所探讨的重整程序的启动、管理人制度、股东权益调整还有法院对重整计划草案的强制批准权，都或多或少的存在不完备之处。立法从来都不会是一劳永逸的，人们需要在长期不断地在检讨中寻求制度改进，而不是面对制度的不完善而踟蹰不前。在供给侧改革的大背景下，破产重整制度在挽救困境企业的过程中必将发挥其制度优势，同是也有助于我们在具体适用过程中发现重整程序中的各种缺陷并加以完善，重整制度之完善并非毕其功于一役之举，需要长期不懈的探索与努力。

困境房企重整复苏之路径分析

——以"家美天晟重整案"为例

张亚琼*

摘要： 家美天晟重整案系一起典型的困境房企重整案，债务人通过破产重整程序在较短时间内实现了复工续建、债务清偿、股权重组、资产盘活、企业挽救的目标，具有一定的示范意义。面对烂尾工程复工续建、"以房抵债"债权审查、破产重整与自行和解的程序协调、重整投资人的市场化招募、特大型债权人会议的组织召开、重整计划草案的强制批准等重大疑难问题，应在法律原则指导下能动司法。同时，该案中体现出的协调府院联动、恪守程序正义、坚持企业挽救等实务经验，也值得认真总结。

关键词： 困境房企；破产重整；能动司法；企业挽救

近年来，我国城市房价持续上涨，房地产开发企业数量激增，中小开发商遍地开花，实力良莠不齐。受国家宏观调控政策的影响，或管理不当及违法融资等其他原因，部分房产企业因资金断裂陷入困境，由此导致其开发的项目成了"烂尾楼"。因房地产企业所涉利益群体复杂，债务危机的爆发容易酝酿对立情绪，极易影响社会的和谐稳定。如何妥善处置这些危困企业，使其走向新生，需要极强的实务技巧以及切实有效的解决方案。本文以湖北省首例房地产开发企业重整案——家美天晟武汉置业发展有限公司(以下简称"家美天晟")破产重整案为例，分析困境房企如何通过破产重整实现"破茧重生"，

---

* 张亚琼，法学博士，湖北山河律师事务所律师，合伙人。

从而为应对类似重大复杂重整案件提供操作思路和经验启示。

一、重整案例及简要回顾

家美天晟公司成立于 2010 年，注册资本 1 亿元人民币，经营范围为房地产开发与投资、房地产营销策划及代理、物业管理等。2010年 5 月 6 日，家美天晟公司以挂牌出让的方式竞得开发地块，经股东协商约定，由两股东分别独立开发"国际丽都"项目和"汉口印象"项目，各自独立核算。但自 2015 年年初起，因资金链断裂，公司开始不能清偿到期债务，严重影响整个公司经营，两个开发项目停工。后因不能如期交付房屋，导致系列诉讼，矛盾重重，社会不稳定隐患极大。

2016 年 7 月 29 日，武汉市东西湖区人民法院（以下简称东西湖法院）裁定受理了债权人对家美天晟公司的破产重整申请，并指定由湖北山河律师事务所及区政府相关职能部门共同组成的清算组为管理人。

管理人接受指定后，立刻接管了债务人企业，制定内部管理制度。在法院的指导下，逐步开展了债权登记、资产清理、代理诉讼等重整工作。

2016 年 9 月至 11 月，为有效保护债务人资产价值，全力做好购房债权人的稳定工作，管理人经报告法院批准，决定债务人继续营业，并逐步实现了对"汉口印象"A 区及"国际丽都"一期工程通过向第三方融资借款的方式复工续建。

2016 年 12 月 29 日，东西湖法院召开了家美天晟公司破产重整案第一次债权人会议。包括债权人、债务人股东、职工代表等在内的1300 人参加会议，可谓规模空前。管理人向全体债权人报告了家美天晟企业财产状况、债权审查及企业继续经营的相关情况。

重整期间，管理人委托专业机构对家美天晟公司进行了财务审计和资产评估。资产评估报告显示，家美天晟公司在相关假设和限制条件的前提下，于评估基准日 2016 年 7 月 29 日纳入评估范围的总资产变现净值为 11.92 亿元，总负债变现净值为 15.28 亿元，股东全部权益变现净值为-3.36亿元。据此计算，家美天晟公司在清算状态下普通债权清偿率仅为3.49%。

为维护债务人运营价值，提高债权的清偿比例，引入具有实力的投资人，管理人决定采取通过第三方平台的方式公开招募投资人。经过前期公告和准备，2017年4月5日，6家意向投资人参加正式竞价程序。经多轮报价，武汉汉阳造地产开发有限公司（以下简称"汉阳造公司"）以16.82亿元竞价成功，成为正式的重整投资人，并与管理人签订了《成交确认书》和《重整投资协议书》。

2017年4月25日，管理人通过最高人民法院破产重整案件信息网平台，组织召开了家美天晟第二次债权人会议，对管理人制定的重整计划草案进行表决。全部债权人1620人中有1513人于当天实际登录参加网络会议。平台计票结果显示，出席家美天晟第二次债权人会议的部分债权组及出资人组未通过重整计划草案。4月28日，经与未通过表决组协商，管理人组织了第二次表决，人数占参加会议债权人的96%以上同意；但受出资人及其关联债权人影响，除优先债权组外，其余表决组仍未通过重整计划草案。

会后，管理人依法向东西湖区人民法院提出了批准重整计划草案的报告。2017年5月5日，东西湖法院依照《企业破产法》第86条第2款、第87条的规定裁定：批准家美天晟公司重整计划，终止家美天晟公司重整程序。①

根据裁定批准的重整计划，重整后的家美天晟公司由新投资人汉阳造公司受让全部股权，投资款项将专项用于支付重整费用和债权清偿，其中普通债权的清偿比例将不低于23.88%；家美天晟公司将于2017年6月和12月实现两个项目已售房屋的交房，全面保障广大购房债权人的合法权益。

二、疑难问题与法律分析

企业破产重整本身已属于复杂的司法系统工程，而房企重整案件

---

① 参见武汉市东西湖区人民法院(2016)鄂0112民破4-6号《民事裁定书》。

更是涵括交织了破产、公司、合同、物权、财税等多重法律关系。对于其中涉及的大部分疑难问题，在立法上甚至没有明确的依据。但如果不能及时妥善处置，非但无法实现债务人企业的重整再生，反而还有可能引发新的利益失衡，激化矛盾。以家美天晟重整案为例，其中值得关注的问题包括：

（一）"烂尾楼"工程的复工续建问题

"烂尾楼"工程即困境房企的在建工程，一般指取得施工许可证开工建设后，因资金、技术、规划等原因而停工，或者超过预计竣工时间一定期限以上没有竣工的工程。① 司法实务中，"烂尾楼"工程的处置涉及纷繁复杂的法律问题和诸多社会不稳定因素，一直以来是涉房破产案件的核心问题，在建工程处置妥当与否直接关系涉房破产案件办理的"成败"。

家美天晟重整案面临同样的"烂尾楼"工程问题，其名下"汉口印象"一期项目形象进度达到 80%，"国际丽都"一期项目形象进度尚不到 40%，均未达到竣工条件。但值得注意的是，"汉口印象"A 区已预售房屋达 600 余套，"国际丽都"一期已预售房屋达 800 余套，且均已远远超过交房期限，进入重整程序后广大购房业主强烈要求尽快复工，早日实现交房。

可以预见，如果能实现复工续建，必然有利于缓和购房业主情绪，缓解社会矛盾，有利于保护项目资产安全，提高破产财产价值。但是要实现复工续建，不仅要解决续建资金来源、工程与财务管理等实务问题，而且还要面临双务合同继续履行或解除、续建资金性质认定、建设工程价款优先受偿、购房债权人的清偿顺位等法律问题。

经过认真研判分析，家美天晟在建工程具备复工续建的可行性，主要表现为：

第一，管理人依法有权决定债务人继续营业，以及继续履行未完毕的施工合同。依据《企业破产法》第 18 条及第 25 条的规定，管理

---

① 浙江省杭州市余杭区人民法院课题组：《涉房破产企业在建工程续建的困境与解决方法的探索》，《法律适用》2016 年第 3 期。

人对破产申请受理前成立而债务人和对方当事人均未履行完毕的合同有权决定解除或者继续履行；管理人有权在第一次债权人会议召开之前，决定继续或者停止债务人的营业。经沟通协商，除少数施工主体外，绝大多数工程承包方均同意继续履行施工合同。这也是复工续建的法律基础和事实依据。

第二，续建资金可作为共益债务优先支付。根据《企业破产法》第42条第(1)项及第43条之规定，因管理人或者债务人请求对方当事人履行双方均未履行完毕的合同所产生的债务属于公益债务，并由债务人财产随时清偿。可见，复工续建所发生的债务均为共益债务，可由债务人财产优先清偿。经管理人积极接洽协调，有意向融资人愿意以借款方式提供续建资金。

第三，可依法理顺相关破产债权的清偿顺位。根据最高人民法院《关于建设工程价款优先受偿问题的批复》(法释〔2002〕16号)第1条、第2条之规定，工程价款优先受偿权优于抵押权和其他债权，但不得对抗已付全部或者大部分购房款的"消费购房者"。这一规则同样适用于破产程序，由此作为物权优先效力的例外规定，成为在购房人取回权、工程价款优先受偿权、抵押权在破产程序中发生冲突时的解决规则。①

基于上述分析，在完成对已建工程造价审计的基础上，管理人制定了切实可行的复工方案。经报请法院准许，管理人通过向第三方融资的方式先后实现了"汉口印象"A区及"国际丽都"一期工程的复工续建，有效地保护并提高了债务人资产价值，及时安抚了广大购房债权人的情绪。

(二)"以房抵债"的债权审查问题

家美天晟债权申报期间，除收到正常的债权申报外，管理人收到了几十笔"以房抵债"的债权申报。如有的债权人先向家美天晟出借3000万元，履行期届满不能偿还的情况下，与其签订了若干份商品

---

① 池伟宏：《房地产企业破产重整中的权利顺位再思考》，《法律适用》2016年第3期。

房买卖合同，并办了备案；有的工程承包方，对家美天晟享有工程款债权，后与双方约定 20 套房抵债，但未办理网签备案手续；某广告公司的广告款履约期满后，家美天晟与其约定以 2 套房抵债，只签了商品房认购书……凡此种种，案中涉及"以房抵债"的房子居然多达百余套。这些"以房抵债"协议的效力如何认定，涉及房屋权利归属如何，在法律上均无明确规定。

因涉及债权人的切身利益，为妥善处理"以房抵债"问题，管理人进行了大量深入细致的调研。依据相关司法判例及各地法院出台的审判规则，鉴于"以房抵债"问题在司法实务中的普遍性和多样性，我们认为，对相关协议的效力，应结合个案具体情况，具体分析：

第一，应审查有无《合同法》第 52 条规定的无效情形。实践中，不少"以房抵债"协议有规避流质条款之嫌疑，有的甚至为了回避关于房屋限购的政策规定，恶意串通。如果查明双方签订的以房抵债协议存在恶意串通，损害国家、集体或者第三人利益的、以合法形式掩盖非法目的、违反法律、行政法规的强制性规定的，应依法认定这些合同内容无效。如违反禁止流押的强制性规定，则宜认定无效。

第二，以意思自治为原则，根据合同具体约定来推断当事人内心真实意思。如原本是借贷关系，有利息交付事实，签买卖合同只是担保，适宜按照原法律关系即借贷关系来认定；在债务人不履行金钱债务的情况下，债权人对涉案房屋有请求拍卖、变卖获得清偿的权利，但不得对抗其他权利人。约定了债务人回购条款的，可以推定为"以房担保"而非"以房抵债"，可按照原基础法律关系认定。例如，工程款抵房款中约定回购条款的，性质依然是工程款欠款。

第三，允许当事人在债务履行期间进行意思变更。实务中，此类变更多种多样，有可能构成"债的更改"，也有可能构成清偿之给付，还可能构成担保之给付等。此种情形，应坚持"以房抵债"合同的实践性。[①] 如已履行清算义务，交付房屋并过户登记的，应视为有效；如果债务人没有履行的事实依据，且存在履行不能的情况，则可请求

---

① 参见江苏省高级人民法院《关于民间借贷及以物抵债的专题讨论会议纪要》，2014 年 3 月。

承担违约或者损失赔偿的责任，而不能直接要求房子所有权归于债权人。

从管理人进行债权审查的角度出发，对以房抵债问题，除应坚持上述基本处理思路外，还应当兼顾《企业破产法》上的特别规定：（1）审查是否属于破产无效行为。依据《企业破产法》第33条之规定，如果以房抵债涉嫌债务人逃避债务而隐匿、转移财产，虚构债务或承认不真实的债务，应当认定无效。（2）审查是否属于破产可撤销行为。依据《企业破产法》第31条之规定，如果以房抵债行为发生在法院受理破产申请前一年内，需要考量以房抵债签订时的价格是否属于明显不合理；即使价格合理，如果是根据当事人内心真实意思，推断为"以房担保"的，无论债务是否已清偿，也认定为破产可撤销的情形，应由管理人请求予以撤销。同时，依据《企业破产法》第32条之规定，如果以房抵债行为发生在人民法院受理破产申请前6个月内，则无论债务是否已届清偿期，以房抵债行为均属可撤销情形，相关抵债房屋均需纳入破产财产的范围。

根据上述思路，管理人依法对家美天晟重整案中涉及的"以房抵债"债权进行了应对处理，得到了相关债权人的认同与肯定。

（三）破产重整与自行和解的程序协调问题

重整期间，家美天晟的出资人（即原股东方）向法院和管理人表达了其愿代表债务人与全体债权人达成和解的意愿，并提出了书面申请。在已经启动的破产重整程序中，再导入破产和解显然已失去事实和法律基础，但能否与自行和解进行程序转换，法律上并无明确规定。

我们认为，在破产重整程序中，自行和解制度亦有其适用的空间，但不宜过度滥用，否则极易造成重整程序拖延，损害债权人利益。具体分析如下：

1. 在重整程序中自行和解具有适用依据。其理由包括：

第一，具有法律基础。《企业破产法》第105条规定："人民法院受理破产申请后，债务人与全体债权人就债权债务的处理自行达成协议的，可以请求人民法院裁定认可，并终结破产程序。"此处可将"受理破产申请"作广义理解，既包括破产清算申请，也包括破产重整申请。

第二，有利于实现预防破产，避免清算之重整目的。在制度设立目的上，自行和解与破产重整具有一致性，均是为了避免债务人走向破产清算，维持企业法人资格和经营价值。[①] 因此，在合理范围内，如果债务人能与全体债权人达成协议且不违反法律法规的强制性规定，应当得到准许。

第三，尊重当事人意思自治。自行和解在制度设计上更侧重对当事人意思自治的尊重，从拯救企业及成本的方面考虑，允许当事人向法院申请裁定认可自行和解协议，保留债务人的法人资格，维持债务人企业正常运转，将带来更为积极的现实意义和社会效果。[②]

2. 应限缩自行和解的适用空间。与破产重整相比，自行和解因存在自身缺陷无法回避，因此不应过度滥用。这些缺陷包括：

（1）不具有强制性。自行和解要求债务人与全体债权人达成和解协议，在未经法院批准认可之前，并不具备强制约束力，任一债权人都可以随时翻悔，都将导致和解程序停滞或失效。

（2）时间成本难以控制。要达成和解协议，就需要债务人与每一家债权人进行沟通协商，但不同债权人之间往往存在复杂的博弈关系，很难形成一致的利益诉求；同时债权人从维护自身利益的角度出发，削减债务的动力不足。因此自行和解需要大量的时间成本。如果在有限的重整期间中实现与全部债权人的自行和解，难度不言而喻。

（3）效力范围有限。和解协议经法院认可后，仅对无担保的债权人产生效力，而对于别除权人则一般不生效力。而重整则不同，经法院确认的重整计划对所有的债权人，包括有担保物权的债权人产生效力。因此在有些情况下，即使和解协议得到认可，但有担保债权人一旦行使别除权，则很可能影响债务人后期经营状况，进而影响其他债权人的利益。

---

① 金恒：《自行和解制度适用条件之探析——从〈企业破产法〉第105条谈起》，《第七届中国破产法论坛论文集》（上册），2016年，第561页。

② 沈志先：《破产案件审理实务》，法律出版社2013年版，第344页。

基于上述因素的考虑，在家美天晟重整案中，出于对债务人及其出资人和解意愿的尊重，管理人在法院指导下给予了一定的和解时间和空间，函告债务人应在规定期限内向法院提交其与全体债权人达成的和解协议，如果逾期，则管理人将依法公开招募投资人并制定重整计划草案。其后，债务人在规定期间内并未向法院提交和解协议请求认可，管理人及时启动了投资人招募程序，避免了自行和解带来的负面效应。

（四）重整投资人招募方式问题

破产重整案件中，如果能顺利招募投资人，则可以使债务人及时获得营运和偿债资金，债权人获得更高比例的债权分配，重整计划具有更大的执行成功率。但是，如何招募投资人在法律上也没有明确标准可循，实务操作中也是"仁者见仁、智者见智"。从以往的重整案例来看，投资人招募方式在招募主体、招募时间和重整方的确定方式上均存在不同类型，具体适用仍应当结合案件实际情况进行合理选择。

家美天晟重整案中，因房地产市场持续升温，家美天晟名下尚有63亩未开发地块及大量未销售房屋，从程序启动之初就有许多投资人向管理人表达了愿意进行重整投资的意愿。但如何从意向投资人中选定重整方，值得深入思考。

我们认为，重整案件中的投资人招募应坚守如下原则，以防止出现超越底线、损害公共利益的不利局面：

第一，债权人利益优先原则。在重整制度中，"债权人利益应成为首位的群体利益，债权人应成为法律维护的首要利益主体"①。投资人招募方式的选择和确定对债权人利益影响重大，亦应当首要遵循债权人利益优先原则，从而结合个案确定招募主体、招募时间以及重整方的遴选方式。

第二，维护债务人营运价值原则。重整制度旨在通过系列制度设

---

① 贺丹：《破产重整控制权的法律配置》，中国检察出版社2010年版，第50页。

计，为具有营运价值的困境企业提供了有别于清算及和解的拯救路径。因此，在企业营运价值高于清算价值的情况下，应尽可能维持；相反，营运价值小于清算价值，则该企业就已不具备"再建价值"，①自然也就失去了挽救再生的条件和基础。以此衡量，对于营运价值较高的困境企业，应尽可能及时进行投资招募，使其及早摆脱财务困境，实现营业维持和企业存续。而对于营运价值明显低于清算价值的困境企业，因其已失去"再建希望"，不宜再强行"拉郎配"，为其引入投资人。

第三，市场化原则。从本质上看，投资人招募属于市场行为，需要招投双方通过协商合意的方式达成一致。投资人招募成功，可以为重整带来新资金和优质资产，符合重整各方主体的共同利益。"但是，投资人毕竟是具有自利倾向的经济主体，其之所以选择投资重整公司，终极目的是为了获得高额的投资利益。"②坚持公开、透明的市场化原则有利于在招募方与投资方之间展开充分的博弈，使最终达成的投资方案更具有可操作性。

就家美天晟重整案来看，管理人以上述原则为指引，在法院指导下制定了切实可行的招募方案：

首先，关于招募主体的确定。因家美天晟资金链断裂，项目停工多时，大量资产被查封冻结，导致始终不能向购房人交房，已引发多起群体事件；同时，该公司法定代表人涉嫌犯罪被羁押，管理层缺位多时。债务人已无能力启动自行管理，自然也无法完成投资人招募的重任。因此宜由管理人作为招募方组织招募。

其次，关于招募时间的确定。由于债务人名下尚有 63 亩未开发地块及大量未销售商品房，在房地产市场持续升温的背景下，其营运价值和再生希望值得被看好。在公司财务审计、资产评估基本完成的条件下，宜在重整期间及时启动招募程序，通过合理的招募流程选定投资人。如此对于重整计划草案的制定、债权人利益保护及社会稳定

---

① 王卫国：《论重整制度》，《法学研究》1996 年第 1 期。

② 郑志斌、张婷：《公司重整：角色与规制》，北京大学出版社 2013 年版，第 474 页。

的维护，都将具有积极意义。

最后，关于重整方确定方式的选择。由于意向投资方众多、竞争激烈，且家美天晟资产结构相对清晰明确，对重整方的条件要求主要表现为资金价格因素，因此适宜采用通过第三方平台确定投资人，从而以市场化导向鼓励充分博弈，争取获得最有利的投资结果。

最终的招募结果也表明，管理人制定的招募方案具有合理性与可行性，取得了重整各方主体的认同。

（五）特大型债权人会议的组织召开问题

债权人会议是对内协调和形成全体债权人的共同意思，对外通过对破产程序的参与和监督来实现全体债权人的破产参与权的机构，[1] 其在破产重整程序中具有举足轻重的地位和作用。对于债权人众多、涉及利益关系复杂的破产重整案来说，如何组织召开债权人会议，不仅是一个实务操作问题，而且在一定程度上还是一个法律问题。

家美天晟重整案中，截至第二次债权人会议召开前，申报涉房债权 1621 笔，合同金额 10.24 亿元；非涉房债权人共申报债权 119 笔，申报金额 45.03 亿元，其中含工程类债权 45 笔，税收债权 3 笔，抵押债权 4 笔，普通债权 32 笔，或有普通债权 35 笔。依据《企业破产法》第 59 条之规定，依法申报债权的债权人为债权人会议的成员，有权参加债权人会议，享有表决权。但如何有效组织人数极其众多的各类债权人平稳召开特大型的债权人会议，值得深入研究。

家美天晟第一次债权人会议召开前，为确保会议平稳有序召开，管理人在法院指导下，紧密联系当地党委、政府，制作了详备的会议工作方案和安保应急预案。2016 年 12 月 29 日，东西湖区法院主持召开了第一次债权人会议，1300 余位债权人等参加现场会议。会议上由管理人作了阶段性工作报告、财产状况调查报告、债权审查工作报告等；由法院合议庭宣读了债权异议规则及程序，并宣布了《指定债权人会议主席决定》。及时保障了债权人破产参与权和知情权。

2017 年 4 月，管理人成功招募投资人后，即又面临组织召开第

---

① 韩长印：《债权人会议制度的若干问题》，《法律科学》2000 年第 4 期。

二次债权人会议的问题。此次会议的主要议程是对重整计划草案进行表决，因此其组织方式的选择显得尤为重要。

从实务案例看，债权人会议的召开方式主要有现场会议、书面会议和网络会议三种类型。比较而言，采用网络会议方式更加适合本案第二次债权人会议组织要求，其必要性和可行性价值在于：

1. 必要性价值

第一，降低会议组织成本。从经济成本上看，现场会议需要为会议场地租用、安保维稳防控、后勤组织保障支付价格不菲的费用；从时间成本上看，采用书面方式尽管对会议场地要求较小，但需要将会议资料提前寄出，并在合理时间内保证收回，其中不可避免会出现邮寄在途、地址错漏的不确定因素。而采用网络会议则可以有效回避上述缺陷，债权人可以凭事先分配的账号密码登录，异地债权人无须赶赴现场；网络同步直播、采用电子计票更是大大节约了会务经费和时间成本。

第二，减轻维稳压力。由于广大债权人无须通过现场方式集会，现场仅由法院、债权人会议主席、管理人、债务人代表参加，组织者大可不必为大规模集会可能引发的不稳定问题而困扰。

第三，更加充分地保障债权人的程序参与权。债权人可以通过同步直播、文档下载的方式听取报告并查阅文件资料，可以通过网络投票的方式及时表达自身诉求并行使权利。相比于现场会议和书面会议，债权人的程序参与权可以得到更直接有效的保障。

2. 可行性价值

第一，具备法律依据。为提升破产案件审理的透明度和公信力，2016 年 8 月 1 日起施行的最高人民法院《关于企业破产案件信息公开的规定（试行）》第 11 条规定："人民法院、破产管理人可以在重整信息网召集债权人会议并表决有关事项，网上投票形成的表决结果与现场投票形成的表决结果具有同等法律效力。"这一规定为网络会议召开及网上投票提供了法律支撑。

第二，专业技术支持。召开网络债权人会议对网络技术条件有一定要求。经协调安排，破产信息网运维单位同意为网络会议召开提供网络测试、配套升级、流畅直播、电子计票等专业技术支持，力求程序公开，效果更佳。

经过管理人有效组织，家美天晟第二次债权人会议于 2017 年 4 月 25 日通过破产信息网如期召开，通过网络方式对重整计划草案进行了表决。因未达到通过标准，管理人又于 4 月 28 日再次通过破产信息网组织表决。尽管两次表决仍未通过重整计划草案，但因网络会议具有的高效、稳定、及时的特点，足以彰显其示范效应，具有启发性。

（六）重整计划草案的强制批准问题

针对家美天晟债权人会议两次表决均未通过重整计划草案的情况，管理人经审慎分析研判，向法院提出了请求裁定批准重整计划草案的报告。

立法上赋予法院强制批准权有其合理性与必要性，"能够有效制约对重整计划有表决权的权利主体滥用权利，避免公平合法的重整计划因为个别人的不理性或者恶意干扰而夭折"[1]。但此项权力自赋予之初，因其所代表的国家干预主义，就引发了各方的极大关注，多数学者认为法院对此享有过当的自由裁量权[2]，而实务中法院的立场因司法政策要求而越发谨慎克制。"探讨法院强制批准权，必须结合当下的司法实际，找准问题争点，从目前来讲应更多地探索如何鼓励法院在合理且必要的前提下行使强制批准权。"[3]

具体就家美天晟重整案而言，我们认为，重整计划草案符合法院强制批准的法定条件。主要理由包括：

第一，优先债权组（含涉房债权、工程类债权、有财产担保债

---

① 刘敏、池伟宏：《法院批准重整计划实务问题研究》，《法律适用》2011 年第 5 期。

② 邹海林：《法院强制批准重整计划的不确定性》，《法律适用》2012 年第 11 期。

③ 吕秋红：《关于法院强制批准重整计划的实务探索——以割断重整企业担保链为切入》，《第七届中国破产法论坛论文集》（上册），2016 年，第 416 页。

权)、税收债权组已表决通过重整计划草案。表明重整计划草案符合最低限度接受原则，即至少有一个表决组已经接受了重整计划。如果没有任何一个表决组接受该重整计划，而被法院强制批准，就带有专制色彩，不符合公平原则。①

第二，按照该重整计划草案，职工债权将获得全额清偿，普通债权的清偿比例，不低于其在重整计划草案被提请批准时依照破产清算程序所能获得的清偿比例。经测算，债务人家美天晟在破产清算状态下的普通债权清偿比例为 3. 49%；而根据重整投资金额，重整计划草案对普通债权的清偿比例将作较大幅度的提高，不含追加分配的情况下，普通债权的清偿比例至少为 23. 88%。

上述情况表明，该重整计划草案符合绝对优先原则的要求。绝对优先原则是指如果任何一组债权人反对一项重整计划，该重整计划就必须保证，只有这个组的成员获得充分清偿后，在优先顺序上低于这个组的其他组才可以开始获得清偿。其宗旨在于，破产法对清算程序规定的优先顺序，在重整程序中对那些持反对意见的组必须同样地适用。②

第三，重整计划草案对出资人权益的调整公平、公正。经审计显示，截至重整受理日，家美天晟资产总额为 10. 54 亿元，负债总额为 17. 23 亿元，所有者权益为 -6. 69 亿元。评估报告也显示，家美天晟现有资产已无法清偿全部债务。

"在债务人资不抵债情形下，因为股权没有实际价值，所以股权对股东不再具有意义，二者间也不再存在紧密关系，也正是从这一角度可以认为公司资不抵债时股东股权可以被清零。"③可见，家美天晟重整计划草案将出资人权益调整为零，亦具有事实和法律依据。

第四，重整计划草案公平对待同一表决组的成员，并且所规定的债权清偿顺序不违反破产法的规定。根据家美天晟重整计划草案，优

---

① 汪世虎：《公司重整中的债权人利益保护研究》，中国检察出版社 2006年版，第 173 页。

② 王欣新、徐阳光：《破产重整立法若干问题研究》，《政治与法律》2007年第 1 期。

③ 张永健、杜军：《破产重整程序中股权调减与股权负担协调问题刍议》，《法律适用》2012 年第 11 期。

先债权组中各类债权人将均以交房或货币形式实现全额受偿；职工债权、税收债权将以货币形式全额受偿；普通债权将按照相同比例分阶段受偿。

第五，重整计划草案规定的经营方案具有较强的可行性。家美天晟的重整方系经依法组织的招募程序确定，自身具有强大的开发实力和商业信誉。在第二次会议召开之前，重整方已向管理人支付了全部重整投资款项 16.82 亿元。针对家美天晟的实际情况，重整方制定的经营方案主要包括：组建新管理层、规范经营运作；房屋续建交付；恢复信誉、重塑形象；整合优化资源、提升盈利能力等。内容具体翔实，可操作性强。

第六，裁定批准重整计划草案有利于打破少数权利人的利益壁垒，真正实现利益平衡。据调查发现，出资人组反对的理由主要为反对股东权益被调整为零；普通债权组中，同意的债权人人数占该组出席会议人数的 97.6%，但其代表的债权额未达到法定标准；反对的普通债权人和职工债权人多为出资人控制或密切关联方。这一情况表明，绝大多数债权人极力支持重整计划草案，而少数代表了较大债权额的债权人受出资人影响而反对重整计划草案，进而形成利益壁垒。如果不能通过强制批准挽救债务人，则必然导致因少数人利益致使重整失败，企业资产价值不能最大化，不但使债权人利益受损，而且重整所谋求的社会公共利益也将深受其害。

最终，东西湖法院根据管理人的报告，依法裁定批准了家美天晟重整计划。这一裁定结果也得到了社会各界的肯定和认可。[1] 强制批准后，为稳妥起见，经法院和管理人进一步解释说明，家美天晟的出资人均接受并同意了重整计划。

三、实务经验与案例启示

作为湖北首例困境房企破产重整案，家美天晟重整案在一定范围

---

[1]　汤炜玮：《破产重整为烂尾楼找到"接盘侠"》，《湖北日报》，2017 年 5 月 18 日，第 13 版。

内具有较强的典型性和示范效应。除了前文提到的疑难法律问题及其应对思路外，本案中值得总结的实践性示范意义至少还包括以下几方面：

（一）协调府院联动，形成工作合力

"应建立党委领导下的政府和法院统一协调工作机制，由该协调机制来统筹企业破产相关工作，保障处置工作有序开展、稳妥推进，实现法律效果和社会效果的统一。"①家美天晟重整案涉及购房业主及其他债权人、债务人、出资人、职工、工程务工人员等多方利益主体，存在房屋续建交付、债权审核认定、资产处置、职工安置等重大敏感事项，社会矛盾高度聚集，极易出现不稳定因素。重整期间，管理人在法院指导下，紧密联系并依靠当地党委、政府，协调建立了畅通的政府与法院联动工作机制。如在现场债权人会议的组织召开、烂尾工程复工续建、开发项目竣工验收、购房业主及工程务工人员群体维稳等重大问题上，管理人在法院指导下，争取政府给予了大力支持，有力保障了破产重整工作在法律框架内有序开展、稳妥推进。

（二）恪守程序正义，依法履行职责

面对房企重整案维稳压力大、社会关注度高、利益关系复杂等特点，如何做到既严格把握法律程序，又不失灵活高效，值得管理人深入思考。在家美天晟重整案中，管理人坚持从大局出发，组织了由法学博士、注册会计师、资深律师等组成的专业团队，努力做到理论与实务、法务与财务的高度结合。从债务人企业接管、债权申报审核、资产清理清收、衍生诉讼代理、工程续建管理、债权人会议组织召开、重整计划草案制定与批准、重整计划执行监督等各个环节，严格坚持依法操作，以困境企业挽救、债权人利益优先为价值导向，恪守程序正义，依法履职，得到了法院、政府和各方当事人的肯定。

为依法妥善履行职责，管理人还建立了较为完备的工作机制：其

---

① 《依法开展企业破产案件审理，稳妥处置"僵尸企业"——专访最高人民法院审判委员会专职委员杜万华》，《人民法院报》，2016年4月26日，第2版。

一，制定了科学的内部管理制度。具体包括保密制度、议事规则、内部职能机构工作细则、印章管理办法、档案管理办法、财务管理制度、安全保卫工作细则等内部规章制度。其二，建立定期报告制度和重大事项专题报告制度。管理人每月定期向法院报告重整工作进展情况，并对下一步工作制定具体可行的工作计划。就面临的重大疑难事项，及时向法院和政府报送书面报告，必要的情况下协调召开专门的协调会议，集中研判，依法合理处置。其三，建立稳定风险排查制度。针对购房业主群体和工程务工人员群体可能发生不稳定事件的情况，管理人每月定期排查，通过现场会议沟通、QQ 群、电话接访等形式，及时解答问题，通报重整进展情况，及时排除维稳风险。

（三）坚持企业挽救，有效能动司法

破产重整的主要制度目标在于通过债务调整、资产重置等方式实现企业挽救和困境复苏。然而，受立法规则空白所限，房地产企业重整在许多疑难复杂问题上并无明确法律条文可以遵循，这要求在重整实践中必须以法律原则为指引，能动司法，努力实现更好的司法效果和社会效果。

家美天晟重整案中，面对烂尾工程复工续建、"以房抵债"债权审查、破产重整与自行和解的程序协调、重整投资人的市场化招募、特大型债权人会议的组织召开、重整计划草案的强制批准等重大疑难问题，管理人在法院指导下，并不拘泥于有限的法律条文，而是积极探求立法旨意，在企业挽救、债权人利益优先等法律原则的指引下，提出了可行的应对方法和操作路径，及时助力家美天晟"破茧重生"。

破产重整疑难问题研究

杨 亘*

摘要：本文主要研究破产重整程序中遇到的 8 个疑难问题，即如何判断企业有重整再生的挽救价值、重整案件的管辖、对共益债务在破产重整审判实务中的理解与运用、人民法院在重整期间的角色定位及裁判权力边界、对担保权人权利的保护及限制、对破产法中个别清偿无效及可撤销条款的理解讨论、重整草案债权人的分组原则及表决机制、重整程序与破产清算程序中债权人会议职能的区别。

关键词：破产重整；审判实务；疑难问题

引 言

2007 年 6 月 1 日实施的《中华人民共和国企业破产法》（以下简称《企业破产法》），在原有《企业破产法（试行）》的基础上作了重大修改和革命性的突破，破产立法宗旨从"清算"走向"再建"，破产立法篇幅也大幅度增加。《企业破产法》创设的企业破产重整程序，使我国破产法律制度实现了划时代转折，企业破产进入一个崭新时期。时至今日，《企业破产法》已历经十年的实践洗礼，重整制度在立法、司法、法律适用方面既有成功经验，也暴露出一些问题，需要我们认真思考与探索。

本文从一名破产案件审判法官的视角，力图从实际出发，客观评

---

* 杨亘，湖北省随州市中级人民法院民二庭庭长。

价我国破产重整法律制度司法现状，反思其存在的理论缺陷和制度缺陷，以及审判实务中亟待明确或需要厘清的疑难问题，从而为我国破产重整法律制度的日臻完善略尽绵薄之力。

一、如何判断企业有重整再生的挽救价值

如何判断企业有重整再生的挽救价值，这个问题实质是重整案件的受理标准。当前，中央推进供给侧结构性改革，处置"僵尸企业"的总体思路是"尽可能多兼并重组、少破产清算"。但在实际操作中，由于不能有效化解债务，或者债权人认为企业没有挽救价值和再生可能，重整计划草案往往不能被债权人会议批准通过。有的重整草案勉强获得通过后仍然运行不良，甚至增加了企业债务，最终夭折。有的企业甚至将申请重整作为拖延时间、逃废债务、对抗担保债权、对抗法院执行的一种手段。因此，有必要对申请破产重整的企业是否具有再生挽救价值进行准确识别。在一定程度上，应当缩小重整程序的适用范围，即适用重整程序"宜严不宜宽"。否则，由于重整程序的繁琐，消耗的人力、物力、财力巨大，若无条件放宽重整适用标准，将一些规模小、资产差、无竞争力、必将被市场经济淘汰的企业纳入重整程序，必将导致司法资源、社会公共资源的浪费，违背制度设计初衷。因此，重整并非对所有企业都有必要和价值。

判断企业是否有再生挽救价值，应当把握以下几个标准：1. 企业的规模以及其存在发展的社会价值；2. 企业是否具有良好的资产结构；3. 企业是否具有相对优势的品牌与市场份额；4. 企业是否具有可持续发展的基础和发展壮大的远景；5. 企业是否具有可以化解的导致企业濒临破产的原因，例如通过优化产业结构增收节支，或有可信的融资渠道，或能够吸引战略投资方加入，等等；6. 判断企业是否具有再生挽救价值应当考量的其他社会因素，例如直接破产清算可能影响社会稳定，或者导致大量工人失业、生产要素严重浪费、战略品牌丢失等。

人民法院在受理破产重整申请前，应当认真审核企业拖欠的劳动债权、国家税费、担保债权、普通债权，衡量企业的偿债能力，客观

评估企业可能存在的各种矛盾风险，把握好立案关，对企业申请破产重整但客观上难以实现的，要从实际出发，不能搞"一刀切"，应当提前做好破产预案，缩短审理周期。

二、重整案件的管辖

现行《企业破产法》对人民法院受理企业破产案件的管辖没有明确规定，《企业破产法》司法解释一、司法解释二对破产重整案件的管辖也没有作出明确规定。针对《企业破产法（试行）》，于 2002 年颁布实施的最高人民法院《关于审理企业破产案件若干问题的规定》对此作出了较为明确的规定，即企业破产案件由债务人住所地人民法院管辖。债务人住所地指债务人主要办事机构所在地。债务人无办事机构的，由其注册地人民法院管辖。基层人民法院一般管辖县、县级市或者区的工商行政管理机关核准登记的企业的破产案件；中级人民法院一般管辖地区、地级市以上的工商行政管理机关核准登记的企业的破产案件、纳入国家计划调整的企业破产案件。如今，计划性破产的案件已经不复存在，需要解决的是对企业申请破产重整的案件如何确定管辖。

根据民事诉讼法和破产法律、司法解释的规定，破产案件管辖分为地域管辖和级别管辖，还有移送管辖与指定管辖。而重整程序作为破产程序中的一个特别程序，法律有必要对重整案件管辖问题作出翔实具体的规定。所谓破产重整，是由利害关系人申请，在法院的主持和利害关系人的参与下，对具备重整原因和重整能力的债务人进行生产经营和债权债务关系的整理，以期摆脱困境，重获经营能力的一项特殊法律程序。其本质上来讲是破产预防体系中的一个重要组成部分。重整的目标是实现拯救债务人的同时，最大限度保障债权人的利益，以达到债务人、债权人与整个社会的利益最大化。围绕这个目标，笔者认为，按照立法的本意和实际审理的需要，对重整案件的管辖应当遵循如下几个原则：一是有利于破产重整案件的审理及当事人诉讼，即属地管辖原则；二是有利于重整计划草案的贯彻实施，即务求实效原则；三是有利于管理人履行清算管理职责，有利于人民法院对重整程序进行监督，即监管原则；四是实现破产重整企业资源的最优配置，增强企业偿债能力，即促进对困境企业的挽救原则；五是有利于贯彻府院对接机制，避免审理案件的事权与维稳主体相分离的弊端，对涉众型破产重整案件一般由基层法院审理原则。①

三、对共益债务在破产重整审判
实务中的理解与运用

根据《企业破产法》之规定，共益债务主要有：1. 因管理人或者债务人请求对方当事人履行双方均未履行完毕的合同所产生的债务；2. 债务人财产受无因管理所产生的债务；3. 因债务人不当得利所产生的债务；4. 为债务人继续营业应当支付的劳动报酬和社会保险费用以及由此产生的其他债务；5. 管理人或相关人员执行职务致人损害产生的债务；6. 债务人财产致人损害所产生的债务。共益债务在破产法条款中排位在破产费用之后，《企业破产法》第43条规定：破产费用和共益债务由债务人财产随时清偿，债务人财产不足以清偿所有破产费用和共益债务的，先清偿破产费用，财产不足以清偿所有破产费用或者共益债务的，按照比例清偿。共益债权作为一项具有优先受偿权的债权，若认定不当，可能导致某一项债权优先于其他债权，影响交易安全，甚至迫使当事人全部或部分放弃交易。破产重整审判实践中，除了法律明文规定的属于共益债务的范畴在此没有必要赘述外，对法无明文规定的尚存在一定的认识模糊区域。例如：债务人继续营业产生的亏损费用，破产重整中对外融资的借款，为了提升破产财产价值而开支的费用，等等，能否认定为共益债务？笔者认为，首先，对认定共益债务的范围应当从严把握，防止享有优先受偿权的共益债权范围无限制扩大而损害其他债权人的合法权益。其次，不能因仅仅考虑债务成本的增加而一味否认共益债务，从而使企业的重整止步不前，背离重整的初衷。应当从该债务是否有利于债务人的正常的

---

① 汤维建：《破产程序与破产立法研究》，人民法院出版社2001年版，第374页。

可持续生产经营，是否有利于债务人的财产保值增值来进行综合判断。对共益债务认定的程序应当遵循契约自由和债权人自治的原则，对有争议的共益债务的认定，可以由管理人提出意见，报人民法院审核，分歧和争议仍然较大的，可以交债权人会议表决。

四、人民法院在重整期间的角色定位及裁判权力边界

《企业破产法》规定重整计划草案可以经债权人会议两次表决，第87条第2款规定："未通过重整计划草案的表决组拒绝再次表决或者再次表决仍然未通过重整计划草案，但重整计划草案符合相关规定的，债务人或管理人可以申请人民法院批准重整计划草案。"这实质是赋予了人民法院强制批准的权力。重整程序的司法特性使人民法院在重整程序中处于核心地位，人民法院是重整程序的主导者，也是公共利益的维护者，更是多方利益的平衡者。法院被赋予如此之大权力的同时，我国现行破产法律规范对规范法官自由裁量权规定也过于原则，缺乏制度的约束与权利的救济。破产审判权、强制批准权应当慎用，强制批准的目的是让各利益相关方在提出自己的利益诉求时更加务实与理性。但是，人民法院强制批准权应当有明确的权力边界，法律应当提供相应的制度设计以保障法院谨慎行使该自由裁量权。2009年发布的最高人民法院《关于正确审理企业破产案件为维护市场经济秩序提供司法保障若干问题的意见》规定："人民法院要严格审查重整计划草案，综合考虑社会公共利益，积极审慎适用裁量权。对不符合强制批准条件的，不能借挽救企业之名违法审批。上级人民法院要肩负起监督职责，对利害关系人就重整程序中反映的问题要认真审查，问题属实的，要及时予以纠正。"在现实生活中，企业能够重整成功一方面取决于其本身，另一方面很大程度上取决于当地党委政府的政策扶持。实践中，由于地方政府的干预，有的法院因受到地方保护主义的影响，行使了强制批准权而遭受诟病。但由此带来的另一个负面效应是法院在本应当正常行使强制批准权时充满顾虑，缩手缩脚。对此不能说人民法院滥用了强制批准权，或者说最高人民法院没

有从制度上对强制批准权进行约束和完善。而是由于制度设计的缺陷，导致人民法院行使强制批准权时，被推向了表决权人的对立面，成为争议矛头指向的焦点。对此应当通过立法的顶层设计来解决。一是明确法院行使强制批准权的要件，细化操作规则，增加对法院强制批准权的限制性规定。二是通过立法增加当事人的救济途径，例如申请复议或向上级人民法院申诉。

五、对担保权人权利的保护及限制

《企业破产法》从社会本位出发，立足于保护社会利益和债务人利益，对债权人利益的保护和救济措施的提供还有待加强。担保权是法定受保护的优先于债权的权利，在破产重整程序中也理应依法得到保护。但是企业破产重整程序显而易见地限制和损害了享有担保物权的债权人的利益。按照担保法和破产法原理，依据担保物权的优先效力，权利人无须受集体清偿程序的约束而享有别除权。而根据《企业破产法》第75条第1款之规定：在重整期间，对债务人的特定财产享有的担保权暂停行使。但是，担保物有损坏或价值明显减小的可能，足以危害担保权人权利的，担保权人可以向人民法院请求恢复行使担保权。也就是说，在重整期间，担保权人暂时不再享有优先权。对于企业来说，担保物权的标的通常是土地、厂房、设备等维持运转的基础性财产，如果不对担保权人的权利进行限制，企业就会失去重整的基础。但是，如果重整计划被批准执行，就会出现厂房设备折旧、担保标的物贬值的问题，对担保权人而言是权利不断受损，担保物权日渐缩水的过程，导致担保权人在破产重整上不具有积极参与的动因。这一点，在银行作为担保权人时尤为明显。一是，银行作为担保权人，有优先权在手，担保权护身，获得清偿理所当然；二是，银行因其自身的权限及管理模式不能也不敢放弃优先权；三是，由于企业进入重整，以及破产法在重整程序中对优先权的限制，可能导致银行实际受偿的比例低于其心理预期，甚至增加了风险，这往往成为担保权人特别是债权银行在重整计划草案分组表决时的最大阻力。这个矛盾还导致了担保权人与普通债权人之间的矛盾，对普通债权人而言，本来只有资格在清偿顺序中轮候，但如果企业重整成功，则普通债权人的受偿将随之得到预期之外的利益，而担保权人的心态则刚刚相反，这种心理落差直接影响到各利益主体参与重整计划的积极性，也是重整计划通过表决的难点。我们在审判实践中，已经出现债权银行建立攻守同盟、联手对抗重整的事例。

六、对破产法中个别清偿无效及可撤销条款的理解

根据《企业破产法》第 31~33 条之规定，对于债务人无偿转让财产、以明显不合理价格进行交易、对没有财产担保的债务提供财产担保、对未到期债务提前清偿、放弃债权的行为，管理人有权请求人民法院予以撤销；人民法院受理破产申请前 6 个月内，债务人有《企业破产法》第 2 条第 1 款规定情形，仍对个别债权人进行清偿的，管理人亦有权请求人民法院予以撤销；为逃避债务隐匿、转移财产，虚构债务或者承认不真实债务的行为无效。《企业破产法》第 34 条规定，对前述行为取得的债务人财产，管理人有权追回。这实质是对撤销权和取回权的规定。撤销权又称不当行为否认权，其适用范围应当限于无偿转让财产、低价交易、对外担保、放弃债权、提前清偿或个别清偿行为。取回权是指管理人接管的他人享有所有权或他物权的财产，权利人可以不依破产程序而通过管理人直接从债务人占有的财产中取回的权利。一般而言，破产清算及重整程序中对债权人的个别清偿应为无效。但是，不能一概而论。《企业破产法》第 32 条的但书条款即规定"个别清偿使债务人财产受益的除外"。什么是"使债务人财产受益"？实践中应当如何认定及把握？由于规定过于原则，大多数行为具备撤销的条件，不利于交易秩序稳定。

最高人民法院《关于适用〈中华人民共和国企业破产法〉若干问题的规定（二）》第 16 条规定：债务人为维系基本生产需要支付的水电费、债务人支付劳动报酬或人身损害赔偿金、使债务人受益的其他个别清偿的，管理人行使撤销权的，人民法院不予支持。上述规定不能穷尽千变万化的现实社会，实际操作应对难免捉襟见肘。其中"使债务人受益的其他个别清偿"，实质是通过司法解释增加了兜底性条

款，又有突破法律硬性规定之嫌。众所周知，债务人恢复正常的生产经营、扭亏为盈是重整成功的前提，而正常的生产经营必须以安全稳定的生产环境为前提，那么，通过对债权人的个别清偿能够保证企业的正常生产经营，是否应当视为"使债务人受益"的情形？例如债务人拖欠自然人原材料供应商货款，企业在申请破产重整前充分研判形势，预留了部分应急资金。重整期间为了稳定向供应商支付部分货款，既保证了企业生产经营正常进行，又为企业后续供应原材料拓宽了渠道。

笔者认为，认定"使债务人受益的其他个别清偿"除了应当把握条文本意外，还应当注重以下几点：1. 着重审查当事人主观上是否为善意；2. 着重审查是否损害善意第三人利益和交易安全，是否存在债权人与债务人恶意串通的行为；3. 着重审查是否有利于企业破产重整的顺利推进；4. 细化个别清偿行为的例外规定，并赋予善意第三人抗辩的权利；5. 充分发挥管理人和债权人委员会的积极性，确立人民法院的司法审查与主导地位。

七、讨论重整草案债权人的分组原则及表决机制

《企业破产法》第82条规定，债权人按照分类分组对重整计划草案进行表决。分为：1. 对债务人特定财产享有担保权的债权（简称担保债权）；2. 债务人拖欠职工工资、医疗、伤残补助、应划入职工个人账户的基本养老保险、医保、补偿金等（简称劳动债权）；3. 债务人所欠税款；4. 普通债权。关于普通债权特别规定人民法院可以在普通债权组中设小额债权组对重整计划草案进行表决。《企业破产法》第85条同时规定重整计划草案涉及出资人权益调整事项的，应当设出资人组，对该事项进行表决。

《企业破产法》第84条规定了分组表决的通过条件，即出席会议的同一表决组的债权人同意人数过半、代表的债权占该组债权总额三分之二。重整的前提是减少债权人在重整企业中的利益，既需要利益相关人与债务人之间的协商，也需要利益相关人之间的协商，保证各方协商基础的公平公正是设立重整表决程序的基本任务之一，更是协

商谈判得以顺利进行的保障。分组是为了可以在不同的利益群体中分别表决，使得在采取集体表决机制中不享有话语权的少数请求权人有机会表达自己的意愿，同时也防止因为某一类数额较大债权人的阻挠使整个程序无法往下进行。不同的分组方式可能会对相同基数的请求权产生不同的划分方式，从而产生不同的组别，不同组别中的请求权代表的债权总额并不相同，在不同组别这利益相关人对于改变自身利益的话语权亦不相同。根据我国破产法采取的多数通过的表决机制，对债权人的分组尤为重要。

实践中，破产法对分组及表决的规定过于原则，操作性不强。笔者建议，有必要对分组及表决规则进行细化，确立若干原则，并附上行之有效的操作方法：1. 不能突破法律的硬性规定，作为一般分组原则；2. 赋予人民法院在分组规则基础上对分组标准的自由裁量权，即法定加酌定原则，具体来讲，可以实质性相似原则，允许依据不同性质对普通债权进行分组；3. 赋予债权人一定的意思自治权，即在法定基础上的分组自由；4. 防止债务人操纵分组稀释债权人的话语权，进而引发强制批准程序；5. 债权人对分组提出异议的处理，一般应当由债权人对此承担举证责任，最终由人民法院审查。

八、重整程序与破产清算程序中债权人会议职能的区别

无论是重整程序还是破产清算程序，债权人会议都具有极其重要的地位。《企业破产法》第 61 条规定了债权人会议行使的职权，重整程序中则没有特别的规定。

但是，重整与清算终究有所不同。通俗地说，重整是"治病救人"，破产则是企业法人"走向死亡"。因其目的性不同，债权人会议的职能也应有所侧重和不同。破产清算中，人民法院除了依法对整个破产清算及财产分配过程进行监督，依法作出相应程序环节的裁定外，债权人会议具有极高的自治权力、决策权力。而重整程序中，债权人会议的权力受到各种牵制和制约，充满了各种利益群体的博弈。破产清算程序中债权人会议的职权侧重于处置，重整程序中债权人会

议的职权侧重于表决与监督。重整程序中，担保债权的债权人权利受到压缩，表决按照不同的债权类别进行分组，重整程序具有强制性，若重整计划草案获得表决通过或被人民法院强制批准，则对所有当事人具有约束力。破产清算程序中，破产财产分配完毕后，未清偿的债务随之消灭，破产程序终结债权人委员会随之解散。重整程序中，随着重整计划草案的批准执行，债权人委员会仍然有权对企业的生产经营进行监督，听取管理人对重整工作进程的报告。需要探讨的是，按照破产法的规定，企业重整失败，经管理人或者利害关系人请求，人民法院应当裁定终止重整程序，宣告债务人破产，即进入清算程序。该事项债权人委员会是否有权表决？另外，破产法规定了债权人会议选举债权人委员会程序，但法无明文规定的是，若选举不能成功，人民法院能否指定债权人委员会成员？

破产重整原因的反思与重构

吴亦伟*

摘要：破产法是推进供给侧结构性改革最有力的法律工具，但《企业破产法》第 2 条第 2 款却将有资格进行破产重整的对象限制于特定财务危机下的企业法人，排除了没有陷入财务危机却又有必要去产能的企业法人适用破产重整规则的可能性。对于债务人而言，破产重整只不过是一类披着破产程序外衣的重整手段，其与庭外重整的价值目标一致，只是因司法程序的介入而显得更加的稳定和有序。因此，当债务人申请破产重整时，只要重整不违背诚实信用原则，法院就应受理而无需审查其是否陷入财务危机。对于债权人而言，破产重整则是为了使自己的债权得到更好的清偿，其与破产清算的价值目标一致、方向相反。因此当债权人申请破产重整时，企业必须满足支付不能或资不抵债的财务困境方能进入破产重整程序，且不宜适用"有明显丧失清偿能力可能"这一主观且任意的标准。为了全面保护债权人的利益，债权人申请破产重整的形式要件只需证明债务人支付停止。

关键词：破产重整原因；诚实信用原则；支付停止；有明显丧失清偿能力可能

自 2015 年始，以去产能、去库存、去杠杆、降成本、补短板（俗称"三去、一降、一补"）为重点的供给侧结构性改革正式拉开大幕。加快出清过剩产能，处置"僵尸企业"，推进资产重组，培育战略性

---

* 吴亦伟，武汉大学法学院 2015 级民商法博士研究生。

新兴产业和服务业，建立有利于供给侧结构调整的体制机制，成为了供给侧结构性改革的关键。①　而作为企业"死亡"或"重生"手段之一的破产程序，恰好成为利于调整供给侧结构的有效机制之一，其与供给侧结构性改革的思路无缝对接：对毫无拯救价值的僵尸企业，坚决运用破产清算程序实现对债权人的有序清偿；而对产能过剩却有重整希望的困境企业，尽量运用破产重整程序将其生产要素（如土地、劳动力、资本、技术、管理等）转移至其他需求合理的供给领域，从而实现重生和资源的再配置。较之于破产清算，破产重整程序俨然成为司法机关主动引导市场资源重新配置的一把利器。然而，《企业破产法》第2条第2款将有资格进行破产重整的对象限制于特定财务危机下的企业法人，这实际上排除了没有陷入财务危机却又有必要去产能的企业法人适用破产重整规则的可能性。随着供给侧结构性改革的全面深入，破产重整原因的合理性再次引发了思考。

一、美国企业利用破产重整摆脱大规模
侵权诉讼带来的启示

美国1978年《破产法典》实施后的最初二十年里，一类与大规模侵权责任诉讼相关的破产案件引起了人们的关注。约翰斯·曼维尔是石棉制造业的先驱。石棉起初用于房屋和船舶的绝缘隔热，并最终广泛应用于很多其他领域。1964年，大量的研究证实接触石棉与肺癌有关。受这一医学发现的影响，对曼维尔公司提出诉讼的受害人数量持续上升。据一名评论家统计，到1982年，平均每小时就会提出3起针对曼维尔公司的诉讼，同时共有16500个曼维尔公司作为被告的案件等待判决。由于与石棉相关的疾病常常要在接触石棉之后很多年才会出现，因此即使曼维尔公司马上停止销售石棉，它未来也将继续面临大量的诉讼。1982年8月26日，虽然当时约翰斯·曼维尔的公司还完全拥有偿债能力，但它还是提出了破产申请，以试图解决公司

---

①　王一鸣等：《正确理解供给侧结构性改革》，《人民日报》，2016年3月29日，第7版。

的诉讼危机。在接下来的四年中，曼维尔公司的管理者们与公司的债权人就重整的条件进行谈判。最终，他们留出一笔略多于 20 亿美元的资金，来建立一个信托基金为目前和未来的石棉受害人提供赔偿。与此类大规模侵权破产案类似的，还有 A. H. 罗宾斯公司破产案以及道康宁公司破产案。①

约翰斯·曼维尔公司在完全拥有偿债能力的情况下申请启动了破产重整程序，可见美国破产法的重整标准相对宽松。相比较而言，在中国破产法的框架内，约翰斯·曼维尔公司几乎无破产重整的可能性。《企业破产法》第 2 条规定："企业法人不能清偿到期债务，并且资产不足以清偿全部债务或者明显缺乏清偿能力的，依照本法规定清理债务。(第 1 款)企业法人有前款规定情形，或者有明显丧失清偿能力可能的，可以依照本法规定进行重整。(第 2 款)"根据条文的语法结构及形式逻辑②，破产重整的法定原因有三：(1)不能清偿到期债务，且资产不足以清偿全部债务；(2)不能清偿到期债务，且明显缺乏清偿能力；(3)有明显丧失清偿能力可能。前两项同时也是破产清算原因，说明企业的财务状况已经出现问题，曼维尔公司自不可主张。那么，曼维尔公司能否以"大规模侵权诉讼使公司有明显丧失清偿能力可能"为由申请破产重整？这同样存在较大难度。因为"明显缺乏清偿能力可能"是一个主观且任意的判断标准，曼维尔公司存在的大量诉讼与其未来公司的财务状况没有必然的因果关系，其难以证明在未来的某个时间公司将明显缺乏清偿能力。在中国破产法的框架内，其只能继续被大规模侵权诉讼缠身，直至财务状况出现危机。

当前，我国大量企业进入了供给侧结构性改革的关键期，尤其是一些以钢铁、水泥等传统产业为主要业务的国有企业。其境况与约翰

---

① ［美］小戴维·A. 斯基尔：《美国破产法史》，赵炳昊译，中国法制出版社 2010 年版，第 272 页。

② 这一语法架构和形式逻辑已经得到了司法解释的认同。详见最高人民法院《关于适用〈中华人民共和国企业破产法〉若干问题的规定(一)》(法释[2011]22 号)第 1 条的规定。

斯·曼维尔公司何其类似，产能的严重过剩几乎意味着如果企业不及时作出改变，则其未来的经营状况只会比现在更差，但拥有巨额财政支撑的它们，财务状况往往又难以陷入危境。于是，财务状况尚可却又有必要去产能的企业几乎无法利用破产重整程序平稳过渡，其只能采用其他经济或行政手段达到目的。然而，作为司法程序的破产重整程序会产生自动中止的效力，而别除权、取回权、股东分红权、董事监事高级管理人员的股份转让权等权利的限制亦是保障企业平稳重组的关键，这些都是其他手段无法替代的。美国企业利用破产重整摆脱大规模侵权诉讼的事实给我国破产法带来了新的思考：有权申请破产重组的企业法人是否必须举证财务陷入危机。

二、破产重整制度的价值——基于破产清算和庭外重整的比较

破产重整的历史缘于美国 19 世纪大量铁路公司的破产。当一个大的铁路公司面临破产的时候，要求铁路有效运转的公共利益方及各经济利益相关方都要求重整铁路公司，而不是只把铁路公司清算了事。由于联邦和州的立法者被宪法所约束而无法通过立法挽救铁路公司，挽救铁路公司的重任就落在了法院的身上。用普通法的智慧，美国法院创造了重整制度，史称"衡平法上的接管"。① 不同于破产（bankruptcy）的原意，"衡平法上的接管"已经发生了价值目标上的根本转变。在中世纪的意大利，商人在市中心交易场所都有自己的板凳，当某个债务人不能偿付债务时，根据习惯，他的债权人就砸烂他的板凳，以示其经营失败。② 因此，最初法律意义上的"破产"就是商人经营失败时法律将其财产公平清偿给全体债权人的一项制度。进入破产程序的前提是债务人已经不能清偿到期债务，后果是其财产被冻结以实现对债权人公平有序的清偿。"衡平法上的接管"则不同，

---

① ［美］小戴维·A. 斯基尔：《美国破产法史》，赵炳昊译，中国法制出版社 2010 年版，第 19 页。

② 王卫国：《破产法》，人民法院出版社 1999 年版，第 2 页。

由于铁路涉及公共利益，且重整带来的经济效益之于清算而言对债权人和债务人都更有利，因此接管的最终目的就是为了避免公司的清算。追根溯源，破产重整制度并不是破产制度的当然演绎，其是美国法院基于政治需求、社会需要、公共及私人利益的保护而运用普通法的智慧及衡平法的手段对现实作出的回应。财务状况的困境并非重整需求产生的根本原因。

另外，破产重整是在司法程序的保护下重整，这就避免了单个债权人向债务人主张债权，从而为重整提供了一个相对稳定的环境。还是以 19 世纪美国相对大型铁路企业的破产财产接管为例。首先，一旦这些多年来通过发行普通股、优先股以及多种不同抵押债券来募集资金的大型铁路企业出现资金困难，无法支付必要的债券利息，那么其中一个债权人就会首先提起债权人诉讼，要求法院指定破产财产接管人来管理经营不善的铁路企业的财产，避免债权人觊觎这些财产。这也是现代破产法"自动中止"规定的雏形。接着，债权人提出终止回赎权诉讼，要求法院安排对破产企业的财产进行拍卖。实际上，在各方就重整计划的内容进行协商时，拍卖往往会推迟数月甚至数年，这就为重整计划达成一致创造了时间上的便利。从这些运作的手段来看，其实际上借用了普通法意义上的破产制度的外壳实现了公司重整的目的，它较之于庭外重整更加有序、稳定。

综上，破产重整制度的价值目标与庭外重整一致，与破产清算相反，但同时，它又利用了破产清算的框架，为重整目的的实现提供了有序、稳定的环境。这一制度实乃美国法院智慧的结晶。然而，正是价值目标的不同，破产重整实际上并不像破产清算一般需要债务人处于财务困境而后被债权人"砸烂板凳以示经营失败"。20 世纪的美国出现了企业利用破产重整摆脱大规模侵权诉讼的案例，已充分说明了这一点。只要企业出现可能导致破产危机的困境，破产重整就可以被作为一种商业手段而利用。我国《企业破产法》第 2 条第 2 款"明显丧失清偿能力可能"的规定也蕴含这一思想，但由于其判断标准过于主观，法院的自由裁量权无限扩大，产生权力寻租空间的同时，也令企业重整的前景充满了不确定性。

三、债务人启动破产重整的原因：
重整不违背诚实信用原则

如果将破产重整理解为一类披着破产程序外衣的重整方案，那么债务人启动这一方案或程序的理由实质上只有一个：企业需要破产重整。而需要破产重整的原因绝大部分是因为企业的经营出现了某种可以预知的困境，若不防患于未然，则为时已晚。1987 年，美国德士古公司（Texaco）申请破产。当时，其拥有约 250 亿美元的净资产。在两年之前，因为德士古在宾州油品公司（Pennzoil）收购盖蒂石油公司（Getty Oil）的非正式协议中从中作梗，德士古被陪审团判处赔偿宾州油品公司 105.3 亿美元，这是当时赔偿数额最大的陪审团判决。然而，德士古抢先申请破产，以阻止宾州石油公司执行这个判决，并迫使宾州油品公司与其达成和解。最终，德士古依靠这个策略取得了成功。两年后，德士古又从破产程序中走了出来。[1] 在这个案例中，如果德士古不在其净资产被瓜分殆尽之前申请破产重整，则其几乎不可能在两年之内就走出困境。同样的，我国大量需要去产能、去杠杆的企业如果不能及时利用破产程序止损、重整和转型，那么它们只会在亏损的泥潭中越陷越深。其实，《企业破产法》第 2 条第 2 款"明显丧失清偿能力可能"的标准具有一定的可适用性，因为不论是资产需要保全的德士古公司，还是产能需要去除的中国企业，在不改变现状的境况下，它们都有丧失清偿能力的可能。但"丧失清偿能力可能"不是一个法律标准，而是一个商业上的价值判断，这一判断的主体应由债务人及其管理层自己作出，因为没有人比他们更了解其自身的处境。从法律层面上来讲，即使一个企业的经营没有出现可以预知的困境，或者说没有丧失清偿能力的可能，其同样有权提起破产重整。破产重整是一把双刃剑，它保护企业资产免被瓜分的同时，也阻断了企业同外界的交流，如经营权的丧失，财产管理及处分权的移转，股东

---

① ［美］小戴维·A. 斯基尔：《美国破产法史》，赵炳昊译，中国法制出版社 2010 年版，第 1 页。

投资信心的浇灭，股价的暴跌……无一不是致命的影响，所以在事实层面上，若非有需要破产重整的法律事实，债务人是不会轻易申请破产重整的。另外，有学者借鉴日本《会社更生法》的规定认为，重整原因还应对债务人加以限制，即"债务人有复兴可能"。① 但债务人有没有复兴的可能是难以预见的。在司法实践中，既有重整成功的长航凤凰股份有限公司重整案，也有重整失败转清算的浙江玻璃股份有限公司及其关联公司合并破产案。② 有没有复兴的希望是债权人会议需要解决的问题，不应在重整原因中限制。因此，法律只需为债务人申请破产重整提供绿色通道，无需任何辅助判断标准。

但法院在实质审查阶段必须排除"破产重整违背诚实信用原则"的情形。诚实信用原则的理论基础学界认识不一，多数学者认为是对当事人利益的公平较量。③ 它主要是针对民事法律关系中的弄虚作假、欺骗他人、损人利己的行为而形成的基本原则。破产重整违背诚实信用原则，主要表现为两种类型。第一类是企业利用破产重整损害债权人利益。之所以禁止利用破产重整损害债权人利益，是因为不论是破产清算还是破产重整，破产法的终极目的都是保护债权人的利益，如果破产重整成为债务人规避责任的手段，则制度本身就丧失了存在的价值。约翰斯·曼维尔公司利用破产重整摆脱大规模侵权诉讼并非为了逃避其所应承担的责任，而是为了建立信托基金为目前和未来的石棉受害人提供有序、公平的赔偿。德士古公司申请破产重整也不意味着它能够因此而减免 105.3 亿美元的民事赔偿责任。值得探讨的一个问题是，损害债权人的即时利益算不算滥用破产重整。德士古公司的举措阻止了宾州石油公司执行这个判决，这显然损害了后者的即时利益，并影响了事件的后续发展，最终迫使其和解。本文认为，破产重整的"自动中止"效力一定会对债权人的即时利益有所影响，

---

① 陈本寒：《商法新论》，武汉大学出版社 2014 年版，第 354 页。

② 案例参见最高人民法院官方网站发布的最高人民法院《关于依法审理破产案件推进供给侧结构性改革典型案例》，http：//www. court. gov. cn/zixun-xiangqing-22051. html，访问日期：2017 年 6 月 15 日。

③ 史尚宽：《债法总论》，中国政法大学出版社 2000 年版，第 330 ~ 331 页。

为了保障该制度发挥最大功能，损害债权人的即时利益不算对该制度的滥用。第二类是丧失社会信用的企业申请破产重整。企业丧失社会信用，意味着其没有任何重整再生的价值。三鹿奶粉事件爆出后，我国乳品、食品行业受到严重伤害，消费者信心受挫，乳制品市场陷入低迷；生产企业产品大量积压；牛奶主产区普遍出现倒奶现象，个别地区出现宰杀奶牛现象，广大奶农生产积极性受到沉重打击；民族品牌信誉受损，一些国家禁止进口我国乳制品，乳产品出口一度下降九成。① 可见企业丧失社会信用，影响巨大。实际上，在查出三聚氰胺的瞬间，三鹿集团就已不可避免地走向破产清算，因为一个没有社会信用的商事主体是没有重生的灵魂的，其后果只能是走向死亡。债务人申请破产重整一旦违背诚实信用原则，法院就应拒绝受理。破产法允许诚实但不走运的债务人获得重生的机会，但绝不允许丧失诚信的债务人滥用这种机会损害债权人乃至社会公众的利益。

四、债权人启动破产重整的原因：债务人支付不能或资不抵债

既然破产重整程序的启动不以企业陷入经营危机为必要条件，那么理论上债权人同样可以随时要求债务人破产重整。然而，债权人毕竟是利益相对方，他们不可能像债务人一样对企业自身的经营状况了如指掌；同时他们也不具备把破产重整当作商业手段加以利用的动机和条件。无条件地赋予债权人启动破产重整的权利反而会令企业陷入新的经营危机，与破产重整制度的价值相悖。本文认为，债权人启动破产重整的原因应与企业法人破产清算的原因相同，即债务人支付不能或资不抵债。

---

① 详细数据参见 2008 年新华社"新华视点"记者：《三鹿集团走向破产警示录》，腾讯网，http://news.qq.com/a/20081226/002395.htm，访问日期：2017 年 6 月 15 日。

（一）债权人申请破产重整的形式要件：支付停止

为了避免债权人在申请破产重整时举证债务人"资产不足以清偿全部债务"或"明显缺乏清偿能力"或"有明显丧失清偿能力可能"的困难，《企业破产法》第 7 条第 2 款规定只要债权人证明存在"债务人不能清偿到期债务"的情形，就可以申请破产重整。至于企业是否具备破产重整的实质原因，再由法院进行下一步实质性审查。

然而，"不能清偿到期债务"这一要件本身就存在法律适用上的疑惑，其是否对应大陆法系破产原因中的支付不能？如果是，那么"明显缺乏清偿能力"作何解释？因为支付不能原本就是指债务人因缺乏清偿能力而对已届清偿期的债务全部或部分不能清偿的客观状态，与"明显缺乏清偿能力"的内涵一致。而且，若"不能清偿到期债务"与支付不能同义，这意味着支付不能将有机会与资不抵债共同构成破产原因。在债务人已经缺乏清偿能力而不能支付的前提下，债权人还要举证债务人资不抵债的意义何在？即便资产大于负债，债务人还可能基于其他原因（如现金流断裂）而无法清偿债务，此时债权人能不能申请债务人破产？因此，支付不能与资不抵债共同作为破产原因是没有价值的，世界主要国家的破产立法中还尚未出现这种情形。为了解决第 2 条的争议，最高人民法院于 2011 年出台了《关于适用〈中华人民共和国企业破产法〉若干问题的规定（一）》。该解释第 2 条规定，当债权债务关系依法成立、债务履行期限已经届满、债务人未完全清偿债务三种情形同时存在时，即可认定债务人不能清偿到期债务。这实际上否认了"不能清偿到期债务"等同于支付不能的观点，前者并非指债务人丧失了清偿能力，而仅指其到期没有清偿债务的客观事实。与支付不能内涵相同的表述实则是"明显缺乏清偿能力"，这点也被司法解释第 4 条所承认。如此一来，"明显缺乏清偿能力"也就能够与"不能清偿到期债务"共存了，资不抵债也不会与支付不能共同作为企业法人的破产原因。债权人只需举证"债务人到期未完全清偿债务"的法律事实即可申请启动破产重整程序，请求人民法院进入实质审查。

但是，司法解释的规定合理却不完美，债权人申请破产重整的形式要件应以支付停止为依据。支付停止是大陆法系破产原因的三驾马车之一。在采用一般破产主义的德国和日本，法律对商人和非商人破产持谨慎态度，所有的破产原因均要归结于支付不能，而支付停止只作为推定商人和非商人支付不能的法律事实，若债务人能举证自己不满足支付不能的实质要件，则破产程序仍旧不能启动。在采用商人破产主义的法国，支付停止乃商人信誉丧失殆尽的表见事实，是商人破产的直接原因。"盖商人最重信用，若停止支付，即失其信用，故不待其支付不能，即为破产之宣告。"此时，债权人只需要举证债务人明确表示或以自己的行为表明不履行债务（无论债务到期与否）即可启动破产程序，债务人无权以自己具备清偿能力作为抗辩。在采用折中破产主义的奥地利与匈牙利，商人与非商人适用不同的破产原因，支付停止乃商人之破产原因，支付不能为非商人之破产原因。① 我国破产法最初借鉴的是德日立法例，采用一般破产主义，因此支付停止乃推定债务人支付不能的基础事实。在破产法起草组提交全国人大常委会一审的法律草案中，不能清偿到期债务是普遍适用的破产原因，资不抵债是清算中企业等特殊情况下的辅助破产原因，停止支付即为推定的破产原因以合理解决债权人提出破产申请时的举证责任问题。② 但当时为了限制企业的破产数量，支付不能尚且不能成为独立的破产原因，更别说支付停止作为推定的破产原因。③ 因此，支付停止的概念在正式的法律文本中被删除。但随着破产观念的转变，尤其是破产重整的作用被重新定义，支付停止作为债权人申请破产重整的事由理应回归立法。它不仅具有推定债务人具备破产重整原因从而令

---

① 韩长印：《破产原因立法比较研究》，《现代法学》1998 年第 3 期。

② 王欣新：《破产法理论与实务疑难问题研究》，中国法制出版社 2011 年版，第 53 页。

③ 早在 2006 年全国人大常委会审议破产法草案时就有人提出，仅以不能清偿到期债务作为破产原因，会使一些因资金周转困难暂时不能还债的企业也被迫破产，鉴于国有企业申请政府批准适用政策性破产时必须先行进行财务审计和资产评估，只有不能清偿到期债务同时又资不抵债者才能进行政策性破产，于是主张将资不抵债与不能清偿作为必须同时具备的破产原因，以限制企业的破产数量，这也影响了后来的立法。

法院启动实质审查程序的功能，而且能扩大债权人申请破产重整的事由。我国学界通说认为，支付停止是指债务人表示不再清偿到期债务的行为。其成立要件包括：对到期债务表示停止支付；对所有债务表示停止支付；对债务持续性的停止支付；表示不予支付的主观行为，不论是明示还是默示。① 但这个定义过于保守，支付停止不仅指债务人在债务履行期限届满后表示不再清偿的意思表示，而且包括在债务履行期限届满前明确表示或以自己的行为表明不履行债务的预期违约行为。一旦出现上述情形，债权人就有合理的理由相信债务人陷入了财务困境，为了保障自己的合法权益，其当然有权申请法院启动破产重整原因的实质审查。因此，将支付停止作为债权人申请破产重整的事由最为妥当。

（二）法院受理债权人申请破产重整的实质审查标准

债权人以债务人支付停止为由向法院提出破产重整申请后，法院还要对重整原因进行实质性审查，审查的标准为《企业破产法》第2条第2款。但当债务人没有出现支付不能或资不抵债情形时，法院以企业法人"有明显丧失清偿能力可能"为由受理债权人的破产重整申请是否合理？本文认为，该事由不应作为债权人启动破产重整程序的原因。首先，"有明显丧失清偿能力可能"是一个主观且任意的商业判断标准，法院难以认定。以上市公司收购为例，收购方通常采用杠杆收购的形式。在杠杆收购中，收购方以大大高于当前的市场价值的价格提出收购要约或并购要约来购买目标公司的股票或资产，而用来支付收购的款项大部分来自于收购方通过目标公司借贷的巨额债务。如果一切运转良好，出价人就会用目标公司产生的收益去偿还为收购目标公司而产生的债务。但如果事情进展不顺，公司很快就会陷入破产。如果采用"有明显丧失清偿能力可能"作为目标公司的破产重整原因，那么杠杆收购将令法院有充分的理由怀疑债务人的偿债能力从而冻结目标公司财物。然而杠杆收购是公司收购的一种常见手段，目标公司被收购后走上正轨的案例比比皆是，显然不能因为其举借了巨

---

① 韩长印：《破产原因立法比较研究》，《现代法学》1998年第3期。

额债务而宣布其破产重整。其次，正是由于"有明显丧失清偿能力可能"法律概念的不确定性，法官的自由裁量权无形中得以扩张，这为司法腐败和权力寻租创造了空间。最后，也是最关键的一点，债权人申请破产重整与债务人申请破产重整的动机完全相反。债务人申请破产重整是为了让企业重新变好或变得更好，因此也被称为"自愿重整"。之所以允许债务人在陷入财务困境之前提前进入破产重整程序，是因为依正常的商业逻辑，债务人是不会利用该制度损害自己的利益的，其通常是为了利用它摆脱某种经营危机，且在这个过程中债权人的利益不会因此受损。对于债务人而言，破产重整与普通重整的逻辑是一样的，即企业不因支付不能而重整，不因支付停止而重整，不因资不抵债而重整，而因其需要重整而重整，只不过前者利用了破产程序的外壳，更利于重整的顺利进行罢了。而债权人申请破产重整与破产清算的逻辑一致，方向相反。两种手段都是为了避免自己的利益遭受进一步损失，如果企业有重整希望，则申请其重整以便重新盈利而使自己的债权得以完全受偿；如果企业没有重整希望，则申请其破产以便债权公平受偿。因此，当债权人申请破产重整时，"有明显丧失清偿能力可能"是不适宜作为破产重整原因的，其不利于企业的正常运营；同样的逻辑，在企业出现支付不能或资不抵债的困境之前，债权人不能申请破产清算，否则"破产"的意义就不存在了。因此，债权人启动破产重整程序的原因只能与破产清算原因保持一致，即债务人出现支付不能或资不抵债的困境。

五、结语：供给侧结构性改革给破产 重整原因带来的反思

　　破产法是推进供给侧结构性改革最有力的法律工具。对于毫无拯救价值的僵尸企业，可以运用破产清算程序实现对债权人的有序清偿；对于产能过剩却有重整希望的困境企业，可以运用破产重整程序助其资源重组得以重生。然而，对"困境"的理解不应局限于《企业破产法》第2条第2款规定的情形，财务状况良好却同样需要去产能的企业也属于困境企业。对于债务人而言，破产重整只不过是一类披着

破产程序外衣的重整手段，其与庭外重整的价值目标一致，只是因司法程序的介入而显得更加的稳定和有序。因此，当债务人申请破产重整时，只要重整不违背诚实信用原则，法院就应受理而无需审查其是否陷入财务危机。美国企业利用破产重整摆脱大规模侵权诉讼的系列事件也证实了这一点，即企业只因需要而重整，若待至财务危机方能重整无异于亡羊补牢。但对于债权人而言，破产重整则是为了使自己的债权得到更好的清偿，其与破产清算的价值目标一致、方向相反。因此当债权人申请破产重整时，企业必须满足支付不能或资不抵债的财务困境方能进入破产重整程序，否则会对企业的正常运营造成不可逆的负面影响。"有明显丧失清偿能力可能"的标准主观且任意，司法机关难以判断，且易造成司法腐败和权力寻租，应当删除。另外，为了全面保护债权人的利益，债权人申请破产重整的事由只需证明债务人支付停止。由此可知，不同的行为逻辑理应被法律做出不同的有针对性的规制，《企业破产法》第 2 条第 2 款的破产重整原因，之于债权人而言画蛇添足，之于债务人又削足适履，应当作出改变。

破产重整程序中市场化投资人招募制度探析
——以 J 公司为例

孙　杨*

摘要： 重整制度作为一种资源优化配置的手段，通过资产置换或企业并购的方式来制定公司重整计划，从而达到挽救债务人的目的。与传统意义上的破产清算不同，破产重整并非市场主体的退出机制，而是一个拯救机制。破产重整制度中的多方利益的平衡问题（诸如债权人的利益、债务人及其股东的利益与社会公共利益等），也是当前实践部门重点关注的问题。为达到利益平衡的目的，在破产重整过程中可引入投资人进行债务重组，而如何公开、公平、公正地选择投资人就显得尤为重要。本文从实务操作的角度，以相关案例为抓手，分析在重整程序中如何具体设计和实践重整程序对投资人招募制度的运用，并探索出重整程序中投资人招募的流程，为以后处理类似案件提供相关借鉴。以期在重整程序引入投资人来注入资金并优化企业，避免破产清算带来的大量职工失业问题，维护社会稳定，同时促进区域经济发展、增加地方及国家财政税收收入。

关键词： 利益平衡；破产重整；市场化；投资人招募

引　言

破产重整是指对已具破产原因或有破产原因之虞、同时又有再建

---

* 孙杨，武汉金融资产交易所。

希望的债务人企业，由审判组织依照法定程序主持各方利害关系人协商或强制调整他们的利益，在利益平衡中完成对债务人企业的债务清理和营业整顿，使之摆脱财务困境和重获经营能力的企业再建制度。① 传统的破产制度以清算和个体利益为本位，公司一旦破产，债务人、债权人乃至国家都将遭受损失。而破产重整则突破了这一局限性，破产重整制度相对破产清算与和解制度而言更全面地考虑了多方利益，但恰恰因为它不似清算制度一般的单一化利益保护而是选择了多元主体利益的均衡考量，就不得不面对各个主体间出现的各种利益冲突，这些利益冲突决定了破产重整制度必须积极寻求其解决方法，否则就会陷入名不副实或有法无用的尴尬境地。如何恰到好处地平衡各主体间的利益、创造出最公平正义且最实用的利益均衡机制，正是各个法律制度想要实现的终极目标。因此需要在破产重整中制定详细的重整计划，重整计划是破产重整制度成功与否的关键，而投资人招募制度又是重整计划能否顺利实施的关键。投资人招募制度可促使相关进入程序的企业尽快针对问题，清理债务，避免债务继续扩大和资产流失；又在实现企业资产最大化、保护投资者和债权人利益、保障与维护市场交易安全秩序等方面发挥着重要作用，成为现代破产法制度中不可或缺的一环。

一、构建市场化投资人招募制度的必要性与可能性

一个稳定的、有利于经济发展的社会秩序，其法律制度肯定对存在的冲突制定了有效的利益平衡机制，所以利益平衡也必然是企业重整制度的应然理念。

(一)构建市场化投资人招募制度的必要性

在经济社会中，人们受利益的驱使孜孜不倦地追求自身的利益，并希望能通过法律途径得以实现，可是客观存在的利益是多元的而非

---

① 陆晓燕：《论破产重整实践之市场化进程》，《中美法律交流北京研讨会》2016年第12期。

单一的、是层次分明而非统一的、是相互斗争而非同生同灭的。"利益冲突有一种导致社会无序的倾向，倘若不加控制，冲突双方乃至整个社会就会在斗争中毁灭。"①破产重整制度与破产清算制度、和解制度一起共同构成了现代破产法制度的三大基石，作为社会上层建筑之一的破产重整制度就必须反映出社会经济发展的诉求，并协助它实现相应的诉求。经济的发展、社会的秩序要求重整制度中的这些相关利益必须平衡，因为只有平衡才能稳定，只有稳定才可前进。破产重整程序参与主体繁多，直接导致了其利益关系的复杂性，如同一张千丝万缕的利益网相互交织，在这张错综复杂的利益网中利益冲突激烈，这些矛盾仅仅靠主体间的自治行为和协商是无法调和的，只有通过建立带有强制性色彩的利益与共之关系、多边协商之利益均衡机制才能解决这一棘手问题。利益平衡才能担负起指导和完善立法、系统整理法律规则的重任。所以，在设计重整制度时必须用利益平衡原则来协调各方利益，以利益平衡为基础理论，方能成功完成企业重整。

（二）构建市场化投资人招募制度的可能性

虽然人类在不断地进行着利益斗争，并在此种利益斗争中完成社会的发展，但是由于人类是群居动物，在共同生活的社会环境下相互依赖、相互扶持，这就促使人们之间还存在利益追求上的趋同性。所以处于对抗状态的各方利益并非是不可调和的，否则破产重整也不可能成功。如果说冲突是产生制度的必要性，合作则是产生制度的可能性。② 现代文明是一种再建性文明，而这种"重整更生型"的制度正是挽救濒危企业、平衡主体利益、重建社会秩序的最好选择。"破产重整制度想要实现其债务清理和公司复兴的双方面的职能，必须在债权人与公司、及公司的股东之间达成某种权利的调整，从而建立起一

---

① 鲁鹏：《利益冲突与制度调节》，《中共济南市委党校学报》1999 年第 3 期。

② 江世虎：《商法管见》，法律出版社 2009 年版，第 8 页。

种利益与共的关系，使所有人都投入到拯救企业的努力中去。"①重整制度对债权人清偿利益的保护与通过积极拯救债务人以维护社会公共利益的立法目的之间存在着冲突，却也存在着一致性。比如，当企业重整成功时，企业得以继续存活、股东能够保住自己的投资不至于血本无归、社会大环境不会因为企业的破产引发出种种动荡、债权人也能够获得比破产清算时更高的清偿数额，这显然是大家多赢的一个局面，也是破产重整制度得以存在的基础。于是多方利益相关人就会基于这样的共同目的而共同合作。

(三) 市场化投资人招募制度构建的优势

企业出现危机的原因是多样的，并不是所有的危机企业都能通过重整进行拯救。如何评估重整企业的营运价值，应当投诸市场竞争：无人应竞的重整企业，证明不具备破产重整的市场价值，应当转入破产清算；多人应竞的重整企业，应当推动债权受偿和企业盈利的最大化。为推动债权受偿和企业盈利的最大化，既可运用竞价，吸引市场主体投资，也可通过股权保留，督促原股东追加投资。在破产重整中，投资人一般称为重组方或者战略投资者。我国《企业破产法》没有专门针对重整中的公司投资人的规定，没有为这类投资人设定权利义务框架。但是，从破产重整的实践来看，投资人为重整程序中必需的角色。因为重整程序中的公司，往往无法通过自身条件完成重整程序中的一揽子解决方案，更无法实现自我挽救的预期目标。市场化招募投资人，应当以实现债权受偿和企业盈利的最大化为最终目的，因此债权人获得不低于破产清算的受偿，是破产重整投资人招募的法定底线和设计初衷。

市场化招募投资人的实践优势体现在以下方面：其一，通过市场化招募程序，能够向意向重整方完整披露对重整企业的尽职调查内容，迅速固定重整计划草案中的偿债方案、经营方案和出资人权益调整方案。重整企业原股东选择或政府推荐的意向重整方与债权人之间的谈

---

① 刘诚：《企业重整中的重整制度设计研究》，贵州教育出版社 2006 年版，第 18 页。

判过程，因无程序规制，往往陷入迟滞甚至不断试错，而规则明确的市场化招募，却能迅速确定最优方案，降低谈判成本。其二，通过公开透明的市场化招募，能够取得债权人的信任。市场竞价形成的偿债方案，准确评估了破产重整的市场价值，债权人认可度更高。其三，通过市场化招募设计，能够借助司法措施，降低重整失败的风险。

二、构建市场化投资人招募制度设计思路和原则

和其他任何一种法律制度相同，破产重整制度既然存在多元法律主体及利益，每一方主体作为一个理性经济人都会尽一切可能来追求自身利益的最大化，那么他们之间的利益冲突就是在所难免的。实际上，破产重整制度的产生过程就是各方相关利益相互博弈的过程，而重整制度对多方主体的共同保护也使得整个程序成为一个充满矛盾和斗争的制度。一方面，破产重整企业资源的有限性决定了债权人、债务人与股东之间必然会为争抢稀缺资源而发生激烈冲突，这是矛盾产生的最直接原因。企业是一个有着独立人格的法律主体，不论在重整前还是重整时对具有相关利益的各方主体而言它都是一个可以实现其自身需求之所在。当一个企业正常运营时，债权人可以实现其债权、股东可以获得红利与股息、企业可以持续取得盈利，每个人的利益都可以得到满足。可是，当企业出现破产原因而面临重整选择时无一例外都陷入了财务困境中，不仅无法满足债权人与股东的利益，其本身所剩的资源也寥寥无几，债权人与债务人、股东之间的财产分配可以说是此消彼长。所以为了在有限的资源中争得更多的利益，债权人与股东之间的矛盾就显得尤其尖锐。另一方面，由于破产重整兼顾各方利益的制度设计与进行重整企业的规模（一般为大型），注定整个重整程序是个漫长的过程，在这个相当长的重整程序期间一旦企业经营有所起色债权人就会急于实现自己的权利而进行利益争夺，争夺的对象就是企业的财产。而刚出现起色的企业与其股东必定希望等企业的运营稳定之后再兑现债权人的权利，这样才不会导致刚成功的重整又面临资金缺失的问题，矛盾因此而生。

平衡各方利益，促进破产重整顺利推进最理想的办法就是用立法

的方式设定破产重整投资人招募的规则。但是，在现阶段实践中重整投资人招募方式并不统一，在各个环节上出现不同类型也在所难免，这也导致了在立法上难以为重整投资招募设定"整齐划一"的操作规则。但是，有必要从司法实务的角度出发，为重整投资人招募预设一定的原则规范，以防出现超越底线、损害公共利益的不利局面。

（一）债权人利益优先原则

债务人有不能支付到期债务或资不抵债的事实，是破产重整原因，也是重整程序开始的必备条件。债权人的债权不能得到清偿或足额清偿，将损害债权人的利益，且公司有限责任的模式使债权人的利益更容易受到损害。在重整制度中，"债权人利益应成为首位的群体利益，债权人应成为法律维护的首要利益主体"。因此，各项重整措施的实行需要债权人的支持与协助，而能否得到其支持则取决于能否对债权人利益进行妥善维护。否则，重整程序难获成功。例如，在重整方确定方式的选择上。招募方应结合个案的具体情况，及时制作投资人招募方案，提前交由债权人会议表决。其一，对于资产结构相对清晰明确的困境企业，基于提高时效的考虑，可事先设定由管理人或债务人作为招募方，依照预设的招募流程和评审程序确定重整方。其二，对于意向投资人众多、投资竞争激烈的困境企业，可在招募方案中设定采用委托第三方平台竞价的方式确定重整方，以获得较高的投资价格。其三，对于对重整投资方条件和要求多样化的困境企业，在无法单纯通过投资价格确定重整方的情况下，可以采用由债权人会议确定的方式，将两家以上意向投资人提交的投资预案提交债权人会议选择确定。

（二）维护债务人营运价值原则

企业营运价值是指企业作为营业实体的财产价值，也即企业处于持续营业状态下的价值。通常情况下，企业的营运价值高于清算价值，即高于企业净资产通过清算变价所能获得的价值。维护营运价值的意义在于：一方面，一个破产企业有可能在营运状态下仍不失为具有营利能力的资本实体，且可以避免大量企业财产的浪费。这也正是整个重整制度的理论基础所在，即旨在通过系列制度设计为具有营运价值的困境企业提供有别于清算及和解的拯救路径。另一方面，从反向来看，如果一个破产企业的运营价值小于清算价值，则该企业就已不具备"再建价值"，自然也就失去了挽救再生的条件和基础。

（三）市场化原则

从本质上看，投资人招募属于市场行为，需要招投双方通过协商合意的方式达成一致。投资人招募成功，可以为重整带来新资金和优质资产，符合重整各方主体的共同利益。但是，投资人毕竟是具有自利倾向的经济主体，其之所以选择投资重整公司，终极目的是为了获得高额的投资利益。因此，坚持公开、透明的市场化原则有利于在招募方与投资方之间展开充分的博弈，使最终达成的投资方案更具有可操作性。第一，坚持公开透明的招募程序。只有公开透明的招募程序才能消除债权人等利害关系人对招募结果的合理质疑，才能使投资人作出最有利的投资判断。公开透明的招募程序要求利害关系人能及时充分地知悉招募的过程和结果，以及时予以监督；还要求招募方能充分给予投资人对债务人及其重整状况进行尽职调查的时间和空间。第二，鼓励充分的市场博弈。不仅应当允许投资人与招募方通过合法途径进行利益博弈，而且还应当允许不同的意向投资人之间进行博弈，这样才能获得更加符合市场预期的投资结果。

三、构建市场化投资人招募制度设计
——以 J 公司为例

作为企业破产重整程序中的重要环节，招募投资人程序的设计无论是在程序上还是实体上均应贯彻利益平衡机制，保障破产重整各方利益的平衡。实践中，通过破产重整程序确定重整投资人一般需遵循以下流程：(1)发布信息和招募公告；(2)重整参与者报名提交资料；(3)由管理人发出重整参与者入围通知书；(4)管理人与入围的重整参与者签订保密协议；(5)分别组织安排重整参与者进行尽职调查；(6)重整参与者提交重整投资意向书；(7)重整参与者与利害相关方讨论重整方案并提出最终的重整计划草案；（8）评审小组筛选最终合适的重整参与者；（9）重整参与者确认管理人制作的重整计划草案并签字盖章。下面笔者以本交易所经历的J公司破产重组案为例，对上述招募流程中需要注意的问题进行梳理和分析：

（一）关于招募主体和参与主体的问题

投资人招募主体一般由法院指定，由破产管理人担当。破产管理人作为招募主体，除了管理人团体自身的平台以外，应当紧紧依靠当地政府，通过多种渠道，尽最大可能发掘潜在投资人。在J公司破产重组一案中，人民法院裁定对其进行破产重整，并指定了管理人。管理人在政府和法院的指导下，为最大限度地体现债务人的资产价值和营运价值，为债权人争取最大利益，积极推进债务人重整工作，依法开展了重整投资人招募工作。

投资人作为参与主体，必须具备足够的实力和能力，以确保重整计划能够执行到位。重整参与者可以是单一企业，也可以是多家企业组成的联合体。在J公司破产重组案中，要求破产投资人要具有以下基本条件：（1）具有较高社会责任感和良好商业信誉的企业法人或自然人；（2）具有足够的资金实力，能在合理时间支付清偿资金并满足后续的生产经营所需；（3）具有与债务人相适应的经营和管理能力，提高重整企业的竞争力；（4）投资人的行业与重整企业具有密切产业关联，对重整企业能产生协同效应，提高经济效益，具有重整企业所属行业经营管理经验者优先考虑。

（二）关于第三方招募平台的引入问题

筛选合适的投资人是整个招募工作的核心，为了切实维护好债权人的合法权益，获得债权人的信任，必须保证整个过程的公开透明、公平公正。因此在市场化投资人招募过程中，有必要引入第三方招募平台。在J公司破产重组案中，招募工作小组选定了某交易所作为第三方招募平台，该所系国有控股企业，具备相关资质和丰富的实践经验。其在J公司破产重组一案中完成了以下工作：（1）发布公告。由交易所及管理人共同在网站、相关报纸或媒体平台发布《招募公告》，向意向重整投资人发送招募文件。(2)接受投资人报名。意向投资人在规定期限内前向交易所提交《投资报名表》，并按交易所的相关规定提供书面材料办理入会手续。(3)挂牌及尽职调查。由管理人向交易所提交挂牌相关资料进行挂牌，其后由意向投资人自行开展相关尽职调查工作。(4)接收《重整投资意向书》。意向投资人结合自身对重组企业的商业判断，向管理人提交密封的《重整投资意向书》。(5)提供集中竞价平台。在确认有 2 家以上投资人或联合投资人递交《重整投资意向书》后，交易所组织所有意向投资人进行现场竞价，最终确定报价最高者成为正式重整投资人。

通过上述流程公开招募，在截至目前，共有多家意向投资人入围了最终投资人名单。通过竞价最终确定某地产开发公司成为正式的重整投资人，并与重整管理人签订了《成交确认书》，受让取得该公司经营权。重整管理人通过在交易所公开招募投资人的方式，最终以成交价格超过挂牌底价的 25% 溢价成交。在确保招募程序的公开、公平、公正的基础上，最大限度地实现了债务人的资产价值和营运价值，有效地保护了债权人等的合法权益。

(三)关于招募程序中的担保问题

为了最大限度地维护债权人的利益，确保重整计划在经过债权人大会表决、法院批准后有效执行，管理人应要求投资人在提交重整方案的同时，向指定账户缴纳一定数额的保证金，制约投资人不得发生下列行为：在法院裁定批准重整计划前，未经管理人许可撤回参与重整文件；以明示方式或者以实际行为表明其未经管理人许可，随意退出重整程序。通过以上担保，规范意向投资人的参与行为，防止出现对重整程序的恶意干扰，解除债权人对投资人偿债能力的担忧，对重整程序的顺利推进，可以起到切实的保障作用。

(四)关于《重整投资意向书》的编制和《重整方案》的确认

《重整投资意向书》是招募程序中的重要文件。重整参与者应依招募文件指定日期，将初步意向透过《重整投资意向书》送交给管理人，《重整投资意向书》应包括以下内容：(1)重整参与者的简介。

(2)重整参与者的实力。(3)对重整框架提出初步构思。除了上述文件,重整参与者应当提供如下附件:重整参与者的营业执照及公司相关注册资料、财务及资金状况的证明材料;意向书内容涉及的相关明细资料等。

重整计划草案是投资方案的转化,由于提出主体不同,各自代表的利益不同,故两个方案之间存在很大的差异性。投资人提出的投资方案,更多的是站在商业价值的角度,从自身投资风险和预期收益出发,落脚点是商业利益最大化。破产法则明确重整计划草案的提出主体是管理人,管理人代表重整程序中的各方利益主体且更多的是追求全体债权人利益的最大化。为了避免两个方案先天存在的差异,导致将来重整计划执行不能而转入清算,对企业及债权人产生二次伤害,管理人编制重整计划草案后必须由投资人签字确认才能取得最终的法律效力。

通过 J 公司破产重整案中的投资人招募制度可以发现,为使企业能够维持经营、摆脱困境,法律赋予了重整机构在重整计划设定各种各样的重整措施的权利。随着新破产法实施后,越来越多的企业通过合并、转让等方式完成重整,实现企业再生。而这里的财产转让并非单一的财产转让,而是包括各种生产力要素在内的转让。如果仅将企业作为财产转让,则与重整的目的不符。虽然 J 公司通过平台搭建、市场招募得以顺利完成重整,但是笔者发现,此次重整过程中的合并、转让仍然带有很大的行政因素,政府在转让与合并中所起的作用是巨大的,行为的市场性相对欠缺。在重整立法中虽然没有沿袭政府行使过多干预权的做法,但是实践中转让与合并依然不能摆脱行政性干扰。所以,我国破产重整制度的执行依然带有明显的行政性,如何克服过多的行政干预而又能公平、公正、快速地挽救濒临破产的企业,是摆在我们面前的难题。

四、投资人在市场化招募制度的角色定位

(一)帮助重整公司摆脱困境的救助者

投资人往往在重整程序中担当救助者的角色,一方面体现在为重

整计划的债权清偿提供资金支持，另一方面体现在为挽救债务人的营运提供资金或资产支持。(1)为重整程序中的债权清偿提供偿债资金支持。从重整计划中的债权调整方案来看，无论是对债权人会议表决通过的重整计划，还是对法院强制裁定批准的重整计划，债权人的受偿比例往往都高于债务人企业破产清算条件下的债权受偿比例。对于这部分用于提高债权清偿率的资金或者资产，在债务人财产特定的情况下，只能依赖于投资人提供偿债资金支持。因此，在重整程序中引入投资人是保障债权人的债权得到有效清偿的捷径。(2)为债务人恢复经营能力和盈利能力提供支持。重整中的公司不仅存在债务危机，在资产盈利水平、生产经营能力甚至公司治理结构等方面均存在较为严重的问题。在有效解决债权清偿的问题后，为了彻底挽救债务人企业，需要为债务人企业的经营提供资金与物质上的支持，为债务人企业维持经营提供所需的现金流，甚至为债务人企业实现技术改造、扩大经营规模等提供现金或者技术上的支持，这些都需要投资人投入资金进行重整。如果在重整程序中，债务人企业将资产彻底剥离，投资人还需要注入新的资产，以解决债务人企业的持续经营能力和盈利能力，从根本上挽救债务人企业。

(二)新增加的利益博弈方

投资人之所以选择投资重整公司，就是为了获得高额的投资收益，是一个商业并购交易行为。通过重整程序，削减巨额负债，取得重整公司的股权、资产，可以帮助投资人有效降低重组成本，实现并购目标。然而，重整程序是各利益相关方之间的一场博弈，投资人要获得较高的投资收益，势必需要债权人、股东等利益主体作出一定的让步，要降低投资成本，就需要通过管理人协调债权人，尽量降低债权人的清偿比例，平衡债权人的利益，所有这些，均需要签署如《破产重整投资合同》，合理合法约定投资人和管理人之间的权利义务，制定符合重整公司实际情况的《重整计划草案》，以便债权人会议通过，有效实施重整计划草案，在重整中协同管理人平衡各方利益，直至重整成功，挽救重整公司，实现各方利益共赢的结果。

五、结　　语

　　企业出现重整有复杂的成因和深刻的背景，重整案件审理中出现的各种矛盾都是各类社会问题的集中反映，需要通过各种社会力量综合治理，仅靠法院或者管理人的力量是无法解决这一难题的。在重整程序中对投资人的具体操作上，应当本着尊重债权人的民主决策，依法操作，坚持公平、公正、公开原则和社会公共利益优先原则，充分发挥司法能动性，帮助企业转型升级，实现服务民生的司法目标。

破产重整投资人招募之类型化分析

张亚琼 *

摘要：重整投资对于困境企业和投资人均具有正向价值和积极意义。重整投资人招募方式在各个环节出现不同类型在所难免，这也导致了在立法上无法为重整投资招募设定"整齐划一"的操作规则。实务操作应坚持债权人利益优先原则，维持债务人营运价值原则和市场化原则，以防止出现超越底线、损害公共利益的不利局面。

关键词：破产重整；投资人招募；股权投资

一、引言与设问

JM 置业公司系一家以房地产开发为主营的有限责任公司。自2014 年以后因资金链断裂，长期不能清偿到期债务，法定代表人涉嫌犯罪被羁押，管理层缺位，开发的两个在建商品房项目均已停工，导致不能如期交付房屋，引发系列诉讼，社会不稳定隐患极大且自救无望。后被债权人申请进入破产重整程序。重整期间，为有效保护债务人资产价值，全力做好购房债权人的稳定工作，管理人经报告法院准许，实现了对停工项目的复工续建。

复工后，基于当地房地产市场的持续升温，加上 JM 公司名下尚有 70 亩未开发地块及大量未销售房屋，越来越多的投资人开始对该公司的资产情况萌生兴趣，并向管理人表达了参与重整的意向，希望

---

* 张亚琼，法学博士，湖北山河律师事务所律师，合伙人。

通过重整投资整体对 JM 公司"接盘"。

对于困境企业而言,受到投资人关注甚至"热捧"着实是值得庆幸的,至少在一定程度上增加了重整再生的希望。但问题也随之而来:破产重整程序中是否必须招募投资人,引入新资金?投资人招募应当如何操作,如由谁负责招募,在哪个时间阶段招募,通过何种方式确定重整投资人?

这些问题在我国破产法及司法解释中无章可循,且如果处理得不好,很可能影响重整程序的进程甚至是结果。因此有必要从理论和实务上加以探讨,以期为立法和司法提供些许指引。

二、价值与意义

破产重整作为一种资源优化配置的手段旨在通过司法手段的干预,通过债务重组、股权调整、对外融资、资产置换、营业转让等方式,使债务人持续经营,获得新的生机。因此,破产重整中,基于持续经营、资产置换的需要,投资人仍存有较大的投资空间。在一定条件下,这种投资机会甚至将更加优厚。

破产重整中,按投资标的的不同,重整投资可分为三种类型:其一为股权投资。即通过股权调整、资产注入而取得债务人股权的投资方式。其二为债权投资。在公司进入重整前或重整过程中,投资人以较低价格收购其他债权人的债权,然后按照重整计划受偿,以期获得较高的清偿比例。其三为资产投资。基于重整需要,债务人及其管理人可能选择将其部分资产快速变现以清偿债务,此时处置资产的价格一般较低,很可能具备后期升值空间或特殊使用价值,进而吸引投资人收购。

相比较而言,因破产重整的主要目的在于实现债务人的营运价值而非清算价值,故重整中多为股权变动而非资产交易,股权投资自然也是重整投资的主要方式和途径,对重整程序的意义也最大,甚至可能成为重整计划的主要内容,直接影响到债务人持续经营能力和盈利能力的实现。本文探讨的重整投资也主要指重整中的股权投资。

如果操作得当,一项成功的重整投资,对供需双方都将是"双赢"的结果。具体表现为:

（一）对需求方的意义

（1）及时使债务人获得运营资金，助力困境复苏。困境企业进入重整程序后，不仅需要继续维持运营，而且需要通过实施债务重组、资产置换等"大手术"的手段恢复经营活力，实现企业再生。因此必然要对现有资源进行整合，要么进行技术改造升级，要么扩大经营规模，以达到扭亏为盈的目标，而这些措施离开新资金的投入几乎是无法开展的。

（2）使债权人获得更高比例的债权清偿分配。不管是经债权人会议表决通过的重整计划，还是由法院强制裁定批准的重整计划，债权人的受偿比例务必要高于债务人清算条件下的受偿比例。对于这部分用于提高债权清偿比例的资金或资产，在破产财产特定条件下，基本上只能依靠投资方提供的偿债资金支持。尽管在部分案例中，可以通过"债转股"的方式实现债权清偿，但在债权人不接受股权清偿的情况下，也需要由投资人承接股权，提供现金清偿，从而满足重整计划执行的需要。

（3）有助于管理人及中介机构获得必要的费用保障。进入重整程序的困境企业往往缺乏现金流，即使通过部分资产变现，所获得的资金也较为有限。如果能通过投资人招募引入新资金，不仅能使管理人制定的重整计划草案获得有力支撑，而且能为管理人及中介机构开展日常工作提供资金保障。

（二）对投资方的价值

从投资人的角度出发，与司法外的重组①投资相比，投资重整企业的价值和优势主要表现在以下几个方面：

（1）更有效地达成投资协议。重整相比庭外重组最大的优势，就是把当事人的谈判与协商的过程纳入法院司法权的主导和监督之下，

---

①　司法外的重组是指，在债务人无法清偿到期债务时，为避免债务人被采取司法诉讼、执行或破产等强制手段，通过协商谈判的方式达成债务重组或资产置换协议，以实现企业的困境复苏。

通过现有法律规范的调整，促使利益相关的各方主体达成协议，并通过重整计划予以确定。与重组不同，重整计划的制定和通过并不需要利害关系人的一致同意，仍可以发生约束全体重整当事人的法律效力。重整中的投资方案属于重整计划的重要内容和关键环节，在重整程序中可以通过债权人会议制度等机制安排，在高效有序的环境下实现投资目的。

（2）包含投资方案的重整计划可得到更严格的执行。在庭外重组中，因重组方案无法执行导致重组失败的案例比比皆是。但在重整程序中，经过法院批准后的重整计划即具有司法强制力，足以产生约束全体利害关系人的法律效力，在管理人的监督下，债务人及债权人均不得随意变更已确定的权利义务。如果出现不予执行或不能执行的情况，法院有权裁定转入破产清算程序，这是各方主体都不愿看到的结果。

（3）可以得到更有利的经营条件。破产法通过多种制度安排为债务人的困境复苏提供了诸多便利，例如重整启动后，担保物权暂停行使，财产保全立即解除，执行程序终止，诉讼或仲裁程序终止，债务利息停止计算等。同时，重整期间管理人有权对重整受理前成立而双方均未履行完毕的合同决定解除或继续履行，这在庭外重组中也是不可能实现的。这些举措都将为债务人的继续生存和投资安全提供有利条件和有力保障。

（4）降低投资成本。在庭外重组中，由于缺乏司法强制力，债务重组难度极大，负债剥离的比例往往较低甚至为零。相比之下，重整程序中可以通过债权清偿方案，大幅削减普通债权的清偿率，只要不低于清算状态下的清偿率均有可能获得通过或裁定批准。如在已完成的上市公司重整案例中，普通债权清偿比例达到 30% 的已凤毛麟角。① 如此一来，可以有效降低投资预算。

（5）获得更大收益。要实现重整成功，必须以各方共赢为首要目标，否则最终会走向破产清算，债权人利益受损，股东权益归零。因

---

① 胡利玲、张俊：《重整计划批准的标准：实证研究与理论分析》，中国人民大学法学院、中国人民大学破产法研究中心、北京市破产法学会编制：《第七届中国破产法论坛论文集》（上册），第 401 页。

此，重整计划在削减普通债权清偿率的同时，必然会对股东权益进行调整，甚至清零，由投资方获得控股或 100% 持股。这与重组中所获收益相比，无疑更具诱惑力。

（6）债务清理更加彻底。在重整程序中，管理人将通过债权审核、资产调查、财务审计等多种途径，对债务人企业的各种遗留问题进行全面分析，并在重整计划中进行应对安排，大大降低了遗漏债务及或有债务的风险。即使未申报债权在重整计划执行完毕后主张债权，也只能按重整计划确定的清偿比例进行清偿，而不必全额清偿，从而消除投资方可能承担的债务风险。

三、类型与比较

要实现重整投资的正向价值和积极意义，还需要通过重整投资人招募程序来完成供需双方的对接。在当前立法无规则可依的情况下，有必要通过实证考察的路径，从不同角度对实务中的投资人招募方式进行类型化分析，从而发现基本的操作规律。

（一）以招募主体划分

依据我国《企业破产法》第 73 条的规定，在重整期间，经债务人申请，人民法院批准，债务人可以在管理人的监督下自行管理财产和营业事务。可见，债务人企业在重整期间存在债务人自行管理和管理人管理两种模式。不同模式下，投资人招募的主体也有所区别。

1. 管理人招募

从当前我国破产司法实践来看，管理人管理是较为普遍的重整公司治理模式。以上市公司为例，截至 2016 年年底，48 家上市公司破产重整案中仅有 8 例运用了债务人自行管理模式，其余均为管理人管理模式。[①]

---

① 何旺翔：《债务人自行管理制度的反思与完善》，中国人民大学法学院、中国人民大学破产法研究中心、北京市破产法学会编制：《第七届中国破产法论坛论文集》（上册），第 401 页。

在管理人管理模式下，投资人招募程序一般由管理人完成，典型如"无锡尚德"破产重整案。

【无锡尚德破产重整案】无锡尚德是一家高科技型生产企业，营业事务涉及面广，专业要求高，需要熟悉公司业务和企业管理的专业人员参与。在无锡中院指导下，管理人聘请了在资产重组领域及企业管理等方面具备人才优势和丰富经验的公司负责管理无锡尚德重整期间的营业事务，实现了无锡尚德的复工。为了彻底恢复无锡尚德的持续经营能力，从 2013 年 6 月下旬开始，在无锡中院的指导下，管理人从全球范围内上百家光伏行业及上下游企业中，筛选潜在战略投资者，通过报名、资格审查、尽职调查、提交投标文件、工作小组专业评议等严格的招募程序，江苏顺风光电科技有限公司获得无锡尚德战略投资者资格。①

2. 债务人自行招募

"债务人自行管理的核心优势在于能最大程度上确保企业运营的连续性，从而有助于现有合作关系的延续或重构，尽可能降低破产重整程序启动对企业信誉的消极影响。"②在债务人自行管理的治理模式中，债务人管理层可基于对自身条件、行业特点、市场环境的准确定位，更加主动和明确地提出引进投资人的诉求。实务中亦不乏此类案例，如深圳新都酒店股份有限公司（以下简称"新都酒店"）破产重整案。

【新都酒店破产重整案】新都酒店是深圳市老牌酒店和上市公司，因大股东违规担保、经济运行下行等客观原因，新都酒店陷入财务危机。2015 年 9 月 15 日，深圳中院依法裁定受理新都酒店破产重整案。同年 11 月 26 日，深圳中院根据新都酒店的申请，准许新都酒店

---

① 参见最高人民法院：《企业破产重整及清算十大典型案例》，《人民法院报》，2016 年 6 月 16 日。

② Buchalik/Rinker in：Restrukturierung Sanierung Insolvenz, 3. Aufl. , 2009, S. 128, Rn. 109. 转引自何旺翔：《债务人自行管理制度的反思与完善》，中国人民大学法学院、中国人民大学破产法研究中心、北京市破产法学会编制：《第七届中国破产法论坛论文集》（上册），第 401 页。

在管理人的监督下自行管理财产和营业事务。为确保既选好重组方又避免牵扯进不必要的利益纠葛，法院坚持要求管理人以市场自由竞争模式，将重组方的遴选交由股东和公司在市场博弈中确定；引导潜在重组方以经济实力发言，按市场规则办事，最终重整计划以高比例获通过。[1]

3. 比较与分析

由管理人招募还是由债务人自行招募，其背后是重整公司两种管理模式之间的比较，如果不考虑个案具体情况，很难断言两种模式孰优孰劣。[2]

就投资人招募而言，由管理人招募投资人的优势在于：（1）管理人基于公共利益而设，能够更有效地代表和平衡债务人、债权人及投资人等各方利益，而不是仅站在债务人的角度引入新投资。（2）困境中的债务人往往存在管理不善的问题，原来的管理层对于企业危困现状大多难辞其咎，有的在进入重整后管理层更是"人去楼空"，难以更好地履行投资人招募职责，相反由管理人招募则不存在此类问题。（3）相比于存在利益纠葛的债务人管理层，管理人更易取得债权人的信任，投资人招募工作更易得到广大债权人的支持。（4）管理人往往由专业的中介机构担任，对重整投资人招募程序规则更富有经验。

在债务人自行管理模式下，由债务人自行招募投资人也不是完全乏善可陈：（1）更具有投资谈判优势。"在谈判时，债务人管理团队可以利用自身对市场环境、行业状况、企业自身条件等的了解，对企业重整的价值、债务人资产的估值、后续经营方案、市场前景等有一

---

① 参见深圳中院：《深圳新都酒店股份有限公司破产重整案》，中国清算网，http：//www. yunqingsuan. com/news/detail/13010，访问日期：2017 年 5 月 7 日。

② 也有学者将这两种模式归纳为重整经营控制权的分配模式，进而区分为占有中的债务人（DIP）模式和管理人模式，并对两种模式进行了较为详尽的比较分析。参见贺丹：《破产重整控制权的法律配置》，中国检察出版社 2010 年版，第 71 页以下。

个清醒的判断，在与意向投资人的谈判中掌握一定的主动权。"①（2）有利于提升投资信心。对于在因市场环境等客观因素导致企业困境的情况下，如果债务人管理层运行良好，投资人更愿意投资由专业管理团队持续经营的公司，而非在管理人临时接管后再行更换管理层的企业。（3）一定条件下可以提高谈判效率。多数困境企业在进入重整程序前就开展过积极自救，已经与意向投资人进行接洽，但终因重组协议缺乏强制力导致庭外重组失败。重整期间，如果由债务人自行招募，则可以重启谈判，以重整程序的司法强制力确保投资协议的效力，从而快速达成投资协议。

（二）以招募时间阶段划分

我国《企业破产法》关于何时进行投资人招募并没有明确规定。通过实证考察发现，以招募时间阶段进行划分，存在重整计划草案批准前的招募和批准后的招募两种类型。

1. 重整期间的招募

这也是实务中最为常见的类型。根据重整程序的常规流程，只有在重整计划草案制作完毕之前完成招募，才能在重整计划草案中，根据投资的具体情况对债权调整及清偿方案、出资人权益调整方案、后续经营方案、重整计划执行方案予以确定。典型如上海超日太阳能科技股份有限公司（以下简称"超日公司"）破产重整案。

【超日公司破产重整案】超日公司是国内较早从事太阳能光伏生产的民营企业，2012 年后公司整体业绩持续亏损，生产经营陷于停滞，"11 超日债"也因此成为我国债券市场上的首个公司债违约案例。2014 年 6 月 26 日上海市第一中级人民法院裁定受理对该公司进行破产重整。管理人经公开招标，结合超日公司的实际情况以及对意向投资人综合考察，确定由江苏协鑫能源有限公司等九家单位组成联合体

---

① 蒋瑜、徐璐：《破产重整中的债务人自行管理制度若干问题探讨》，中国人民大学法学院、中国人民大学破产法研究中心、北京市破产法学会编制：《第七届中国破产法论坛论文集》（上册），第 392 页。

作为超日公司重整案的投资人。九家联合投资人将出资 19.6 亿元用于超日公司重整，其中 18 亿元用于支付重整费用和清偿债务，剩余 1.6 亿元作为超日公司后续经营的流动资金。以此为基础，管理人制作的《超日公司重整计划草案》经第二次债权人会议分组表决通过，并于 10 月 28 日获得上海一中院裁定批准。①

2. 重整计划执行期间的招募

在近年来的重整实践中，出现了越来越多这样的案例：因在重整期间未能及时招募并确定投资人，为保全债务人的营运价值，根据重整计划规定，授权管理人或重整后的债务人继续寻找并招募投资人。典型如山西联盛能源有限公司等 32 家公司（以下简称"联盛集团"）合并重整案，以及浙江造船有限公司（以下简称"浙船公司"）破产重整案。

【联盛集团合并重整案】2016 年 7 月 8 日吕梁中院根据管理人申请裁定联盛集团 32 家公司合并重整。重整期间，管理人积极开展投资人招募工作，并制定了投资人招募公告和说明，并通过多种渠道发布招募信息。但截至重整计划草案制定完毕，由于联盛集团资产体量大且情况复杂、农业资产经营效率低处置困难、涉农问题容易引发维稳压力、大量在建工程投产需要巨额资金等因素，最终并未有企业正式向管理人报名要求重组联盛集团。为依法、公平、全面保障债权人获得最大化清偿，管理人确定了将集团所有者权益归属于全体债权人，实行债权人自治管理，以存量资产变现与升值形成新的经营性资产和经营盈利，清偿债权并维持经营的重整思路。重整计划草案规定，设立新联盛投资公司持有联盛集团 32 家公司 100% 股权，由债权人根据其份额拥有新联盛投资公司的股权和决策权。在重整计划执行期间，由新联盛投资公司继续招募投资人。潜在投资者有意向并购联盛集团时，可通过收购债权人持有的份额或者直接向新联盛投资公司增资成为大股东方式进行。该重整计划草案得到了联盛集团第二次债权人会议表决通过，并于 2017 年 4 月 21 日获得

---

① 参见最高人民法院：《企业破产重整及清算十大典型案例》，《人民法院报》，2016 年 6 月 16 日。

吕梁中院裁定批准。①

【浙船公司破产重整案】奉化法院根据债务人的申请,于 2016 年 4 月 14 日裁定受理浙船破产重整案。重整期间,管理人曾通过多方媒体渠道发布招募投资人的公告,但截至重整计划草案制定完毕,尚未有确定的重整投资人。根据管理人于 2017 年 1 月 13 日制订的重整计划草案,浙船偿债资金来源为生产经营所得、追讨债权所得、管理人处置资产变现所得;重整计划执行期间,浙船将在管理人监督下整合原经营团队,开展正常生产经营管理;管理人将在重整计划执行期间继续寻找重整投资人,如顺利引入新的投资,且超过重整计划草案确定的清偿金额的,浙船将对债权人追加清偿分配。②

3. 比较与分析

比较上述两种招募方式不难发现,重整期间的投资人招募无疑优于重整计划执行期间的招募。前者的优势显而易见:(1)在重整期间及时招募并确定投资人,招募方可以依据投资方案拟定相对有利的债权调整方案、债权清偿方案及债务人后续经营方案,从而制定更加科学合理的重整计划草案;(2)对债权人而言,及时确定的投资方案和细致的重整计划草案更有利于提升债权清偿比例;(3)对于债务人而言,及时确定投资人就意味着资金流动性的实现,不仅有助于重整计划草案取得债权人的充分支持,而且可以更快地获得重整机会,降低困境再生的时间成本。

通过案例考察还可以发现,允许管理人或债务人在重整计划执行期间继续招募投资人实属"无奈之举"。但在一定条件下,此类招募方式也并非毫无积极意义:(1)保全营运价值。由于未能及时招募并确定投资人,债务人或管理人只能根据现有资产状况,通过债权调整(即减债)、持续营业、资产变现等途径制作债务解决方案,努力实

---

① 参见山西省吕梁市中级人民法院(2015)吕破字第(1-23、25-31)之 6 号民事裁定书,《历时两年,吕梁中院正式批准联盛集团重整方案,重整计划全文发布》,"山西资本圈"微信公众号,2017 年 4 月 22 日。

② 参见浙江造船有限公司管理人:《浙江造船有限公司重整计划草案》,"图解破产"微信公众号,2017 年 4 月 22 日。

现自我挽救，等待在重整计划执行期间获得新资金支持，否则，在有限的重整期间内，如果不能制订并提交重整计划草案，将导致重整失败，债务人也将被宣告破产，丧失全部营运价值。（2）延展重组时限。根据《企业破产法》第 79 条之规定，债务人或管理人应当自法院裁定债务人重整之日起 6 个月内，同时向法院和债权人会议提交重整计划草案，最长也不得超过 9 个月。这样的时限要求对于资产债务规模巨大、企业情况复杂的债务人来说，迅速有效地对接并确定投资人实在有些"强人所难"。在联盛集团合并重整案、浙船公司重整案中，这种情形得到了印证。为避免走向清算，债权人及法院也通过表决通过和批准的方式准许招募方在重整计划执行期间继续招募投资人。如果招募成功，则债务人可以获得更有利的重组条件。如果仍未如愿，则债务人只能靠重整计划确定的债权调整方案、经营方案等恢复经营，实现自我救赎。

（三）以重整方的确定方式划分

在大多数重整案件中，由于债务人现有资产状况良好，运营价值优厚，常常会出现多家意向投资人竞争投资的情况。如何从多家意向投资人中确定正式的重整方，这在立法上仍无规可依。司法实践中，不同案例中操作方式也各有千秋。

1. 招募方自行确定

此类招募方式在实践中最为常见，即由管理人或债务人作为招募方自行制作投资人招募方案，从意向投资人中筛选潜在战略投资者，通过报名、资格审查、尽职调查、提交投标文件、专业评议等招募程序，最终确定重整方。前述无锡尚德、超日公司破产重整案，正是由管理人自行确定重整方的典型案例，另有江苏霞客环保色纺股份有限公司破产重整案①等，不作赘述。

---

① 参见《江苏法院 2011—2015 年企业破产审判十大案例》，江苏法院网，http：//www.jsfy.gov.cn/spxx2014/sfal/dxal/2016/08/12103255234.html，访问日期：2017 年 5 月 7 日。

2. 通过第三方平台确定

面对多家意向投资人竞争投资的情况，招募方为确保招募程序的公平、公正、公开，会通过第三方平台竞争方式确定重整方。这在上市公司重整案例中较为多见，"不少投资人都希望通过竞拍方式成为上市公司的控股股东，获得壳资源。在全流通背景下，随着股权融资的活跃以及资产/股权冻结案例的增加，司法拍卖已成为有关方面谋取上市公司大股东宝座的重要手段"①。在非上市公司重整案中，此类招募方式也有例可循，如温州中城建设集团有限公司（以下简称"中城公司"）重整案。

【中城公司重整案】因经营不善等多种原因，中城公司以资产不足以清偿全部债务为由向法院申请破产重整，2014 年 5 月由温州瓯海区法院裁定受理。2014 年 8 月，经中城公司第一次债权人会议表决确定了清算式重整的重整方案。2014 年 12 月，管理人将制作的重整计划草案提交第二次债权人会议审议表决，但未获通过。其后法院指导管理人调整重整计划草案内容，并提出及时征选合适意向投资人的意见。2015 年 1 月，经委托交易拍卖中心，中城公司以 100% 股权为主要标的向社会公开预拍卖，最终由兰州市第一建设股份有限公司、周剑组成的联合竞买人以 5800 万元竞得。2015 年 2 月，管理人将调整后的重整计划草案提交第三次债权人会议表决获得通过，其后由法院裁定批准。②

3. 由债权人会议确定

在新近的司法实践中，部分重整案件管理人针对两家以上的意向投资人提交重整预案的情况，为有效协调各方利害关系人之间的利

---

① 郑志斌、张婷：《公司重整：角色与规制》，北京大学出版社 2013 年版，第 494 页。

② 参见叶建平：《论"价值思维"和"无害准则"在重整中的适用——温州中城建设集团有限公司重整案简评》，中国人民大学法学院、中国人民大学破产法研究中心、北京市破产法学会编制：《第七届中国破产法论坛论文集》（上册），第 345~347 页。

益，充分保障债权人权益，将重整方的选定交由债权人会议表决。典型如深圳新纪元实业股份有限公司（以下简称"新纪元公司"）破产重整案，以及深圳大世界商城发展有限公司破产重整案。①

【新纪元公司破产重整案】2008 年 12 月 30 日，经债权人申请，深圳中院依法受理了新纪元公司破产清算一案。2013 年 12 月 20 日，根据持股 38.88% 的股东深圳市罗湖区投资管理公司的申请，深圳中院裁定新纪元公司自 2013 年 12 月 19 日起进行重整。该案采用管理人管理模式，由管理人制作重整计划草案。重整过程中，有一家公司及一名自然人均申请以重整方身份参与重整，并向管理人提交了包含债权清偿方案、股权调整方案、经营方案等内容的重整预案。2014 年 10 月 16 日，深圳中院召开债权人会议，对重整方的选定进行表决。债权人会议通过表决确定了深圳市罗湖中财投资发展公司成为正式的重整方，管理人依据重整预案制作的重整计划草案也获得了债权人会议及出资人组会议表决通过。深圳中院于 2014 年 10 月 27 日裁定批准新纪元公司的重整计划。②

4. 比较与分析

将上述三种招募方式进行比较，如果不考虑个案的具体情况，也很难直接判断哪种方式更胜一筹。

首先，由招募方自行确定重整方的招募方式，主要体现了以下几个特点：（1）一般由管理人或债务人作为招募方自行制作招募方案，经法院批准或债权人会议表决通过后予以实施。包括重整方确定在内的全部招募流程，全部由招募方自行完成。（2）为保障招募程序的公

---

①　在重整方的确定方式上，深圳大世界商城发展有限公司破产重整案与新纪元公司重整案类似，均采用了将两家投资人制作的重整预案提交债权人会议表决的方式，最终确定重整方。具体参见深圳中院：《深圳大世界商城发展有限公司破产重整案》，中国清算网，http://www.yunqingsuan.com/news/detail/13067，访问日期：2017 年 5 月 7 日。对此案例，文中不再赘述。

②　参见深圳中院：《深圳新纪元实业股份有限公司破产重整案》，中国清算网，http://www.yunqingsuan.com/news/detail/13066，访问日期：2017 年 5 月 7 日。

平、公正,一般通过集体评议的方式择优选定重整方。有的案例中,还成立专门的评审委员会,其中甚至吸收债权人代表、政府主管部门、法院参加,并制定详细的评审规则。(3)具有一定的时效性。相比于后两种招募方式,由招募方自行确定重整方,可不经由第三方组织竞争,也不再专门经过债权人会议表决通过,可以相对缩短招募流程和时间。(4)具有一定的封闭性。由于未经过投资人充分竞争,债权人也未充分参与招募流程,此类招募方式的公开性未能得到有效体现,因此也容易引发投资人或债权人的质疑。如在 ∗ST 川化重整案中,部分债权人就提出,由遴选委员会确定投资联合体为投资人,存在"量身定制"的嫌疑,并引发监管部门的关注。①

其次,通过第三方平台确定重整方的招募方式,其特点主要表现为:(1)有助于鼓励竞争,提高投资规模。合理组织的平台竞价程序,能使投资人通过多轮竞买,充分参与投资竞争,通过市场化的方式形成最终的投资价格,最大限度地维护债务人及债权人的利益。(2)招募程序相对公开透明,避免暗箱操作。由第三方平台组织投资竞争,能在一定程度上回避交易道德风险,各方参与主体也能通过现场见证的方式,对竞价程序进行监督。(3)此类招募方式必须委托拍卖机构等第三方平台组织竞价,一定程度上增加了招募程序的时间和经济成本。(4)对于重整方条件需求多样化的投资招募,难以通过单纯的竞价程序达到全部的招募目标。财务问题是困境企业的通病,但在重整程序中各个债务人又都会有自身独特的问题亟待解决。因此在一些重整案例中,招募方不仅只是要求重整方"拿钱投资",而且会对投资时间与周期、经营管理经验、产业发展规划、社会稳定等各个层面提出具体要求。单纯的平台竞价程序,很难同时满足这些价格因素以外的特殊要求。

最后,由债权人会议确定重整方的招募方式,其特点主要表现为:(1)有利于充分保障债权人的知情权和程序参与权,坚持债权人意思自治原则,客观上也有利于提高重整计划草案的通过率。(2)有

---

① 参见史燕君:《重整计划投资人实为"量身定制"?》,《国际金融报》,2016 年 11 月 21 日,第 12 版。

利于最大程度上实现重整投资的多重需求。将重整方及其提出的重组方案交由债权人会议表决决定，能使债权人对重整投资的各项条件进行充分比较，从而作出对自身最有利的选择。(3) 未经过充分的价格竞争，不利于形成较高的投资价格。毕竟，提交债权人会议表决的重整预案所披露的投资报价是固定的，只能通过不同方案载明的报价进行单向比较，无法通过合理竞价形成较高的投资价格。

四、原则与规范

所谓"不幸的家庭各有各的不幸"，困境企业面临的难处和痛点也各有不同，因此重整投资人招募方式在各个环节上出现不同类型也在所难免，这也导致了在立法上难以为重整投资招募设定"整齐划一"的操作规则。但是，有必要从司法实务的角度出发，为重整投资人招募预设一定的原则规范，以防止出现超越底线、损害公共利益的不利局面。

(一)债权人利益优先原则

债务人有不能支付到期债务或资不抵债的事实，是破产重整原因，也是重整程序开始的必备条件。债权人的债权不能得到清偿或足额清偿，将损害债权人的利益，且公司有限责任的模式使债权人的利益更容易受到损害。在重整制度中，"债权人利益应成为首位的群体利益，债权人应成为法律维护的首要利益主体"[1]。因此，各项重整措施的实行需要债权人的支持与协助，而能否得到其支持则取决于能否对债权人利益进行妥善维护。否则，重整程序难获成功。

以债权人利益优先原则来审视重整投资人招募，实务操作中应当把握如下标准：

第一，在招募主体的确定上。因管理人招募与债务人自行招募两种类型的适用取决于重整管理模式的适用，管理人管理是原则，债务

---

[1]　贺丹：《破产重整控制权的法律配置》，中国检察出版社 2010 年版，第 50 页。

人自行管理是补充，由债务人申请后经法院批准适用。但我国《企业破产法》并未明确法院批准债务人自行管理的具体标准。对此，从债权人利益优先原则出发，法院在审查债务人自行管理以及准许债务人自行招募投资人的申请时，应当坚持：（1）在债权人申请重整的情况下，须征询重整申请人的意见。（2）自行管理及招募投资人不致滥用重整程序，进而损害债权人利益。如果债务人此前已有违法或欺诈债权人等不诚信事实存在，则不宜批准适用。（3）债务人具有自行管理和招募的意愿和能力。

第二，在招募时间的确定上。如前文已述，重整期间的投资人招募优于重整计划执行期间的招募，亦更有利于对债权人利益的保护。实务中，在财务审计、资产评估等工作基本完成的情况下，宜尽早开展招募工作。

第三，在重整方确定方式的选择上。招募方应结合个案的具体情况，及时制作投资人招募方案，提前交由债权人会议表决。其一，对于资产结构相对清晰明确的困境企业，基于提高时效的考虑，可事先设定由管理人或债务人作为招募方，依照预设的招募流程和评审程序确定重整方。其二，对于意向投资人众多、投资竞争激烈的困境企业，可在招募方案中设定采用委托第三方平台竞价的方式确定重整方，以获得较高的投资价格。其三，对于对重整投资方条件和要求多样化的困境企业，在无法单纯通过投资价格确定重整方的情况下，可以采用由债权人会议确定的方式，将两家以上意向投资人提交的投资预案提交债权人会议选择确定。

（二）维护债务人营运价值原则

企业营运价值是指企业作为营业实体的财产价值，即企业处于持续营业状态下的价值。通常情况下，企业的营运价值高于清算价值，即高于企业净资产通过清算变价所能获得的价值。维护营运价值的意义在于：一方面，一个破产企业有可能在营运状态下仍不失为具有营利能力的资本实体，且可以避免大量企业财产的浪费。[1] 这也正是整

---

① 王福强：《破产重整中的营业保护机制研究》，法律出版社 2015 年版，第 41 页。

个重整制度的理论基础所在，即旨在通过系列制度设计为具有营运价值的困境企业提供了有别于清算及和解的拯救路径。另一方面，从反向来看，如果一个破产企业的运营价值小于清算价值，则该企业就已不具备"再建价值"，① 自然也就失去了挽救再生的条件和基础。

以维护债务人营运价值原则来审视重整投资人招募，实务操作应当把握如下标准：

第一，对于营运价值较高的困境企业，应尽可能及时进行投资招募，使其及早摆脱财务困境，实现营业维持和企业存续。即使在有限的重整期间内，投资人未能及时招募成功，也应当允许在重整执行期间继续寻找和招募，而非立即转入破产清算，导致企业消亡。

第二，对于营运价值明显低于清算价值的困境企业，因其已失去"再建希望"，不宜再强行"拉郎配"，为其引入投资人。该类企业一般既无无形资产，又缺乏行业优势，很难再吸引市场融资投入。相反，无效的重整还会消耗资源，降低对债权人的清偿。如长椿金属破产重整转清算案中，在失去"再建希望"的情况下，当地政府、受案法院以社会稳定为首要重整目的，不惜投入大量资源促使债权人会议通过重整计划草案，并准许在重整计划执行期间继续招募投资人。但最终投资人始终未招募成功，后续经营方案被迫搁浅，企业最后还是难逃转入破产清算的结局。②

(三) 市场化原则

从本质上看，投资人招募属于市场行为，需要招投双方通过协商合意的方式达成一致。投资人招募成功，可以为重整带来新资金和优质资产，符合重整各方主体的共同利益。"但是，投资人毕竟是具有自利倾向的经济主体，其之所以选择投资重整公司，终极目的是为了

---

① 王卫国：《论重整制度》，《法学研究》1996 年第 1 期。

② 参见陆晓燕：《破产重整制度之"填白"路径思考》，王欣新、郑志斌主编：《破产法论坛》(第十辑)，法律出版社 2015 年版，第 32 页。

获得高额的投资利益。"①坚持公开、透明的市场化原则有利于在招募方与投资方之间展开充分的博弈，使最终达成的投资方案更具有可操作性。

在市场化原则指导下，重整投资人招募的实务操作应当注意：

第一，坚持公开透明的招募程序。只有公开透明的招募程序才能消除债权人等利害关系人对招募结果的合理质疑，才能使投资人作出最有利的投资判断。公开透明的招募程序要求利害关系人能及时充分地知悉招募的过程和结果，以及时予以监督，还要求招募方能充分给予投资人对债务人及其重整状况进行尽职调查的时间和空间。

第二，鼓励充分的市场博弈。不仅应当允许投资人与招募方通过合法途径进行利益博弈，而且还应当允许不同的意向投资人之间进行博弈，这样才能获得更加符合市场预期的投资结果。

五、启示与验证

通过上文的实证考察和理论分析，可以从感性和理性双重维度，对破产重整投资人招募的操作方式予以认知。现在不妨用上述分析结论，来验证本文起始提到的案例及相关设问，以达到"理论从实践中来，再回到实践中去"的效果。

第一，关于 JM 公司是否有必要招募投资人。由于该公司名下尚有 70 亩未开发地块及大量未销售商品房，在房地产市场持续升温的背景下，其营运价值和再生希望值得被看好。这也是引起大量投资人关注的主要原因。否则如果对该公司实施破产清算，不但大量优质资产被迫底价变现处置，而且很可能引发大量已购房业主群体的不稳定。

第二，关于招募主体的确定。因 JM 公司资金链断裂，项目停工多时，大量资产被查封冻结，导致始终不能向购房人交房，已引发多起群体事件。同时，该公司法定代表人涉嫌犯罪被羁押，管理层缺位

---

① 郑志斌、张婷：《公司重整：角色与规制》，北京大学出版社 2013 年版，第 474 页。

多时。可见债务人已无能力启动自行管理，自然也无法完成投资人招募的重任。因此宜由管理人作为招募方组织招募。

第三，关于招募时间的确定。对于具有较高营运价值的 JM 公司而言，在公司财务审计、资产评估基本完成的条件下，宜在重整期间及时启动招募程序，通过合理的招募流程选定投资人。这对于重整计划草案的制定、债权人利益保护及社会稳定的维护，都具有积极意义。

第四，关于重整方确定方式的选择。由于意向投资方众多、竞争激烈，且 JM 公司资产结构相对清晰明确，对重整方的条件要求主要表现为资金价格因素，因此适宜采用通过第三方平台确定投资人，从而以市场化导向鼓励充分博弈，争取获得最有利的投资结果。

ST 上市公司保壳重整必要性质疑

高 琪*

摘要：供给侧结构性改革大环境督促企业在产业层面进行减产能、调结构的转变，ST 上市公司在政府推动、经济选择与上市审批三方因素影响下通过破产重整保留企业壳价值已成为默认做法。结合 46 家经过破产重整的 ST 上市公司的数据样本分析来看，大部分保壳重整之后的企业运营与绩效表现无法达到预期，供给侧结构性改革大环境下公司上市审批制向注册制改进的趋势，将使得 ST 上市公司壳资源价值"遇冷"，为促进经济转型升级，规范股票市场，通过破产重整保留壳资源的方式应逐步受到限制。

关键词：ST 上市公司；破产重整；借壳上市

马克斯·韦伯曾提出资本主义只能产生于西方，而不是其他任何地方，比如中国，在他的观点里，中国缺乏资本主义产生的社会学基础和必要的法律形式，比如资本的原始积累、商业法律的萌芽以及市民社会权利意识的演进等，① 虽然其中的宗教观点有失偏颇，但这说明中国社会和其他国家的不同发展历程，会造就不同的社会发展方向，当代中国我们移植借鉴国外法律制度时，应当考虑的是如破产重整这样在西方发达国家已经比较成熟的制度，在中国社会运行时，与法律背后所支撑的社会文化条件是否相协调。自我国引进破产重整制度以来，有限的实践中多为上市公司的破产重整，而这其中又以保壳

---

* 高琪，武汉大学法学院 2016 级民商法硕士研究生。

① 参见[德]马克斯·韦伯：《儒教与道教》，洪天富译，江苏人民出版社1997 年版，第 20、103 页。

重生为主要目标，基于此无论是从理论还是数据上都需要对这种现象进行分析思考。

一、ST 上市公司选择重整的原因

上市公司的重整模式主要有两种：一是保留上市公司原来的主营业务，通过各种方式剥离不良资产、筹集资金并向企业注入优质资产，最终使企业的经营重新步入正轨。如 ST① 宝硕、ST 金顶和 ST 霞客；二是重组方注入自有资产获取上市公司控股权，改变上市公司主营业务后恢复经营，俗称借壳上市，如 ST 新太、ST 锦化和 ST 得亨。次贷危机以来，破产重整日益成为上市公司保壳扭亏的一种重要手段，然而设计破产重整程序的本意在于"阻止任何试图重整那些本应该清算公司的努力；推动任何试图重整那些具有营运价值公司的努力"。② 而不是给借壳上市的投资者们在资本市场上炒作题材、攫取利益的机会。通过对 46 家 ST 上市公司重整情况的统计，至少有 86.84% 的股票主营业务发生变更，借壳上市的情况十分普遍。

（一）私法自治下的公权力干预

商法作为私法的主要组成部分具有较强的技术性，出于商事交易安全和市场基本稳定的考量，需要对当事人的交易活动进行强制性限制，也就是所谓"私法公法化"。一旦对当地经济起到重大促进作用的上市公司陷入困境，出于对当地经济社会稳定的一贯政策思维，上

---

① ST 是指"特别处理"，1998 年 4 月 22 日，沪深交易所宣布，将对财务状况或其他状况出现异常的上市公司股票交易进行特别处理，具体而言 ST 指公司经营连续两年亏损，特别处理；＊ST 指公司经营连续三年亏损，退市预警；S＊ST 指公司经营连续三年亏损，退市预警，还没有完成股改；SST 指公司经营连续两年亏损，特别处理还没有完成股改。本文统称 ST 公司，以 A 股市场为研究对象。

② Douglas G. Baird, The Hidden Values of Chapter 11: An Overview of The Law and Economics of Financially Distressed Firms, p. 2. available at http://www. law. uchicago. edu/files/files/43. Baird_. Chapter11. pdf.

市公司都会走上破产重整程序。政府权力介入主要基于以下几个方面的原因。首先，ST上市公司关涉到政府直接的经济利益，出于对国有资产的保护以及地方税收的控制，尤其是一些地方政府财政比较困难的情况下，政府的干预手段有时更强势。① 其次，政府具有履行社会公共管理的职能，上市公司破产重整涉及的利益主体广泛，利益冲突也相当复杂，利益纠纷的主体往往处于不平等的地位，以银行为代表的金融机构债权人处于强势地位，而普通职工代表的利益需求处于弱势地位，② 政府作为具有相对优势地位的行政主体介入重整之中进行协调，有利于重整计划的顺利通过。除了上述两方面原因，管辖区域内的上市公司数量和质量往往是地方政府③政绩重要表现，在行政权力的主导下，亏损的上市公司能够高效地通过重整，上市公司避免了直接破产，重组方获得了壳资源，中小股东的利益也在公司的"新生"中得到了保护，似乎实现了多赢的结果。

从长远的角度来看，ST上市公司不分优劣都能通过重整得到永生，供给侧结构性改革下市场通过破产制度甄别和淘汰落后产能的机制成了毫无意义的摆设。在ST长岭破产重整案中，陕西省国有资产监督管理委员会的持股比例从29.98%增加到55.39%，成为直接控制人，在牺牲了中小股东与债权人利益的情况下，政府操刀重整的结果是自身利益的最大化。地方政府过分干预微观经济体的行为是否真达到了所宣称的效果呢？从某种角度而言，打着安置职工，维护稳定的旗号意图解决的法律问题实际上只是在实行政府固有的社会、经济功能。④

---

① 2002年，仇和在宿迁推行"叛逆式"改革，让干部离岗招商、轮岗创业，一些干部还领了每年招商500万元的指标。参见［美］罗伯特·劳伦斯·库恩：《中国三十年》，吕鹏等译，上海人民出版社2008年版，第168~172页。

② 在破产清算中，职工劳动债权排位顺序靠前，具有较大可能性受偿，而在破产重整中职工并没有优先权利，还极有可能因股权变更而产生失业问题。

③ 这里的地方政府不仅包括企业所属的市级政府，还包括省和自治区政府。

④ 唐旭超：《论上市公司重整中的股东权益》，《政治与法律》2014年第6期。

（二）"继续经营的价值"考量

英美破产重整制度所带来的"拯救文化"以维护企业营运为主要目的，所谓"继续经营的价值"定义为企业作为一个持续经营的业务组织所具有的全部价值，而"继续经营的价值剩余"是指"继续经营的价值"与"破产清算价值"之差，这个差值主要来源于与企业运营相关的无形资产和沉没成本。① 由于存在着因破产而丧失的无法精确估值的无形资产和沉没成本仍存在，企业的总体价值往往要高于企业的有形资本之和，② 因此破产重整的正当性在于对同样一堆财产，用在继续经营的业务中会比零售出售获得的利益更大。然而对没有"有价值的无形财产"的企业，重整的意义又在何处？上市公司的"壳资源"作为某种意义上的无形财产选择重整似乎天经地义，但"继续经营的价值剩余"的真正源泉在于：只有在经济上有生存能力的公司才值得拯救。③

法律仅拯救处于财务困境中而在经济上可以存活的企业，而清算处于财务困境中而在经济上不可行的企业。④ 一个企业的经营收入虽不能弥补财务成本，但还可以弥补生产成本，只是财务成本的高昂使得企业经营处于困境，说明企业的资产还具有创造价值的能力，如果因为一时的资金断裂而解散这样的企业，无形中扼杀了其未来盈利的可能并把资金和财产从最有价值的用途投放给较低价值的用途上。当企业的经营收入不能弥补生产成本和财务成本时，说明已经不具有创造价值的能力，企业的继续存在也已经没有意义，仍然坚持重整的结果只能说是社会财富的无效利用和投资者利益的损耗。我国新的《企

---

① 在经济学和商业决策制定中"沉没成本"是指已经付出且不可收回的成本，如时间、金钱、精力等。

② 即企业的全部价值＝企业的无形资产及其他沉没成本＋企业的有形资产。

③ 齐砺杰：《破产重整制度的比较研究——英美视野与中国图景》，中国社会科学出版社 2016 年版，第 27～30 页。

④ 经济困境是指经济学意义的企业失败，从建立到终止的总的机会成本高于总收入，财务困境仅指一个企业正巧缺乏流动资金，无法偿还到期债务。

业破产法》规定了企业重整的原因及条件，却没有标准判定企业是否还有经济上的生存能力，这未免会成为上市公司滥用重整来逃避债务的契机。

(三) 壳资源的特殊性质

除了政府推动力和经济效益选择之外，ST 上市公司所具有的壳资源也是选择破产重整的重要因素。由于我国资本市场特殊的发展背景，公司的上市从一种融资手段成为一种稀缺的资源，在市场经济条件下，稀缺资源往往有被利用的优势，ST 上司公司壳资源的稀缺性和独立性对那些试图以低成本进入市场的公司和资本持有者具有相当大的吸引力。目前由于我国资本市场与投资者尚处于成长阶段，监管部门对企业的 IPO 上市采取严格的实质性审核制度，借壳上市相比于 IPO 容易得多，无论是满足三年业绩赢利的诸多券商企业，还是受产业政策控制很难 IPO 的行业如房地产公司都可以借壳上市。由于市场容量有限，上市周期过长，上市需求旺盛，公司发行股票并上市也是相当困难，通过借壳上市是多数意欲跻身证券市场的企业不得已的选择。

正是由于借壳上市的便利，A 股市场上以重组名义参与到 ST 上市公司破产重整过程中的投资方往往并没能给 ST 公司带来有益的帮助，由于产业前景方向和治理机制的根本改变，病入膏肓的企业也根本无法获得继续经营的能力，只是缓缓被取而代之。为了达到借壳上位的目的，通过价格操纵、关联交易和炒作频繁搅动危如累卵的 ST 板块，制造各种垃圾股突然复活假象，不仅损害了相关上市公司中小股东的利益，也对整个市场秩序的稳定造成极大伤害。

二、我国 ST 上市公司破产重整适用及效果

(一) 数据统计

2016 年最高院公布的十大典型破产案例中，破产重整案件占 70%。破产重整制度是在公平清偿前提下实现困境中的企业复兴和再

建的重要的法律途径，它可能有机会摆脱破产清算模式下导致的财产清算变价使得债权得不到有效清偿的情况。然而，由于我国重整制度在很大程度上借鉴了发达国家的一些做法且实践时间较短，在面对我国特殊的市场经济条件时，也存在着一定的弊端与滞后。特别是在重整制度还不够完善的情况下，面对情况更为复杂的上市公司，对重整计划的界定早已不再是简单的契约关系，也并非拘泥于程序性法律文书的价值，某种程度而言，它协调了市场经济的利益主体，平衡了各方的利益冲突，成为了转型期国家维护市场秩序的一把双刃剑。为研究 ST 上市公司破产重整的实际效果，本文挑选了 46 家经过破产重整的 ST 上市公司进行数据样本分析，数据访问期截至 2017 年 5 月 13 日(见表 1)。

表 1　　　　46 家 ST 上市公司破产重整部分样本数据研究①

序号	代码	简称	重整结果	特别处理时间
1	600703	S＊ST 天颐	更名"三安"，恢复上市	(2001-11-26 至 2002-03-23) (2006-05-11 至 2009-01-22)
2	000670	S＊ST 天发	更名"盈方微"，恢复上市	(2003-05-15 至 2004-04-02) (2006-05-09 至 2013-05-17) (2016-05-05 至 2017-03-30)
3	000925	S＊ST 海纳	更名"众合科技"恢复交易	(2006-05-09 至 2009-06-05)
4	600722	＊ST 沧化	更名"金化"，恢复交易	(2007-05-09 至 2013-01-30) (2015-04-21 至 2016-02-04)
5	000631	S＊ST 兰宝	更名"顺发恒业"，恢复上市	(2005-05-13 至 2009-06-05)
6	000688	S＊ST 朝华	更名"建新矿业"，恢复上市	(2006-05-30 至 2013-04-26)
7	600155	＊ST 宝硕	恢复交易	(2007-02-28 至 2014-03-07)
8	600705	S＊ST 北亚	更名"中航资本"，恢复上市	(2006-04-20 至 2013-02-05)

①　数据来源：深圳证券交易所官网、上海证券交易所官网、中国裁判文书网，访问日期：2017 年 5 月 13 日。

续表

序号	代码	简称	重整结果	特别处理时间
9	600242	S＊ST 华龙	更名"中昌海运"，恢复交易	（2006-05-15 至 2011-04-06） （2015-05-13 至 2016-04-06）
10	000892	S＊ST 星美	更名"欢瑞世纪"，恢复交易	（2006-05-12 至 2013-03-27） （2015-04-30 至 2016-02-24）
11	000561	S＊ST 长岭	更名"烽火电子"，恢复上市	（2003-04-29 至 2010-12-07）
12	600094	＊ST 华源	更名"大名城"，恢复上市	（2007-05-09 至 2012-02-29）
13	600180	＊ST 九发	更名"瑞茂通"，恢复交易	（2008-07-02 至 2012-09-01）
14	000719	S＊ST 鑫安	更名"大地传媒"，恢复上市	（2005-11-17 至 2011-12-01）
15	200160	＊ST 帝贤 B	更名"南江 B"，恢复交易	（2008-05-08 至 2013-03-27）
16	600556	＊ST 北生	尚未摘帽	（2007-04-30 至 2014-05-07） （2016-09-20 至访问日期）
17	600728	S＊ST 新太	更名"佳都新太"，恢复交易	（2006-05-12 至 2011-08-05）
18	000498	＊ST 丹化	更名"山东路桥"，恢复上市	（2003-04-24 至 2004-03-22） （2007-04-24 至 2013-05-03）
19	600217	＊ST 秦岭	更名"中再资环"，恢复交易	（2007-05-16 至 2012-08-23） （2015-03-21 至 2016-03-08）
20	600057	＊ST 夏新	更名"象屿股份"，恢复上市	（2002-05-23 至 2003-04-18） （2008-04-30 至 2011-08-23）
21	000587	S＊ST 光明	更名"金洲慈航"，恢复交易	（2004-04-29 至 2012-09-07）
22	000034	＊ST 深泰	更名"神州数码"，恢复交易	（2005-05-13 至 2011-03-31）
23	000697	＊ST 偏转	更名"炼石有色"，恢复交易	（2009-04-29 至 2012-07-24）
24	000818	＊ST 锦化	更名"方大化工"，恢复交易	（2009-12-10 至 2012-03-13）
25	600699	＊ST 得亨	更名"均胜电子"，恢复交易	（2007-04-30 至 2012-02-29）
26	000787	＊ST 创智	退市	—
27	600757	＊ST 源发	更名"长江传媒"，恢复交易	（2007-05-28 至 2012-03-23）
28	000557	＊ST 广夏	更名"西部创业"，恢复上市	（2001-12-25 至 2016-05-06）

续表

序号	代码	简称	重整结果	特别处理时间
29	000757	*ST 方向	更名"浩物股份"，恢复上市	(2006-04-27 至 2013-04-18)
30	600678	*ST 金顶	恢复交易	(2009-06-30 至 2013-02-01)
31	000035	*ST 科健	更名"中国天楹"，恢复交易	(2005-07-05 至 2014-04-21)
32	002145	*ST 钛白	恢复上市	(2009-04-24 至 2012-12-26)
33	600817	*ST 宏盛	尚未摘星脱帽	(2008-03-25 至访问日期)
34	600462	*ST 石岘	更名"九有股份"，恢复交易	(2007-05-12 至 2013-04-03)
35	000677	*ST 海龙	更名"恒天海龙"，恢复交易	(2011-09-14 至 2013-07-02) (2015-03-13 至 2016-03-25)
36	000820	*ST 金城	更名"神雾节能"，恢复交易	(2006-05-11 至 2013-06-18)
37	000972	*ST 中基	尚未摘星脱帽	(2012-05-04 至 2013-11-05) (2017-04-20 至访问日期)
38	000751	*ST 锌业	恢复上市	(2009-06-09 至 2010-05-21) (2012-05-03 至 2014-08-06)
39	600074	*ST 中达	更名"保千里"，恢复交易	(2011-04-28 至 2014-05-13)
40	601268	*ST 二重	退市	—
41	000520	*ST 凤凰	更名"长航凤凰"，恢复上市	(2013-04-26 至 2015-08-18)
42	002506	*ST 超日	更名"协鑫集成"，恢复上市	(2013-02-05 至 2016-03-15)
43	002015	*ST 霞客	恢复交易	(2014-03-28 至 2016-02-24)
44	000033	*ST 新都	尚未摘星脱帽* 2017 年 5 月 18 日退市	(2001-08-17 至 2002-04-15) (2014-05-08 至访问日期)
45	600145	*ST 新亿	尚未摘星脱帽(停牌中)	(2010-05-06 至 2012-08-28) (2014-05-01 至访问日期)
46	000155	*ST 川化	尚未摘星脱帽(暂停上市)	(2012-05-04 至 2013-06-05) (2015-04-07 至访问日期)

(二)分析结论

综合上述数据,我们可以得出如下结论:

1. 经过重整程序成功恢复上市或交易的公司占样本比例的82.61%,重整尚未取得成效的占样本比例13.04%,重整失败比例为4.35%。破产重整绝大多数在数据上呈现正常运营趋势,也有企业经过重整依然无力回天,说明不同企业的实际情况有所不同,是否适合重整也需要区别对待,一些公司本身不具有重整能力而考虑各方面短期利益滥用重整,导致资源低效率利用产生浪费。我国没有制定可供操作的破产法司法解释,在鉴别企业究竟是"死鱼"还是"休克鱼"①时缺乏完善的信息披露制度和准确的价值评估市场。

2. 从重整恢复上市交易的样本看,至少有86.84%的股票进行了更名,说明借壳上市的情况十分普遍,大部分企业在重整之后改变了企业的主营业务范围,但被借"壳"企业其业绩的突然提高和财务状况的改善并不是因为重整拯救了困境企业,可能恰恰相反,对于换到壳外的真正的财务困境企业毫无拯救之意,因为被换到"壳"外的企业"再生"的机会微乎其微。就《企业破产法》本身而言,重整不成功的结果就是清算。该结果之所以在中国资本市场上一直没有出现,归根结底还是因为中国资本市场的不健全导致一个畸形的上市公司壳价值的存在,壳投资人早晚会运用各种技巧把高昂的买壳成本转嫁给市场。

3. 进一步分析重整成功后企业的运营情况,样本中34.09%(除去退市)的ST上市公司在重整脱帽之后又陷入特别处理困境,在重整尚未取得成效的公司中,不止一次被特别处理的比例高达83.33%。借壳上市的企业在上市之后一般要负担原有企业一些不良资产、债务,有些一开始就被"ST",有些过不了多久也被"ST",另

---

① "死鱼"与"休克鱼"理论是海尔集团董事长张瑞敏提出的海尔在发展扩张中的一种战略。海尔在企业经营理念中,用鱼来隐喻企业。"休克鱼"就是指那些硬件很好,但由于思想观念停滞不前,一旦注入新的管理思想就会重新恢复生机的企业;"死鱼"就是指没有生命活力、注入大量资金也无法存活的企业。

外，通过借壳上市的企业，没有像 IPO 上市企业那样进行严格的审核，欠缺透明的信息披露，有可能注入上市公司的资产并没有如 IPO 那么优质，这也将导致企业过快地出现经营困境，从而被"ST"。

4. 综合上述分析，借壳重整方式在壳资源稀缺的情况下，是相对具有效率的一种方式，但我国目前存在过度强化破产重整作用的情况，不同的 ST 上市公司的破产选择应当不同，反复重整仍不成功的上市公司已经没有挽救的价值，强行重整只会造成资源的浪费。

三、新形势下 ST 上市公司破产重整之必要性

（一）IPO 速度加快，壳价值缩小

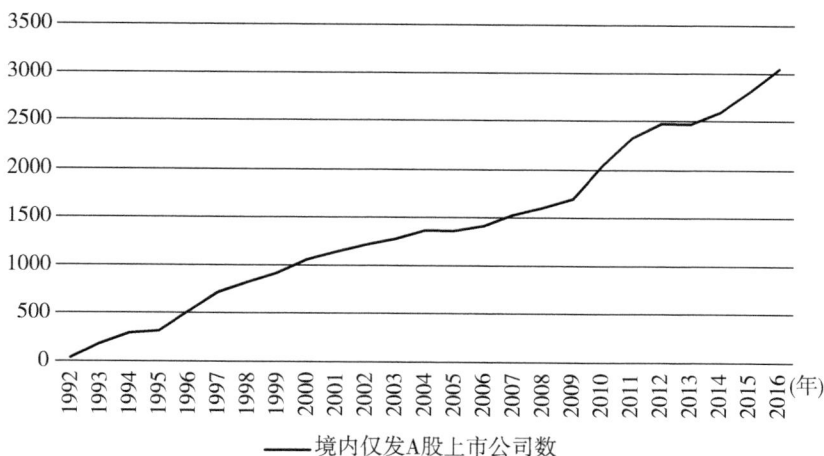

图 1　境内仅发 A 股上市公司数

　　IPO 又称造壳上市，与借壳上市相比，能通过 IPO 上市的企业，通常都不会选择借壳上市，因为借壳上市成本也不低，面对负债累累的可用之壳，即使上市也要在一段时间的挣扎之后才能走上正轨。2009 年 IPO 重启之后中国 IPO 数量猛增，交易或上市的通道问题随着新三板市场的发展和《证券法》将来可能对 IPO 注册制的修改，将

会得到进一步拓宽，如此，壳资源的价值在未来将显著缩水，一些质量太差的壳将会被彻底淘汰。① 注册制改革的趋势摒弃了对发行人资质进行实质性审核和价值判断的原有做法，将发行公司股票的良莠交由市场来决定，相比之下有两点好处：第一，发行成本降低，资本市场的效率将会大大提高。相比以前资源配置的竞争，创新型公司会比传统型公司更快进入投资者的视野，随着拟发行公司的批量上市，将很好地解决中小企业融资难的困境。第二，重建证券市场的健康生态。由注册制构建的新生态把发行风险赋予主承销商，中介机构负责实现要求合规，发行人对信息披露真实性负责，证券监管只负责审核信息披露的真实性并追究相应的法律责任，通过违规的高成本约束中介机构的行为，保障投资者的权益。

总体来看，IPO 作为资本市场的重要前站，其对于市场的影响将日益体现，一级市场、二级市场的平衡是相对的，而节奏的加快，也与未来我国推行股票发行制度改革密切相关，现行 IPO 发行体现了中国资本市场发展的必然趋势。② 从相关数据分析来看，IPO 扩容提速使得注册制事实上已经运行，虽然对于一些不符合 IPO 财务条件的地产、矿业企业在 A 股市场仍具有壳资源的需求，但随着壳资源的贬值，对无业绩成长的垃圾股的炒作将受到大幅度的冲击。据统计，2012 年至 2015 年期间，A 股市场借壳类重组持续急剧升温，分别达到 15 例、45 例、68 例和 75 例，但 2016 年全年仅有 27 例，并

---

① 图示数据来源：和讯网，http：//data. hexun. com/mac/info/120091956/1120024175，访问日期：2017 年 5 月 29 日。

② 2017 年，IPO 审核与上市明显提速，截至 5 月 15 日，证监会发审委审核企业 197 家，通过 169 家，未通过 22 家，暂缓表决、取消审核合计 6 家。申报排队方面，2017 年证监会披露收到的首次申报排队企业达到 85 家。而今年截至 5 月 17 日成功上市的企业已达到 199 家。开年以来，除二月受春节因素影响，平均发审委平均每周审核 13 ~ 15 家企业，以此速度持续下去，预计今年成功 IPO 的企业将超过 500 家，使整个 A 股上市公司数量增加 16%，全年 IPO 融资额可达 3000 亿元。资料来源：搜狐财经，http：//mt. sohu. com/business/d20170518/141639932_465600. shtml，访问日期：2017 年 5 月 29 日。

且其中 21 例集中于上半年，下半年只有 6 例。①

中国证监会于 2013 年 11 月 30 日发布并实施《关于在借壳上市审核中严格执行首次公开发行股票上市标准的通知》中明确了借壳上市执行与 IPO 审核同等的要求，之后又进一步完善借壳上市的相关规定，意图从根本上减少内幕交易，形成有效的退市机制。② 相较于破产清算而言，重组方之所以愿意走破产重整程序去借壳，主要是看中了破产重整环节的债务豁免、原有股东权益的让渡以及协商定价这三个优势，借壳上市与 IPO 的审查标准趋于一致的背景下，以破产重整为掩护的借壳保壳游戏将会进一步降温。③

（二）新股发行常态化加速退市机制形成

如果把资本市场比做池塘，IPO 就是进水量，退市机制就是出水量，只进不出的水是一潭死水，毫无用处，为了发挥 IPO 常态化的市场优势，A 股市场必须要形成一个行之有效的退市机制。在成熟的证券市场上，上市证券被摘牌终止上市的标准大体上可以分为四类：一是上市公司的资本规模或股权结构发生重大变化，达不到上市要求；二是公司经营业绩或资产规模达不到上市要求；三是当上市公司因涉及资产处置、冻结、财务状况欠佳等情形，造成公司失去持续经营能力；四是公司违反有关法律法规并造成恶劣影响。④ 在我国，A 股退市最可量化的标准是上市公司出现了"连续三年亏损"，这种标准是相对可量化也可以具体实施的，然而在我国实践操作中，三年连亏进入半年的退市宽限期往往被重组下的暂停交易转变为 3—5 年不等的停牌，在停牌期间的破产公告，往往被视为买卖壳资源的"英雄

---

① 钟国斌：《壳资源不再是香饽饽》，《深圳商报》，2017 年 2 月 8 日。

② 2014 年修改的《上市公司重大资产重组管理办法》将借壳方明确定义为"收购人及其关联人"，明确创业板上市公司不允许借壳上市。

③ 齐砺杰：《破产重整制度的比较研究——英美视野与中国图景》，中国社会科学出版社 2016 年版，第 272~274 页。

④ 《从纽约到东京 成熟证券市场如何退市》，证券时报网，http://zt. stcn. com/content/2010-08/09/content_1032848. htm，访问日期：2017 年 5 月 30 日。

帖",很多垃圾股借用停牌契机大肆炒作,意图大赚一笔,即使无法翻身,还可以退至三板市场,所以至今我国 A 股市场上还未发生真正意义上的破产清算。

在 IPO 加速扩容的同时,企业退市机制也在发生相应的变化。自 2001 年退市制度建立以来,沪深交易所年均退市率不足 0.35%,相比而言,纽约证券交易所年均退市率为 6%,50% 是主动退市;纳斯达克年均退市率为 8%,主动退市率占近 2/3。① 从某种意义上说,中国 A 股退市问题,主要不在于制度或法律不健全,而在于国企的身份地位、社会利益的考量,以及政府执法监管。2017 年 5 月 16日,深交所对 ST 新都作出股票终止上市的决定,使 ST 新都成为了2017 年"退市第一股"。近年来,证监会重视并持续推进退市制度改革,2012 年 4 月发布《关于改进和完善上市公司退市制度的意见》,2014 年 10 月发布《关于改革完善并严格实施上市公司退市制度的若干意见》,启动新一轮退市制度改革,并指导沪深交易所同步修订《股票上市规则》,取得了一定效果。② 我国目前正处于注册制改革过程中,以往上市难、退市少的格局将逐渐发生变化,新股发行常态化下,在吸引更多优秀企业通过资本市场发展壮大的同时,也要让不再符合上市条件的公司坚决退市。目前我国退市机制仍不完善,通过淘汰劣质公司,施加外部压力,让上市公司保壳重整渐渐失灵,对于供给侧结构性改革下"去产能、调结构"的要求具有实际价值。

(三)定价机制转变抑制壳资源炒作

上市公司重整需要注入新的资产,相应的公司的注册资本增加需要发行新股,正常企业发行新股时通常以成本法、折现现金流量法、相对市价法和期权定价模型等方法进行价值评估,破产企业绝大多数

---

① 温济聪:《＊ST 新都成今年"退市第一股"》,《经济日报》,2017 年 5月 25 日。

② 孙先锋:《新股发行常态化加速退市机制形成》,《中国联合商报》,2017 年 2 月 20 日。

欠缺继续经营的价值，通常很难进行定价评估。① 过去发行股份购买资产的定价方式有两种：第一种是发行定价应不低于董事会公告日前20个交易日公司股票交易均价；第二种是协商确定发行价格。一直以来中国的 A 股市场只要上市公司被提请破产重整，其股价很快随之强势上涨，投机行为和股价操纵行为十分猖獗，再加上对法院无一例外都会裁定重整的"自信"，往往会导致破产重整前股价被人为推高，重组方注入资产摊薄后的每股收益能支撑停牌前的股价的期望越大，重整的推进也就越困难，所以第一种过于刚性的定价方式不足取。第二种协商定价的方式往往给予重组方刻意压低股票增发价值的权力，在排除了债权人和中小股东的参与下，新晋大股东和原本的大股东沆瀣一气，使得协商定价缺少了平等协商的实质内涵，引发市场的质疑。

2014 年中国证监会就《上市公司重大资产管理办法》向社会公开征求意见，废止了协商定价的机制，采用了新的定价方式，一方面拓宽定价区间，增大选择面，允许适当折扣，另一方面在交易获得证监会核准前，对于股票价格发生重大变化的股票，董事会可以对发行价进行一次调整，并要求明确披露。② 2016 年 9 月 9 日，证监会对该办法又进一步作出修改，完善了重组上市认定标准及配套监管措施，强化上市公司和中介机构责任，延长了相关股东的股份锁定期来抑制投机"炒壳"。③ 定价机制的变化使得借壳上市的投机性受限，随着壳价值优势的逐渐减弱、壳成本的不断上升，通过重整借壳上市的做法最终将被摒弃。

新形势下炒壳现象虽有待降温，但是在壳股资源供求不平衡的情况下，资本逐利的游戏总有新的方法，比如意图借壳方不购买上市公

① 李佳：《企业破产重整价值评估方法研究》，《现代会计》2009 年第 2 期。

② 中国证券监督管理委员会第 109 号令：《上市公司重大资产重组管理办法》第 45 条，自 2014 年 11 月 23 日起施行。

③ 证监会发布《关于修改〈上市公司重大资产重组管理办法〉的决定》，中国证监会网站，http://www.sac.net.cn/hyfw/hydt/201609/t20160912_128961.html，访问日期：2017 年 5 月 30 日。

司大股东的股份，而是成为大股东的实际控制人，在逐步控制上市公司的过程中最终坐上大股东的交椅。同样对于有意愿借壳且符合借壳条件的资产方，壳资源作为上市公司资本运作平台的价值也没有发生改变，尤其是考虑到面对当前冗长的 IPO 队伍，重组上市仍是许多上市诉求强烈企业的首选。① 但 IPO 提速、并购重组审核趋严、资金看空导致"壳行情"一路下滑是不可避免的趋势，而未来壳资源不再值钱将有利于股市上"僵尸"企业的清理，促进上市公司优胜劣汰，从根本上来说，要想真正防范重组乱象，唯一的办法就是从制度源头进行根本性的改革，即推动股票发行注册制改革，以"疏"代"堵"理顺上市通道。

---

① 苏红宇：《炒壳遭严打 ST 何去何从》，《经济》2016 年第 20 期。

第四部分
破产管理人制度

试论破产管理人制度及其完善

熊晓明　　胡美琴*

摘要：《企业破产法》引入了国际通行的破产管理人制度，最高人民法院在司法解释中对指定管理人和确定管理人报酬也作了进一步明确，但管理人制度在破产实践中仍存在一些问题亟须解决。本文旨在分析破产实践中管理人制度存在的不足，并提出相应的对策。

关键词：企业破产法；管理人；不足；对策

一、破产管理人制度的不足

破产管理人是指破产案件中，在法院的指导和监督下全面接管债务人财产并负责对其进行保管、清理、估价、处置和分配的专门机构。管理人的工作在客观上决定破产案件的进展，在破产程序中具有十分重要的作用，管理人的素质和能力关系法院审理破产案件的质量和效率。《企业破产法》在第三章专门单独规定管理人的资格、职责和责任等内容，最高人民法院为此制定了《关于审理企业破产案件指定管理人的规定》和《关于审理企业破产案件确定管理人报酬的规定》，将破产管理人制度放在了比较重要的立法地位。虽然上述法律和司法解释对管理人制度进行了规定，但在破产实践中，管理人制度仍然存在一些不足。

---

* 熊晓明，湖北省黄冈市中级人民法院党组成员、副院长。胡美琴，湖北省黄冈市中级人民法院民二庭副庭长。

（一）管理人选任制度的不足

1. 管理人资格的不足

《企业破产法》规定了两类管理人，一类是由有关部门、机构的人员组成的清算组。最高院在《关于审理企业破产案件指定管理人的规定》中进一步明确，以下三种情形可以指定清算组作为管理人，即在破产申请受理前，根据有关规定已经成立清算组；人民法院认为符合该规定第 19 条的规定；审理《企业破产法》第 133 条规定的案件，有关法律规定企业破产时成立清算组，并在此三种情形后制定了一个兜底条款"其他情形"。此种规定承继了 1986 年《企业破产法（试行）》中有关清算组的规定，主要是考虑到在破产实践中，特别是国有企业的破产涉及国有资产处置、职工安置等复杂问题，需要由政府有关部门、机构的人员组成的清算组担任管理人。但清算组作为管理人，由于其成员缺乏专业知识与业务水平，不能保证破产相关事宜得到专业化处理，且往往由政府工作人员兼任，会影响破产工作的进度。基于以上原因，此项制度一直饱受诟病。

另一类管理人是依法设立的律师事务所、会计师事务所、破产清算事务所等社会中介机构或个人。《企业破产法》及最高人民法院《关于审理企业破产案件指定管理人的规定》规定，一般情形下指定社会中介机构作为管理人，还规定对于事实清楚、债权债务关系简单、债务人财产相对集中的企业破产案件，法院可以指定管理人名册中的个人为管理人。指定社会中介机构作为管理人是目前国际通行的做法，有利于发挥社会中介机构的专业优势，不受人情世故的限制，进行独立清算。破产实践中，律师事务所可能对破产程序中的法律问题较为专业，但对具体的债权债务、公司财务等方面不是很熟悉。同理，会计事务所具备财务方面的专业优势，但对破产程序中的一些法律专业问题不清楚。由此导致某个中介机构并不能很好地完成清算工作。而又由于破产费用的限制，聘请其他人员长期参与破产清算工作的费用过高，导致清算工作不能及时有效推进。且社会中介机构成员相对单一，综合协调能力有限，在处理破产中的社会稳定问题上难以拿出切实可行的方案，与相关政府部门的沟通能力上明显欠缺。

2. 选任方式的不足

《企业破产法》和最高人民法院《关于审理企业破产案件指定管理人的规定》规定，法院一般应当从本地管理人名册中采取轮候、抽签、摇号等随机方式公开指定管理人。对于商业银行、证券公司、保险公司等金融机构以及在全国范围内有重大影响、法律关系复杂、债务人财产分散的企业破产案件，法院可以采取公告的方式邀请编入各地管理人名册的社会中介机构参与竞争，从参与竞争的社会中介机构指定管理人。对于经过行政清理、清算的商业银行、证券公司、保险公司等金融机构的破产案件，法院除了可以指定社会中介机构作为管理人外，也可以在金融监督管理机构推荐的已编入管理人名册的社会中介机构中指定管理人。由此可看出，管理人的指定有三种方式，即随机指定、竞争指定和推荐指定，其中随机指定是主要方式。[①] 虽然这一方式有利于解决指定环节的公开、公平问题，但仍存在一些问题。第一，无法考虑到各管理人之间的公平竞争，排除了不同管理人凭实力竞争的合理性，将机会的获取完全归于运气。第二，无法考虑到破产案件个案对管理人某项能力的特殊要求，可能出现管理人不能胜任该破产工作的问题。第三，无法考虑到破产案件极少的地方，管理人名册中绝大部分社会中介机构缺乏专业人员、几乎没有破产案件从业经验的情形，可能出现指定的管理人无法胜任破产工作。第四，无法考虑到无产可破或无报酬可支付破产案件中，被法院指定的管理人拒绝或消极敷衍破产工作。

（二）管理人监督制度的不足

1. 监督主体的不足

管理人履行职责需要有完善的监督制度，监督机制是保障管理人

---

① 王欣新：《论破产管理人制度完善的若干问题》，《法治研究》2010年第9期。

审慎、勤勉地依法履行职责的安全网。一方面，现行立法虽然规定了管理人要向法院报告工作，并接受债权人会议、债权人委员会的监督，但债权人会议并非常设机构，难以发挥日常监督职能，而债权人委员会不是在所有的破产案件中均有设立，即使设立了债权人委员会，因为债权人委员会成员来源于债权人，不能因履行监督职责而获取报酬，积极性不高，且债权人委员会成员相对分散和受到地域与信息沟通的障碍，监督效果较差。另一方面，法院肩负着监督管理人职责的重要责任，但法院作为管理人的选任人、破产事项的裁决者，破产实务繁琐，没有足够的人力、物力对管理人进行监督，且法院在必要时需要参与一些具体的破产事务，实际上也难以站在超然的地位实现对管理人的监督职能。

2. 监督方式的不足

现行立法规定，债权人会议、债权人委员会认为管理人不能依法、公正依法执行职务或者有其他不能胜任职务情形的，可以向法院申请更换管理人。但由于管理人是由法院直接指定的，债权人会议仅有向法院申请更换管理人的权利，无权直接更换管理人，至于是否更换管理人由法院决定。而破产实践中，法院在决定是否更换管理人时，必须考量三个因素：一是现任管理人是否存在不能胜任情形；二是更换现任管理人后，有无更合适的管理人人选；三是更换现任管理人后，现任管理人的工作与后任管理人如何交接、对现任管理人的前期工作报酬如何计算、现任管理人是否要承担赔偿责任等。基于以上三个因素，法院对于更换管理人事项持审慎态度，一般情形下很少作出更换管理人的决定。

更换管理人是法院对管理人监督的终极处理方式，但法律并没有对管理人在履行职务过程中在某些方面做法存在不足，债权人会议或债权人委员会能否在不更换管理人的情况下，对管理人的不当行为进行具体的监督进行明确的规定。实践中，在此种情况下，债权人会议或债权人委员会可向法院申请，要求管理人限期改正操作。

二、管理人制度的完善

现行立法对于管理人选任的各项规定，其目的是使法院在公平、公正程序下，指定出最适合各破产案件需要的管理人。为了实现这一目的，应完善现有管理人制度的不足。

(一)管理人选任制度的完善

1. 完善管理人选任资格

第一，对清算组成员的改良。清算组作为管理人被诟病缺乏中立性与专业性，但在当前破产实践中，由于企业破产往往引发诸多社会问题，系社会中介机构管理人无力解决的内容，指定清算组作为管理人，令政府官员在必要情形下亲自从事破产管理人实务，以协调上述问题。[1] 所以在一些社会矛盾突出、需要做大量协调工作的破产案件中，法院指定清算组作为管理人，仍然是利大于弊。为解决清算组的专业化水平不够、工作效率不高的问题，法院应对破产案件受理前已成立的清算组成员适格性进行审查，仅有政府官员而无专业人员的，指导其进行调整。

第二，完善管理人名册制度。破产是一个系统的工程，它牵涉到多方利益，所需的知识也比较广泛，涉及法律、财会、审计、资产处置、商业经验等，对管理人的要求也较高。在《企业破产法》和最高人民法院《关于审理企业破产案件指定管理人的规定》出台后，各地法院纷纷制定了所辖区域的管理人名册，但破产实践中，并非所有入册的社会中介机构和个人都能胜任破产管理工作。为此，(1)严格管理人的准入标准。申请进入管理人名册的社会中介机构不仅要有一定的自由财产，能够独立承担民事责任，还要有法律、会计和其他方面的专业人才队伍，确保进入名册的中介机构能够独立履行管理人职

---

[1]　陆晓燕：《破产管理人制度中司法控制与当事人自治之间的制衡——破产管理人选任制度价值研究》，《人民司法(应用)》2015 年第 1 期。

责。在一些破产案件较多、社会中介机构管理人市场发展良好的地区，可以采取管理人分级制度，进一步细化管理人的执业范围，而在一些破产案件较少、社会中介机构管理人市场发展滞后的地区，则应控制入册的社会中介机构的数量，保证入册管理人数量与破产案件的数量相适应即可，且不宜对管理人进行分级管理，以培育市场为主。（2）实施管理人名册的更新。管理人名册指定后，法院应对各社会中介机构管理人进行考评，建立管理人的业绩档案。将那些评价不好的中介机构列入"黑名单"，经过一段时间的整改后，如仍不能达到相应要求，即应将其从管理人名册中剔除，并增补符合条件的管理人进入名册。①

2. 完善管理人选任方式

现行立法规定的随机为主的指定管理人方式，针对性不强，选出的管理人往往不符合个案的专业需求，笔者认为应根据破产案件的实际情况，灵活适用指定管理人方式。在基本无产可破等特殊破产案件中，应允许法院不采用随机方式，直接指定管理人；在涉及职工安置人数众多、需要做大量协调工作、影响到社会稳定的破产案件中，允许法院不采用随机方式，直接指定清算组为管理人。对于一些对管理人能力和经验有特殊要求的破产案件，应采取竞争方式指定管理人，此类案件应不限于最高人民法院《关于审理企业破产案件指定管理人的规定》规定的竞争指定方式的范围。对于推荐管理人的主体应不限于最高人民法院《关于审理企业破产案件指定管理人的规定》规定金融监督管理机构，可赋予债权人一定的权限，允许债权人在提出破产申请时，向法院推荐合法社会中介机构或个人作为管理人。

为避免破产实践中，在无产可破或管理人报酬无保障的案件中，法院指定社会中介机构作为管理人后，管理人拒绝或消极敷衍破产工作的情形，建议省级政府设立破产费用基金，以解决破产费用和管理

---

① 杨悦：《破产管理人制度的完善》，《人民司法（应用）》2016 年第 16 期。

人报酬的支付来源问题。①

(二)管理人监督制度的完善

1. 完善管理人监督的主体

第一，鉴于债权人会议和债权人委员会对管理人的监督在实践中受到种种限制，效果甚微，可探讨由债权人会议选举产生一名或多名常设的监督人，参与管理人履行职务中的模式，实现对管理人的有效监督。

第二，鉴于法院实践中没有充足的人力物力对管理人进行监督，建议法院指定管理人后，采取清单式方式列明管理人的主要职责，管理人按照清单载明的事项向法院汇报。清单外的其他事项由管理人自由行使职权处理，避免出现管理人诸事皆向法院请示汇报，不愿担当，不敢担当。

第三，将法院对管理人监督的部分职能分离出来，设立管理人的行政主管机构，对管理人进行行业管理和业务监督，负责管理人的培训、处罚等事宜。

2. 完善管理人法律责任

《企业破产法》规定，管理人未勤勉尽责、忠实执行职务的，法院可以罚款，给债权人、债务人或者第三人造成损失的，承担赔偿责任。这是对管理人责任的规定，管理人承担责任的前提是管理人的职责明确。但现有法律及司法解释对管理人的工作程序规定不完备，缺乏对管理人行使职权的义务规定。笔者建议制定相关的规定，采取列举式的方式列举管理人的主要职责，并在最后设置兜底条款。

在管理人的法律责任方面，《企业破产法》仅仅规定了管理人应承担的民事责任，我国刑法还没有对管理人行为构成刑事犯罪的配套规定，同样因为我国没有设立管理人行政主管单位，行政法规也没有

---

① 王欣新：《论破产管理人完善的若干问题》，《法治研究》2010 年第 9 期。

对管理人的违规或违法行为后果的单独规定，仅仅是参照法律对从业人员的相关规定执行。为促使管理人勤勉尽责，笔者建议在刑法典中，增加管理人犯罪条文，规定刑种和法定刑，制定行政法规，明确管理人的行政责任。

破产管理人监督机制的法律分析

熊 丰 彭 娟*

摘要：我国的《企业破产法》处于初步的发展阶段，其中破产管理人制度更是我国《企业破产法》从国外引进的一项具有创新性、可操作性的制度。破产不是企业终结的表现，而是企业"重生"的一种有效的手段，当一家企业进入破产程序，必定会有破产管理人来接管该公司的管理事宜，积极合法有效地履行法律规定的职责，维护债务人和债权人的合法权利。破产管理人在整个破产程中扮演着"裁判官"的角色，他们的职业素质影响着破产程序的价值，这就要求管理人要有自我约束能力，要在公权力和私权利的监督下良性地行使权力和履行义务。因此，探讨以及建立完善的破产管理人监督机制是十分有现实意义的。

关键词：破产管理；监督机制；法律责任

一、破产管理人的概念及其法律地位

（一）破产管理人的概念

破产管理人是"负责实施对债务人财产的管理、处分、清算、重组与和解方案的拟定和执行等事务的专门机构"①，破产管理人从法

---

* 熊丰，湖北晨丰律师事务所主任律师；彭娟，湖北晨丰律师事务所律师。

① 王利明：《破产立法中的若干疑难问题探讨》，《法学》2005 年第 3 期。

院宣告破产到破产终止，对破产财产的管理、处分、经营等行为都要全程参与。破产管理人根据各国立法设计的不同其称谓也不同，但实际的作用和拥有的权利都大致相同。

破产管理人是破产法上的重要机构，是破产程序中债务人和债权人双方利益的协调者，他们在众多的利益冲突中，必然有他的特殊属性，具体特点如下：（1）主体资格的拟制性，从上述破产管理人的概念可知，破产管理人是负责破产事务的专门机构，该机构由很多人员组成，内部人员分工明确，有自己的一套完整的议事、决策、执行的制度。法律更是赋予了破产管理人在破产进行的过程中，对外有与其他民事主体发生法律关系的权利，故破产管理人是一种拟制的法律主体；（2）地位的中立性，破产事务涉及债务人、债权人、员工利益，公共利益等多方面的利益，在多方利益冲突时，必然会出现诸多的矛盾，当这些情况出现时，破产管理人不能只做一方利益的维护者，而是要严格恪守客观中立的立场去维护各方主体的利益，合理公平地分配破产财产，追求破产价值最大化；（3）独立性，从宣告破产开始，破产财产均由破产管理人接管，可以说破产管理人此时的权利和地位是很重大的，只有破产管理人始终保持独立性，不受来自各方的干涉，才能保证其公平、公正的履行职务，从而保护各相关当事人权益不受侵犯并使破产程序公平、公正、有序地进行；（4）专业性，破产事务繁杂，涉及金融、财务、统计、运筹等各个方面的专业知识，破产管理人不但应该熟练掌握各方面专业知识，而且应该具有一定的实践经验，才有资格进入破产管理人队伍，处理破产财产。①

（二）破产管理人的法律地位

1. 代理说

关于破产管理人法律地位的最早学说是代理说，② 该学说认为破

---

① 参见罗培新：《破产法》，上海人民出版社 2009 年版，第 64 页。
② 根据主张的代理对象不同，代理说又可细分为破产人代理说、债权人代理说、破产人及债权人共同代理说、破产财团代理说等。

产管理人在破产程序中实质上是一位代理人，其行使职权是以被代理人的名义行使权利，重在处理债务人和债权人的债务清偿关系，接受法院委托代为管理和处分破产财产且法律后果归属于破产当事人。这种学说虽然引用了民法上的代理制度，但是却和民法上的代理关系有明显的差异，民法上的代理人是为被代理人的利益去从事法律行为的，要在被代理人的授权范围内行使其代理权，而破产管理人的地位是中立的，他不代表任何一方的利益。因此，代理说是不能够作为破产管理人的法律地位的。

2. 职务说

职务说是代理说的相对说①，它更多的是强调破产程序的公权性，认为破产程序是在公权力的指导和监督下进行，在某种程度上具有强制执行力。中国破产管理人是由法院指定的，那么按照职务说的理论，此时管理人的法律地位就无形中带有较强的司法机关或行政机关色彩，类似国家强制执行机关的公务人员在法院或行政机构的指挥下履行职务，在债务人、债权人以及相关第三人之间形成了公法关系。本文认为这种学说有失偏颇。在中国的司法实践中，破产管理人通常都是由律师事务所、会计师事务所、破产清算公司担任，这些机构的人员并不是国家公务人员，而只是接受法院指定处理破产事务的中介机构。

3. 信托受托说

该学说认为破产人作为委托人，在破产宣告后，将破产财产作为信托财产转移给破产管理人，破产管理人按照自己的名义处分和管理财产，并且其为了所有债权人的共同利益而管理处分破产财产，最终三方形成以信托为核心的法律关系。

---

① 它最早源于 1892 年 3 月 30 日《德国帝国法院民事判例集》第 29 卷所载的一则判例。转引自姚彬、孟伟：《破产程序中管理人制度实证研究》，中国法制出版社 2013 年版，第 40 页。

4. 破产财产代表说①

在法院宣告破产后，破产财产的法律性质和属性都发生了变化，形成了以清算目的而独立存在的破产财团，不再由破产人管理和支配，而是由破产管理人代表该破产财团。从该学说中我们能够清晰地了解到破产管理人的法律地位和破产管理人在破产程序中所做的破产管理行为。破产财团代表说也被很多国家认可，但是这种学说却很少被一个国家以法律明文加以具体的规定。

而我国学术界对破产管理人的法律也是各抒己见，没有明确的规定，目前主流方认为破产管理人的法律地位是特殊机构说。但本文认为无论法律界认可哪种学说，我国在制定相关法律时，要立足于我国的立法法环境和经济现状。而其中尤为重要的是要加快破产管理人监督机制方面的立法进程，从而建立一套完整的破产管理人监督机制体系，防止破产管理人滋生腐败，让其权利在阳光下运行。

二、破产管理人监督机制的内涵以及表现形式

(一)破产管理人监督机制的概念

破产管理人监督机制指在破产程序开始之后各监督主体根据法律法规的相关规定对破产管理人行使职权的行为进行监督的制度，即是指包括以监督主体、监督内容与方式以及法律责任为监督要素的监督体系，从而达成破产管理人自我约束和接受多元化监督的目的。

(二)破产管理人监督机制的表现形式

1. 内部监督

破产管理人的内部监督实际上是自我监督的模式，这种监督方式

---

① "破产财产代表说"又称为"财团代表说"，参见王欣新：《破产法》，中国人民大学出版社 2011 年版，第 65 页。

更多的是要求破产管理人有较强的自我约束能力和职业素养，通过设定破产管理人较高的注意义务迫使他们在行使职权时能够达到内心的自我监督。善良管理人的注意义务也是破产管理人应尽的一种法律义务，如果破产管理人在行使职权的过程中违背了善良管理人的注意义务给债务人或者债权人利益造成损失，应该承担相应的法律责任。

2. 外部监督

外部监督是由多个监督主体共同实施的多主体、全方位的监督，它主要包括法院监督、债权人会议监督、债权人委员会监督等。① 我国《企业破产法》规定，管理人向人民法院报告工作、列席债权人会议，对债权人会议负责，向其报告职务操作情况，并解答参会人员的质询。其中法院的监督方式有：更换不称职的破产管理人②、对破产管理人从事重大事项申请进行审查、要求破产管理人定期或不定期向其汇报工作等。债权人会议有权请求法院撤换不称职的破产管理人、有权请求法院撤销违背债权人利益的决议、有权讨论破产管理人提出的破产分配方案等。

3. 法律责任监督③

破产管理人法律责任的监督是指破产管理人在履行职责时若违反了法律的强制性规定或者消极地不履行应尽的职责，就要承担相应的法律责任，主要包括民事责任、行政责任和刑事责任。民事责任主要是破产管理人在职权行使中的损害赔偿责任，行政责任主要是破产管理人违反行业管理方面的相关规定而要承担的责任，刑事责任主要是破产管理人的严重违法行为触犯刑法的规定而应承担的责任。

从破产管理人的自我监督到外部多元化主体的监督和多层次措施

① 参见《企业破产法》第 23 条。
② 具体情形参见最高人民法院《关于审理企业破产案件指定管理人的规定》第 33 条。
③ "法律责任监督"又称"结果监督"，参见叶军：《破产管理人制度理论和实务研究》，中国商务出版社 2005 年版，第 281 页。

的监督，再到违反相关法律所受到的法律责任的监督，这三个方面构成了严密、完整的破产管理人监督机制，对于促使破产管理人依法行使职权，促进破产程序公正、高效地解决具有积极的现实意义。

三、我国破产管理人监督机制的现状

我国破产法中虽然对破产管理人的选任、资格、职责作出了相关规定，也明确规定破产管理人接受法院的监督、积极列席债权人会议、有义务接受债权人委员会的询问。但这些规定略显笼统，法律规定也很难落实到实处，不能适应现阶段破产管理人监督的要求。

（一）法院监督权大而空，权利难以落实

在我国法律规定中，法院是破产管理人最主要的监督主体，它的权限贯穿于破产程序的始终。① 在破产过程中，法院成为唯一有权监督破产管理人行为的公权力机关，但是却没有人和部门对法院的权利实施监督，这就很容易滋生司法腐败。大家都知道，我国的破产管理人是由法院直接指定的，人民法院首先依据申报人的具体执业能力、专业水平等执业要素并结合破产法指定的评定标准对其进行综合评估进而确定初审名册，但是最后管理人的初选名册的最终决定权还是在有编制权的人民法院组成的专门评审委员会。从以上我们可以看出，破产管理人的选任程序都是由法院全权主导的，我们就很难保证破产管理人选任的公平性。

破产管理人的报酬如何确定？我国破产管理人的报酬也由法院确定，② 使法院干预商业行为，这也给法院滋生腐败提供了土壤。破产管理人报酬是个很复杂的利益权衡问题，因为报酬过高会影响债权人的利益，但报酬太低又难以调动管理人的积极性。法院原本应该是行

---

① 在各国的破产法中，法院监督都是破产管理人监督的核心内容。包括日本、韩国和德国《支付不能法》等在内，几乎都有明文规定，破产管理人受法院监督。

② 参见最高人民法院《关于审理企业破产案件确定管理人报酬的规定》。

使审判权解决纠纷的中立的机构，让法院来确定破产管理人的报酬无论是从技术角度还是从公平角度都是不可行的。虽然我国破产法赋予了债权人会议对管理人报酬事宜的异议权，但最终的决定权仍然是在法院，这也使得债权人会议的报酬异议权被架空了，没有实质的意义。

其次在破产程序进行中，法院作为专司审判的机构，虽然在法律上有很强的优势，但是它并非是最适当的破产监管主体。现行《企业破产法》中，法院在监督体系中居于主导地位，从破产程序的开始到终结都参与其中，对破产程序的顺利进行负有全面的责任。由于破产管理人的监督工作需要很强的专业性，不仅需要法律方面的专家，也需要经济、会计等方面的专业人士，人民法院的全程监督显然欠缺了某些方面的专业性。[1] 债权人的实体权益，仅靠法院的审判监督是无法得到充分的维护的。履行破产监督职责还需要长期细致的工作，整个破产过程持续一两年的情况并非罕见，法院作为国家审判机关要从事繁杂的审判工作，不可能始终密切关注破产管理人的行为。而且法院过多牵扯到破产监督程序中，不仅对法院的本职工作造成了冲击，而且也不利于破产监督工作的持续进行，耗费大量的人力、物力，对有限的司法资源是极大的浪费。

(二) 债权人会议监督权力薄弱

债权人会议虽然被赋予监督权，但是在实际操作中却很难积极地发挥其监督作用。我国破产法规定第一次债权人会议由法院在法定期间组织召开以外，以后的债权人会议都是在必要时召开，那么在闭会期间，债权人就无法有效地对破产管理人进行日常监督。有些债权人基于债权的受偿率低等各种因素也不会积极主动地参加债权人会议，此时也没有相应的制度来约束，这就会导致债权人会议监督力度大打折扣。

我国破产法要捍卫公平正义的法律价值，不仅要维护债权人的利

---

[1] 参见沈志先主编：《破产案件审理实务》，法律出版社 2013 年版，第121 页。

益,也要维护破产程序其他各方的利益以及与破产程序有关的第三方的合法权益。债权人会议是债权人的会议,它最终是以维护债权人利益为目的的组织,因此需要一个站在公正立场上的监督主体遏制债权人会议履行监管职责时的片面性。而且,债权人会议由来自全国各地的债权人组成,不是一支具有专业知识的队伍,难以应付破产程序中出现的专业化问题。① 从司法实践的情况看,召开债权人会议在许多情况下是形式主义。尤其对外地债权人以及中小数额的债权人,由于信息交流的不对称以及时间上的原因,这样的方式更难满足他们全面了解破产清算事务的意愿,以致造成利益主张不能充分地表达。

(三)破产管理人的职业保险制度不健全

我国《企业破产法》第 24 条规定了个人担任管理人的,应该参加执业责任保险,但却没有对律师事务所、会计师事务所等其他社会中介机构作出要求,这显然是不公平的。不论是个人担任管理人还是中介机构担任管理人,他们的职责和权利都是一样的,在破产程序中的都会或多或少地发生执业风险。那么法律为什么没有要求中介机构担任破产管理人也同样应该参加执业责任保险,这种法律上的漏洞必然会造成各方利益的受损。

(四)破产管理人法律责任制度不够全面

截至目前,我们很难从现有的法律中找到具体规定破产管理人责任承担的具体条款。由于破产管理人掌握着破产企业财产的经营管理权、处分权、调查权、抵销权、撤销权以及诉讼权等权利,如果没有健全完善的法律责任制度来保障债权人、债务人以及相关第三人的利益,那么管理人滥用权利的现象将不可避免。民事责任主要是指民事赔偿,非民事责任包括法院的罚款、警告,甚至刑事处罚。如果管理人违反上述义务,就应当承担民事责任及非民事责任。上述规定只是粗略地规定了管理人的法律责任,缺陷在于没有相关的行政责任的规

---

① 参见沈永胜:《破产管理人制度比较研究》,《企业家天地》2005 年第 10 期。

定；在刑事责任方面也缺少相关的破产犯罪的罪名、犯罪构成等规定。管理人的法律责任既不全面又不具体，在实践中给予法院过多的自由裁量权，损害债权人、债务人以及第三人利益的情况时有发生。① 笔者认为，首先应该通过设立管理人资格考试颁发资格证书的办法来建设管理人职业队伍，然后再由专门的行政机关对管理人的执业行为进行监督，对于严重违反法律法规的管理人应该吊销其职业资格证书。另外，还应该建立管理人的诚信档案。在刑事责任方面应该具体针对现实中常见的破产犯罪专门设立相关的罪名。只有这样多元化的责任监督机制才是完善管理人责任制度的必由之路。

四、建立破产管理人监督机制的必要性

（一）能够有效地预防破产管理人职务犯罪

在现在很多民事审判案件中，大家都会遇到执行难的问题，当这一问题出现，往往会给债权人的利益带来巨大的损害。为了解决这一困境，中央也出台了相关文件，② 文件要求要加快淘汰那些资不抵债的空壳公司，整合社会资源，给中国的经济注入新鲜血液。最高院也出台了"执转破"的法律意见，要求各地法院对那些不能清偿债务的公司进行破产重整。这些政策和法律的出台，无疑是加大了对破产管理人的需求，各个社会机构面对这一巨大的市场利益，都希望自己都能分一杯羹。因为破产管理人是破产程序的核心，集各种权力于一身，如果对破产管理人权力的引导和监督落实不到位的话，很容易出现破产管理人滥用权力或者消极怠慢不履行职责的情况，那么将无法保障破产当事人的利益，更谈不上实现破产程序公正、效益的价值目

---

① 参见周斌照：《论破产管理人制度的完善》，《法治研究》2008 年第 7期。

② 例如，2017 年 3 月 15 日发布并实施的《第十二届全国人民代表大会第五次会议关于 2016 年国民经济和社会发展计划执行情况与 2017 年国民经济和社会发展计划的决议》、2016 年 2 月 1 日发布并实施的《国务院关于钢铁行业化解过剩产能实现脱困发展的意见》等。

标。实践经验表明破产案件的标的都相对较大，一旦发生破产犯罪涉案数额大且后果严重，对当事人和社会公共利益都会造成严重的损害。因此，无论从权力控制角度还是从减少损失的角度来说，建立健全的破产管理人监督机制都是势在必行的，通过日常监督及时发现问题，消除管理人侥幸心理，将犯罪扼杀在摇篮里也是让犯罪成本最小化的一种方式。

(二)有利于均衡各方主体的利益诉求

债务人一旦申请破产程序，一般都是到了资不抵债的程度，所剩财产不能达到清偿债务的标准。例如，有些债务人为了逃避债务而隐瞒、转移、私分破产财产，这种行为严重损害了债权人的利益；相对而言有些债权人为了获得更多的清偿而与债务人或破产管理人串通实施提前清偿或者为原来没有担保的债权设定担保，这种行为就大大损害了其他债权人的利益。因此，完善破产管理人监督机制就可以有效杜绝这些破产欺诈行为从而更有利地保护破产当事人的利益。破产和解、破产重整程序既为债务人提供重生的机会，也使得债权人都能得到最大化的清偿。① 原本是个很好的程序，但由于程序自身的特点也不可避免地会出现部分债务人或债务人与债权人串通利用和解、重整程序转移、隐匿、私分企业财产的现象。要想让一个好的制度和程序能够真正发挥出优势，对这些不良现象的遏制也是刻不容缓的。此时完善破产管理人监督机制又显现出它的必要性：可以有效地保证和解、重整程序的顺利进行，实现设立程序之初所预想的价值目标。

(三)有利于破产效益的最大化

破产程序在市场经济条件下同样必定遵循效益最大化，要让整个破产程序的成本最小化、权利人的收益最大化。② 效益价值是破产程

① 参见胡利玲：《破产重整制度之审思》，《中国政法大学学报》2009 年第4 期。
② 参见张在范：《完善我国破产管理人监督机制的构想》，《河北法学》2005 年第9 期。

序中必不可少的目标追求，公正也应当是效益基础上的公正。加之，破产程序的主要任务是将所剩无几的破产财产公平分配给众多债权人，并共同、适当地分担损失，因而，破产程序中对较小投入和较大产出的追求就显得更为重要。表面上看，增设专门的破产管理人监督机构，势必需要支付监督人的报酬，而且在其执行职务时也会产生一定的费用，这无疑在一定程度上会导致破产费用的增加。但如果深入地分析，即会得出完全不同的结论。在破产程序中，如果没有专职监督机构，仅靠法院的全程、总体监督是远远不够的，也难防止大量侵权乃至犯罪的发生，这无疑会造成极大的资源浪费，影响破产实施的效果，使其所获收益微不足道。相反，如果设立了监督机构，就可以大大抑制上述不良现象的发生，所获收益将远远超过因设置这一角色所产生的成本。可以说，设置专职监督机构的收益大于不设时的收益，且因此而增加的成本甚微。

五、完善破产管理人监督机制的具体对策

破产管理人掌管着破产财产管理和分配的大权，位高而权重，是各种利益主体共同关注的焦点，其是否能公正有效地执行职务，对破产程序的顺利进行起着决定作用。如何建立完善的破产管理人监督体系对破产管理人进行有效监督，是我国破产制度面临的重大问题。通过对我国现行破产管理人监督机制存在的不足之处的归纳总结和国外主要国家破产管理人多层面监督机制的考察，以下是笔者对完善我国破产管理人监督机制提出的看法。

(一)明确破产管理人注意义务，完善内部监督

根据我国《企业破产法》规定，破产管理人在破产案件受理时接受法院的指定，接管破产企业的破产财产和营业成为破产企业的实际管理人。此时，破产管理人作为破产企业的管理机关，享有对破产财产和营业进行处置和分配的权力，其所行使的职权与企业董事的职权相差无几，甚至有过之而无不及。因此，对企业董事所要求达到的注意义务，即善良管理人的注意义务同样也适用于破产管理人。

注意义务①应该细化为：谨慎接管债务人移交的全部财产和与破产财产有关的一切账册文件；对破产财产的管理处分，包括保管清理破产财产、继续经营债务人事业等；对破产债权的调查审查；对取回权、别除权标的物的妥善管理，尽心处理各种诉讼仲裁活动，依法变价和分配破产财产；向法院、债权人和其他利害关系人报告工作和通告信息，请求召开债权人会议，审慎选择委托提供相关服务的专业人士和与破产程序相关的其他注意义务。如果管理人继续经营破产企业业务的，应遵守公司法和其他制定法规定的注意义务，遵守公司章程规定的注意义务。同时要求破产管理人必须对受益人绝对忠实，必须为受益人的利益服务，而排除任何其他利益。在实践中，忠实义务②应该细化为破产管理人不得因自己的身份而从中受益；破产管理人不得收受贿赂、某种利益或所允诺的其他好处；破产管理人必须严守并遵循竞业禁止原则特别是禁止自利交易、攫取公司机会；破产管理人非经允许不得泄露破产业务的商业秘密；破产管理人不得侵吞破产财产及其掌握的其他财产，如别除权的标的财产；破产管理人不得利用破产财团的信息和商事机会。破产管理人的忠实义务采用客观的标准，无须深入考察破产管理人的主观意图，违反忠实义务的认定相对简单和直接。一旦违反这些禁止性内容，就可以认定其违反注意义务，应该受到法院的制裁。

(二) 完善多元化的监督提供，加强破产管理人的外部监督

对监督主体职责的划分应当遵循以下准则：一方面，监督的有效性，即通过监督主体认真地履行职责保证破产管理人公正、公平、合法地执行职务，将破产管理人的渎职行为减少到最低限度；另一方

---

① 参见《企业破产法》第 25 条。

② 忠实义务来源于英美法系的信托法理论，有被称为诚信义务、信任义务，是指受托人对受益人负有唯一的为受益人利益而管理信托事务的义务，严禁在信托管理中为自己或第三人谋利。转引自张天民：《论信托财产上权利义务的冲突与平衡——信托合同的基础与中国继受信托法》，梁慧星主编：《民商法论丛》第 9 卷，法律出版社 1998 年版，第 613 页。

面，监督的有序化，即通过对监督主体职责的划分来避免和化解他们之间潜在的冲突与摩擦，使之能够相互协调与配合，共同构成一个通畅与和谐的监督机制。根据以上准则，结合我国实际情况，各监督主体的职责范围可做如下划分：

1. 确立适当的法院监督地位

在我国现行企业破产法体系下，法院是破产程序的最终裁决者，通过对破产管理人的选任、决定破产管理人的报酬、听取破产管理人关于破产事务进行情况的报告和确认破产管理人做出的决定等，掌握着对破产管理人全方位监督的职权，是我国现行破产管理人监督体系中最重要的监督主体。但从目前的实践情况来看，法院担负着重要的审判职能，面临着"案多人少"的局面，在审判任务难以很好完成的情况下，对于破产案件中涉及的很多非诉讼事务的监督更是流于形式，无法对破产管理人进行全面有效监督。因此，鉴于法院审判任务的繁重和破产事务的专业性，法院应该更多的从宏观上做好破产案件的居中裁判，发挥其在控制和监督破产程序进行的方向和速度方面的积极作用，通过对破产程序运行过程中出现的重大事项或者有争议的事务作出裁决的方式，更多地从"程序正义"的角度对破产管理人履行破产事务进行监督，而不必也无力对破产程序中所有的法律性和非法律性事务担负起全面监督和全程监督的重任。如此一来，对破产管理人日常履行职务的监督就显得更为重要，这就需要债权人会议及其委员会和破产管理人的行业自律组织发挥积极的监督作用了。

2. 完善债权人会议监督权

债权人会议作为所有债权人参与破产程序的意思表示机关，对破产程序和破产管理人执行破产事务具有当然的监督权。应当加强债权人会议在破产管理人选任上的发言权，而不仅仅是赋予其没有最终决定权的异议权。在破产程序中，债权人才是真正意义上的利害关系人，理应拥有选任破产管理人的实体权利。

3. 明确债权人委员会的监督

在日常履行监督职责的过程中，作为监督管理人的常设机构，债权人委员会理应享有撤换权，一旦发现破产管理人的行为存在职务瑕疵、已经或即将严重损害债权人利益时，可以跳过债权人会议，直接向法院提出对破产管理人的撤换申请，在破产管理人可能持续做出更多侵害债权人利益的行为之前将其约束。

（三）加强行业自律监督机制

根据我国目前破产实践中的实际情况，建立破产管理人协会，完善破产管理人的行业自律机制也有着重要的意义。第一，破产管理人协会可以通过制定行业纪律、破产管理人行业道德准则提高破产管理人在执业过程中的自律意识，加强其自我监督功能的有效实施。① 第二，破产管理人行业协会是由本行业专业人士组成，其对破产管理人的执业情况有比较深入的了解和研究，能制定出切合行业特点的执业行为规范，形成公平合理的破产执业过失责任认定标准，为法院认定破产管理人的责任承担提供可靠的依据。

（四）建立专门的破产行政监督管理机构

我国破产管理人监督主体制度的设计上存在缺陷，即没有建立专门的行政管理机构对破产管理人进行卓有成效的监督。② 在所设立的专门破产行政管理机构的职权上，可以概括为两方面：第一，监督性职责，包括监督破产程序的正常运行，规范破产管理人以及破产相关人的破产行为；有权申请法院撤换工作中不尽职或者存在失职行为的破产管理人；监督破产财产分配方案的执行等。第二，管理性职责，负责破产过程中非审判性行政事务的管理；管理破产从业人员，组织

---

① 参见黄娟：《如何对管理人履行职责进行监督》，霍敏主编：《破产审判前沿问题研究》，人民法院出版社 2012 年版，第 79 页。

② 参见李曙光主编：《破产法的转型》，法律出版社 2013 年版，第 189 页。

对破产从业人员的资格认证考试及年度注册备案工作等。

　　设立专门的司法行政监督主体，既填补了破产监督主体职权体系的空缺，又能促进破产程序的高效运行，增加破产程序的透明度，避免司法腐败，对破产管理人进行更有效的监督。从长远的角度来看，这对规范我国破产管理人市场以及建立专业的破产管理人队伍具有长远的积极影响。

　　总之，冰冻三尺，非一日之寒，我国的破产管理人监督机制还需要司法机关和法律工作人员通过实践来不断完善，为破产行业提供强有力的法律支撑。

从案例实践的角度剖析会计师事务所新角色：破产管理人

左北平*

摘要：2016 年是我国经济结构性改革关键的一年，中央经济工作会议提出今后的五大任务：去产能、去库存、去杠杆、降成本、补短板。可以预见，未来较长一段时间供给侧改革将会是经济结构转型的主旋律。认识新常态、适应新常态、引领新常态，是包括注册会计师行业在内的社会各方的主要工作重点。当前我们正面临全面清理"僵尸企业"，市场主体依法出清的新任务。国务院多次发文强调，在企业重整重组过程中，要运用法制化和市场化的原则，无论是法庭外重组还是依法进行破产重整或清算，均需要专业机构参与服务，这给会计师事务所、律师事务所等专业服务机构带来了新的机遇和挑战。对于会计师事务所来说，这为拓展执业领域提供了大好机遇。会计师事务所要在此领域站稳脚跟，不仅要做精做专，体现自身的专业价值，更需要在经济结构调整中发挥自身特有的社会服务功能。

本文旨在通过自身的案例实践，总结探讨会计师事务所扮演的新角色——破产管理人，分析新形势对专业服务机构带来的机遇和挑战，如何发挥自身优势"替政府解忧、为企业解困、为职工解难"，贡献注册会计师的专业价值。

---

* 左北平，注册会计师，利安达会计师事务所高级合伙人，中国注册会计师协会破产管理人课题研究组组长，中国注册会计师协会首批资深会员，江西财经大学会计学院硕士研究生导师，国际破产协会个人会员，澳大利亚公共会计师协会资深会员（FIPA）。

关键词：会计师事务所；机遇与挑战；破产管理人

一、破产服务领域的现状

（一）我国破产法的基本架构及实施情况

破产法是建立企业退出机制的市场经济法律规范，历经十余年的起草，《中华人民共和国企业破产法》（以下简称《企业破产法》）于2006年8月27日颁布，2007年6月1日正式实施。2006年《企业破产法》颁布，标志着我国市场经济进入更加全面的法制化阶段。十年以来，最高人民法院的司法解释，国务院行政法规、部门规章不断回应《企业破产法》实施过程中的新问题，并作出诸多有益的探索。现行《企业破产法》最大的亮点是借鉴了美国等发达国家的破产立法经验，引进了破产保护制度（重整制度）和破产管理人制度，这两项制度对于保障债务公平清偿，挽救具有营运价值的困境企业发挥了不可替代的作用。

新破产法颁布实施十年来，由于配套法规不够完善，破产案件复杂且涉及面广，法院审判力量不足等诸多因素影响，案件审结数量呈逐年下降趋势，未充分发挥其应有的功能作用（见表1）。

表1

年　　份	破产结案数量
2006	4253
2007	3817
2008	3139
2009	3128
2010	3567
2011	2531

续表

年 份	破产结案数量
2012	2100
2013	1998
2014	2059
2015	3568
2016	5665

但自 2015 年下半年以来，随着国家经济结构转型的相关政策相继出台，最高人民法院及时就破产立案、审理等制度措施作了回应部署，解决实务工作中存在的"立案受理难、审理结案难"等问题。特别是 2016 年以来，破产立案呈爆发式增长，运用法制化手段对市场主体依法出清，对困境企业进行破产重整挽救，成为了各地政府进行结构调整的主要政策导向。

(二) 管理人业务情况

《企业破产法》第 24 条规定："管理人可以由有关部门、机构的人员组成的清算组或者依法设立的律师事务所、会计师事务所、破产清算事务所等社会中介机构担任。"中介机构担任破产管理人现状如表 2 所示：

表 2

机构	法律知识	财务知识	企业的经营管理内部治理	是否具有职业资格
会计师事务所	熟悉	精通	熟悉	注册会计师
律师事务所	精通	一般	缺乏	律师
清算事务所	熟悉	一般	一般	无

据统计，在现有的人民法院备案的破产管理人名册中，律师事务

所占三分之二，会计师事务所占三分之一。可见，会计师事务所参与破产服务的潜力和空间很大，其参与积极性亟须提高。

（三）新形势下我国推进供给侧改革破产法所扮演的重要角色，破产服务领域前景分析

2016 年是"十三五"规划的开局之年，是结构性改革的攻坚之年，去产能是中央经济工作会议确定的 2016 年供给侧改革的首要任务，去产能就必须积极稳妥地处置僵尸企业已是各方共识。所谓"僵尸企业"，是指那些不能产生经济效益、只能依赖政府或银行"输血"维持下去的企业。因此，僵尸企业这种僵而不死的状况，不仅大量占用了有效的经济资源，还会使健康的企业受到牵连陷入困境，从而使整个经济结构产生不良反应。当前，我国政府已充分认识到了僵尸企业的存在及其危害，并将清理僵尸企业提上了工作日程。

一方面，在立法层面上，根据新破产法，政府不再主导破产事务；另一方面，在实践层面上，有很多企业不依法退出市场、逃避破产程序、将损失转嫁给职工和债权人等，对于这些现象，政府应该充当好协调者的角色，提供好配套的服务和政策协调。其角色应从主导者转变为信用管理者，致力于推动市场经济的完善。让优胜劣汰的竞争法则有效发挥作用，实现市场中利益格局和利益预期的合理变化。

（四）会计师事务所参与破产服务领域带来的机遇与挑战

1. 破产法和新形势要求给会计师事务所提供了更多专业服务的机会

第一，参与前期策划和咨询服务。在清理僵尸企业前期，会计师事务所应发挥自身的专业特长，为政府、僵尸企业主管部门提供专业的咨询、策划、论证，利用自身日常工作中所积累和掌握的企业管理咨询、企业诊断、尽职调查等方面的专业知识和实务经验，帮助政府、企业主管部门作出处置僵尸企业方面的决策和应对方案。

第二，参与项目运作。处置僵尸企业可能是新项目运作的开端，会计师事务所可以在项目运作中发挥自身专业优势，参与谈判、拟订方案、拟定或审查相关协议，参与实施项目运作，担任破产管理人，确保项目顺利实施和完成。

第三，编入工作组。在清理僵尸企业过程中，政府或企业主管部门可能成立专门工作小组，针对辖区内的僵尸企业，由工作组成员统一部署、相互协调，共同完成清理工作。会计师事务所可以接受政府或企业主管部门委派，参与工作小组，发挥自身的专业特长。

第四，参与由政府部门组成的清算组（管理人）或律师事务所等其他机构担任管理人工作，对僵尸企业进行清产核资，编制财务报告和财务状况说明，编制债权、债务清册，梳理职工名单及拖欠工资、社会保险费，制作职工安置预案等。

第五，接受法院指定，独立担任破产管理人。接管僵尸企业和破产企业，根据破产法规定的权限职责全面开展工作。

第六，在破产重整案件中，通常需要向债权人会议和法院等提供企业偿债能力分析、企业营运价值分析等专项报告文件，会计师事务所可以充分利用自身专长积极参与。

第七，参与上访接待等应急维稳工作，回应解释专业问题，化解职工、债权人或其他利害关系人不满情绪和矛盾。

第八，担当僵尸企业的后续管理工作，如档案、户籍管理，非经营性资产的物业管理等。

2. 会计师事务所面临的挑战

新的机遇，同时也带来了新的挑战。挑战一方面来自经济新常态下对清理僵尸企业的繁重而迫切的任务，另一方面来自于随着人民法院破产审判专业程度的提高，各利益相关方对管理人专业胜任能力提出了更高的要求。目前，会计师事务所开展破产管理人业务还存在一些共性的问题，如面对破产项目的复杂情况，存在畏难情绪；对于破产相关法律法规缺乏系统深入研究，专业人才储备不足；由于破产项目周期长，报酬收益相对较少等原因，会计师事务所决策层重视不够等等。

机遇和挑战对每个破产专业服务机构都是平等的，但如何抓住机遇、迎接挑战，是会计师事务所应当思考的问题。如何把握时机，自查自省，苦练内功，提升能力，适应当前新形势，提供更高效、更优质、更专业的服务应是注册会计师行业当前所面临的重大课题。

二、会计师事务所在破产服务领域的优势与不足

（一）会计师事务所破产服务领域的专业优势

我国会计师事务所日常的职业服务对象均为不同行业的市场企业主体，熟悉企业的经营管理，熟悉企业的内部治理、投融资决策等。与破产法所调整的对象范围高度一致，因此，会计师事务所担任管理人具有无法比拟的先天优势。

在破产清算过程中，管理人的核心工作职责包括：企业财产的接管、清理估价、变现分配等，会计师事务所的日常审计工作中均有涉及这些工作，积累了丰富的实务经验，足以胜任。在破产重整程序中，对可能涉及的关联企业利益转移或混同问题，注册会计师可以利用在审计方面的特有专长，查找相关线索，揭露问题，起到不可替代的作用；在判断企业是否具备重整价值时，注册会计师也可以通过对企业经营现金流和未来市场收益预测分析发表专业意见，提供决策依据；在制定重整方案时，注册会计师同样可以利用自身掌握的财务审计知识，日常积累的为企业提供咨询服务的经验，提供偿债能力分析报告等等。

（二）团队合作意识较强，职业道德水准较高

会计师事务所在担任破产管理人期间，需要处理各种复杂的事务，而这些事务很难依靠个人的力量完成，往往需要组成庞大的工作团队协作完成，客观上需要不同业务领域、不同执业经历的人才参与。而会计师事务所内部工作团队恰恰是根据不同行业、审计、管理咨询等业务服务门类组成的，而且日常工作模式是团队协作完成不同的服务项目，具有成熟的内部团队协作机制和经验，相对于其他专业机构侧重于独立执业的服务方式具有突出的优势。

多年来，国家财政部和中国注册会计师协会对注册会计师行业职

业道德教育常抓不懈，对执业道德风险出现的问题，监管和查处措施严厉。因此行业从业人员整体的道德风险意识较强，完全可以胜任破产法关于管理人勤勉尽责、公平公正的执业需求。

（三）会计师事务所在破产业务领域应当弥补的短板

1. 缺乏担任破产管理人的实践经验

在《企业破产法》实施以前，我国相关破产法律规范中并未授予会计师事务所作为破产管理人的资格，大多数的破产案件往往由人民法院指定以上级主管部门为重要成员组成的清算组负责，这在客观上造成了会计师事务所无全面参与破产案件的机会，导致了全面负责破产清算经验的匮乏，进而削弱了处理破产案件实务经验的积累。同时注册会计师行业和审计学领域极少有关于破产管理人制度系统的、深入的研究，这在短期内，对会计师事务所担任破产管理人恰当处理有关事务造成一定的不利影响。

2. 法律专业知识的相对缺乏、从事破产业务人才储备不足

从各国的破产司法实践看，破产管理人除需要具备财务会计、资产评估知识外，还需要具备其他相关领域的专业知识，如：破产法律和相关的司法解释、民商事法律知识、劳动保障方面的知识等。但就目前会计师事务所的整体情况来看，大部分的事务所在这些专业知识方面是比较缺乏的，在民商事法律方面，注册会计师考试虽涉及了担保法、合同法、公司法等主要经济法律法规，但与破产工作需求相比仍显不足。整个员工队伍中，真正从事过破产业务的为数不多，即使或多或少参与过相关业务，与《企业破产法》对破产管理人的要求也往往存在较大差异。缺少熟悉破产法律的专业人才。

3. 与有关部门沟通协调的能力相对不足

由于破产工作涉及众多主体的利益诉求，如债权人、破产债务人、企业职工等，同时还需处理好管理人与主审法院、政府部门等多方的工作协调，因此破产管理人需具备较强的组织协调和谈判沟通能

力。而注册会计师出于职业谨慎的特性，大多个性内敛、不善沟通，因此，对于扮演好管理人角色存在畏难情绪，不敢轻易涉足破产业务。

综上所述，随着国家经济结构调整步伐的加快，破产服务领域的业务在未来较长一段时间内将会是会计师事务所的主要业务领域之一。在国际上，四大会计师事务所都已把破产服务作为自己的重要业务，如：毕马威会计师事务所设有"重整服务部"，在亚太区的专业服务网络拥有300多名专职重整工作的专业人员。可见，破产服务是中国注册会计师行业发展的需要。当前，注会行业面临着前所未有的发展机遇，我们必须客观清醒地认识和分析自身的优势和不足，扬长避短，采取有效的应对措施，积极地投身参与。

下面我们以实务案例的形式，介绍我们在破产服务领域的拓展实践情况。

三、从案例实践的角度剖析破产管理人业务

（一）积极投身实践，开创性地完成了首例民营企业依法破产案——江西某民营企业依法破产案

案情介绍：

2005年12月，江西某民营企业法定代表人因外出逃债，不幸车祸身亡，企业由于经营不善，形成巨额债务，导致资金链断裂，主要金融债权人向法院申请其破产。当时，新破产法尚未公布，由于旧破产法主要调整对象为国有企业，民营企业破产只能按照民事诉讼法中的企业法人还债程序实施，鉴于上述情况在国内尚无成功案例可供借鉴，该案受理法院考虑到我所以往多次参与国有企业破产清算的经验，开创性地指定我所负责监管该破产企业，并成立了监管组，参照旧破产法中清算组的职责接管了企业。接管企业后发现该企业存在诸多复杂典型的疑难问题：（1）企业财务账册等重要文件缺失，且债务实际控制人已死亡，无法进一步查找。（2）企业主要资产存在严重的权利瑕疵，主要资产为处于市区繁华地段的商业物业，权属证明仅有

房产证，无合法的土地使用证明，并且，前期该资产已抵押给了债权银行，债权银行通过不良资产处置转让给了本案债务人。(3)破产企业存在巨额的民间融资债务，由于受到高额利息的吸引，涉及的债权人多数为普通群众，有的老人将毕生的积蓄投入其中，一旦处理不好，影响社会稳定。(4)破产企业实际控制人还有其他多个经营主体，并且为了举债方便，采取私刻公章等违法手段，诱骗债权人融资。(5)主要经营性商业资产，部分处在对外租赁经营状态，涉及租赁经营者的权益保护问题等。

主要做法：

面对该案如此复杂的局面，加上案件受理时正处在新破产法即将颁布的前夕，我们冷静应对，迎难而上，与受理法院密切配合，创造性地解决了案件中一系列疑难复杂的问题。

(1)超前定位，以即将颁布的新破产法中的管理人职责来定位监管组的工作。考虑到该案的疑难复杂性，预计工作周期必将横跨至新破产法实施后才能完成，经与主审法院协商沟通，本案监管组在新法生效后，由人民法院重新指定为破产管理人，尽管当时各地在新法实施后并未制定管理人名册，考虑到工作衔接，受理法院创造性地作出了上述安排。

(2)勤勉尽责，严守立场，严格审查破产债权，对本案破产企业实际控制人创办的其他经营主体产生的债务严格区分排除，对民间融资中不受法律保护的高额利息部分严格核减，对涉及的普通群众，耐心细致地做好宣传解释工作，先后接待访谈了近千人次，避免了矛盾激化，保障了破产过程中的社会稳定。

(3)主动协调沟通，依法完善破产企业的财产权利手续，由于主要经营资产没有取得合法的土地使用权手续，我们研究了当地政府关于处理历史遗留问题的相关政策文件，主动与政府主管领导和相关部门对接，取得他们对企业破产这项涉及社会稳定的系统工程的支持，先后与市、区部门和领导协调达到二十余次，最终通过补交土地租让金并返还破产企业用于偿债的政策支持，圆满解决了财产权利瑕疵问题，同时增加了破产财产。

(4)根据新破产法的立法精神，针对本案中部分资产对外租赁经营的现状，我们依照新破产法的管理人的职权，解除了租赁合同，将承租方的损失列为共益债务，目标是该项商业物业整体出售，能够更多的吸引潜在购买者，实现财产的最大价值。这一做法虽然突破了民法中"买卖不破租赁"的原则，但符合新破产法中破产财产价值最大化的原则。经过公开拍卖几十轮的竞价，该项资产创下了当时该商业地段的最高价格，本案债权人的最终受偿率超过40%，得到了全体债权人和主审法院的高度评价。

经验启示：

尽管破产管理人业务是一项复杂的系统工程，但是，一方面，管理人要勇于担当，善于组织，主动沟通协调，只要勤勉尽责，依法公平处置，就能维护债权人合法的利益。另一方面，要熟悉和掌握破产的相关法律精神，做到融会贯通，不论遇到何种复杂疑难问题，均可找到有效的解决途径。

（二）适应形势发展，参与国家经济结构调整中的重大破产项目——国内规模最大的民营企业破产案（山西某民营煤炭企业32家关联公司合并破产重整案）

案情介绍：

2015年上半年，山西某知名民营煤炭企业由于经营管理不善，市场形势变化等诸多原因，下属32家企业分别向法院申请破产重整，鉴于企业债务规模庞大，受理法院向全国公开招聘专业服务机构参与管理人工作。我所经公开选聘，和北京某知名律所同时中标成为管理人成员。该项目是目前国内最大规模的民营企业破产重整项目，涉及41家独立财务核算单位，总资产约420亿元，债权人约5000户，破产债权近580亿元，涉及企业职工上万人，该案是迄今为止国内最大的企业破产重整案。

主要做法：

（1）严密组织、周密部署，制定科学合理的工作方案。我们集中抽调了全所破产业务的专业骨干，组成了60人的专业团队，根据项目对象分布和业务任务的要求进行了严密的分工，成立了项目总负责、中心组、业务项目组三层组成的架构体系，根据破产项目的特殊要求制定了科学可行的工作方案。集中对参与人员进行了系统培训，工作计划和方案及时向管理人报备。

（2）组织前期调研论证，初步摸清破产企业的组织架构，调查企业的财务现状和资产分布，根据前期尽调的情况总结分析，及时向管理人提出针对性的合理化建议，在我们前期二十天的初审调研中，发现了破产企业各关联公司在实际控制人的统一控制下，存在大量的法人财产混同的事实，如果按照分别立案、分别重整的方式操作，显然无法保障大多数债权人的利益。因此，我们及时提出了合并重整的书面建议，虽然目前国内有关合并重整的立法解释尚未出台，但借鉴国内外司法实践的情况是现实可行的。受理法院经请示上级法院批准同意了合并重整的方式。

（3）发挥专业优势，审查企业是否存在财产转移，侵占债权人利益的违法线索，针对民营家族企业内部治理的缺陷，我们通过严格审计，先后发现了企业存在股东高管挤占挪用资金、转移财产、个别清偿、低价出售财产等问题线索，相关线索涉及金额达 100 多亿元，及时移交给管理人进一步依法处理。

（4）根据审计掌握的情况，针对企业资金流向、亏损原因、市场分析预测提供专业判断，为管理人和债权人决策、知情提供参考依据，为制定重整方案提供参考意见，我们的工作成果得到了法院和管理人的高度肯定。

经验启示：

企业破产过程中的重要核心工作，是围绕财产清查、债务清偿来进行的，特别是在破产重整程序中，在清理企业债权债务的基础上，判断分析企业是否存在营运价值，这些工作与注册会计师的日常工作紧密相关，知识结构高度重合，会计师事务所只要全力参与，认真对待，一定能够体现在破产服务领域的专业价值。

四、会计师事务所开拓破产管理人业务的建议

第一，要成立内部破产业务专业委员会，搭建结构完整的内部专业组织架构，组建稳定的骨干团队，有条件的事务所可适当引进法律

方面的专业人才，同时建立完善的管理人业务操作流程、管理人工作底稿和档案管理制度。

第二，要强化培训和学习交流，破产业务是一项综合性很强的工作，对参与人员的知识结构、沟通协调能力、应急处理能力均有较高要求，对事务所现有人员必须加强培训力度，应该依托行业协会的平台，采取引进来和走出去的方式，与各方专家联系交流，尽快提高专业胜任能力和综合素养。

第三，要加强对外宣传和推介力度，通过行业协会的推广和自身的宣传，让司法实务界更多的了解注册会计师的专业胜任能力，增强各方对会计师事务所担任破产管理人的信心。

个人管理人制度的障碍及其排除

陈 雯*

摘要：自然人担任破产管理人是国际上的通行做法，我国新《企业破产法》在引入破产管理人制度的同时承认个人可以担任破产管理人。但个人管理人在各地司法实务中却出现操作混乱、标准不一、缺乏认同的现象。这暴露出个人管理人制度在我国目前存在的运行障碍：专业能力不足、法律冲突以及责任能力欠缺。这些问题需要我们从严格选任资质、构建执业责任保险以及统一管理机构等方面予以解决。我们要在认清现状的基础上，设计一套规范个人破产管理人从业制度，为打造一批高质量个人管理人队伍做准备。

关键词：破产法；管理人；个人管理人

引　言

《中华人民共和国企业破产法》（以下简称《企业破产法》）自 2007 年 6 月施行距今正好十年，新法中引进的许多先进制度一直引发学界的热烈讨论。其中，由破产管理人取代清算组被认为是新法中的一大亮点。① 但回顾这十年的发展，管理人制度却没有完全达到立法预期，尤其是管理人分类中的个人管理人，虽然在发达国家的破产法事务中个人管理人是主力，但在我国的境遇却相当"凄惨"。我国《企业

---

* 陈雯，武汉大学法学院 2015 级民商法硕士研究生。

① 王欣新：《破产法》（第三版），中国人民大学出版社 2011 年版，第 64页。

破产法》在第 24 条第 2 款中明文规定自然人在满足一定条件下可以成为破产案件的管理人。最高人民法院《关于审理企业破产案件指定管理人的规定》（以下简称《指定管理人的规定》）也对个人管理人的名册编制、申请材料、评分标准、适用范围、更换情形进行了规定。① 这些看似丰富的规定在实践当中却并未发挥多大作用。在全国各地法院编制的管理人名册中，有些根本没有个人管理人名册，有些虽然编制了个人管理人名册但准入资格模糊，司法实践中真正指定个人为破产管理人的案件更是屈指可数，以北京市为例，新法实施七年来，指定个人担任管理人的案件不超过 10 件。② 我们不禁要问，《企业破产法》中有关个人管理人的规定如何得到落实？究竟是什么阻碍了个人管理人的发展？我们又应该如何排除这些障碍呢？本文将通过实证分析和比较分析的方法对我国个人管理人制度在运行中的问题进行剖析。

一、个人管理人制度运行现状及反思

（一）《企业破产法》《指定管理人的规定》的实证考察

全国企业破产重整案件企业信息网的数据显示，截至目前，2017年全国破产企业数最高的三个省由高到低分别为江苏省（418 个）、浙江省（343 个）以及广东省（139 个）。③ 受每个省份破产案件规模、破产管理人制度以及法院态度的影响，各地管理人名册的组成及比例都有所不同。总体来讲，以社会中介机构管理人为主，少数地区④编制

---

① 参见最高人民法院《关于审理企业破产案件指定管理人的规定》第 2、3、8、10、17、34 条。

② 徐阳光，殷华：《论简易破产程序的现实需求和制度设计》，《法律适用》2015 年第 7 期。

③ 全国企业破产重整案件信息网，http：//pccz. court. gov. cn/pcajxxw/qgfb/qgfbxq，访问日期：2017 年 9 月 4 日。

④ 据现有资料显示，湖北省、浙江省、海南省等地法院已经编制了个人管理人名册。

了个人管理人名册。笔者在对破产案件最多的三个省的管理人名册进行查询后发现，只有浙江省管理人名册中有专门编制个人管理人名册。① 另外，湖北省的破产案件虽然不多，但其中有五家中级法院都编制了个人管理人名册。②

浙江省和湖北省的共同点是承认了个人管理人的存在，但却均未在实践中发挥实际作用。③ 不同点在于自然人被编入管理人名册的标准不同，湖北省的条件较为宽松，浙江省的条件更加严格。两省个人管理人的情况是全国的一个缩影，暴露出三个问题：一是操作混乱；二是制度闲置；三是缺乏认同。

(二)个人管理人屡遭"歧视"

个人管理人制度虽然在法律层面被承认了，但是实务操作和理论上都存有疑问。《企业破产法》在立法时，关于管理人应该由个人还是机构担任就引起了极大的争议，联合国国际贸易委员会《破产法立法指南——秘书长的报告》也认为这个问题需要协商和讨论。④ 反对个人担任管理人的观点主要有：第一，破产工作繁重，个人管理人的专业知识难以应对。第二，我国信用制度不完善，道德风险无法控制。⑤ 第三，自然人赔偿能力均不足以承担管理人的职责，责任承担

---

① 浙江省高院分别于 2007 年和 2012 年编制了管理人名单，仅在 2012 年的名单中有个人管理人，共计 23 人，全部来自于第一批(2007 年)名单中的机构管理人。

② 鄂州中院、荆门中院、黄冈中院、孝感中院、咸宁中院的管理人名册中有个人管理人，共计 72 人。

③ 笔者在全国企业破产重整案件信息网上查询湖北省和浙江省法院的《指定管理人决定书》情况(http://pccz. court. gov. cn/pcajxxw/pcws/ws)，网站上显示的所有文书没有一个是指定个人为管理人，均由律所、会计师事务所、律所+会计师事务所的联合管理人、清算组(极少)来担任破产管理人。

④ 联合国国际贸易委员会：《破产法立法指南——秘书长的报告》(A/CN. 9/WG. V/WP. 58)第 177 条规定："一个相关的问题是，破产代表是否必须是自然人，或是否法人也有任职资格。"

⑤ 许德凤：《破产法论——解释与功能比较的视角》，北京大学出版社 2015 年版，第 249 页。

成难题。① 第四，数位自然人担任管理人，就面临如何处理数个管理人之间关系的问题，这使问题复杂化。② 第五，自然人担任破产管理人，与我国《律师法》等法律规定相冲突。③

个人管理人是未来专业管理人队伍的发展方向，之所以在发达国家成为一种惯例也是因为其自身优势：个人担任管理人可以有效降低成本、提高效率；权责明确，提升管理人的责任意识；法院、债权人对管理人的监督更具有可操作性；有利于建立管理人制度中的执业信用体系。④ 但在我国之所以屡屡碰壁主要是因为出现了以下几个问题：一是准入机制不完善，无法保证符合专业性要求的人才进入管理人队伍；二是指定个人管理人有法律冲突；三是责任承担不明晰。造成这些问题的实质是：虽然管理人制度的引入使我国与国际接轨，但这种法律移植缺乏衔接准备。清算组制度在设置时没有考虑到破产法的前景——引入管理人制度，也就没注意培育律师和会计师成立管理人专业队伍，从清算组到管理人缺少过渡的过程。⑤ 可以说，新《企业破产法》催生了一个全新的执业阶层，而建立一个成熟管理人队伍却还有很长的路要走。

---

① 王欣新：《破产法理论与实务问题研究》，中国法制出版社 2011 年版，第 266 页；李燕：《论我国破产法中管理人的法律地位》，《当代法学》2007 第 6 期。

② 沈贵明：《论我国破产管理人选任的立法失误及其纠正》，《郑州大学学报》（社会科学版）2001 年第 6 期，转引自叶军：《破产管理人理论与实务研究》，中国商务出版社 2005 年版，第 136 页。

③ 王延川主编：《破产法理论与实务》，中国政法大学出版社 2009 年版，第 132 页。

④ 马绪福：《破产程序中个人担任管理人的发展与完善》，《人民日报》，2008 年 6 月 19 日，第 6 版。

⑤ 徐根才：《管理人制度若干问题研究——从破产清算视角的考察》，王欣新、尹正友主编：《破产法论坛》（第七辑），法律出版社 2012 年版，第 140 页。

二、个人管理人的选任资格

(一) 担任个人管理人的条件

破产案件有别于其他民商事纠纷, 有其特殊性与复杂性。[1] 在破产程序中, 管理人是最重要的参与者, 是负责破产财产的保管、清理、变价和分配等破产清算以及重整、和解事务的专门机构或个人。管理人应当具备必要的专业技能, 通常涉及法律、财会、商业等领域, 还应具有勤勉、谨慎的敬业精神。若不具备这些基本技能与素质, 不仅无法解决破产过程中可能遇到的各种问题, 还会影响债权人利益, 使债权人无法得到应有的清偿。[2]

我国《企业破产法》中规定的个人管理人包括具备相关专业知识的执业律师、注册会计师以及取得相关执业资格的人员。法院通过外部申报、内部评议来编制管理人名册, 从执业能力、责任承担能力、执业操守与道德素养等方面设置管理人评审标准。[3] 这些标准都较为模糊, 没有额外的硬性要求。在破产审判实务中, 就有法官指出个人管理人的问题: 律师和会计师往往受制于自身知识结构而无法应对履职过程中的问题, 常常寻求合议庭的指导, 造成法院工作量增加, 效率下降等后果。[4]

由此可以看出, 我国现行法的规定不能满足实务对个人管理人的要求, 所以, 对个人管理人资质应作出更加明晰且严格的规定。多数国家从专业资格、个人素质以及利益冲突三方面规定管理人的任职条

---

[1] 吴庆宝、王建平主编:《破产案件裁判标准规范》, 人民法院出版社 2009 年版, 第 3~5 页。

[2] 王东敏:《新破产法疑难解读与实务操作》(修订版), 法律出版社 2007 年版, 第 113 页。

[3] 沈志先主编:《破产案件审理实务》, 法律出版社 2013 年版, 第 88~89 页。

[4] 叶能强、钟文渊:《浅析破产管理人制度运行中的几个问题》, 王欣新、尹正友主编:《破产法论坛》(第六辑), 法律出版社 2011 年版, 第 69~70 页。

件。在个人专业资格的检验方面，各国采取的方法不太一样：一是法律没有规定设立专门的针对破产管理人的考试，如日本、法国、德国、澳大利亚等；二是必须通过特殊专门针对破产管理人的考试，并进行实际操作后才能担任破产管理人。① 以英国为例，要想成为一名破产职业者，申请人必须要通过每年 11 月由 Joint Insolvency Examination Board（JIEB）组织的考试，考试不涉及理论问题，全是程序问题和现实案例，以考察知识与技能的广度和深度著称，没有三年以上相关工作经历者几乎不可能通过考试。② 通过考试者还必须积累一定的工作经验，时间长短取决于申请的那个授权机构的要求。③

（二）破产管理人资格考试制度

1. 必要性

对于是否有必要设置管理人执业资格考试，我国学界仍存在分歧。反对观点认为破产管理人专业化的任务，应当由市场而非执业资格考试完成，并且认为在原有量大的资格考试基础上再设置破产管理人资格考试，无异于违法为上述机构工作人员原本享有的职业权利设置了额外的障碍。④ 支持的观点占大多数，有学者形象地将最高院的

---

① 刘国华、邱维炎：《破产管理人的选任制度研究》，《破产法论坛》（第四辑），法律出版社 2010 年版，第 75 页。

② 张海征：《英国破产管理人制度的概况》，王欣新、尹正友主编：《破产法论坛》（第七辑），法律出版社 2012 年版，第 191 页。

③ "以 ACCA 为例，要想得到其授予的执业许可，要有三年在中介机构从事会计师或破产事务相关的工作经历，三年中要累计 600 小时参与破产案件或从事破产相关工作的经验，并且以上工作必须是在一个已经取得许可的破产职业者的指导下进行"，See The Association of Business Recovery Professionals（R3），Making a Career as an Insolvency Practitioner，http：//www.r3.org.uk/media/documents/publications/professionals/Making_a_Career_as_an_Insolvency_Practitioner_-_February_2010.pdf. 转引自张海征：《英国破产管理人制度的概况》，王欣新、尹正友主编：《破产法论坛》（第七辑），法律出版社 2012 年版，第 192 页。

④ 许德风：《破产法论——解释与功能比较的视角》，北京大学出版社 2015 年版，第 254 页。

指导性规定形容为"矬子里面拔将军"，认为其并没有完全解决管理人资格的科学考核问题。① 律师和注册会计师虽然都分别有司法考试、注册会计师考试作为执业资格的认证，但由于其考察范围的局限性，通过了考试也不能说明具备了从事破产管理事务的能力。另外，破产清算事务所或其他社会中介机构中的专业人士并不全是律师或注册会计师，这部分人的执业资格又该如何认定？这些漏洞的出现亟须设置统一的破产管理人资格考试。

2. 可行性

如何设置破产管理人资格考试制度？第一种观点是建议直接利用现有的资格考试制度但会造成无谓的社会资源浪费。② 第二种观点是设置专门的、有别于现行资格考试的管理人资格考试。第三种观点建议设置一定的过渡期，在过渡期内采取破产管理人的专门资质认证或考核的办法，以提高破产管理人从业人员的专业素质。待人们较为接受后，逐步融入统一司法考试和注册会计师考试中，再逐步取消破产管理人考试，只要通过司考和注会就具备了破产管理人的专业资格。③

笔者赞同第二种观点。第一，现有的资质考试制度并不能等同于破产管理人资格考试制度。以司法考试为例，其考试内容十分广泛，但商法领域主要也就考查公司法的基本知识。所以，怎么能将取得了法律职业资格证的律师就等同于具备了从事破产管理事务执业资格呢？第二，破产法本来就是法律领域中极为特殊且专业的一个领域，并不是所有律师都致力于从事这一业务，可以说，将来专门从事破产管理业务的律师是少而精的。那么，将破产管理人考试融入到司法考试中是否就将问题复杂化？不仅增加了司法考试的难度，而且在实际

---

① 王欣新：《破产法理论与实务问题研究》，中国法制出版社 2011 年版，第 261 页。

② 叶军：《破产管理人理论与实务研究》，中国商务出版社 2005 年版，第 152 页。

③ 张子连、戴义斌：《完善我国破产管理人制度的若干思考》，王欣新、尹正友主编：《破产法论坛》（第二辑），法律出版社 2009 年版，第 179 页。

操作上也较繁琐。

虽然法律没有规定统一的考试制度，但我国部分地区已经开始尝试设置破产管理人资格考试制度。深圳中院审理破产案件经验丰富，虽然目前并未编制个人管理人名册，但其在编制机构管理人名册时设置了"专业能力测试"。① 该测试是由法院委托深圳市专门考试机构出题，申报的中介机构中至少要有五名以上从业人员参加测试，"测试合格的从业人员具有公司清算和破产管理业务资格"。其实，无论是机构还是个人担任破产管理人，最后都是由个人具体地履行职责，所以这个测试也是针对个人。该做法的好处在于，不仅保证了机构管理人的资质，还为时机成熟后编制个人管理人名册做了准备。除了专业能力测试外，深圳中院还设置了管理人考核制度，采取个案考核和年度考核相结合的方式。②

三、个人管理人的指定

（一）个人管理人及其所属机构

社会中介机构中的个人申请成为个人管理人需要以该中介机构也在管理人名册为前提吗？对于这个问题，《指定管理人的规定》并未明确规定，实践中各地做法也不一致。

《指定管理人的规定》第 3 条有两句话，前一句指出社会中介机构和具备资格的个人均可申请编入管理人名册，后一句规定在册的机构管理人中的个人也可以申请。由此看来，个人申请编入管理人名册不需要以其所属机构已经在册为前提。法律的规定较为宽松，为司法实践留下尝试的空间，各地规定也各有不同，接下来本文就以湖北省

---

① 《深圳市中级人民法院破产案件机构管理人名册编制办法》（2012 年 9 月 27 日本院审判委员会民专会 2012 年第 15 次会议通过）第 7 条第（5）项。

② 参见《深圳市中级人民法院破产案件管理人考核办法》（2013 年 7 月 25 日深圳市中级人民法院审判委员会民事行政执行专业委员会 2013 年第 14 次会议通过）。

和浙江省的个人管理人名册为样本进行分析。

1. 湖北省、浙江省个人管理人名册对比分析

根据湖北省高级人民法院 2015 年公布的《全省各中级人民法院破产管理人名单》显示，在湖北省 14 家中级人民法院中，有 5 家法院编制了个人管理人名单，分别是鄂州市中级人民法院、荆门市中级人民法院、黄冈市中级人民法院、孝感市中级人民法院以及咸宁市中级人民法院。这 5 家法院中个人管理人共有 72 人，其中 60 人所属的中介机构也在管理人名册中，12 人所属机构并不在册。这 5 家法院对个人申报破产管理人也没这方面的额外要求。

而在浙江省高院公布的管理人名单中，2012 年公布的第二批管理人名单中才出现个人管理人，并且全部都来自第一批的机构管理人中。在查询了浙江省高级人民法院《关于编制第二批破产案件社会中介机构管理人和个人管理人名册的公告》后发现，"个人入册条件"第1 项要求就是"2007 年编入浙江省破产案件管理人名册的社会中介机构"。①

2. 两省个人管理人入册要求评析

湖北省编制个人管理人名单的要求较为宽松，基本和法律要求一致，并没有进一步细化，自然人申报个人管理人并不以所属机构入册为前提。这一做法的优点在于能够容纳多种具备破产管理人要求的人才。律师(会计师)和其所属的中介机构在能力水平上并不能完全画等号，很多执业人员只是借助律师事务所、会计师事务所这一平台来执业，可能中介机构的整体水平一般，但其中有些律师(会计师)在以前的工作单位中积累了丰富的经验、充足的知识，能力水平上都可

---

① 《浙江省高级人民法院关于编制第二批破产案件社会中介机构管理人和个人管理人名册的公告》，中华会计网校，http://www.chinaacc.com/new/63_74_201205/10ya110986795.shtml，访问日期：2017 年 5 月 20 日。

以胜任破产管理人的工作。① 但这种宽松的规定也有弊端，我国管理人制度还处在起步阶段，个人管理人的发展更是举步维艰，司法实践中大多由于担心个人管理人能力不足以应对繁杂的破产事务而对其避而不谈。如果仍然采用如此简单的准入要求，可能无法保证个人管理人的执业能力，导致个人管理人之间能力水平相差较大，也无法保障破产案件的顺利进行。

浙江省高院早在 2007 年就制定了第一批管理人名册，由 22 家社会中介机构组成。经过了五年实践，第二批管理人名册于 2012 年公布，总共 23 位个人管理人，全部都是第一批社会中介机构的管理人团队负责人。这样严格的申报条件很大程度上保证了个人管理人的能力，毕竟其所属机构对于破产案件的实践经验一定比所在地区的其他机构丰富。缺点在于符合要求的个人管理人数量太少，部分法院只有一至两名个人管理人。

个人管理人入册是否以其所属机构入册为前提，关键在于我国管理人制度的发展现状。目前，个人管理人名册在全国各地并不普遍，深圳、上海等发达地区都没有编制个人管理人名册。实务界对个人管理人的不信任表明个人管理人的发展还有很长的路要走。既然要设计一套规范的个人破产管理人从业制度，为未来个人管理人的繁荣奠定基础，那么从一开始就要保证个人管理人的质量。除了资格考试外，浙江省的严格申报条件也值得借鉴。毕竟对个人管理人的普遍认可是个长期努力的过程，目前我们需要建立一个高标准机制促进其成长，等到个人管理人队伍逐渐壮大，这种壮大不是形式上的，不是数量上的，而是本质上的，是能力上的。到那时，个人管理人制度自然会发挥出前所未有的效能。

（二）指定个人管理人的法律冲突

《律师法》规定律师承接业务只能由律师事务所统一接受当事人的委托，与当事人签订委托协议，不得在执业过程中私自接受当事人

---

① 鄂州市中院公布的个人管理人名单中，一位律师有十余年的上市公司法务的工作经验，另一位律师有十余年政府法制办的工作经验。

的委托，违反者给予警告、罚款、没收违法所得或者停止执业三个月以上六个月以下的处罚。① 《注册会计师法》也规定注册会计师执业时应加入会计师事务所。② 两部法律都规定律师和注册会计师不能以个人身份接受委托、进行执业。然而我国《企业破产法》又认可个人破产管理人的存在，法律的冲突导致了实践当中的尴尬状况。法院指定管理人时究竟该指定具体的律师（会计师）个人还是其所属的中介机构呢？指定中介机构就和机构管理人混淆，且情理上也说不通。要是直接指定个人为管理人，又会有触犯"不得独立接受委托"的嫌疑。

自然人到底应该以何种身份担任破产管理人，学者们也有不同看法。一种观点认为，统一收案制度并没有禁止律师个人办案，法院指定了个人管理人后将结果通知该中介机构，该机构不得违反法院的决定，只能派出通知中的特定律师承办案件，只不过这个指定的过程应当通过有关规定予以明确。③ 另一种观点认为这一冲突可以按照后法优先，即破产法优先的原则处理。④ 还有观点认为虽然该个人被指定为破产管理人，但律师事务所（或会计师事务所）才是收入的直接归属者与责任承担者——就像律师提供诉讼服务而被当事人指定为诉讼代理人一样，这样的解释可以避免不能以个人名义办理业务的规定。⑤ 还有学者认为一人制律师事务所可以化解矛盾。⑥ 总体而言，大部分学者都认为执业律师和注册会计师担任管理人时，有权利以个人名义执业，但对于法律冲突如何化解，并没有提出具体的建议，大

---

① 《中华人民共和国律师法》第 25、40、48 条。

② 《中华人民共和国注册会计师法》第 3 条。

③ 刘学民：《我国破产管理人选任制度的完善》，《湖北警官学院学报》2010 年第 5 期。

④ 王欣新：《破产法》（第三版），中国人民大学出版社 2011 年版，第 73~74 页。

⑤ 许德凤：《破产法论——解释与功能比较的视角》，北京大学出版社 2015 年版，第 249 页。

⑥ 王延川主编：《破产法理论与实务》，中国政法大学出版社 2009 年版，第 132 页。

多是呼吁尽快出台司法解释予以明确。①

　　笔者认为，法院应当直接指定个人为管理人，但得明确个人管理人的责任承担方式。第一，法院直接指定个人担任管理人的前提必须要由最高人民法院或有相关机关出台规定明确"个人管理人"不属于"私自接受委托"的情形。第二，《律师法》已经于 2012 年进行了修订，相对《企业破产法》而言是新法，根据后法优先原则，适用的也是《律师法》。第三，《律师法》已经认可了一人制律师事务所，但个人所和合伙所在接受当事人委托时是一样的，也不能以个人名义接案。虽然个人所的设立人只有一名律师，对律所债务承担无限责任，但根据现行法，他在执业时也是以律师事务所的名义与当事人签订委托协议，因此一人制律师事务所的出现并不能解决法律的冲突。

四、个人管理人的责任承担

（一）共益债务与《企业破产法》第 130 条

　　我国《企业破产法》中有关管理人责任的规定主要在第 42 条和第130 条。第 42 条第（5）项将"管理人或者相关人员执行职务致人损害所产生的债务"定性为共益债务，由债务人财产随时清偿，这实质上是一种替代责任。② 共益债务是指在人民法院受理破产申请后，为全体债权人共同利益或促进程序进行，管理债务人财产而负担或产生的债务，以及因债务人财产而产生的债务。③《企业破产法》第 27 条规定了破产管理人的勤勉义务和忠实义务，第 130 条规定若违反这两项

---

　　①　张国君、蔡子英、李玉军：《完善我国破产管理人制度的法律分析与构想》，王欣新、尹正友主编：《破产法论坛》（第四辑），法律出版社 2010 年版，第 162 页。

　　②　姚彬、孟伟：《论管理人的民事诉讼构造》，王欣新、尹正友主编：《破产法论坛》（第八辑），法律出版社 2013 年版，第 112 页。

　　③　霍敏主编：《破产案件审理精要》，法律出版社 2010 年版，第 101 页。

义务，给债权人、债务人或第三人①造成损失的，管理人应当承担赔偿责任，这一责任为自己责任。许多文章在讨论管理人的赔偿责任时仅仅是指第 130 条的规定,② 还有些文章将第 42 条和第 130 条的规定混淆，并以此来论证执业责任保险的投保人应为破产企业（下文将详细论述）。所以，区分这两项管理人损害赔偿责任是进行下一步探讨的前提。

第 42 条第(5)项与第 130 条规定的都是管理人在执行职务的过程中由于过错而产生的损害赔偿责任。虽然前者规定的是共益债务，但最终由债务人财产承担的只有执行职务行为中的一般过失行为。破产管理人在执行职务的过程中致人损害的，由破产管理人和破产企业承担连带责任，管理人故意或重大过失的情形下，破产企业承担责任后可向管理人追偿，此时可以利用管理人执业责任保险来解决，而在管理人一般过失的情况下就直接归为共益债务，由债务人财产清偿。第 130 条规定的违反勤勉、忠实义务产生的赔偿责任都应当通过执业责任保险来解决，只不过故意的情形可能会被列为除外条款。综上，通过执业责任保险予以解决的情形包括第 130 条和第 42 条第(5)项中的故意或重大过失。

(二) 个人管理人责任风险分散的路径

反对个人担任破产管理人的理由中，最突出的一点就是个人责任能力不足，在目前我国信用体系不完善、个人财产不透明、专门责任保险未建立的情况下，让个人担任管理人恐怕有些冒险。但毕竟我国已经引入了管理人制度，同时肯定了个人管理人的存在，多地也有跃跃欲试的迹象。所以，尽快健全个人管理人责任制度就显得极为重

---

① 有学者认为《企业破产法》第 130 条存在问题，将"第三人"与债务人、债权人一起不加区分列为追究管理人民事责任的适格主体的做法忽视了管理人承担民事责任在义务基础上可能存在的本质差别。参见李江鸿：《论破产管理人的民事责任——英美比较法视角》，王欣新、尹正友主编：《破产法论坛》（第六辑），法律出版社 2011 年版，第 78 页。

② 付翠英：《论破产管理人的赔偿责任》，王欣新、尹正友主编：《破产法论坛》（第二辑），法律出版社 2009 年版，第 74 页。

要。纵观世界各国破产实务，为防范破产管理人的道德风险，强化破产管理人的法律责任，主要有以下两种风险分散机制：

1. 保证金

保证金是指破产管理人在处理破产事务造成损害时的赔偿保证风险金，具体是在担任破产管理人后，处理破产事务前，破产管理人须向法院交纳一定数额的金钱，作为其在违反义务致使当事人财产遭受损害时的赔偿金保证。① 《英国破产法》严格规定破产从业人员必须提供执行职务的保证金。破产从业人员须先提供 25 万英镑的总担保，以后还可以追加担保，但追加的金额不得超过 500 万英镑。② 《美国联邦破产法》§322(b)对此也作出了规定：常设受托人应缴纳银行账户、存单等形式的保证金，以及其他经许可投资方式的月均资产余额的 150%。③ 这一做法有利于督促破产管理人尽到善良管理人的义务。我国有学者建议个人破产管理人根据破产企业价值的大小，以协议书的方式交纳保证金，从而保障其能承担相应责任能力。④

2. 执业责任保险

执业责任保险是责任保险中的一类，又称为职业责任保险，是指投保人支付一定数额的保险费为律师、会计师、医生等提供特殊职业服务的被保险人因其在职业过程中的过错造成他人人身或财产损害而面临赔偿时，提供约定数额保险金以替代被保险人部分或者全部赔偿责任的一

---

① 刘宝魁：《论我国破产管理人制度之完善》，王欣新、尹正友主编：《破产法论坛》（第七辑），法律出版社 2012 年版，第 149 页。

② 王延川主编：《破产法理论与实务》，中国政法大学出版社 2009 年版，第 132、134 页。

③ The United States Trustee Appointment and qualification of the standing trustee and general requirements：Trustee surety bonds. 转引自马宁、郁琳：《论破产管理人执业责任风险分散机制——以破产管理人责任保险制度为中心》，《法律论坛》2010 年第 3 期。

④ 刘宝魁：《论我国破产管理人制度之完善》，王欣新、尹正友主编：《破产法论坛》（第七辑），法律出版社 2012 年版，第 149 页。

种保险。责任保险出现时屡遭质疑和诟病，有观点认为这项制度虽然增强了对受害人的补偿，却削弱了对肇事者的惩罚，不利于抑制过错行为的发生。但支持者认为责任保险使得侵权责任社会化，分散了风险，有利于鼓励企业和个人从事有益于社会的高风险事业，推动社会进步，同时也符合现代民法由个人本位向社会本位转变的趋势。①

破产管理人在破产程序中处理的事务较为繁杂，耗时长、任务重。一般情况下，破产案件标的额少则几十几百万，多则上亿元，而破产管理人报酬与之又相差甚远，如果发生侵权事件，由管理人个人承担全部责任显然不符合风险收益均衡原则。② 而且我国还尚未建立个人破产制度，个人管理人承担全部责任容易导致其倾家荡产，威胁到个人的生存利益。因此，有必要建立管理人执业责任保险制度，增强管理人责任承担能力，分散执业的风险，使执业过失赔偿控制在可容忍的范围内，不至于威胁这一群体的生存和发展。域外立法也普遍建立了执业责任保险制度：以德国为例，为避免职业风险，律师和律师事务所均可投保责任保险，其中，律师事务所的保险为法定强制保险，律师个人的保险为自愿保险。一般律师个人的保费为 50 万欧元，律师事务所的保费为 200 万欧元，律师个人的保险可以由自己投保，也可以由律师事务所为其投保，而律师事务所有时可能只为其主要律师投保。③

（三）我国个人管理人执业责任保险之反思

1. 实务中的困境

我国《企业破产法》第 24 条规定了参加执业责任保险是个人担任破产管理人的条件，《指定管理人的规定》第 8 条也要求个人管理人

---

① 罗鸣、方庆：《破产管理人执业责任保险制度初探》，《上海保险》2007年第 10 期。

② 沈志先主编：《破产案件审理实务》，法律出版社 2013 年版，第 115页。

③ 王欣新：《破产法理论与实务问题研究》，中国法制出版社 2011 年版，第 127~128 页。

提交"执业责任保险证明"。立法上为了有效防范个人执业风险，已经强制个人参加执业责任保险，但目前还没有一家保险公司推出专门针对破产管理人的执业责任保险，① 面对这一空白，实际操作中一般是参照奚晓明主编的最高人民法院《关于企业破产法司法解释理解与适用》中"个人在提交申请材料时可能难以提供直接以个人名义投保的保单，实践中，基本上是律师、会计师以所在单位或行业自律组织的名义集体投保的保单及相应说明材料代替"②。

中国保监会早在《企业破产法》通过后不久对个人管理人执业责任保险制度作出了回应，在肯定了其必要性的前提下指出了当前建立管理人执业责任保险所面临的困难：第一，法律制度不完善。第二，存在定价风险和经营风险。第三，可能发生保险责任重叠。③

2. 管理人执业责任保险的构想

（1）路径选择

在责任分散机制的路径选择上，学者们有着不同看法。有观点认为我国管理人市场正处于培育的起步阶段，专业化、职业化的管理人队伍尚未形成，不宜对管理人的民事责任以专家责任认定，建议设置管理人执行职务的财产担保制度，要求管理人在被指定时向人民法院提供适当财产作为责任担保，以确保其有足够的财产来源承担责任。④ 多数观点认为应当利用商业保险来分散管理人的责任风险。当然，从现行法上来看，我国已经采用了第二种风险分散机制。《联合国国际贸易委员会破产法立法指南》指出在解决损害赔偿责任问题上，"支付保证金或取得个人赔偿保险并非在所有国家都行得通……选择时应注意

---

① 余俊福主编：《中国破产管理人实务》，法律出版社 2015 年版，第 21 页。

② 奚晓明主编：《最高人民法院关于企业破产法司法解释理解与适用》，人民法院出版社 2007 年版，第 55 页。

③ 《关于发展个人管理人执业责任保险的情况、问题及建议》，http：//www.circ.gov.cn/web/site0/tab5267/info39896.htm，访问日期：2017 年 5 月 29日。

④ 龙为：《我国破产法上破产管理人制度研究》，王欣新、郑志斌主编：《破产法论坛》（第十辑），法律出版社 2015 年版，第 491 页。

兼顾由破产代表提供的服务的费用和在参与者中间分摊破产过程所涉及的风险，而不是根据所设置的个人赔偿保险由破产代表承担所有风险"。① 笔者认为，我国应该选择责任保险而不是保证金作为分散风险的方式。保证金对于刚刚开始发展的个人管理人而言是一个沉重的负担，而且我国个人资产不透明，操作起来也是障碍重重。

（2）与律师（会计师）执业责任保险的关系

通过商业保险分散责任有两种方法，一是直接用律师（会计师）执业责任保险来分散风险，以英国为代表。② 二是建立专门的破产管理人执业责任保险，代表国家有俄罗斯和澳大利亚。我国目前尚未建立专门的破产管理人执业责任保险，因此暂时通过律师（会计师）执业责任保险发挥作用，但事实证明现行责任保险制度并不能完全代替管理人执业责任保险，还会产生一系列问题。第一，这种方法并不全面，无法将律师事务所、会计师事务所以外的社会中介机构中的专业人员纳入承保范围。第二，律师（会计师）执业责任保险承保范围极为广泛，涉及律师（会计师）工作的方方面面，对管理人工作方面势必规定模糊、缺乏针对性，而且还会因为保险金额被其他类型的不当执业消耗殆尽而虚化立法目的。第三，律师（会计师）执业责任保险可能会将管理人的不当行为或个人行为列为除外情形，无法起到分散风险的作用。

五、排除个人管理人运行障碍之建议

（一）建立准入考试和考核制度

1. 准入考试

为了能够选出专业能力适格的个人管理人，建议对申请人进行管

---

① 吴庆宝、王建平主编：《破产案件裁判标准规范》，人民法院出版社 2009 年版，第 431 页。
② 英格兰和威尔士特许会计师协会规定，其特许会计师参加的职业责任保险的保险金额不得低于其上一会计年度总收入的 2.5 倍，且个人执业者的最低保险金额为 5 万英镑，非个人执业者为 10 万英镑。

理人执业资格考试，可以参照证券从业资格考试的形式，由专业机构出题、破产管理人行业协会组织考试，取得资格的人员还必须有 3 年以上的破产实务经验。考察内容应当偏重实务，但同时要避免一种倾向，就是要求破产管理人具有处理各种事务的专业知识的能力。我们要求已经取得律师职业资格的人要懂得一定的财会和商业知识，但并不是要求其达到十分专业的程度。"通才"式的管理人固然对处理破产案件有积极意义，但是我们必须考虑可供选择的潜在破产管理人。一旦采取过高的准入标准可能会过度损害破产管理人的成长，因此考试难度应当适当。

2. 动态考核

除了准入考试，还应建立动态考核制度，以督促管理人持续认真负责。建议采取个案考核加年度考核的形式，每个案件由法院根据办案的具体情况(完成工作计划的情况、清算周期、债权人会议对管理人工作报告的满意程度、群体事件的发生率及处理效果、财产处置效果及债权受偿率)来评分。若管理人在履职的过程中有严重违反勤勉忠实义务的情形，法院可以直接将其剔除出管理人名册，并更换管理人。另外，每年再进行年度考核，采取末尾淘汰制。根据年度考核结果可以对个人管理人队伍进行分级管理，分别对应不同规模的破产案件，不仅便于法院选任管理人还有利于促进管理人队伍能力的提升。

(二)建立破产管理事务局和管理人协会

我国现在的管理人队伍没有统一的管理机构和全国性的管理人协会，律师协会的主管机关是司法部，注册会计师协会的主管机关是财政部，而破产清算事务所则没有主管机构，这造成管理人的资格管理、业务培训、权利维护以及长远发展等方面的问题都难以解决。1998 年 10 月 25 日国务院发布的《社会团体登记管理条例》第 3 条规定："成立社会团体，应当经其业务主管单位审查同意"，目前行业协会成立的一个难题就是确定"业务主管单位"的复杂性。且不论这一规定的合理性，这直接造成了全国性破产管理人协会成立的障碍。有学者认为，实际上法院就是管理人的行政管理机关，《企业破产法》第 13 条表明在法院裁判司法职能之外又赋予了人民法院对管理人行业的行政职能。① 不过法院成为管理人的业务主管部门一时难以达成共识。② 笔者认为人民法院实际控制管理人的任职资格、指定、监督、处罚，由最高人民法院作为业务主管单位，批准成立全国破产管理人协会具有合理性和可行性。建立了全国范围的管理人协会后，各省法院在最高院的指导下设立本院的破产管理事务局，批准成立各省的破产管理人协会，对破产管理人进行统一管理和培训。其实，广州、温州、厦门等地已经建立了本地的破产管理人协会，其经验值得借鉴。

(三)管理人执业责任保险制度构想

为强化个人管理人责任承担能力，建立专门的管理人执业责任保险势在必行，但由于这个新险种在我国尚缺乏实践经验，因此还有些具体问题需要明确。

1. 责任保险主体范围

(1)管理人为投保人

投保人的确定是首要问题，学界对此有两种观点。一种观点认为投保人应该为破产企业，破产管理人可先行购买，将保费归为共益债务，由破产企业随时清偿。③ 理由在于：第一，管理人执行职务产生的损害赔偿责任根据《企业破产法》第 42 条第(5)项的规定应该是共益债务，作为转移该项债务的对价——保费，自然也是共益债务。第二，管理人的指定具有强制性，并非自愿地承接没有多少财产可供清偿的案件时还要求管理人自己缴纳保费有失公平，会抑制管理人从业积极性。第三，破产管理人工作最终受益任是债权人，将保费作为抵

---

① 周薇：《我国管理人制度之缺陷与立法完善》，王欣新、尹正友主编：《破产法论坛》(第四辑)，法律出版社 2010 年版，第 196 页。

② 倪建东：《再议建设具有中国特色的管理人行业协会》，王欣新、尹正友主编：《破产法论坛》(第四辑)，法律出版社 2010 年版，第 210 页。

③ 王延川主编：《破产法理论与实务》，中国政法大学出版社 2009 年版，第 136 页。

抗风险的成本，符合共益债务的公平原则。第二种观点认为投保人应该为被保险人。① 理由在于：第一，执业责任保险的直接受益者是破产管理人即投保人，由受益者支付保费符合保险利益原则。第二，由被保险人做投保人可以强化破产管理人的责任意识，促进专业管理人市场更健康地发展。

笔者认为投保人应该是被保险人即破产管理人。根据上文所述，个人管理人执业责任保险要解决的情形包括第 130 条和第 42 条第(5)项中的故意及重大过失，后者表面上是共益债务，但破产企业享有追偿权，最终的责任还是由管理人自己承担。因此，观点一中将保费看作共益债务的理由是不合理的。另外，由于目前只有个人管理人的执业责任保险是强制的，如果让破产企业作为投保人，可能导致债权人会议以节省共益债务为目的，向法院申请将个人管理人换为机构管理人。

（2）被保险人范围扩张

一般情况下，被保险人都是缴纳保费时担任破产管理人的机构或者个人。但是，由于破产程序通常持续时间长，管理人可能会被更换。此外，破产管理人的不当行为引起的后果不一定马上发生，可能会有一定的时间间隔。所以，就算管理人是在保险期间作出了侵权行为，但受害人可能在保险期间届满后才提起诉讼，那么管理人也不能得到保险金。因此，建议投保人将前任管理人纳入被保险人范围内。另外，为了避免管理人之间风险保障水平不一致以及频繁缔约的繁琐问题，建议将继任的破产管理人也列为被保险人。

2. 承担侵权责任

管理人损害赔偿责任应只包括侵权责任而不包括合同责任。民事责任根据产生原因的不同可以分为侵权责任和合同责任，违反法定义务承担侵权责任，违反约定义务承担合同责任。破产管理人在履职过程中会时常与他人签订合同，但都是以破产企业的名义作出的，应该

---

① 邹月晖：《浅析管理人民事责任的构成与承担》，王欣新、尹正友主编：《破产法论坛》（第二辑），法律出版社 2009 年版，第 195 页。

由债务人承担而不是管理人承担。另外，管理人执行职务时也会以自己的名义订立合同，例如订酒店、订机票等，这些合同责任是管理人履职的必要开支，应当纳入破产费用优先受偿。

3. 明确除外条款

依据责任保险的基本原理，设计保险条款时应对给付责任范围作进一步的限制。建议从以下几个方面明确除外责任：第一，管理人恶意行为。依据保险法惯例，对于被保险人故意造成侵权损害赔偿的情形，保险人不承担保险责任。但保险人应当对此承担举证责任。第二，被保险人之间互诉的情形。这是为了防止被保险人之间相互串通，损害保险人利益。由于合谋串通具有隐秘性，保险人证明起来有难度，因此直接将其列为除外条款。第三，其他保险已经承保的情形。为了避免重复投保，如果其他险种已经对管理人面临的风险已经提供了保障，那么管理人执业责任保险就可以将其排除在外。常见的情形包括财产或人身损害除外责任、律师(会计师)赔偿责任除外条款等。

六、结　语

我国个人破产管理人队伍还十分年轻，专业能力的不足需要通过严格的资格考试来检验，同时建立动态考核以及优胜劣汰机制。法律冲突方面需要最高院出台特别规定将"个人管理人执业"的情形与禁止律师(会计师)个人执业相区分。个人管理人的责任承担则需要构建管理人执业责任保险来强化赔偿能力。我国管理人制度运行时间短、专业人才及配套制度都还不健全，随着市场经济的发展，企业退出机制越来越完善，我国破产事业将面临更大的挑战，届时希望个人管理人能真正发挥其优势，促进破产案件的顺利进行。

破产管理人的损害赔偿责任

李小勤*

摘要：本文以破产法规范中关于管理人责任的条文为基础论述了破产管理人承担民事赔偿责任的请求权基础，论证其性质为侵权损害赔偿请求权。现行法下管理人承担的是严格责任，具有不合理性，应以主观上具有过错为责任构成要件。破产管理人履行管理职责的行为造成第三人损失的，构成共益债务；若主观上具有故意或重大过失，则应对外同债务人一起承担连带责任。债务人在承担管理人行为责任后享有追偿权，若管理人的行为直接造成股东或债权人损失的，应当直接承担赔偿责任。作为侵权主体，管理人责任范围必须予以明确，以实现民法的平等性，尤其是在侵权客体为破产债权时，除满足一般侵权要件，主观上必须具有故意。

关键词：破产管理人；损害赔偿；侵权责任；过错；责任范围

破产管理人作为破产程序的参与主体，享有广泛的职权，可能同各方主体发生权利义务关系，其中重要的一类即损害赔偿法律关系。《企业破产法》第 130 条赋予债务人、债权人以及第三人损害赔偿请求权，如果破产管理人没有勤勉尽责、忠实地履行破产法上赋予的义务，给债权人、债务人以及第三人造成损失的，应当承担赔偿责任。由于破产管理人法律地位的特殊性，有必要对其损害赔偿责任的性质及范围在现行法的基础上进一步明确，避免其中的利益失衡。基于

---

* 李小勤，武汉大学法学院 2016 级民商法硕士研究生。

此，本文将探讨该损害赔偿的性质，并进一步分析破产管理人承担赔偿责任的具体条件以及范围问题。

一、破产管理人承担赔偿责任

(一)破产管理人的责任主体资格

目前学说上关于破产管理人的概念并没有统一，国外的称谓也多有不同，但关于承担管理处分破产债务人的职责部分基本相同。① 根据我国管理人在破产程序中起到的作用，可以将其定义为，破产管理人是指在破产程序进行过程中负责破产财产的管理、处分、业务经营以及破产方案的拟定和执行的专门机构。② 域外法上根据本国的破产制度，提出了破产人代理说、债权人代理说、破产财团代理说、受让人说、受托人说等来解释破产管理人的法律地位。学者在此基础上又提出了一般债权人一般破产代理说。③ 我国学者根据破产制度的理论构架也提出了五种学说，④ 可总结为法院机构说、债权人代理说、债务人代理说、破产财产代理说以及独立法人说。国内的学说除了没有受让人说和受托人说，基本同国外的学说一致。

依法成立的法律主体，在成立后即脱离产生方式而独立存在。我国破产法上的管理人可以从管理人名单中产生，也可直接从清算组产

---

① 美国破产法称之为"破产托管人"、"领事馆财人"等；英国破产法称之为"官方管理人"、"受托人"等；德国称之为"支付不能管理人"；日本称之为"破产管财人"；我国台湾地区则称之为"破产管理人"。虽称谓不同，但规定的职责基本相同。(参见余俊福：《中国破产管理人实务》，法律出版社 2015 年版，第 6 页；李曙光、贺丹：《破产法立法若干重大问题的国际比较》，《政法论坛(中国政法大学学报)》2004 年第 5 期。)

② 李永军：《破产法——理论与规范研究》，中国政法大学出版社 2013 年版，第 159 页。

③ 吴传颐：《比较破产法》，商务印书馆 2013 年版，第 240~242 页。

④ 王卫国、朱晓娟主编：《破产法：原理·规则·案例》，清华大学出版社 2006 年版，第 87 页。

生，但最终来源于人民法院的任命。在破产程序进行中，如果债权人或债务人认为管理人没有合法履行职责，可以请求人民法院予以更换。人民法院认为管理人不适格的，也可以主动更换。① 破产管理人在具有合法身份后，不再受产生方式的影响，依法享有权利、承担义务。因此，从破产管理人的产生方式和权利义务来源看，破产管理人具有法定性。

破产管理人不享有公权力，无论是确定债务人是否破产抑或重整、清算，都依赖于人民法院的裁定或判决，不属于公主体的范围。债务人在清算完成注销登记之前，法人资格始终存在，破产财产在完成清算分配之前，仍属于债务人所有，也不存在受让人或者破产财团的问题。破产管理人具有代理人的性质，原因在于，其所有的行为利益都不归属于自身，或为债权人利益，或为债务人利益，因此，破产管理人具有受托人性质。破产管理人的权利义务来源于法律的直接规定，不同于源于监护制度的法定代理权，破产管理人的代理权不涉及亲属身份问题。由于破产程序中债务人的行为能力受限，管理人享有广泛的职权，例如内部事项的管理、清算方案的制定、重整方案的制定等。

若破产管理人是全体债权人的代理人，除了无法回答可以为保护破产财产和维护全体债权人以及债务人、职工等其他利害关系人的利益而与个别债权人进行诉讼的问题外，② 也不能解释其为什么可以直接对债务人的事务进行干涉，即使债务人在破产程序中行为能力受限，其仍然是一个民事主体，自不应当由其他民事主体干涉自治范围内的事项。债法上为保护债权人的债权，也只赋予债权人在严格条件下的代位权和撤销权，对于直接干涉债务人的行为则一般是禁止的。基于该判断，破产管理人能够接管债务人的内部管理等事项，是因为

---

① 《企业破产法》第 22 条、第 29 条；最高人民法院《关于适用〈中华人民共和国企业破产法〉若干问题的规定（二）》第 23 条。

② 王卫国、朱晓娟主编：《破产法：原理·规则·案例》，清华大学出版社 2006 年版，第 36 页。

法律进行了另外的赋权，该权利的内容为直接管理处分破产企业，同全体债权人接洽。破产管理人管理破产企业的目的不在于为债务人的利益，而在于使全体债权人的债权获得受偿，即使是积极途经破产企业的重整再生，目的也在于提高债权的清偿比率。因此，破产管理人的行为实质上是通过管理破产企业使全体债权人受益。其性质类似于英美法上的财产托管人或信托法上的受托人。

破产管理人的受托人地位并不会影响其行为的公正性。破产管理人作为具有专门知识的组织体或者个人，其行为不仅受到破产法律规范的约束，还需要遵守相应的行业准则。对破产管理人的法律地位进行明确的目的在于解决其行为效力归属问题，同其是否会勤劳、忠实地履行自己的职责没有法律上的关系，即使认为破产管理人是法院的执行机构，也不能依赖此实现其中立的法律效果，关键在于权利的监督以及相关配套程序的构建，例如债权人委员会的监督等。所以，本文将在破产管理人以全体债权人为受益人而受债务人委托的前提下，论述破产管理人的责任承担问题。

(二) 比较法上的破产管理人责任

破产管理人承担私法上的赔偿责任在比较法上不具有普遍性。《日本破产法》第 164 条第 1 项规定，破产管理人应以善良管理人之注意，执行职务。第 2 项规定，如怠于注意致损，对利害关系人负赔偿之责。《德国破产法》第 82 条有同样的规定。① 学者多以德日的规定主张我国也应该要求破产管理人承担损害赔偿责任。② 考察《英国破产法》全文，无论是针对管理人还是接管人，均无要求承担破产职

---

① 吴传颐：《比较破产法》，商务印书馆 2013 年版，第 257 页；[德]莱茵哈德·波克：《德国破产法》，王艳柯译，北京大学出版社 2014 年版，第 25～28 页；[日]石川明：《日本破产法》，何勤华、周桂秋译，中国法制出版社 2000 年版，第 150 页。

② 陈旭峰：《重构破产管理人民事责任的制度设想》，《法治研究》2010 年第 6 期。

责的行为人承担民事赔偿责任的规定。① 仅在关于承担具体管理职责的条文后，要求没有尽到相应义务的，承担罚金责任，而该罚金责任在性质上属于行政责任。

　　大陆法系注重民事主体之间的平等性，要求破产管理人应当承担损害赔偿责任，而英美法由于鼓励交易的理念更强，试图以责任的有限性来促进相关行业的展开。我国民法延续大陆法系的传统，在破产制度上也主要学习借鉴德日国家的规定，从其"勤勉""忠实""高度注意义务"等概念上，可知我国的破产法制度实际上同大陆法系保持高度一致，这也为我国破产管理人承担赔偿责任提供了比较法上的理论基础。

(三)破产管理人承担的损害赔偿责任性质

　　《企业破产法》第 130 条规定："管理人未依照本法规定勤勉尽责，忠实执行职务的，人民法院可以依法处以罚款；给债权人、债务人或者第三人造成损失的，依法承担赔偿责任。"该条直接在法律层面上赋予债权人、债务人以及第三人对破产管理人因履行职务造成损失的赔偿损失请求权，依实证法解决法律问题的一个基本特征，欲使请求权得到实现，必须基于相应的规范支持，该规范被称为"请求权基础"。② 就此而言，第 130 条正是该损害赔偿请求权的请求权基础规范。从该条规定出发，结合破产管理人的法律地位可以发现，破产管理人承担的是侵权损害赔偿责任。

---

　　① 《英国破产法》第 18(5)条规定："如果管理人无合理理由不遵守本条第 4 款的规定，他应被处以罚款，并且，因继续该不遵守行为，他应被处以按日违规罚款。"相同规定见第 21(3)条、第 22(6)条、第 23(3)条、第 24(7)条等。第 43(6)条规定："如果行政接管人无合理理由而不遵守本条第 5 款(一份本条规定的命令的正式文本在该命令作出后 14 日内由行政接管人送交公司注册官)。"相同内容见第 45(5)条、第 46(4)条、第 47(6)条等。第 48(8)条规定："如果行政接管人无合理理由不遵守本条规定的任何义务，他应被处以罚款，并且，因继续该不遵守行为，他应被处以按日违规罚款。"参见丁昌业译：《英国破产法》，法律出版社 2003 年版。

　　② Brox/Walker, Allgeneiner Teil des BGC, 34, Aufl. 2010. Rn. 77.

首先，该请求权不是契约上的请求权。契约上的请求权系基于一定契约而发生。① 破产管理人同债权人、债务人、第三人之间并不存在契约关系。虽然在关于破产管理性质的论述上，认为破产管理人的行为归属于债务人，并为全体债权人的利益行事，但是事实上管理人同债权人或债务人之间不存在契约关系。破产管理人的产生来自人民法院的决定，破产管理人履行管理职责不是基于债权人或债务人的委托，而是基于法律的直接规定，属于履行法定义务，同当事人的意志无关。正是由于破产管理人的这种法定性，使得管理人的行为不受债权人或者债务人的单方利益左右，公平地维护全体当事人的利益。

其次，对破产管理人的损害赔偿请求权不为类似契约请求权，类似契约请求权基于法律规定而发生，因其与契约有关，称之为类似契约请求权，包含表意人撤销错误意思表示的损害赔偿责任、无权代理人责任，以及自始客观给付不能的损害赔偿责任。② 类似契约请求权同样以契约关系的存在或曾经存在为前提，或是因为错误人撤销，或者契约不能完全履行。破产管理人同破产程序中的债权人或者债务人之间不存在有效的契约关系，不能基于有瑕疵或无效的契约关系请求破产管理人承担责任。

最后，该损害赔偿请求权性质为侵权损害赔偿请求权。从民事法律关系的角度看，公民、法人有不得侵犯他人财产权和人身权的义务，侵害他人财产、人身权利的，违反了不作为义务，应当承担民事责任；破产管理人还应当履行破产法律规定的积极管理作为义务，以维护破产关系人的合法利益，违反该作为义务的应当承担相应的赔偿责任。无论是消极的不作为义务还是积极的作为义务，都来自法律的直接规定，不同于合同义务和合同责任。③ 破产管理人违反法定义务应当承担相应的民事责任，该民事责任在性质上即为侵权损害赔偿责

① 王泽鉴：《民法思维——请求权基础理论体系》，北京大学出版社 2009 年版，第 62 页。

② 王泽鉴：《民法思维——请求权基础理论体系》，北京大学出版社 2009 年版，第 92 页。

③ 孙亚明：《民法通则要论》，法律出版社 1991 年版，第 210 页。

任，受到损害的主体享有侵权损害赔偿请求权。

二、破产管理人损害赔偿责任的归责原则

（一）现行法确认的是严格责任

《企业破产法》第130条关于破产管理人责任的表述为"管理人未依照本法规定勤勉尽责，忠实执行职务的"，对造成的损失应当承担赔偿责任。关于破产管理人责任应适用何种归责原则没有明确的表述，仍需进一步解释。

从文义解释来看，破产管理人承担的是严格责任。《企业破产法》规定，破产管理人没有达到"勤勉、忠实地履行自己的管理职责"的要求，如果造成损害就应当承担损害赔偿责任。该行为模式即为侵权行为加损害后果以及因果关系。是否包含主观过错的规定，主要在于探求该侵权行为是否能够隐含主观过错的意思。有学者指出，管理人的勤勉义务指管理人在履行职务的过程中，应当以善良管理人的注意，认真、谨慎、合理、高效地处理事务，不疏忽，不懈怠。而忠实义务则指管理人在执行职务中应当最大限度地维护债务人的财产和全体债权人的利益，做到不隐瞒，不谋私。① 由于破产管理人一般由律师、会计师以及中介机构担任，属于专业人员的范畴。日本学者关于专家责任学理上有特殊的规定，违反高度注意义务和忠实义务的，应当对委托人和第三人承担责任。② 由于专家责任一词同高度的专业能力相联系，实际上要求从事该特定行业的从业人员在从事委托事项时，都要达到专家的程度，这就使得任何普通从业人员都有可能因为专业

---

① 王卫国：《破产法精义》，法律出版社2007年版，第76页。

② 能见善久对专家责任进行了分类，分别是"高度注意义务违反型"和"忠实义务违反型"，基于对受托人的信赖，以及受托人所拥有的优于一般人的职业能力，如果"专家"没有以为委托人所信赖的最高专业能力行事，抑或是没有以委托人的利益作为判断的准则，对于造成的损失，应当承担赔偿责任。（参见［日］能见善久：《论专家的民事责任——其理论架构的建议》，梁慧星译，《外国法译评》1996年第2期。）

能力没有达到专家的程度承担赔偿责任，其不合理性显而易见。故有学者指出，"专家责任"的概念应该为"专业人士的责任"替代，指向的应是专业人员的一般职业能力；"高度注意义务"究其来源，实际上表述的是"技术熟练的，专门化的"，并无任何"高度"的字眼，"合理的注意义务"才是对应过失责任，过失侵权的逻辑径路就是从"注意义务"开始的。① 正是在这个意义上说，破产法规定的高度注意义务和忠实义务实际指向的不是过失责任，而是无过失的严格责任。

公司法上存在关于董事、监事、高级管理人员造成公司损失的责任承担的规定。② 公司法上董事接受公司的委托履行职责，相应地承担违约责任。③ 在违约责任的归责原则上，我国一直采取的是无过错责任原则的态度。虽然有学者主张我国在违约损害赔偿责任上应当同国际商事观点保持一致，采取严格责任与过错责任双规制，④ 但是，在现行法规范下，实际上违约责任仍然奉行的是无过错责任原则。反向推论可知，在公司法上，董事履行义务违法的，承担违约损害赔偿责任，那么在没有特殊规定的前提下，该损害赔偿请求权即建立在严格责任的基础之上。而董事是否构成违约，以其是否履行了勤勉义务，反射到破产管理人的法定义务上，从体系解释的角度出发，实际上破产管理人承担的就是严格责任下的损害赔偿责任。

(二) 破产管理人损害赔偿责任应适用过错归责原则

破产管理人侵权损害赔偿责任不应当适用严格责任。适用严格责任原则的法理基础在于风险的分担以及行为人对风险具有控制力。现代社会是风险社会，科技的发展使得大量危险活动出现，法律容许这类危险活动的进行，但应当对遭受风险的人进行赔偿，现代保险制度

---

① 刘燕：《"专家责任"若干基本概念质疑》，《比较法研究》2005 年第 5 期。

② 《公司法》第 147 条第 1 款："董事、监事、高级管理人员应当遵守法律、行政法规和公司章程，对公司负有忠实义务和勤勉义务。"第 149 条："董事、监事、高级管理人员执行公司职务时违反法律、行政法规或者公司章程的规定，给公司造成损失的，应当承担赔偿责任。"

③ 耀振华：《公司董事民事责任制度研究》，《法学评论》1993 年第 3 期。

④ 朱广新：《违约责任的归责原则探究》，《政法论坛》2008 年第 4 期。

借由无过错归责原则实现了风险的分散。另一类适用无过错责任的情形为"替代责任"，由于责任人对加害人的行为有控制力，即使对侵权发生毫无过错，也应负赔偿责任。首先，破产管理人承担破产管理职责既无科技性、社会性的高风险，也不存在对商业风险的控制力问题。破产管理人在破产程序中，承担着主持破产程序，管理、分配破产财产的职责，属于一般的商业经营行为，没有高度危险性；其次，破产管理人无法控制商业交往中的风险，与交易的相对方也没有特殊的法律关系，不存在控制力问题。正由于破产管理人的行为责任没有特殊严苛规范之必要，应适用一般侵权归责原则，学者也多支持该观点。[1] 侵权法中一般侵权归责原则指向过错责任，过错归责原则指除非法律另有规定，任何人在且仅在过错(故意或过失)侵害他人权益时，才应当承担侵权损害赔偿责任。其产生的现实原因是，不存在这样的一般性义务，即应当如此作出行为，以使他人的财产状况保持在不受减损状态或使之获得最佳发展。[2] 在法律没有特殊规定时，应当认为属于以行为人的过错作为赔偿责任承担的条件情形。

侵权法上的过失系指尽管结果的发生是可能预见的但却没有采取应该采取的防止措施，即违反了对可能预见后果的回避义务。[3] 破产管理人承担法定职责，《企业破产法》第 25 条以及相关司法解释列明了破产管理人在破产程序中应当履行哪些义务，由于该条款对义务只是作概括的规定，具体判断除了结合个案，还应当考虑管理人队伍专业化提升时对注意义务作出的新要求。[4] 例如律师担任破产管理人

---

[1]　齐树洁：《破产法研究》，厦门大学出版社 2004 年版，第 309~310 页；赫雲鹏：《论我国破产管理人的人的民事责任》，沈阳师范大学硕士学位论文，2013 年；蒋劢君：《破产管理人的民事责任研究》，华中师范大学硕士学位论文，2008 年。

[2]　程啸：《侵权责任法》，法律出版社 2015 年版，第 90~91 页。

[3]　于敏：《日本侵权行为法》，法律出版社 2006 年版，第 132 页。

[4]　《浙江注协破产管理人业务专家委员会成立》，中国财经网，http://www.cfen.cn/cjxw/kj/201703/t20170324_2565141.html，访问日期：2017 年 5 月 13 日；《山东分级管理破产案件管理人》，凤凰资讯，http://news.ifeng.com/a/20170111/50554402_0.shtml，访问日期：2017 年 5 月 13 日。

的，则应当结合法律关于律师行业的特殊规定予以考量。

三、承担赔偿责任之因果关系

破产管理人承担侵权赔偿责任，构成要件之一即行为与损害后果之间存在因果关系。破产程序中，由于债权人会议和人民法院的介入使得判断管理人行为同损害之间的因果关系构成难点。司法实践中涉及破产管理人的案件主要由破产债权确认纠纷构成，比例达54.1%。[①] 例如，戴某与浙江某材料公司破产债权人破产债权确认纠纷一案以及 2009 年浙江梅荣布业股东起诉破产管理人错误申报破产一案，都是因为对破产债权的确认存在争议。又因为破产债权是破产程序中最重要的内容，涉及破产程序参与人各方的权利义务关系，以下将以破产债权为例探讨破产管理人责任中的因果关系判断。

根据《企业破产法》的规定，破产管理人负责破产债权的登记、核查，并编制债权表，相关材料由管理人保存，以备查阅；第一次债权人会议应当对债权表进行核查，债权人、债务人对债权表记载的内容无异议的，由人民法院裁定确认。从法律的条文表述，我们发现，法律只对人民法院作了形式审查的强制要求。如果债权人会议向人民法院提交了无异议的债权表，那么人民法院通过审查债权人、债务人是否有异议，作出是否通过的裁定。只有在有异议时，人民法院才会进行实质审查，进而确认破产债权存在与否。而在破产申报的初期，破产管理人作为债权登记职能组织，其没有拒绝登记的权利，应当将所有的债权申报材料进行保存，并制作成相关目录。在这种分工下，实际上破产债权的确认权归属于第一次债权人会议，而不是破产管理人。因此，债权人因错误确认债权而使破产债权得不到清偿的损失同破产管理人的行为就不具有直接因果关系，自然不应该要求破产管理人承担赔偿责任。

理论上破产债权的错误确认不应由管理人承担，但基于破产管理

---

① 在威科先行数据库中以"破产管理人"为关键词，搜索出关于破产案件的判决书共 2414 份，其中以"债权确认纠纷"为案由的共 1306 份。

人行为的专业性以及债权人会议、人民法院对其专业的信赖，在依赖破产管理人专业知识的场合，破产管理人对错误债权的确认应当承担损害赔偿责任。无论是债权人会议还是人民法院作出裁定，都是基于破产管理人提供的资料。如果申报材料的错误作为一般的理性人都应注意到，显然不能以其经过破产管理人的审查而认为损失是直接由于破产管理人的过失审查行为造成的，原因在于债权人会议的审查义务中断了破产管理人的管理行为同损失之间的因果关系，① 破产管理人只对其没有恰当履行管理职责承担行政法或刑法上的责任，而不承担民事赔偿责任。如果错误只有借助于破产管理人的专业知识才能识别出来，债权人会议基于对该专业知识的信赖作出错误判断进而造成损失的，由于债权人会议的行为不能中断损失同管理人行为之间的因果关系，破产管理人对造成的损失仍应当承担赔偿责任，债权人会议的审查抑或是人民法院的裁定不能成为介入因素，无法豁免破产管理人的损害赔偿责任。

四、破产管理人的责任范围

我国目前破产规范中关于破产管理人应承担的责任范围存在逻辑冲突。《企业破产法》第 130 条指出，任何因为破产管理人执行职务造成损害的债权人、第三人以及债务人都可以要求破产管理人承担损害赔偿责任；第 42 条指出，人民法院受理破产申请后基于债务人本身和债务人财产所发生的费用即为共益债务，包括"管理人或者相关人员执行职务致人损害所产生的债务"；最高人民法院颁布的《关于适用〈企业破产法〉若干问题的规定(二)》第 33 条又指出，管理人在执行职务过程中造成相对人财产损失的，如果存在故意或重大过失，则破产管理人对第三人的损害承担补充赔偿责任。

按照第 130 条的规定，破产管理人对其职务行为造成的损害应当承担赔偿责任，但第 42 条认为其属于共益债务，应当归属于债务人。

---

① 王旸：《侵权行为法上因果关系理论研究》，《民商法论丛》(第 11 卷)，法律出版社 1999 年版，第 551 页。

该司法解释又在此混乱的基础上，认为如果破产企业的财产不能实现对受害人的补偿，破产管理人应当承担补充责任。实际上是对第42条责任的突破，否则就应当是破产管理人直接对受害人承担赔偿责任，即不存在补充责任的情形。破产管理人制度在我国还处于构建和完善阶段，明确管理人的责任范围显得至关重要。过于严苛的要求必然会打击相关主体进入该行业的积极性，但是让受害人自担损失也必然不符合民法的公平原则。因此，有必要跳出现有几条法律条文的规定，考察破产管理人的责任范围问题。

（一）破产管理人执行管理职责的行为责任归属

1. 构成共益费用

破产管理人的行为可分为两种，执行管理职责的行为和非执行管理职责的行为。破产管理人从事的与破产程序无关的活动产生的社会关系不应由破产法律规范予以调整。判断破产管理人行为的性质需要以第25条列举的职责范围为标准，并参考破产管理人相关的职业规范，例如律师、会计师操作守则等。破产管理人享有广泛的职权，例如对债务人行为的撤销权、尚未履行完毕合同的解除权等权利，对债务人内部管理事项享有较大的自由裁量空间。为了更好地平衡利害关系人之间的权利义务关系，对破产管理人行为的判断应当在形式的基础上，将实质的利益归属也作为衡量因素纳入参考范围。

管理人在破产程序中没有自己独立的利益，其履行管理职责是为了债务人和全体债权人的利益。"享有权利者自担损害"是损害赔偿法的基本法理。早在罗马法中，就有"意外让所有权人倒霉"的法谚。[1] 破产程序意在公平处理破产债权债务关系，终结破产主体的命运，同破产管理人没有利害关系，自不应由破产管理人承担该风险。《民法通则》第63条以及《民法总则》第161条都规定，被代理人对代理人的行为承担责任，此立法意指同破产管理人的性质是一致的，都

---

① Deutsch/Ahrens, Deliktsrecht, Rn. 1. 转引自程啸：《侵权责任法》，法律出版社2015年版，第84页。

是为了其他的民事主体利益而为行为，因此，破产管理人的行为后果应当归属于债权人和债务人，构成共益债务以破产财产优先清偿。

2. 对外同债务人一起承担连带责任

当破产管理人存在故意或重大过失时，其行为的可责性以及为了平衡当事人之间的利益关系，应当同债务人一起对受害人承担连带赔偿责任。

现行法规定，破产管理人存在故意或重大过失时，先由债务人承担赔偿责任再由管理人对受害人承担补充责任。补充责任指在权利人就同一损害具有两个以上赔偿请求权的情况下，法律规定权利人必须按照先后顺序行使赔偿请求权；只有排在前位的赔偿义务人的赔偿不足以弥补损害时，才能请求排在后位的赔偿义务人赔偿。① 补充责任主要用于解决不能以连带责任或按份责任解决的责任情形，例如，第三人侵权时，不作为形式违反安全保障义务责任承担问题。关于补充责任能否成为一种独立的责任类型，学者们观点也存在较大冲突，② 但在适用条件上具有一致性，即非一般可责性。

重大过失为主观上有认识的过失，关于重大过失认识的内容，包括了损害发生的高度盖然性和行为的非正当性，所含有的强烈的主观可非难性也要求将其与故意作同等对待。③《侵权责任法》第 34 条、第 35 条第 1 句以及《人身损害赔偿解释》第 9 条第 1 款确定的雇主责

---

① 张新宝：《我国侵权责任法中的补充责任》，《法学杂志》2010 年第 6 期。

② 张新宝教授认为："补充责任制度的确立不仅能够解决第三人侵权情况下连带责任和按份责任所面临的法理困境，而且体现了民法的公平原则，同时也发挥了法律促进社会和谐与稳定的社会功能。"（参见张新宝：《我国侵权责任法中的补充责任》，《法学杂志》2010 年第 6 期。）刘海安教授则指出："不作为补充责任的赞成理由并不妥当，非但如此，该种责任违背自己责任的理念，使当事人间的利害关系失衡，因而并不合理。适用补充责任，要求补充责任人不具有一般可责性且受害人承担先究成本具有合理性。"（具体理由参见刘海安：《侵权补充责任类型的反思与重定》，《政治与法律》2012 年第 2 期。）

③ 叶名怡：《重大过失理论的构建》，《法学研究》2009 年第 6 期。

任则认为当雇员有故意或重大过失时，具有一般可责性，应当承担连带责任。因此，破产管理人存在故意或重大过失时，责任形式不应当归入补充责任的范围。

债务人进入破产程序的原因在于"不能清偿到期债务，并且资产不足以清偿全部债务或者明显缺乏清偿能力"，管理人的管理行为造成受害人损失的，有可能超出了债务人的偿债能力，依赖债务人的财产承担损害赔偿责任很有可能无法实现对无辜受害人的保护。一般情况下，应当由破产债务人以共益费用的形式对受害人承担赔偿责任，原因在于破产利益归属于债务人和其背后的债权人、股东等。当破产管理人存在故意或重大过失时，其具有法律上的可责性。正是由于管理人行为的可非难性以及平衡管理人、债务人和受害人之间的利益关系，有必要使管理人同债务人一起对受害人承担连带的损害赔偿责任。

(二)破产管理人的对内责任

1. 债务人的追偿权

破产管理人行使管理职权造成第三人损失的，应当由债务人作为共益债务清偿或者一同承担连带赔偿责任。在债务人承担赔偿责任后，应当享有向破产管理人追偿的权利。原因在于破产管理人作为依法设立的主体，享有法律赋予的各项职权，且对应着勤勉尽职、忠实的义务，对于法定义务的违反应当承担相应的责任。管理人行为的有偿性，要求管理人在义务没有得到恰当履行时承担相应的赔偿责任。《企业破产法》第22、28条和最高人民法院《关于审理企业破产案件确定管理人报酬的规定》第1条规定，管理人履行《企业破产法》第25条规定的职责有权获取相应的报酬，人民法院根据债务人最终清偿的财产价值总额，在一定的比例范围内分段确定管理人报酬。私法是平等主体之间的规范，享有权利，应当履行义务。① 传统民法理论认为，在义务没有得到恰当履行时，在权利人这一方产生第二性的权利

---

① 朱庆育：《民法总论》，北京大学出版社2016年版，第560页。

即救济权，① 在义务方产生民事责任。作为获取报酬的对价，破产管理人应当"忠实、勤勉"地履行自己的职责，在没有履行时，应当承担相应的责任。

2. 破产管理人执行管理职责造成股东、债权人损失的赔偿责任

破产管理人的行为可能直接造成股东的利益遭受损失。在浙江绍兴发生的徐梅荣诉浙江中圣律师事务所管理人责任纠纷一案中，原告（涉诉破产企业股东）主张管理人虚增债务造成尚具有清偿能力的债务人进入破产程序，最终被清算注销。该股东认为，管理人的行为直接导致债务人企业破产，应当承担赔偿责任。管理人的行为也可能直接损害债权人的利益，如〔2014〕绍越商初字第 2382 号案中，破产管理人错误登记债权人申报的债权，造成债权人未能参加破产财产分配，破产债权未获清偿。

如果债务人、债权人或者债务人的股东都享有向破产管理人的损害赔偿请求权，且该求偿权可重复行使，上述情况下，实际上形成了重复赔偿的问题。破产管理人执行职务的行为造成了其他主体的损害，应当构成共益债务对破产财产优先进行清偿。该行为实际上导致了债务人财产的减少，最终降低了债权人的债权受偿比率，侵害了债权人的债权；使有可能获得重整的企业丧失重生的机会，即损害了债务人股东的权利。在这种情况下，破产管理人的行为实际上造成了多主体的财产遭受了损失，应当对其承担赔偿责任。然而，直接损失仅为债务人财产的减少，债权人的损失和股东的损失只是债务人损失的转换形式而已，因此，如果承认所有主体的赔偿请求权必然加重了管理人的责任。

在这种情况下，首先应当明确损失的归属问题，其次是求偿的主体。将损失直接归属于债务人有利于识别实际的财产损失，避免由于多次转换造成的数额混乱问题。在此基础上，可以赋予债权人代表诉权和并承认股东代表诉讼。在债务人未被注销之前，其是当然的请求

---

① 蒋盛淼、赵鹏：《民事请求权研究的新视野》，《邵阳学院学报》（社会科学版）2004 年第 5 期。

权主体，可由其继任的管理人提起侵权损害赔偿之诉。但是，上述请求权归属却不能解决仅部分债权人受损害或者债务人已经清算注销情况下的追偿问题。因此，应当规定，在破产管理人的行为仅损害部分债权人或股东的利益时，限制债务人的求偿权而赋予部分债权人或股东向破产管理人的直接求偿权。

(三)破产管理人赔偿损失的范围

目前的司法实践中，向破产管理人主张损害赔偿请求权的案例较少，需要从理论上确定其赔偿范围问题。侵权法理论上将损失分为"所受损害"与"所失利益"，所受损害包括积极财产的减少和消极财产的增加；所失利益指被侵权人因财产权益被侵害导致本应获得的利益无法获得。所受损害和所失利益都应得到赔偿。①

前面已经提到，破产纠纷中破产债权确认案件占比达 54.1%，关于破产债权损失有单独讨论的必要。债权可以成为侵权法保护的客体，但是鉴于债权不具有社会典型公开性，故此对于第三人侵害债权之构成要件须严格界定，即仅限于第三人明知债权之存在而故意加以侵害的情形。② 如果破产管理人应对债权未能得到清偿部分承担损害赔偿责任，按照侵犯债权的构成要件，破产管理人必须主观上具有故意，亦即认识到破产债权的存在而使其不能通过破产程序清偿。具体的行为方式可为作为，如更改债权金额，销毁债权申报材料；也可以是不作为，如明知债权有效而不履行债权申报通知义务。单纯的不履行通知义务显然不能构成对破产债权的损害。回到文章开篇提出的例子，在该案中，破产管理人"仅凭债权人的口头弃权即确定原告不具有债权人的地位"，实际上破产管理人有通知的行为，履行了通知职责，但是未能达到谨慎的程度，构成"轻率"。也就是说，其主观上并没有故意，那么根据上述对债权侵权的理论，自不能让破产债权未能得到清偿的部分让破产管理人承担。

---

① 程啸：《侵权责任法》，法律出版社 2015 年版，第 699~702 页。
② 王利明：《侵权责任法研究》(上卷)，中国人民大学出版社 2010 年版，第 79 页。

　　如果破产管理人故意损害破产债权的，那么就应当对破产债权损失承担赔偿责任。该损失应当是通过破产清偿程序本可以获得清偿而由于管理人的侵权行为未获清偿的部分。不以破产债权全额作为损失的范围原因在于债权人不能通过侵权获得大于其损失的利益。债务人破产的原因在于资产不能清偿所有债务，所有破产债权并不一定都能获得全额清偿，尤其是在普通破产债权清偿率仅为 20% 左右的现状下。即使破产管理人勤勉、忠实地履行了管理职责，破产债权也可能无产可偿。如果让破产管理人以自己的财产承担全部的破产债权损失，实际上分担了债权人应当承担的破产风险，没有合理性基础。

　　由于破产财产已经分配完毕，未受清偿的债权不能再就破产财产主张权利；未受清偿的破产债权人不能向已受清偿的债权人主张不当得利，因为其他破产债权人是基于有效的破产债权而受清偿，具有法律上的原因。破产管理人对可经由破产程序受偿的部分承担损害赔偿责任实质上是对债权的履行利益进行赔偿。履行利益为破产管理人民事责任的上限，在实践中，应当扣除破产债权人如果通过正常破产程序主张债权进行的花费，因为这些损失是参加破产程序所必要的，不是破产管理人行为的结果，也就不属于破产管理人承担责任的范围。

结　　语

　　构建完善的破产制度离不开体系化的破产管理人制度，管理人依法履行管理职责需要接受监督，而管理人民事责任作为管理人监督机制的重要组成部分须得到明确，以具有可操作性。现行法关于破产管理人民事赔偿责任的规范存在冲突与不合理的地方，不利于实现对管理人的有效约束，因此有必要在现行法的框架下结合法理予以探讨。通过全文论述可知，一般条件下破产管理人执行管理职责造成损失的构成共益债务，具有故意或重大过失时则应当同破产债务人一起承担连带责任，而在债务人承担连带责任后应当享有对破产管理人的追偿权，这也是破产法私法性的必然要求。

论"无产可破"案件中管理人报酬基金的建立

胡峻豪*

摘要：建立、健全破产管理人报酬基金是妥善处理"无产可破"案件的有效途径。实践中，基金过度依赖财政补贴的局面有待改变，未来资金来源主要以从有产可破案件的管理人报酬中按比例提取、获取稳健的基金投资收益以及接受社会捐助三种途径为主，其中提取报酬的方式建议在设置一定起征点的基础上，采取差额累进征收率的方式，以调节过高收入，补贴"无产可破"案件管理人。在基金运营上注重资金保值增值，依托公益信托，实现"自我造血"；在监督上注重内外结合，引入 FTI 指数，提升透明度；在分配上注重公平、合理，采取计时收费。从长远来看，破产管理人报酬基金有潜力发展为管理人基金，在更广阔的领域内服务于破产管理人这个职业化团体。

关键词：无产可破；报酬基金；比例提取；差额累进

一、管理人报酬基金的现实需要

无产可破，即在企业破产案件中，债务人财产不足以支付破产费用的情形，作为破产费用的重要组成部分，破产管理人的报酬同样处于无法获得保障的窘境。在某些"无产可破"的案件中，如果这样的局面持续下去，一方面不利于破产案件的深入进行，损害管理人利益

---

* 胡峻豪，武汉大学法学院 2016 级法律硕士研究生，研究方向为民商法。

的同时，债权人也可能会错失潜在的受偿机会；另一方面，长期的保障缺失会打击管理人参与破产案件的积极性，影响管理人的职业化进程。正是基于上述考虑，笔者认为，管理人报酬专项基金急须建立，该设想并非空中楼阁，基金解决模式存在着理论和实践上的依据，早在破产法起草过程中就有学者提出过相关建议，主张建立破产管理人报酬基金。从比较法上观察，法国等破产法历史悠久的国家，很早就存在与其社会环境相适应的破产专项基金。① 根据我国相关立法，最高院发布的《关于审理企业破产案件确定管理人报酬的规定》(以下简称《管理人报酬规定》)第 12 条规定，债务人财产不足以支付管理人报酬的，管理人应当提请人民法院终结破产程序。债务人财产虽然不足以支付管理人报酬，但是破产案件的债权人、管理人、债务人的出资人或者其他利害关系人愿意垫付管理人报酬的，经人民法院同意，破产程序可以继续进行。这样的规定具有一定合理性，在一定程度上保护了管理人的利益，也避免了共益债务徒增以致再度加重债务人的负担。但该规定从侧面表达出另一层意思，如果企业处于无产可破的境地，此时若相关利害关系人不愿出资垫付破产费用，管理人只能向法院提请中止破产程序。规定中"应当"二字传达出立法者的强制意图，忽视了破产程序的秩序价值，破产程序继续进行有助于检查破产企业及其董事、监事、高级管理人员是否履行了勤勉义务，是否在经营管理过程中实施了损害公司利益的不良行为，② 具有规范社会主义市场经济秩序的宏观价值。为了从根源上解决无产可破案件中管理人报酬缺乏保障的困境，笔者建议在我国建立专门的破产管理人报酬基金。

(一)现实中存在大量无产可破案件

随着经济增速的放缓，同时受到外部金融危机的影响，我国进入

---

① 尤冰宁：《执业风险控制：我国破产管理人制度的完善》，《人民司法(应用)》2009 年第 11 期。

② 冯雪倩：《破产管理人薪酬制度设计——以美法制度为对比的思考》，《长春工程学院学报》(社会科学版)2016 年第 2 期。

了经济结构深度调整的关键时期，去产能、去库存成为国务院经济工作的重中之重。国有经济层面，传统依靠政府补贴维系生存的"僵尸企业"时刻面临着通过破产退出市场的局面，国企不再是破产法的法外之地。以对山东省滨州市两级法院展开调研的数据为参考，自2007年6月《企业破产法》实施以来，至2012年5月，法院共受理破产案件78件，其中"无产可破"案件共27件，占总案件数的34.62%，值得注意的是，其中国有企业就占了19家。① 私营经济层面，企业主自身经营的不规范，加上银行融资渠道的不通畅，民间融资成为主要的融资渠道，受经济大环境的影响，民间借贷纠纷直接导致企业资不抵债面临破产的案件频频发生。浙江省高级人民法院和温州市中级人民法院公布的数据显示，2013年浙江全省法院受理的企业破产案件同比上升145.07%，达到346件，其中温州两级法院受理的企业破产案件达198件，占浙江全省的57.2%，② 由于民营企业大多为中小企业，经营规模较小，风险配比不合理，账目设置不规范，多数企业存在"无产可破"的可能。

(二)无产可破案件的破产意义

一般认为，企业既然连破产费用都已经无力支付，债权人的债权根本难以获得清偿，继续破产程序只会徒增破产企业负担，加重法院诉累，无法实现破产的目的，应当直接终止破产程序，注销企业，体现效率。然而，破产的意义并非仅限于简单地公平清偿债权债务关系，《企业破产法》第1条开篇明意地提出了《企业破产法》还应当关注如何维护经济秩序以及保护债权人和债务人的合法权益。

首先，从公平清理债权债务来看，破产管理人在全面接管破产企业之后，清理债权债务是一个动态的过程，需要通过调查破产企业的各类账目，询问了解企业经营活动，实地调研生产状况等方式来综合

---

① 朱波、曹爱民、吕建军：《困境与进路：无产可破案件的调研报告》，《破产法论坛(第八辑)》，法律出版社2013年版，第434页。

② 徐超：《民间借贷高企浙江破产案件高发超半数集中于温州》，《每日财经新闻》，2014年1月14日。

判断其财产状况。对破产财产的清理是以破产程序的持续进行为前提条件的，在无产可破案件中，破产管理人不可能在初步进入企业时就能作出对"无产"真实性的判断。

其次，从维护经济秩序的角度，依据《管理人报酬规定》第 12 条第 1 款的规定，"债务人财产不足以支付管理人报酬的，管理人应当提请人民法院终结破产程序"。笔者认为，一方面，这里"应当"的规定存在对管理人保护过度，限制其自由选择之嫌，虽然该条第 2 款规定了管理人可以垫付之后继续破产程序，这里的"垫付"规定是否就是管理人主观上自愿无偿劳动，立法未作出明确规定；另一方面，该规定也容易滋生破产企业的道德风险，从侧面鼓励债务人采取隐匿财产、虚构债务的方式去"营造"一番"无产"的假象，使管理人迫于报酬压力主动终止破产程序，以实现脱逃债务的目的。

最后，从维护债权人合法权益的角度，在"无产可破"案件中，债权人对自己的债权能得到充分地清偿始终抱有期望，如果仅仅是因为管理人在初步判断债务人的财产不足以支付管理人报酬即存在无产可破情形时就由管理人单方提请法院终止破产程序，债权人的权利得不到充分保障。再者，让本来就面临债权难以实现的债权人垫付破产费用以继续破产程序，笔者认为也是不合理的，加重了债权人的负担。

(三)各地法院探索运用基金模式破难题

面临实践中出现越来越多的无产可破案件，各地法院都在探索各种破解这一难题的方法，虽然形式各有不同，但基本思路基本相似，即采取基金的形式汇集资金，用于支付"无产可破"案件中管理人的报酬。自江苏无锡率先成立破产管理人报酬基金以来，① 江苏常熟、重庆沙坪坝、山东滨州以及深圳等多地都展开了建立区域性破产管理人基金的有益探索，笔者总结其共同的特点，如下：第一，资金来源多样。多以财政拨款为主，辅以法院经费和从管理人报酬中提取，例

---

① 参见陈夏红：《再穷不能穷破产管理人》，《法制日报》，2016 年 7 月 20 日，第 12 版。

如重庆沙坪坝筹集的 50 万元基金中大部分为政府划拨,① 资金上体现出基金较强的行政性。第二,"削峰填谷"式补贴。基本采取从其他破产案件中管理人过高的报酬中按一定比例提取,补贴报酬无法得到保障的管理人。第三,注重基金管理。以无锡中院为例,详细规定了基金的设置目的、收支原则、账户管理、提取比例、补偿对象,并且规定了资金使用的公开要求。② 第四,法院主导性。在管理主体上,多赋予法院主导权,沙坪坝法院在对案件是否属于"无产可破"还享有最终判断权。

二、管理人报酬基金的性质厘清

关于破产管理人报酬基金的用途,理论界和实务界观点一致,都认为是专门设立用于补偿无产可破案件中管理人付出的劳动,支付其应得报酬的基金,但是关于该基金的性质,存在扶持基金说、互助基金说两种不同观点,对这两种观点笔者都不赞同。一方面,基金的长远发展不能长期依赖财政划拨,"扶持性"应被剔除;另一方面,收入回报较高的管理人付出了和报酬对等的劳动,市场经济下没有理由为其他管理人的工作买单,虽然实务中资金来源上多为从其他管理人报酬中提取,但形式不能掩盖其实质,"互助性"应被剔除。笔者认为,管理人报酬基金应当属于公益性基金。

(一)基金的公益性质及体现

破产监管人国际协会(The International Association of Insolvency Regulators)的一份报告中指出,破产程序提供了一次绝无仅有的良机,以检验破产公司是否存在欺诈或者有违工作职责的情况,以便将

---

① 参见孙怀君:《重庆沙坪坝首设破产清算扶助基金》,《人民法院报》,2012 年 8 月 26 日,第 4 版。

② 陈其生、谢唯成:《无锡中院创设国内首个企业破产管理人报酬基金制度》,无锡法院网,http://wxzy.chinacourt.org/public/detail.php? id = 862 & quod,访问日期:2016 年 6 月 22 日。

作奸犯科者绳之以法。因此，提倡各国设计相应的程序，在无产可破时通过各种办法将破产程序进行下去。① 可以看出，关于破产的最新理念已使破产的意义突破了对债权债务的清偿，认为其具有巨大的社会经济意义。结合我国国情，这种公益价值更加突出，我国国有企业较多，企业破产关系到国有资产的清理，必须深入检查是否存在国有资产流失的情况，而且国有企业体系庞大，破产清理工作是一项旷日持久的工作，而且关乎动辄数万职工的生存问题，管理人往往在确认企业无产可破上已经耗费了巨大的精力。反观民营企业的破产，由于广泛存在的民间举债，债权人多为小贷公司，而这些公司看似规模较小，背后却是关乎亿万家庭的财产安全，对破产企业进行细致、深入的调查具有公益性。

(二) 国外的公益性运作经验

将破产管理人基金作为公益性基金，进行公益性运作在破产程序发达的欧美国家并非新鲜的做法。美国在 1986 年全面确立了联邦托管人制度(U.S.T)，运用确保公共利益能够在破产案件得以体现，为与之配套，由国库设立了"联邦托管人制度基金"作为专项资金，用于支付联邦托管人的工作报酬。在如此重视"私权"的美国，设立这一"社会本位"的基金也反映了立法者对破产案件公益性的认可。② 英国建立了官方接管人制度，在破产管理人缺位时成为正式的破产管理人。③ 实践中，在"无产可破"案件中，一般由破产署指派官方接管人入主破产企业。为了保障其工作报酬，政府从所有破产人的不动产中提取 17% 的费用作为破产和清算不动产基金，用于管理无财产破产案件的支出。④ 官方接管人区别于普通管理人，体现出国家的干

---

① 王欣新：《论破产管理人制度完善的若干问题》，《法治研究》2010 年第 9 期。

② 贺轶民：《美国联邦破产托管人的启示》，《青年法苑》2010 年第 5 期。

③ 转引自李洁华：《英国破产管理人制度研究》，对外经济贸易大学法学博士学位论文，2002 年，第 8 页。

④ 王欣新：《德国和英国的破产立法之三》，《人民法院报》，2005 年 11 月 7 日，第 B04 版。

预性，比如需要调查企业的破产原因。

三、管理人报酬基金的来源

基金是指为了某种目的而设立的具有一定数量的资金。基金的使用用途是决定基金性质的关键因素，法律视角更加关注基金的用途，而从经济学上考虑，资金的来源、提取、分配则是更加实际的问题。

(一)基金的资金来源

资金的来源应当充分反映基金的公益性质。首先，笔者不赞成主要由财政资金来进行补贴，财政资金只能满足短期的需要，随着未来"无产可破"案件的增多，财政负担会越来越重，反而不利于基金的可持续发展。其次，笔者也不赞成由法院来承担费用，一方面法院经费多来自财政，无异于财政的变相支付；另一方面，虽然现存的基金形式多是由法院主导的，但是法院与无产可破案件是否继续进行并无直接利害相关，由法院支付会导致实践中法院鼓励管理人在无产可破情况申请终止破产程序的道德风险。再次，完全从其他破产案件中破产管理人的报酬中提取也是不合适的，破产管理人的报酬是根据管理人付出的劳动情况计算得出的合理对价，是享有财产权的合法收入，"能者多得"是市场经济的基本规则，没有人有义务为他人不利的经济处境买单。而且，相比国际水平，我国破产管理人的收入其实还属于较低水平，这种情况下还要进行提取会打击高水平破产管理人的积极性，不利于专业化破产管理人团队的形成。最后，结合破产管理人报酬基金的公益性，笔者认为应当计入所有市场主体参与市场交易的成本和费用之中，具体来说，从有产可破案件的管理人报酬中提取一部分，另一部分前期由财政资金补贴，后期从基金的财产性收益中获取，另外一部分由社会各界捐赠构成，这样一方面不会过度地加重某一方的负担，另一方面也具有充足的合理性，需要从管理人报酬中适度提取是因为在目前的管理人选任方式上，未来的规范化趋势是从管理人名册中随机选取，每一个管理人都不可能一直接手有产可破的企业，排除偶然的因素，任何管理人担任"无产可破"案件的管理人的概率都是均等的，支付破产基金费用扶助其他破产管理人的同时也是为自己长期从事破产业务提供保障。财政补贴虽然不是长久之计，却是强心针，从各地法院实践中可以看出，财政的支持是管理人报酬基金启动的重要保障，短期是稳定可靠的来源，但是目前地方债高筑，增加了财政补贴长期的不确定性，基金在后期进入成熟运营的阶段，要通过一些稳健的财产性投资来实现自我造血。此外，社会捐赠的力量也不能小觑，公益资源潜力巨大，大多分散在民间未得到发掘。2007 年年初，在首届中华慈善论坛上，浙江省温州乐清市数百家民营企业成立了我国首家民营企业组成的民间慈善组织，通过签订捐资协议，共募集基金 6.475 亿元，并以每年 2% 的年利率上交该会作为会费，用于社会公益事业的发展。① 在山东滨州的破产基金实践中，最初累积的 16 万元中就有多达 6 万元来自社会捐助。除此之外，目前地方性、区域性、试点性的破产基金有待向全国性、综合性的破产基金发展。从长远角度来看，有必要建立一个全国性的破产管理人基金，② 基金未来的发展目标不仅是平衡破产个案之间管理人报酬的不平衡，而且平衡全国各地区之间因为经济发展水平导致的管理人之间的报酬差距。和律师事务所等服务行业一样，破产服务行业在"无产可破"案件中也应该有统一的基金提取标准。

(二) 基金的获取方式

值得一提的是，目前大多数学者主张应以财政补贴作为基金的主要资金来源，实践中各地也是这样操作的，似乎从未质疑过财政补贴的合理性。笔者认为，财政补贴只能解破产基金起步资金缺乏的燃眉之急，长远来看缺乏法律依据，容易造成基金对财政的紧密依赖，使得基金发展受制于地方的财政状况，财政补贴应作为基金的启动资金，在后期慢慢从基金中实现退出，由其他资金途径来替代。通过社

---

① 谭明悦、明玉东：《积极发掘民营企业的慈善潜力》，《人民政协报》，2007 年 4 月 10 日，第 B2 版。

② 胡瑜：《论"无产可破"案件审理的困境及对策——基于管理人报酬的视角》，《法制与经济》2015 年第 1 期。

会捐助方式募集，由于获取方式单一，情况比较简单，笔者不赘述，以下重点谈论从破产管理人一方获取资金的方式。

首先，获取的途径。笔者认为以下两种形式较为可行，实践中也有类似操作。一是在破产管理人从债务人处获得报酬支付时按一定比例提取划入基金池，以山东滨州法院为例，规定管理人报酬10万元以下部分按6%提取，10万~20万元部分按8%提取，20万~30万元部分按10%提取，依此类推，最高不超过30%。① 笔者认为，这种分层征收的做法值得借鉴，但是就具体比例来说，笔者认为过高，各地在参考本地的经济状况和本地破产企业资金状况的同时，建议统一采取和个人所得税计算类似的超额累进征收率，设置一个起征点，一方面使获得报酬较少的管理人免受提取，另一方面更加科学地降低了高收入管理人的支付压力。二是通过管理人在注册登记时一次性缴纳的方式。破产管理人步入职业化的道路，必须有一定的经费，对内足以维持日常运转，对外足以承担过错责任，未来破产管理人协会在全国范围内建立，成为破产管理人必须缴纳一定的入会费，年审时缴纳一定的年费，这是管理人职业化的资金保障。广州市在这方面是先行者，2014年，在广州中级人民法院的推动下，全国首个管理人自治组织——广州市破产管理人协会登记注册成立，协会下设破产清算公益基金，规定广州中院在册的15家机构管理人及今后入选名册的机构管理人都须交纳会费2万元。另外，管理人从每个案件中计提的报酬若超过10万元，则超过10万元的部分提取10%，以自愿捐助的方式纳入破产清算公益基金。② 笔者对广州中院后一种做法持保留态度，操作过于简单，缺少灵活性，考虑到基金刚刚建立，后期有待进一步细化。

其次，提取的条件。从管理人报酬中提取基金，是针对报酬能够得到充分保障的破产案件，当然不包括无产可破案件中的管理人，其

---

① 朱波、曹爱民、吕建军：《困境与进路：无产可破案件的调研报告》，《破产法论坛》（第八辑），法律出版社2013年版，第434页。

② 郭一鸣：《广州破产清算公益基金正式启用》，《人民法院报》，2015年8月14日，第4版。

本身处于缺乏保障的状态，基金的设立目的主要就是为了支付其报酬，从而使破产程序顺利进行，要避免对其收入的提取。但是破产协会的会费、年会费以及管理费用，是每个破产管理人都必须支付的费用，这是破产基金的初始资金。关于这些费用的合理性，笔者认为破产基金除了支付管理人报酬之外，基于取之于成员用之于成员的考虑，在未来可以用于以下三种用途：第一，作为破产管理人协会的运营经费。作为现行《企业破产法》创设的破产管理人制度，在实践中发挥着巨大作用，但仍然存在着组织性不强、专业度不高、管理规范缺乏的问题。作为参与破产的重要主体，规范破产程序首先要规范破产管理人，建立破产管理人协会实现行业自律组织是未来的发展趋势，将破产基金用于保障协会平台的搭建、成员的交流和培训是必要的。第二，用于支付管理人执业风险保险。《企业破产法》第 130 条规定："管理人未依照本法规定勤勉尽责，忠实执行职务的，人民法院可以依法处以罚款；给债权人、债务人或者第三人造成损失的，依法承担赔偿责任。"但勤勉尽责与忠实的标准是什么，是否区分一般过失和重大过失，法律均未规定，[①] 使得管理人承受着巨大的执业风险，和律师执业保险一样，管理人也需要保险保障，由破产管理人基金统一支付这笔费用可以完善管理人风险保护机制。第三，报酬基金除了在"无产可破"案件中补贴管理人的基本报酬以外，在管理人报酬支付不充分的情况下也可以发挥作用，例如管理人为破产实务殚精竭虑，但最终获得的报酬与付出严重不匹配，报酬基金作为一种调节收入的形式，可以对管理人进行一定的补贴，保护管理人的积极性。

最后，提取的时间。在上述第一种方式中，需要以管理人报酬的明确为前提，在管理人一次性收取报酬的情况下，应当由管理人从破产企业处取得资金之日起 15 日内支付给破产基金。在分期收取报酬的情况下，应在每次收到报酬之日起 15 日内支付，如果存在资金困难的情况，需要资金以继续破产程序，可以经法院批准在收到最后一笔报酬之日起 15 日内支付。

---

① 朱波、曹爱民、吕建军：《困境与进路：无产可破案件的调研报告》，《破产法论坛》(第八辑)，法律出版社 2013 年版，第 434 页。

(三)基金的分配方式

在随机选任模式以外,未来的趋势可以借鉴英国和美国的做法,建立公益性管理人名册,将志愿为社会作出贡献的管理人登记为公益性管理人。在法院受理案件时就清楚知道破产企业很可能存在"无产可破"时发挥作用,由法院从公益性管理人中直接指定,但不能多次重复指定某一管理人,尊重管理人公益积极性的同时也避免增加其负担。对于登记在册并能出色完成任务的管理人,一方面利用基金保障其基本报酬,使其在进行破产管理活动时没有后顾之忧,这可谓破产基金的保障功能,另一方面则是破产基金的激励功能,根据最高人民法院《关于审理企业破产案件指定管理人的规定》第21条之规定,对商业银行、证券公司、保险公司等金融机构或者在全国范围有重大影响、法律关系复杂、债务人财产分散的企业破产案件,人民法院可以采取公告的方式,邀请编入各地人民法院管理人名册中的社会中介机构参与竞争,从参与竞争的社会中介机构中指定管理人。这类案件往往影响巨大,报酬丰厚,管理人趋之若鹜。笔者建议,在采取竞争模式选任管理人时,在同等投标条件下,管理人基金名单中的管理人享有优先受任权,作为对其工作的奖励,鼓励更多优秀的管理人团队加入登记为公益性管理人。

四、管理人报酬基金的运作管理

(一)基金的管理机构

基金成立之后由哪个机构来进行管理是需要面对的现实问题,笔者认为,基金的管理机构应该满足以下"三性":第一,公益性。管理人报酬基金如前所述,是一项公益性基金,作为管理机构也应当体现公益性,这就要求不能将资金用于非公益用途。第二,中立性。由于基金的资金来源是多元的,所以该机构不能仅代表政府、债权人、债务人或者管理人中任何一方的利益,只有保持中立客观,才能合理计算管理人的报酬,公平提取各项收入,如实入账。第三,专业性。

该机构应当围绕基金的运作来开展各项工作，维护基金安全是其主要工作，这就排除了具有基金运营经验的商业基金机构。目前来看，暂时没有符合上述条件的机构，笔者认为在尚未建立全国性破产基金委员会之前，暂时可以将基金的管理权交给法院行使，一方面法院是破产程序的引导者，对破产案件有充分的了解，同时也是管理人的选任者，另一方面法院地位中立，与破产报酬的分配没有利害关系，在基金目前用途相对单一(仅支付"无产可破"案件中管理人的报酬，尚未发挥其他作用)，运营水平要求不高的情况下，法院来担当这一职责是合适的。

(二)基金的资金运营

基金的公益性指的是目的的公益性，这并不意味着其不能用于经营投资，资金的使用应当充分实现市场化、资本化运作。货币购买力不断下降，基金资金如果不合理投资，将会在无形中贬值，在风险可控的前提下，类似于社保基金的保值增值方式，破产报酬基金可从事储蓄或者投资风险较低，回报稳定的项目，以获得资金的保值、增值。

将基金的资金用于资本运营是巩固基金基础、实现基金可持续发展的有效方式。但是理想和现实存在一定距离，最大的难题就是破产管理人报酬基金按照设计最初是在法院的主导下运作，一方面，法院应当以审判业务为中心，特别是根据最高人民法院发布的《人民法院落实〈保护司法人员依法履行法定职责的规定〉的实施办法》，规定不得安排法官从事法定职责以外的事务；另一方面，基于安全和效率的考虑，基金的运营对金融知识要求较高，法官可能难以胜任。

笔者认为，即使未来成立了专业的破产基金委员会，最理想的投资途径是利用公益信托的方式。《信托法》第六章专章规定了公益信托，规定为发展社会公益事业而设立的信托为公益信托，是国家大力鼓励的信托形式，具有专门的信托监察人和严格的公示要求。破产基金可以充分利用公益信托在运营专业性、政策倾斜性以及监督全面性的优势，利用间接投资的形式，将资金委托给公益信托机构，投入到例如石油、铁路、电力、高速公路等一些国家基础设施项目上。一方面这些项目关系到国计民生，符合社会公益性，另一方面这些项目资金需求量大，回报周期长，但相对应的投资回报率高，且风险小。①

（三）基金的监督使用

基金的管理应当在阳光下运行，在资金收取、营运以及分配的各环节上都要体现公开、公正、透明。笔者建议，应当构建基金监察人制度、第三方年审制度以及定期公示公告制度来实现这一目标。

首先，基金监察人制度。这属于基金的内部监督方式，在组织方式上应当充分反映各方出资人的地位和利益，在机构体系上，设立统一的监察人委员会，对内统一监督资金的提取、运行和分配，对外协调与外部监督人的工作。在成员构成上，委员由三至九名成员构成，人员的成分采取"三三制"，破产业协会（未来有待成立）派驻的成员占三分之一，政府或内部监管机构的成员占三分之一，基金捐助人义务派驻的成员占三分之一，捐助人未派员的或者人数不够的由法院派员作为义务监督人。在工作方式上，监察人主要负责制作会计账簿，对资金使用实行专账管理，为出资人开具出资凭证，记录各方出资情况，保管和审核管理人提交的费用凭证，评估管理人的合理补偿，受理关于管理人虚假报账的举报。

其次，第三方年审制度。内部监督需要外部监督制约，否则会存在"监守自盗"的道德风险，由中立的第三方机构来对基金的财务状况进行监督能够加强监督的专业性、客观性和有效性，作出评估结论的机构或个人既非基金政策制定者，也非基金业务执行者，其实质是一种更客观的社会监督。在监督的内容上，主要由监督的目的即保证资金的安全决定，着重于对会计专用账簿等财务凭证的真假性审核判断之外，对基金的投资项目还要进行合理性风险评估，对基金资金的使用情况进行公益性判断。在监督的时间上，由于第三方多是会计师事务所等独立机构，不同于基金的内设机构，决定了监督不具有日常性，又因为公益基金相对其他投资基金，具有风险较低、资金流动性

① 黄梦舟、李郡玉、杭爽、宦栎：《社会公益基金保值增至途径研究》，《商》2014 年第 1 期。

较差、使用方式固定的特点，季度审查缺少必要性，为避免资金过多耗费在核心工作以外，建议采取年度审核的方式。

最后，定期公示公告制度。作为公益性基金，除了代表管理人利益之外，背后还代表着广大社会公众的利益，这就使破产管理人基金在信息公开方面具有比一般商业性基金更高的要求。2017 年 4 月，在由基金会中心网和清华大学廉政与治理研究中心联合举办的"公益基金会信息公开与透明"研讨会上，与会专家就《慈善法》实施之后公益基金会信息公开所面临的挑战以及透明标准评价系统的发展进行了探讨。① 为进一步提升基金会信息披露的专业性和标准化，双方就之前联合发布的反映我国基金会透明水平的"中基透明指数"FTI 的应用情况进行了谈论。中基透明指数是一套综合指标、权重、信息披露渠道、完整度等参数，是以排行榜单为呈现形式的基金会透明标准评价系统。② 笔者认为，破产管理人基金不仅要严格执行信息发布要求，向社会持续公开披露资金的各项情况，还要将自己的工作状况加入"中基透明指数"的考评中去，从而解决我国长期以来公益性基金披露标准模糊的问题。

五、管理人报酬基金的遗留问题

（一）管理人报酬的支付范围问题

基金建立之后，另一个现实问题是报酬基金的支付原则是什么？具体来说就是基金支付的范围究竟是依据"填平原则"补偿管理人支出的与破产活动相关的合理费用和报酬，还是依据"利润原则"在补偿其费用、报酬支出之外，保证破产案件一定的利润率。主张采用

---

① 阎梦婕、马甜：《专家讨论标准体系推动基金会透明公开》，人民网，http://nx.people.com.cn/n2/2017/0417/c378082-30041585.html，访问日期：2017 年 4 月 18 日。

② 聂雅莉：《中基本透明指数 FTI 发布慈善行业公开透明乃大势所趋》，新华网，http://news.xinhuanet.com/fortune/2012-08/29/c_112892877.htm，访问日期：2017 年 3 月 22 日。

"填平原则"者认为,管理人基金作为公益性质的基金,不能用支付利润的方式变相返还出资;主张采取"利润原则"者则认为,仅仅支付管理人的管理费用还远远不够,因为在计算过程中,一些非货币成本难以准确核算,评估出的管理费用不能与管理人的实际付出相配比,需要满足管理人的合理预期收益。笔者认为上述两种观点并不矛盾,在基金发展的时间维度上可以很好地兼容,在基金成立前期,可以采取利润原则,一方面鼓励管理人加入基金,另一方面有充足的前期资金作为保障,当基金进入成熟期,报酬支付功能之外的其他功能被开发,管理人能从其他途径获得基金保障,此时可以采用填平原则。

此外,关于聘请专业人员的费用能否用基金池支付也是制约管理人业务发挥的因素之一,笔者认为无产可破案件中"无产"的状态多为表象无产而非实际无产,有时借助专业人士的辅助便能打开局面,不能因为专业人士的费用而终止破产程序或者降低管理人的工作质量,建议在经基金委员会的审核,费用的支出满足关联性、必要性、合理性时,专业人士的费用也可以得到基金的保障。

(二)管理人报酬的计算方式

根据《管理人报酬规定》第 4 条之规定,人民法院应当以可供清偿的全部债务人财产价值为标的额,按照比例确定管理人报酬计算标准。我国管理人报酬采取了计件模式下的比例受偿原则,以每件案件中债权人受偿财产的价值为基数结算报酬,这种计算方式只适用于有产可破的案件,在"无产可破"的案件中,在管理人深入清理债务人财产之前,不存在计算基数,但管理人为了接手破产案件,在了解破产状况的过程中实际产生了工作成本,付出了必要的劳动,笔者建议可以采取计时模式来计算"无产可破"案件中管理人的前期报酬。至于在"无产可破"案件继续进行的情况下,如果发现债务人的其他财产,这时后期的报酬是否继续采用计时式还是按财产比例受偿也是一个有待讨论的问题。笔者认为,基于管理人基金公益性的考量,管理人接手破产案件是一种公益援助行为,其报酬不应该与债权人受清偿的数额挂钩,而只应与其付出的劳动时间相关,在无产可破案件中一致地采取计时模式较为合适。

六、总　　结

建立、健全破产管理人报酬基金是妥善处理"无产可破"案件的有效途径，《企业破产法》实施十年以来，"无产可破"案件呈现逐年上升趋势，大有由"特殊"向"一般"转变的趋势，《企业破产法》作为一部立足现实、面向未来的法律，规则制定者需要具备超前的眼光，及时发现立法的不足，进一步完善《企业破产法》。在笔者看来，破产管理人报酬基金作为一项重要的配套制度，应在今后立法中予以规定。实践出真知，希望早日看到破产管理人报酬基金的有效运行。

破产管理人的合同解除权
限制问题之探讨

陈超然 *

摘要：我国《企业破产法》第18条赋予了破产管理人解除待履行合同的权利，但却并未对该条款可适用的合同范围进行限制，导致在某些情况下破产管理人合同解除权的行使将有违社会公共政策，不当损害合同相对人的利益，且与我国其他民事单行法的规定相冲突。建议在涉及公共利益的不动产租赁合同和公共事业服务合同中，限制破产管理人的合同解除权，以维护社会公共利益；在所有权保留买卖合同、融资租赁合同和已预告登记的合同中，限制破产管理人的合同解除权，以平衡合同各方当事人的利益。

关键词：破产管理人；待履行合同；合同解除权的限制；完善建议

一、问题的提出

待履行合同在破产程序中的处理是破产司法实践中大量存在又较为复杂的问题，但是我国2006年颁布的《企业破产法》（以下简称新破产法）对于待履行合同的处理却仅用了一个条文加以规定，显然低

---

* 陈超然，武汉大学法学院2015级民商法硕士研究生。

估了问题的复杂性。依照新破产法第 18 条的规定，在处理待履行合同的问题上，破产管理人被赋予了选择权，可以选择继续履行合同或者解除合同。该制度的目的是尽可能使破产财产的价值最大化，尽量延续对破产企业仍有利可图的合同，解除掉对破产企业来说是沉重负担的合同。

尽管该制度使破产债权人的利益获得了最大程度的保障，但是依照该条文的表述，待履行的合同范围很广，只要是破产申请受理前成立、合同当事人对合同的给付义务尚未履行完毕的所有类型的双务合同，均可由破产管理人解除。这项适用范围如此之广的制度，不仅明显损害了合同相对人的利益,① 并且在某些情况下会违背社会公共政策，损害公共利益，或是与其他民事单行法的规定相冲突。因此有学者认为，并不是所有类型的双务合同破产管理人均可无条件解除，破产管理人对某些特殊种类的合同解除权应当受到限制。但究竟哪些种类的合同应当纳入合同解除权限制的范围？限制的理由是什么？限制的条件又是什么？学者们观点不一，莫衷一是。② 笔者不揣陋见，想就上述问题谈一点个人的理解与建议，供立法与实务部门参考。

---

① 　虽然依照我国新破产法第 53 条的规定，管理人或者债务人依照该法规定解除合同的，对方当事人可以将因合同解除所产生的损害赔偿请求权作为破产债权申报，但由于只能作为一般破产债权申报，无法优先受偿，因此在破产程序中往往无法得到充分清偿。

② 　参见李永军:《论破产管理人合同解除权的限制》,《中国政法大学学报》2012 年第 6 期。兰晓为:《破产法上的待履行合同研究》，人民法院出版社2012 年版，第 24~37 页。李国光主编:《新企业破产法教程》，人民法院出版社2006 年版，第 106~115 页。李定娓:《我国企业破产程序中待履行合同选择权研究》,《内蒙古农业大学学报》(社会科学版)2015 年第 5 期。庄加园:《预告登记的破产保护效力》,《南京大学学报》(哲学·人文科学·社会科学)2014 年第 6期。

二、破产管理人的合同解除权应受限制的合同类别

　　待履行合同①在破产程序中的处理问题，早在 1986 年颁布的《企业破产法（试行）》（以下简称旧破产法）中就有规定，旧破产法第 26 条使用了"未履行的合同"的表述，却并未对"未履行的合同"的含义和范围作出界定，使得"未履行的合同"除了包含双方当事人均未履行完毕的双务合同，还包含一方当事人已经履行完毕的双务合同和未履行完毕的单务合同。这一方面导致清算组合同解除权的适用范围过度扩大，进而扩大了受该制度损害的合同相对人的范围，另一方面，也使得清算组合同解除权的适用范围变得含混不清，引发争议，给司法实践造成不必要的麻烦。② 为了解决这一问题，新破产法第 18 条改变了旧破产法"未履行的合同"的表述，参考了《德国支付不能法》第 103 条和《日本破产法》第 53 条中的表述，将待履行合同表述为"破产申请受理前成立而债务人和对方当事人均未履行完毕的合同"，即待履行合同的范围仅限于双方当事人均未履行完毕的双务合同。这一规定虽然明晰了破产管理人合同解除权的适用范围，但笔者认为，新破产法第 18 条所规定的破产管理人合同解除权的适用范围仍然过大，对于下列四类待履行的双务合同，破产管理人的合同解除权仍有受限制的必要。

---

　　①　"待履行合同"译自 1978 年《美国破产法》第 365 条的"Executory Contract"一词。尽管《美国破产法》对于"待履行合同"的概念并没有进行界定，但是美国学术界和实务界的通说均认为"待履行合同"指的是破产人和合同相对人的合同义务均未履行，以至于任何一方的不完全履行都会构成一个实质性的违约，合同对方当事人可以以此为由拒绝履行其合同义务。该定义将一方合同义务已履行完毕的双务合同和单务合同排除在"待履行合同"范围之外。参见〔美〕大卫·G. 爱泼斯坦、史蒂夫·H. 尼克勒斯、詹姆斯·J. 怀特：《美国破产法》，韩长印等译，中国政法大学出版社 2003 年版，第 232 页。

　　②　例如，我国学术界曾经有过关于保证合同作为一种单务合同，保证人破产时，清算组能否解除保证合同的争议。该争议实际上涉及单务合同是否属于旧破产法第 26 条所规定的"未履行的合同"。参见程啸：《保证合同研究》，法律出版社 2006 年版，第 444~445 页。

(一) 涉及社会公共利益的不动产租赁合同

对于租赁合同的讨论，主要围绕着在不动产租赁中出租人破产，破产管理人能否依照新破产法第 18 条的规定解除租赁合同展开。司法实务一般认为，新破产法第 18 条对破产管理人合同解除权所适用的合同种类并没有加以限制，破产管理人可以依此条文解除租赁合同。① 但是不动产租赁权作为一种债权，因关系到公民居住权保障和社会稳定，所以相较于一般的债权，在民法上应受到特殊的保护，这种保护在我国《合同法》中的"买卖不破租赁"原则上得到了充分的体现。② 因此，世界各国立法对不动产出租人破产时破产管理人的合同解除权均进行了限制。如果不动产出租人破产时，破产管理人可以对租赁合同行使任意解除权，这将与限制出租人的解除权、强化对承租人利益保护的国际惯例背道而驰。③ 因此，有学者主张不动产出租人破产时，破产管理人的合同解除权行使应当受到限制。

但如何限制，又有不同的观点。第一种观点从解释论的角度认为，因出租人已提供了符合约定的租赁物，并且承租人也为该租赁物支付了租金，该租赁合同的主要义务应视为履行完毕，因而不属于新破产法第 18 条所规定的"未履行完毕的合同"，所以破产管理人不得依照该条文解除租赁合同。④ 第二种观点从立法论的角度认为，出租人破产时，为了保护承租人的利益，破产法应当规定原则上承租人有

---

① 参见 (2016) 湘民终 412 号湖南阿里贸易有限公司与杨建广房屋租赁合同纠纷二审民事判决书；(2014) 温龙民初字第 767 号温州佳通实业有限公司与温州博来登皮具有限公司租赁合同纠纷一审民事判决书；(2014) 浙绍民终字第 550 号浙江枝来服饰有限公司与郦可达房屋租赁合同纠纷二审民事判决书。类似判决还有很多，在此不一一列举。在上述判决中，人民法院均认为出租人破产时破产管理人可以依照新破产法第 18 条解除不动产租赁合同。

② 我国《合同法》第 229 条规定："租赁物在租赁期间发生所有权变动的，不影响租赁合同的效力。"

③ 参见王欣新、乔博娟：《论破产程序中未到期不动产租赁合同的处理方式》，《法学杂志》2015 年第 3 期。

④ 参见李曙光、苏秋斌：《破产管理人对租赁合同的解除权透析》，《中国律师》2010 年第 4 期。

权选择继续履行合同，破产管理人不得单方解除租赁合同。① 即明确限制破产管理人合同解除权的行使。

笔者认为，为了保护承租人的利益，破产管理人合同的解除权确实应当受到限制，但是对上述两种观点中限制租赁合同解除权的理由和绝对化主张，笔者并不赞同。

就第一种观点而言，该观点确实达到了限制破产管理人合同解除权的效果，但是该观点的理由不能苟同。因为租赁合同作为一种继续性合同，在租赁期间内，出租人的主要义务除了按约定将租赁物交付承租人使用外，还有在租赁期间保持租赁物符合约定用途、租赁物修缮、权利的瑕疵担保和物的瑕疵担保等义务；承租人的主要义务除了按期支付租金外，还有在租赁期间合理使用、保管租赁物和租期届满返还租赁物的义务。② 因此不能仅凭出租人提供了符合约定的租赁物、承租人支付了租金，便认为租赁合同已经履行完毕。笔者认为，从法律解释论的角度来说，新破产法第 18 条可以适用于租赁合同。

就第二种观点而言，笔者认为在租赁合同领域，并不是所有承租人的权利都需要通过限制破产管理人的合同解除权来保护，只有涉及公民居住权保障或其他社会公共利益的不动产租赁合同，才需要对破产管理人的合同解除权进行限制。③ 具体而言，依照我国《城镇国有土地使用权出让和转让暂行条例》第 12 条和《物权法》第 149 条的规定，我国城市土地被划分为多种用途，其中住宅用地主要是用来保障城市居民的居住权，而非住宅用地则用于其他目的。出租人将住宅用地上的建筑物出租给承租人居住，租赁期间出租人破产，破产管理人的合同解除权应当受到限制，这是为了保障公民居住权的需要。尽管在拍卖中，建筑物上的租赁权不被解除，将会导致该建筑物的价值降低，使破产财产的价值减少，间接地损害了破产债权人的利益，但是

---

① 参见王欣新、乔博娟：《论破产程序中未到期不动产租赁合同的处理方式》，《法学杂志》2015 年第 3 期。

② 参见崔建远：《合同法》，北京大学出版社 2012 年版，第 444~470 页。

③ 由于我国城乡二元结构体制的存在，农村居民居住权的保障已由宅基地使用权制度来保障，因此本文的讨论仅涉及城市居民的居住权。

破产债权人的利益在公民居住权保障的面前，应当作出一定的退让。因为公民居住权作为一项基本人权应当得到优先保障，为了保障公民的居住权，对破产管理人的合同解除权加以必要限制，这是基于社会公共政策的考量，是为了体现实质公平而对社会弱者所作的倾斜性保护，具有法理上的正当性。反之，若出租人将非居住用地上的建筑物出租给承租人用于商业目的，租赁期间出租人破产的，破产管理人的合同解除权则不应当进行限制。理由是：第一，承租人承租权的行使并非为了居住，而是以营利为目的，该承租权作为一种商事债权与破产债权人的普通债权无本质上的区别，并不应当优先保护。此时若为了保护承租人的商事承租权而去限制破产管理人的合同解除权，损害破产债权人的利益，缺乏法理上的正当性。第二，商铺租赁与住宅租赁不同的是，承租人的经济实力并不一定不如出租人，甚至在很多情况下还强于出租人。在这种情况下还以保障租赁权为由，限制破产管理人的合同解除权，从而导致破产财产的减少，损害破产债权人的利益，无异于劫贫济富。

因此笔者认为，只有涉及公民居住权保障或其他社会公共利益的不动产租赁合同，才需要对破产管理人的合同解除权加以限制。①

（二）涉及社会公益的公共事业服务合同

除了涉及社会公共利益的不动产租赁合同，还有一类合同因涉及公共利益和社会稳定需要对破产管理人的合同解除权进行限制。到目前为止，我国通过单行法对涉及社会公益的两种合同——劳动合同与人寿保险合同中破产管理人的合同解除权进行了限制。例如，我国《劳动合同法》第 41 条和第 42 条对用人单位进行破产重整时，破产

---

①　尽管涉及社会公益的土地和房屋的使用可以通过土地划拨制度完成，但也不能完全排除为了社会公益目的去租赁不动产的可能性，如租赁建筑物用于创办学校、医院、基金会等。因此，当不动产租赁合同涉及社会公益时，对破产管理人合同解除权的限制应当参照涉及公民居住权的不动产租赁合同。依照《土地管理法》第 54 条和国土资源部发布的《划拨土地目录》的规定，涉及社会公益的不动产租赁合同应当理解为租赁的不动产用于邮政、教育、科研、公共文化、医疗卫生、社会福利等社会公益事业的不动产租赁合同。

管理人对劳动合同的解除权进行了严格的限制,只有履行法定程序,达到一定条件后,破产管理人才能解除劳动合同。我国《保险法》第92条则对经营人寿保险业务的保险公司破产时,破产管理人对人寿保险合同的解除权进行了更为严格的限制。破产管理人不得解除人寿保险合同,必须将人寿保险合同和保险准备金转让给其他经营人寿保险业务的保险公司。以上对劳动合同和人寿保险合同中破产管理人合同解除权的限制,在理论与实务中并不存在较大争议,因此笔者在此不展开论述。

但值得注意的是,现实中涉及社会公益的合同绝非只有劳动合同和人寿保险合同,例如为居民供水、供电、供气、供暖,提供公共交通和网络服务的企业与居民签订的相关服务合同,不同于普通的商事合同,具有公共服务的性质,此类合同的履行关乎百姓的正常生活。提供此类服务的企业破产时,如果允许破产管理人依照新破产法第18条的规定行使合同解除权,将导致为数众多的居民无法正常生活,社会秩序的稳定将会受到严重影响。故当服务提供方破产时,破产管理人的合同解除权同样应当受到严格限制。

(三)所有权保留买卖合同和融资租赁合同

依照最高人民法院《关于适用〈中华人民共和国企业破产法〉若干问题的规定(二)》(以下简称破产法司法解释二)第34条、第35条和第36条的规定,在所有权保留买卖合同履行中,出卖人破产,破产管理人可以依照新破产法第18条的规定行使选择权,若破产管理人选择继续履行合同,买受人应当继续履行买卖合同;但若买受人在合同的履行中出现违约的情形,如未依照约定支付价款,则出卖人可以行使取回权,将标的物取回;但该取回权在买受人已经支付标的物总价款百分之七十五或第三人善意取得该买卖标的物时无法行使。此时,出卖人只能要求买受人按照买卖合同继续支付价款,赔偿因此给出卖人造成的损失。若出卖人选择解除合同,取回合同标的物,买受人不得以其不存在违约情形提出抗辩。买受人已经支付的价款作为共益债权从破产财产中优先受偿。这三个条文明确指出了在所有权保留买卖中,出卖人破产,破产管理人的合同解除权不受任何限制。有学者对此提出异议，认为所有权保留买卖的出卖人破产，破产管理人的合同解除权应当受到限制，否则与所有权保留买卖是一种担保方式的本质不相符。①

笔者虽然认为我国破产法司法解释（二）第34条和第36条的规定确实值得商榷，所有权保留买卖中出卖人破产的，破产管理人对合同的解除权应当受到限制，但限制的理由与所有权保留买卖作为一种担保方式无关。

笔者认为，所有权保留买卖合同的出卖人破产时，如果合同尚未履行完毕，破产管理人不能直接依照新破产法第18条的规定解除合同。理由主要包括以下六个方面：第一，若允许破产管理人单方解除合同，不但剥夺了买受人对标的物的使用权，而且买受人无法通过继续履行合同获得标的物的所有权，此时买受人的期待权也将落空。②这将使得出卖人与买受人的权利义务关系处于严重不对等状态，违反了公平原则。第二，因破产管理人解除合同给买受人造成的损失，并不能作为共益债权优先受偿，而只能作为一般破产债权按比例受偿，这对买受人而言相当于二次伤害。第三，一般情况下，在合同标的物明显升值时，破产管理人会选择解除合同，取回标的物；合同标的物明显贬值时，破产管理人会选择继续履行合同，要求买受人支付剩余价款。这使得无论合同标的物升值还是贬值，其风险均由买受人承担，由此带来的利益却由出卖人独享，这显然违反了买卖合同的风险负担原则——利益之所在，风险之所在。第四，合同标的物的使用价值在出卖人手中根本无法实现，但是在买受人手中却能得到最大实现，因此，出卖人为了取回标的物而解除合同，完全违背了物尽其用的原则。第五，出卖人破产时，破产管理人在买受人迟延支付等情形

---

① 参见李永军：《论破产管理人合同解除权的限制》，《中国政法大学学报》2012年第6期。

② 尽管对期待权的性质，学术界有不同的看法，但均认为期待权具有权利性质之法律地位，应当受到法律保护，世界各国民事立法也通过不同的措施对期待权进行保护。参见王泽鉴：《民法学说与判例研究》（第1册），中国政法大学出版社1998年版，第145页。陈本寒：《担保物权法比较研究》，武汉大学出版社2003年版，第392~396页。

下可以通过行使《合同法》上的解除权以取回标的物，破产财产已经获得了足够的保护，应当给予买受人以机会去支付剩余的价款以获得标的物的所有权。① 第六，在所有权保留买卖制度极为发达的德国，为了出卖人和买受人间的利益平衡，德国 1999 年新颁布的《支付不能法》改变了原有《德国破产法》的规定，新增第 107 条第 1 款明确规定，在所有权保留买卖中，出卖人破产时，合同履行与否由买受人决定，出卖人无权依照《支付不能法》第 103 条的规定解除合同。② 德国《支付不能法》的新增条款对我们在所有权保留买卖合同中如何规范破产管理人合同解除权的行使，具有重要的借鉴意义。

总之，在所有权保留买卖合同的履行过程中，出卖人破产的，如果对破产管理人的合同解除权不加以限制，将会导致破产管理人直接选择解除合同，取回标的物，从而会使出卖人获得其在破产程序之外本不应获得的利益，造成买卖双方权益的严重失衡。因此，建议未来立法应当规定，出卖人破产时，破产管理人可以要求买受人一次性支付剩余价款，买受人拒绝支付或者不能支付的，破产管理人方可解除合同，取回标的物。

此外，与所有权保留买卖合同情形相类似的还有融资租赁合同。特别是在当事人之间约定了"租期届满，租赁物归承租人所有"条款的融资租赁合同中，在出租人将标的物交给承租人使用后，该融资租赁合同的效果已与所有权保留买卖合同的效果类似。笔者认为，所有权保留买卖中破产管理人的合同解除权应受限制的观点，对于此种类型的融资租赁合同同样适用。在此种类型的融资租赁合同中，承租人对租赁物的使用权和期待权同样应当受到法律的保护。因而，在此种类型的融资租赁合同中，出租人破产，破产管理人不得直接依照新破产法第 18 条的规定解除租赁合同，而应首先要求承租人支付剩余的租金以获得标的物的所有权；承租人拒绝支付或者不能支付的，破产

---

① See Vgl. Karl Larenz, Lehrbuch des schuldrechts, Band Ⅱ, 1. Halbband, Verlag C. H. Beck, 13. Aufl, 1986, S. 114. 转引自曲宗红：《债权与物权的契合：比较法视野中的所有权保留》，法律出版社 2010 年版，第 476 页。

② 德国《支付不能法》第 107 条第 1 款、第 103 条的规定，参见杜景林、卢谌译：《德国支付不能法》，法律出版社 2002 年版，第 58、55 页。

管理人才能解除合同，取回标的物。

(四)已预告登记的房屋买卖合同

预告登记(Vormerkung)制度在法律史上出现得较晚。最早的预告登记制度出现在 1783 年颁布的《普鲁士抵押条例》(Preussischen Hypothekenordnung)与《普通邦法》(Allgemienen Landrecht)中，后被《德国民法典》所采纳，《德国民法典》在第 883 条至第 888 条对预告登记制度进行了详尽的规定。《德国民法典》颁布以后，预告登记制度因其独特的实用价值，相继为瑞士、奥地利、日本以及我国台湾地区所继受。①

《德国民法典》第 883 条对预告登记的要件和效力进行了规定。②依照德国学者对该条文的解读，预告登记主要有三种效力：第一，担保效力(Sicherungswirkung)，即预告登记后，登记权利人对被登记的土地或者权利所进行的处分，当该处分有害于预告登记权利人时，该处分行为相对于该预告登记权利人无效。第二，顺位效力(Rangwirkung)，即预告登记已经表明了被担保的请求权经过履行后将要产生某种不动产物权，将来该物权一旦产生就会取得预告登记所具有的顺位。第三，完全效力(Vollwirkung)，即经过预告登记的权利，在破产程序中或强制拍卖中将被当作完整的物权来看待，用以对抗破产程序和法院的强制执行。换句话来说，即当登记权利人破产时，预告登记权利人仍可要求登记权利人的破产管理人办理本登记，以取得所有权。预告登记所具有的这三种效力从根本上来说，都是为了达到同一个目的，即预告登记制度最为本质的目的——保护债权人以物权变动为内容的请求权的实现。③ 德国《支付不能法》第 106 条第

---

① 参见程啸：《不动产登记法研究》，法律出版社 2011 年版，第 520~521 页。

② 《德国民法典》第 883 条规定，参见陈卫佐译注：《德国民法典》，法律出版社 2006 年版，第 324~325 页。

③ 参见[德]鲍尔·施蒂尔纳：《德国物权法(上册)》，张双根译，法律出版社 2004 年版，第 430~439 页。[德]曼弗雷德·沃尔夫：《物权法》，吴越、李大雪译，法律出版社 2004 年版，第 211~216 页。

1 款在预告登记的完全效力基础上进一步规定，① 在不动产交易中，如果受让人已经进行了预告登记，则破产管理人不得依照《支付不能法》第 103 条的规定拒绝履行合同，以防止预告登记所担保的权利受到伤害。②

我国《物权法》第 20 条虽然也规定了预告登记制度。但是由于在《物权法》起草过程中对是否应当借鉴德国法上的预告登记制度，产生了不同意见，③ 导致最终颁布的《物权法》仅用一个条文对预告登记制度进行了规定。德国法上预告登记所拥有的三个效力，在我国《物权法》第 20 条中也仅剩下了担保效力。④ 由于预告登记完全效力的缺失，再加上对新破产法第 18 条中破产管理人合同解除权限制的缺失，这使得在我国的房屋买卖中，⑤ 当出卖人破产时，即使买受人已经办理了预告登记，破产管理人仍然可以依照新破产法第 18 条的规定，解除买卖合同，将该房屋纳入破产财产中。

笔者认为，在此情形下，应当对破产管理人的合同解除权进行限

---

① 德国《支付不能法》第 106 条第 1 款的规定，参见杜景林、卢谌译：《德国支付不能法》，法律出版社 2002 年版，第 57~58 页。

② 参见[德] 莱因哈德·波克：《德国破产法导论》，王艳柯译，北京大学出版社 2014 年版，第 91 页。

③ 参见程啸：《不动产登记法研究》，法律出版社 2011 年版，第 523~524 页。

④ 我国《物权法》第 20 条所规定的预告登记的担保效果与德国法上预告登记的担保效果有所不同，我国预告登记的担保效果是"绝对无效"，即违反预告登记的处分行为对所有人都无效，第三人无法基于该处分行为获得所有权。而德国法上预告登记的担保效果是"相对无效"，即违反预告登记的处分行为，仅在有害于预告登记所担保的请求权实现时，仅相对于预告登记权利人而言无效，对于预告登记权利人以外的人而言都是有效的，第三人可以基于该处分行为获得所有权。

⑤ 我国《房屋登记办法》第 67 条规定："有下列情形之一的，当事人可以申请预告登记：（一）预购商品房；（二）以预购商品房设定抵押；（三）房屋所有权转让、抵押；（四）法律、法规规定的其他情形。"依照此规定，预告登记制度在我国仅适用于房屋买卖和房屋抵押。而由于抵押合同是单务合同，如前所述，并不能依照新破产法第 18 条的规定解除，因此本文仅讨论经过预告登记的房屋买卖合同。

制。理由是：第一，若破产管理人可以解除已经办理了预告登记的房屋买卖合同，则买受人依照该买卖合同请求出卖人办理本登记的请求权，将随着买卖合同的解除而丧失，买受人将无法获得房屋的所有权，预告登记制度所期望达到的目的将彻底落空，预告登记制度的实用价值将大打折扣。第二，买受人在买卖合同生效后对合同标的物的所有权享有期待权，买受人正是为了保障该期待权的实现才去办理了预告登记。如果允许破产管理人对办理了预告登记的房屋买卖合同行使解除权，买受人对合同标的物所有权的期待权将无法实现，买受人通过预告登记的方式保护其期待权的努力也将变得毫无意义。

正是基于上述理由，笔者认为在房屋预售合同中，出卖人破产时，破产管理人对经过预告登记的房屋买卖合同的解除权应当受到限制。破产管理人必须依照买卖合同的约定，协助买受人办理买卖房屋所有权的本登记。

三、完善我国破产管理人合同解除权限制立法的建议

域外破产法在处理待履行合同的问题上，主要有三种立法模式：第一，一般条款模式，以我国新破产法第 18 条和《俄罗斯破产法》第 102 条为代表。[1] 即仅以单一条文对待履行合同的处理进行一般化规定。这种模式的缺陷非常明显，完全忽视了因不同种类的合同之间存在的差异所导致的例外情况，使得合同当事人在某些种类的合同中权利义务关系完全失衡，违反公平原则。第二，列举模式，以我国澳门特别行政区的"破产法"为代表。澳门特别行政区的"破产法"没有关于待履行合同的一般规定，而是以若干条文分别规定了买卖合同、所有权保留、定期买卖、融资租赁、委托合同及不动产租赁合同的处理方式。列举模式的缺陷也非常明显，因缺少一般条款，单纯的列举模

---

[1]　李飞主编：《当代外国破产法》，中国法制出版社 2006 年版，第 238～239 页。

式难免挂一漏万，使得没有被列举的合同和无名合同缺乏处理规则。① 第三，一般条款与特别列举并用的立法模式，以《美国破产法》、《德国支付不能法》和《日本破产法》为代表。例如，《德国支付不能法》第 103 条规定了待履行合同处理的一般条款，紧接着在第 104 条至第 111 条中分别规定了定期交易和金融期货交易、可分割给付的合同、已预告登记的合同、所有权保留合同、租赁合同和雇佣合同的特别条款。又如《日本破产法》第 53 条和第 54 条规定了待履行合同处理的一般条款，紧接着在第 55 条至第 58 条分别规定了"以持续支付为目的的双务合同"、租赁合同，以及其他以使用、收益为目的的合同、委托合同、"存在市场行情的商品交易所涉及的合同"的特别条款。这种立法模式弥补了前两种模式的缺陷，既规定了待履行合同的一般处理模式，也对特殊合同进行了特别规定。联合国国际贸易法委员会制定的《破产法立法指南》也推荐了这一立法模式。笔者认为，一般条款与特别列举并用的立法模式是理想的立法模式，应为我国破产法所借鉴。

有学者认为，一般条款与特别列举并用的模式仍然存在一定缺陷，存在可以改进的空间。首先，因为尽管采取了特别列举的做法，现实生活中需要特殊处理的待履行合同还有很多，挂一漏万仍无法避免。其次，逐项列举造成条文繁冗重复，因此需要对待履行合同进行类型化分类，在缩减立法篇幅之余，增加法律条文的实用性。该学者进一步提出对解除权受限制的待履行合同可以分为三类：以使用、收益为目的的合同；涉及公共利益的合同；劳动合同。②

笔者认为，待履行合同的类型化是一种有益的尝试，但遗憾的是该学者所提出的解除权受限制的待履行合同的分类未能达到理想的效果。首先，以使用、收益为目的的合同类型的范围过大，既包括了合同解除权不应受到限制的合同，如前文所述的商业不动产租赁合同、

---

① 参见兰晓为：《破产法上的待履行合同研究》，人民法院出版社 2012 年版，第 25~26 页。

② 参见兰晓为：《破产法上的待履行合同研究》，人民法院出版社 2012 年版，第 28 页。

动产租赁合同，又包括了根本不会进入破产程序的合同，如土地承包经营合同或建筑用地使用合同。① 其次，对于在一些以使用、收益为目的的无名合同中，对破产管理人的解除权是否应当限制，应当结合具体合同条款具体分析，不能一概而论。最后，这三种分类也未涵盖所有的合同解除权应受限制的合同，如已经进行预告登记的不动产买卖合同。

因此，笔者建议，我国应当参考发达国家破产法的立法经验，在待履行合同处理问题上，采取一般规定和特别列举并用的立法模式。具体来说，首先，应采用破产法司法解释的方式，对涉及居住权和社会公益的不动产租赁合同和公共事业服务合同、所有权保留合同、约定了租赁期届满后承租人取得租赁物所有权的融资租赁合同和已进行预告登记的合同中破产管理人的合同解除权进行限制性规定，以满足司法实务之急需。其次，在未来破产法修订时，应将这些特别规定与破产管理人处理待履行合同的一般条款一并规定，以确保破产程序中待履行合同处理制度之完整。

基于以上论述，笔者建议我国未来破产法就待履行合同处理问题应作如下规定：

第 N 条【一般规定】：人民法院受理破产申请后，管理人对破产申请受理前成立而债务人和对方当事人均未履行完毕的合同，有权决定解除或者继续履行，并通知对方当事人。管理人自破产申请受理之日起二个月内未通知对方当事人，或者自收到对方当事人催告之日起三十日内未答复的，视为解除合同。

管理人决定继续履行合同的，对方当事人应当履行；但是对方当事人有权要求管理人提供担保。管理人不提供担保的，视为解除合同。

法律另有规定的，从其规定。

第 N+1 条【不动产租赁合同】：涉及公民居住权保障或其他公共

---

① 我国新破产法还不承认农村集体组织和地方政府具有破产能力，因此这两种合同根本没有使用新破产法第 18 条的余地，更谈不上限制合同解除权了。

利益的不动产租赁合同履行中，出租人破产，破产管理人不得依照第N条解除租赁合同。承租人有权决定解除或者继续履行。管理人在破产申请受理后应通知承租人行使选择权。

管理人自破产申请受理之日起二个月内未通知承租人，或者承租人收到通知之日起三十日内未答复的，视为承租人决定继续履行。

承租人决定继续履行，破产程序所导致的租赁物所有权变动，不影响租赁合同的效力。

破产管理人应在租赁物变价前的合理期限内通知承租人，承租人享有以同等条件优先购买的权利。

第N+2条【涉及公共利益的公共事业服务合同】

为居民提供公共事业服务的合同履行中，服务提供者破产，破产管理人不得依照第N条解除合同。破产管理人持有的服务提供合同必须转让给其他经营同类业务的服务提供者。不能同其他服务提供者达成转让协议的，由服务提供者所在地的市级人民政府指定同类服务提供者接受转让。

第N+3条【所有权保留买卖合同】

买卖合同双方当事人在合同中约定标的物所有权保留，在买卖合同履行中，出卖人破产的，破产管理人可要求买受人一次性支付合同所约定的剩余价款以取得标的物的所有权。买受人拒绝支付或不能支付的，破产管理人可以解除买卖合同，取回标的物。

在融资租赁合同中，合同当事人约定租期届满，租赁物归承租人所有的，出租人破产，准用前款之规定。

第N+4条【预告登记的合同】：经过预告登记的合同，预告登记权利人可以依照合同的约定，要求破产管理人协助办理本登记，破产管理人不得以任何理由抗辩。

第五部分
个人破产、关联企业破产及其他

论个人破产重整制度

文　杰[*]

摘要：我国的个人破产重整应包括自然人和非法人企业的破产重整。个人破产重整制度有利于对个人债务人进行挽救；弥补个人破产清算与和解制度的不足。我国构建个人破产重整制度的可行性在于：个人债务的剧增让个人破产重整成为可能；传统文化观念为个人破产重整提供了土壤；个人征信制度的健全使个人破产重整具备了条件；企业法人破产重整制度的实施为个人破产重整提供了经验；诸多国家和地区设立的个人破产重整制度可资借鉴。我国构建个人破产重整制度时，应对个人破产重整的申请，个人破产重整计划的内容，个人破产重整计划的通过、认可、执行等加以规定。

关键词：个人破产；企业法人破产；重整

传统破产法上的破产主要是在清算意义上使用的，立法着眼于穷尽债务人的一切偿债手段，最大限度地满足债权人的偿债要求。[①] 而在现代破产法中，破产预防和挽救的观念备受推崇，破产法律规范除了调整破产清算程序中债权人、债务人等主体之间的关系外，还普遍构建了破产预防和挽救制度。个人破产重整制度即为一种专门的预防性的债务调整制度。目前，世界上许多国家和地区的破产法对此都设立了相应的法律规范，例如，美国《破产法》第十三章、日本《民事更生法》第十三章、我国台湾地区"消费者债务清理条例"第二章等。

＊　文杰，华中师范大学法学院教授，法学博士，研究方向为民商法。

①　韩长印主编：《破产法学》，中国政法大学出版社 2007 年版，第 1 页。

2006 年我国颁布的《企业破产法》则仅对企业法人的破产重整、和解与清算制度加以规定，并未涉及个人破产的法律调整。近年来，个人破产制度的构建已日益受到学术界的重视。① 学者们对个人破产清算制度进行了有意义的研究，但对个人破产重整制度的关注度不够。那么，个人破产重整制度的价值何在？我国设立个人破产重整制度是否可行？若可行，此种制度应如何构建？本文拟对上述问题进行探讨。

一、个人破产重整的界定与制度价值

(一) 个人破产重整的界定

对个人破产重整，在不同国家和地区存在着不同的称谓和立法体例。例如，在美国，它作为第十三章编入《破产法》中，且以"有固定收入的自然人重整"为名强调属于个人破产重整适用的依据。在日本，则将其规范于《破产法》之外的《民事更生法》中，并以第十三章"小规模个人再生及工资所得者等再生相关特则"为名，依适用要件的不同而区分为不同的特则，包括第一节"小规模个人再生"与第二节"工资所得者等再生"。在我国台湾地区，个人破产重整专门作为一章，在"消费者债务清理条例"中加以规范。

关于个人破产重整中的"个人"，有以下两种不同的立法界定方式：一种方式是将"个人"界定为自然人。例如，德国《破产法》中，关于个人破产程序的规定，适用于没有也未曾从事独立经济活动的所有自然人。② 日本《民事更生法》所称"小规模个人再生"，典型的例子是自营业者，还包括收入变动较大、按步计价的出租车司机以及投

---

① 学者们发表的有代表性的成果，例如，赵万一、高达：《论我国个人破产制度的构建》，《法商研究》2014 年第 3 期；许德风：《论个人破产免责制度》，《中外法学》2011 年第 4 期；齐明：《论我国构建自然人破产制度的必要性》，《当代法学》2007 年第 4 期；洪玉：《略论建立我国个人破产制度的若干法律问题》，《华东政法学院学报》2003 年第 5 期，等等。

② ［德］莱因哈德·波克：《德国破产法导论》(第六版)，王艳柯译，北京大学出版社 2014 年版，第 212 页。

入周期较长的农业从事者等。① 该法所称"工资所得者等再生"中的"工资所得者"显然是指自然人。我国台湾地区"消费者债务清理条例"则明确规定："本条例所称消费者，指五年内未从事营业活动或从事小规模营业活动之自然人。"另一种方式是将"个人"界定为自然人与非法人企业。例如，在英国破产法上，个人主要分为以下三种：消费型债务人、非法人企业的经营者和为破产公司承担保证义务的个人。其中，消费型债务人是指陷入非经营性债务的个人。这些非经营性债务包括：普通法上的抵押之债、信用卡支付、分期付款和其他信用交易未支付的款项、银行贷款和透支。② 在美国《破产法》上，个人破产重整分为有固定收入的自然人破产重整与有固定收入的家庭农场主。美国《破产法》第 101 条（30）将"有固定收入的自然人"界定如下：有固定收入的自然人意味着该自然人的收入是稳定和正常的，足以有能力依据本法第十三章的方案履行相应的支付义务，但股票和商品经纪人不在此列。关于"家庭农场主"，美国《破产法》第 109 条（f）将其界定为：必须"从事农业生产经营"；债务总额不得超过 150 万美元；所有确定的已折算成金钱的债务的 80% 以上必须产生于农业生产经营；债务人总收入的 50% 以上必须来源于农业生产经营。可见，在英美破产法上，所谓个人破产，涵盖了自然人和以承担无限责任为基础的非法人企业的破产程序。

笔者认为，我国的个人破产重整应包括自然人和非法人企业的破产重整。其理由如下：（1）从立法技术上看，我国的《企业破产法》已将该法的适用范围限定为企业法人③，自然人和非法人企业的破产重整并无相应的法律规范进行调整。通过个人破产立法，将自然人破产重整和非法人企业破产重整一并加以规范，是健全破产立法的需要。（2）从立法内容上看，与自然人和非法人企业破产程序相比，企业法

---

① ［日］山本和彦：《日本倒产处理法入门》，金春译，法律出版社 2016 年版，第 163 页。

② ［英］菲奥娜·托米：《英国公司和个人破产法》（第二版），汤维建、刘静译，北京大学出版社 2010 年版，第 26 页。

③ 参见我国《企业破产法》第 2 条。

人的破产重整程序较复杂，且二者存在着区别，例如重整程序的申请、重整计划的内容与执行等方面均有所不同。另外，由于非法人企业的投资者对非法人企业的债务承担无限责任，非法人企业破产必然牵涉到投资者的破产问题。正因为如此，1978 年美国《破产法（草案）》所设计的第十三章中，原本只限于自然人才能提出申请，即使是小型家庭合伙事业都被排除在外，而只得通过属于公司重整的第十一章申请救济。但在反对者的建议下，可以适用第十三章个人重整的范围才扩大至包含小型经营规模的个人企业，使其不需经由第十一章较为昂贵且繁琐的重整程序获得救济。① 因此，所谓个人破产重整，是指自然人和非法人企业债务人已经具有破产原因或有破产原因之虞，而又有再生希望时所实施的旨在挽救其经济生活继续生存的机制。

(二) 个人破产重整制度的价值

1. 有利于对个人债务人进行挽救

当个人债务人陷入困境，无法偿还到期债务时，设立个人破产重整制度，由法院介入，个人债务人拟定的重整计划，经法定多数债权人同意，法院认可后，对所有债权人产生约束力，可以预防破产清算，达到个人债务人经济上再生的目的。换言之，个人破产重整制度实际上为当事人提供了更加积极主动的自己决定权，并鼓励可能面临破产的个人可以及时处理本身的债务困境，提前防止负债金额继续扩大，且得以重建个人经济状态。

2. 弥补个人破产清算与和解制度的不足

个人破产清算制度是以债务人现有的财产对所有债权人进行公平清偿的制度，其目的在于通过清算程序而全部解决债务人与债权人之间的债务清偿关系。在个人破产清算程序中，需要花费相当的时间与费用，这样减少了债权人可得分配的财产数额，最终分配至各债权人手中的财产数额可能相当少。另外，对债务人而言，一旦被烙上破产的烙印，往

---

① 参见郑有为：《破产法学的美丽世界》，台湾元照出版有限公司 2006 年版，第 265 页。

往丧失信用，难以重建。而且，依据个人破产清算程序，个人财产将被变价，要从一无所有至东山再起必定有一定的困难。个人破产重整有利于弥补个人破产清算的不足之处，在某种程度上避免了破产清算过程中或之后所必须舍弃的某些权利，例如个人不动产的所有权等。

个人破产和解制度作为一种破产预防制度，是希望借由个人债务人本身对于自己经济状况的了解，得以在适当的时机与各债权人达成债权额成数降低或延迟付款期限等协议，以此作为预防破产的机制。个人破产和解不仅需要一定比例的债权人与债务人达成合意，而且要经法院的认可，方能成立。如果没有个人破产和解制度，个人债务人只能与全部债权人一一和解协议，从而避免债务或推迟债务的履行。换言之，陷入困境的债务人只能利用民事诉讼法所规定的和解或调解制度来达到减免债务或推迟履行债务的效果。但这种诉讼和解制度在实际操作上有一定障碍，因为它必须要获得每一个债权人的同意，只要有一个债权人不同意，债务人免于被强制执行的目的就实现不了。① 个人破产和解制度的设置，债务人仅需获得多数债权人的同意，就可以达到避免破产的目的。但个人破产和解制度也存在缺陷，例如，债务人可能故意拖延还款；部分债权人恶意干扰，使债权人会议无法达成和解协议；和解程序实行冗长无法达到效率的要求；和解程序无法实现对债务人的积极拯救等。个人破产重整制度对个人债务人申请破产重整条件的设定、个人破产重整计划的制定及其执行等方面的设计，有利于克服个人破产和解制度的不足之处。

二、个人破产重整制度构建的可行性

（一）个人债务的剧增让个人破产重整成为可能

伴随着国内经济结构的调整和超前消费意识的增强，个人负债消费正形成趋势。根据华兴资本研究报告的数据，过去十年间，我国通

---

① 汤维建：《我国应尽快制定〈个人破产法〉》，［英］菲奥娜·托米：《英国公司和个人破产法》（第二版），汤维建、刘静译，北京大学出版社 2010 年版，第 8 页。

过负债进行消费的人群上涨 10%，至 2020 年我国消费信贷规模预计达到 42 万亿元，其中房贷 70%～71%、信用卡贷 15%～17%、车贷 3%～5%、其他类别消费信贷 7%～12%。① 与此同时，实践中，非法人企业与债权人之间发生的债务纠纷较为普遍。在这些自然人和非法人企业无法偿还到期债务的情形下，债权人固然可以通过民事诉讼等方式寻求救济，但即便法院裁判由个人债务人承担责任，此种裁判也难以执行，进而对债权人不利，而日益增长的个人债务使得个人破产重整成为可能。通过个人破产重整制度，个人债务人偿还债务的期限得以延长，债权人的债权也有了全部实现的可能。

(二)传统文化观念为个人破产重整提供了土壤

在传统上，我国民众一般都抱持着"欠债还钱"的文化观念。从道德观的角度来说，这种观点非常值得赞许。在个人处理债权债务关系方面，个人破产重整制度的设立与此种传统文化观念无疑是相契合的。因为通过个人破产重整，一方面可以使债务人积极采取拯救措施，以摆脱经济困境，实现对其所欠债务的偿还，另一方面债权人可获得比破产清算更多的受偿金额。此外，若构建个人破产重整制度，还会使民众因此种新的积极处理个人债务制度的引进而走出对破产法的认识误区。即对破产法有正面的认识，而不至于将破产误认为债务人免脱债务的一种方式。

(三)个人征信制度的健全使个人破产重整具备了条件

发达国家的破产立法经验表明，个人破产制度并非仅仅是个人征信制度健全后的产物，二者能够相互弥补，相互促进。② 在我国，1997 年中国人民银行开始筹建银行信贷登记咨询系统(企业征信系统

---

① 孙鑫等：《中国消费金融市场的现状及未来发展方向》，http://www.sinotf.com/GB/News/1002/2016-06-21/yMMDAwMDIwNDcyMw.html，访问日期：2017 年 5 月 10 日。

② 蒋艳国：《论我国个人破产制度的构建》，《广西社会科学》2010 年第 8 期。

的前身)。2004 年至 2006 年,中国人民银行组织金融机构建成全国集中统一的企业和个人征信系统。截至 2015 年 4 月底,征信系统收录自然人 8.6 亿多,收录企业及其他组织近 2068 万户。① 征信系统全面收集企业和个人信息。其中,以银行信贷信息为核心,还包括社保、公积金、环保、欠税、民事裁决与执行等公共信息。接入了商业银行、农村信用社、信托公司、财务公司、汽车金融公司、小额贷款公司等各类放贷机构;征信系统的信息查询端口遍布全国各地的金融机构网点,信用信息服务网络覆盖全国。日渐趋于健全的个人征信制度对于法院和债权人掌握个人债务人的财产和信用状况十分有利,便于重整计划得到法院和债权人的认可,使个人破产重整成为可能。

(四)企业法人破产重整制度的实施为个人破产重整提供了经验

2006 年《企业破产法》除了规定企业法人的破产和解、清算程序之外,还专门规定了破产重整制度。企业法人不能清偿到期债务,并且资产不足以清偿全部债务,或者企业法人明显缺乏清偿能力,或者企业法人有明显缺乏清偿能力的可能时,企业法人债务人和债权人可以直接向法院申请对债务人进行重整。② 同时,《企业破产法》还对企业法人重整计划的批准、执行与监督等进行了详细规定。③ 实践中,已有一些上市公司和非上市公司通过破产重整程序获得了再生。④ 尽管已有学者指出,我国企业法人破产重整程序在重整申请权的提出、债务人出资人权利的保护、对债务人自行组织重整活动的监督等方面尚存在一些值得完善之处⑤,但不可否认,企业法人破产重

---

① http://www.pbccrc.org.cn/zxzx/zxgk/gywm.shtml,访问日期:2017 年 5 月 15 日。

② 参见我国《企业破产法》第 2 条。

③ 参见我国《企业破产法》第 73、74、89、90 条。

④ 李曙光、王佐发:《中国〈破产法〉实施三年的实证分析——立法预期与司法实践的差距及其解决路径》,《中国政法大学学报》2011 年第 2 期。

⑤ 王欣新、徐阳光:《破产重整立法若干问题研究》,《政治与法律》2007 年第 1 期。

整制度的实施为设置个人破产重整制度提供了经验。

(五)诸多国家和地区设立的个人破产重整制度可资借鉴

目前,世界上已有许多国家和地区都设立了个人破产重整制度。在美国,早在20世纪70年代,其破产法修正委员会就观察到,二战以后美国消费者信用贷款的数量大幅增长,破产法对此并未加以关注而应进行全面性改革。1978年美国《破产法》第十三章就是在这样的思维背景下产生的。德国1994年通过、1999年开始实施的《破产法》也对此种主动由消费者债务人自行提起债务清偿方案的个人重整程序有所规范。在日本,20世纪90年代的泡沫经济后,部分民众因个人融资或以债养债方式而陷入多重债务旋涡中,使得个人申请破产的案件数于1999年暴增至12万多件而引起广泛的注意。① 为帮助其重建经济生活,日本1999年公布了《民事更生法》,该法第十三章关于"小规模个人再生及工资所得者等再生相关特则"对个人破产重整进行了制度设计。我国台湾地区也于2007年公布了"消费者债务清理条例"。该条例第二章"更生"即对消费者重整作了专门规定。这些国家和地区的立法可供我国设立个人破产重整制度借鉴。

三、个人破产重整制度的构建

笔者认为,个人破产重整制度应主要由以下几个方面的内容构成:

(一)个人破产重整的申请

为了避免过度偏袒债务人一方的权益忽略债权人本身应有的权利,而使个人破产重整制度丧失其原应该具备的公平正义价值,且防止在破产和解程序中可能因为债务人刻意拖延而使还款计划停滞不前,造成法律和社会资源的浪费,个人破产重整制度应要求具备重整

---

① 参见郑有为:《破产法学的美丽世界》,台湾元照出版有限公司2006年版,第268页。

的价值，即债务人必须有经济迅速重建的希望。并非所有希望借由重整程序处理自身财务困难的个人都能够依程序得到重整。个人的首要条件是必须在未来有相当规律性的收入来源，例如固定的薪金收入或其他定期性的投资回报。正基于此，美国、日本、我国台湾地区等国家和地区的个人破产重整制度，都对个人申请破产重整的条件作了明确规定，使得债务人在适用此程序时有所依据。

美国《破产法》第 109 条(e)规定了有资格申请第十三章救济的主体："只有具有固定收入的自然人，在提交申请之时负有不超过 25 万美元的确定的、已折算成金钱的无担保债务和不超 75 万美元的确定的、已折算成金钱的有担保债务；或者除股票经纪人和商品经纪人之外的其他具有固定收入的自然人及其配偶，在提交申请之时负有总计不超过 25 万美元的确定的、已折算成金钱的无担保债务和不超过 75 万美元的确定的、已折算成金钱的有担保债务，才能成为受本法第十三章保护的债务人。"根据日本《民事更生法》第 221 条的规定，对小规模个人重整，申请重整的债务人应为"在未来能够持续地或重复地取得收入的"个人，债权总额应低于 5000 万日元。该法第 239 条规定，对工资所得者等重整，除具备小规模个人重整程序的开始要件之外，债务人还必须"能够取得工资或者性质上属于工资的固定收入，且数额变动小"。该程序主要面向工薪阶层，实际上，只要收入变动小，大致可控制在 20% 以内的其他个人，也被认为适格。① 我国台湾地区"消费者债务清理条例"第 2 条将消费者债务人界定为："五年内未从事营业活动或从事小规模营业活动之自然人。前项小规模营业指营业额平均每月新台币二十万元以下者。前项所定数额，司法院得因情势需要，以命令增减之。"对于消费者申请重整的条件，该条例第 42 条则规定："债务人无担保或无优先权之债务总额未逾新台币一千二百万元者，于法院裁定开始清算程序或宣告破产前，得向法院申请更生。前项债务总额，司法院得因情势需要，以命令增减之。"

笔者认为，我国设立个人破产重整制度时，可借鉴上述国家和地

---

① 参见日本《民事更生法》第 241 条第 2 款第 7 项。

区的立法例，对自然人和非法人企业申请破产重整的条件加以明确规定。同时，鉴于债务人的债务状况可能会发生变化，可授权最高人民法院对其债务总额加以调整。

(二)个人破产重整计划的内容

关于个人破产重整计划的内容，其他国家和地区的个人破产立法一般包括清偿债务的时间、方法等。例如，在美国，依据《破产法》第 1326 条的规定，债务人必须在重整计划提交 30 日内按照计划开始清偿。如此一来，在许多个人破产重整案件中，债务人在申请提交后1 月内就应当开始首次清偿。在个人破产重整计划中，每个被许可的无担保债权可获得的财产于重整计划有效期日的价值不得少于下列数额，即同时期债务人的财产在破产清算时可分配给这些债权的价值。[①] 在日本，个人破产重整计划须满足：(1)以分期清偿的方式，每 3 个月至少清偿 1 次。(2)清偿期间原则上以 3 年为限(存在特殊事由的，可延长至 5 年)。是否属于特殊事由，取决于在未来 3 年内能否取得充分的资金来源以满足最低清偿额。[②] 我国台湾地区"消费者债务清理条例"第 53 条则要求个人破产重整计划的记载事项包括：(1)清偿的金额。重整方案以减免、延缓债权为中心，攸关债权人的权益，为能迅速了解债务人所提的重整计划，对全体债权人是否公允，因此应记载清偿的金额，并应表明其计算方法。(2)3 个月给付一次以上的分期清偿方法。(3)最终清偿期。最终清偿期自认可重整计划裁定确定的次日起不得超过 6 年，但有特别情形的，可延长为 8年。此因避免重整计划的最终清偿期过短，致债务人每期应给付的金额过高而无力偿还，过长又有损债权人的权益，经考量民众平均所得额等情形而作出的规定。[③]

笔者认为，在我国，个人破产重整计划的内容应主要包含以下内容：其一，债务人偿还债务的方法。由于申请个人破产重整的债务

[①] 参见美国《破产法》第 1325 条(a)(4)。

[②] 参见日本《民事更生法》第 229 条。

[③] 张登科：《消费者债务清理条例》，作者自版，2008 年，第 144 页。

人，大多是以个人每月薪水收入或每月营业收入清偿债权，如限制每月清偿一次，则每期清偿金额偏低，未免过于繁杂，且增加清偿费用。如每期清偿期过长，又恐债务人丧失紧张感，甚至忘记清偿，因此规定为2—3个月为宜。其二，债务人偿还债务的期间。个人破产重整的期间不宜过长，否则可能对债权人不利，而重整的期间过短也无法发挥其制度价值，所以可规定为3—5年为妥。

（三）个人破产重整计划的通过与认可

由于个人破产重整计划对债权人利益影响甚大，因此，原则上其应经过一定比例的债权人通过，并经法院认可。在美国，债务人提出的重整计划经过公告后，法院将就确认该重整计划举行听证会，任何利益当事方都可以拒绝确认该重整计划。① 若破产托管人或被认可的未设立担保的债权人反对确认该项计划，法院原则上不得确认该项计划。但是有下列两种情形之一的，法院应认可该计划：其一，每一项所认可的未担保债权，按照重整计划所分配到的财产，在重整计划生效日当天的价值不少于该债权的全部数额；其二，重整计划规定，自计划所规定的第一笔偿付到期后的3年内，债务人所有可以预计的可处置收入将被用于重整计划的偿付。② 根据日本《民事更生法》第230条的规定，在小规模个人重整程序中，债权审查以及重整债务人的报告书提交完毕后，重整计划草案将被提交表决。就重整计划草案进行决议的，应采用书面投票且消极投票的方式，即持反对意见的，应明确表示其意思。持反对意见的债权人人数低于表决权总数的一半，且该表决权所占的债权额不超过表决权总额二分之一的，计划草案即获通过。重整计划通过后，由法院作出批准或不予批准的裁定。我国台湾地区"消费者债务清理条例"第53~64条则规定，债务人应于补报债权期间届满后十日内向法院提出重整方案。债权人会议时，监督人

---

① 参见美国《破产法》第1324条。
② 参见美国《破产法》第1325条（b）。

应提出债权表，依据调查结果提出债务人资产表，报告债务人财产及收入之状况，并陈述对债务人所提出重整计划的意见。重整条件应由债权人与债务人自由磋商，法院应力谋双方之妥协及重整条件之公允。债权人会议表决重整计划时，应由出席已申报无担保及无优先权债权人过半数之同意，而其所代表之债权额，并应逾已申报无担保及无优先权总债权额之二分之一。法院为认可之裁定时，因重整计划履行之必要，对于债务人在未依重整条件全部履行完毕前的生活程度，应进行相当的限制。同时，债务人有薪资、执行业务所得或其他固定收入，法院认为重整计划的条件公允，可不经债权人会议表决，直接依债务人的申请或依职权裁定认可重整计划。

笔者认为，在我国，为保护债权人的利益，可借鉴日本的立法例，个人破产重整计划的通过应当采取双重过半数的标准为妥当，即已申报无担保债权人的人数过半同意，并且其所代表的债权数额超过无担保的债权总额的二分之一。个人破产重整计划通过后，由法院予以认可。若债务人在重整计划期间内预期能取得可支配的收入，该收入超过了维持基本生活保障水平所需费用的，应给予债务人重整的机会，即重整计划无须经债权人通过，由法院予以认可。

（四）个人破产重整计划的执行

个人破产重整计划经法院裁定认可确定后，债务人应当执行重整计划。若债务人未依重整条件执行的，债权人可以向法院申请对债务人、重整的保证人、提供担保的人或其他共同负担债务的人强制执行。当然，若重整计划经法院裁定认可确定后，债务人因不可归责于己的事由，致执行显有困难的，可申请法院裁定延长履行期限，但延长期限一般不应超过2年。这是因为在个人破产重整中，如为自然人债务人，基于疾病和裁员等原因，自身状况发生变化的可能性较大，采取这样的做法有利于有效保护债务人。

若法院认可个人破产重整计划后，发现债务人有虚报债务、隐匿财产或对于个别债权人给予额外利益的情形，债权人可向法院申请撤销个人破产重整，进入破产清算程序。采取此种规定，可以促使债务人主动地公开其真实的财产状况。

四、结　　语

伯尔曼在《法律与革命》一书中说过，法律的发展被认为是具有一种内在的逻辑；变化不仅是旧对新的适应……并且至少事后认识到，这种过程反映一种内在的需要。① 现代各国和地区的破产法均采用与破产法产生初期不同的指导思想与立法原则，在保护债权人利益的同时，也注意保护债务人的利益。当债务人一旦因不幸而陷入困境，不是简单地将其置于死地，而是给予其重新开始的机会。② 从其他国家和地区个人破产重整的实践来看，个人破产重整制度的价值已经显现。例如，在英国，个人破产重整被视为一种成功的程序，它在个人破产程序中的比例已从 1987 年的 5% 上升到 2002 年的 25%。个人破产重整中无担保债权人得到的受偿额高于个人破产清算所能得到的受偿额。破产复苏执业协会的调查报告显示，个人破产重整对债权人的清偿比个人破产清算高 17%。③ 我们相信，随着我国破产立法的完善，个人破产重整制度终将得以构建。

---

① ［美］伯尔曼：《法律与革命》，贺卫方等译，中国大百科全书出版社 1993 年版，第 11 页。

② 李永军：《破产法律制度》，中国法制出版社 2000 年版，第 419 页。

③ ［英］菲奥娜·托米：《英国公司和个人破产法》（第二版），汤维建、刘静译，北京大学出版社 2010 年版，第 105 页。

构建我国个人破产制度之我见

曹世春*

摘要：个人破产是市场经济不可回避的后果之一。市场竞争有成功就有失败，成功者获得财富和尊敬，失败者却无法通过破产制度获得新生，负债累累，终生遭受债权人的追索、骚扰。这与党中央提出的大众创业、万众创新的时代主旋律不符，也与现代各国通过破产宽恕债务人的法治文明格格不入，更不利于创建文明、法治、公平、和谐的现代社会。因此，改革我国破产法，增设个人破产制度，在依法公平保障债权人利益的前提下，增强债务主体责任意识和信用理念，有条件宽恕债务人，强化欺诈破产撤销和刑事追究制度，使我国破产法与国际接轨。

关键词：个人破产；债务主体责任自律；有条件宽恕

引　言

改革开放四十年以来，我国社会结构和经济结构发生了翻天覆地的变化。个体和私营经济在我国得到了长足发展，成为国家社会经济生活的重要组成部分。据统计，以中小企业中的个体私营经济为例，2013 年，民间投资占全国固定资产投资的 61.4%，民间资本占全国企业资本的 60%。中小企业在完善社会主义市场经济体制、扩大全社会投资、促进企业发展、保障民生、创造就业岗位、增加税收等方

＊ 曹世春，湖北晨丰律师事务所律师、合伙人。

面发挥着不可替代的作用。①

但近年来，我国中小企业发展遇到了困难。从浙江温州开始，中小企业出现发展危机，资金断裂，企业倒闭等现象。2014 年到 2015 年，中小企业因资金断裂停产，企业主跑路的现象蔓延到全国。陕西神木、内蒙古鄂尔多斯等地更是集中爆发民间借贷危机。但即使如此，主动到人民法院申请企业破产保护的中小企业的业主仍然少之又少。这种现象与欧美日等市场经济发达国家遇到经济危机时债务人主动申请破产保护的情况形成鲜明对比。究其原因，与我国破产法只规定企业破产，却对该破产负直接责任的股东或合伙人债务不免责不无关系。因为我国民企的信用不够，企业主往往以个人信用为其企业信用背书。公和私难以完全分离，这是我国现阶段经济发展的客观现实。② 但由于我国没有建立个人破产制度，导致企业主因企业经营的债务被暴力追索的事件时有发生，严重影响企业主本人及家人的人身安全和正常生活。

构建我国个人破产法，公平、公正地清偿破产个人债务人的债权，对剩余债务有条件免责已是我国社会经济发展的迫切需求。

一、个人破产制度的由来及历史沿革

最早的破产法见于古罗马的《十二铜表法》。公元前 451 年至公元前 450 年间的古罗马《十二铜表法》的第三表"债务法"中规定，在债务人承认的债务到期后或债务为法庭判决确认后，债务人应在 30 日内还债。债务人逾期不能清偿，债权人有权自行将债务人拘捕起来。如拘禁期满债务人仍无法还债，债权人有权将债务人售至国外为奴，甚至将债务人处死。债务人的其他债权人可以申请加入对债务人财产的执行，可以公平分享出卖债务人的价金，还可以将被处死的债

---

① 数据来源：《中国统计年鉴》，赛迪经略整理，2013 年。
② 谢渊：《论自然人破产制度的构建》，《西南政法大学学报》2006 年第 6 期。

务人的肢体切块分配。这些规定是破产法的萌芽。① 公元前 326 年，罗马参议院颁布了帕特利亚法案，禁止因欠债将罗马平民处死或贩卖为奴隶，在债务清偿上废除对人的执行，逐步转化为对财产的执行。此后，罗马法中又建立了总括拍卖、个别出卖以及委付等制度，破产清算法制逐步得以建立。

在中世纪的欧洲，意大利破产法首创商人破产主义，以停止支付作为破产原因，并为保护债权人利益建立了预防债务人欺诈性转让财产的嫌疑期制度，以追回被非法转让的财产。②

进入近代资本主义社会后，各国相继制定破产法或破产法典，对无力清偿到期债务的商人的破产财产作出了较为完整的法律安排，但破产并不免责。直到 1841 年美国制定第二部破产法，正式确立有条件的破产免责主义，并把破产主体从商人扩大到一般人。其后，美国破产法几经废立，最终成型，先后确定了债务人破产申请制度、破产免责制度、债务人失权制度、和解与重整制度等，并对各国破产法的发展起到了推动作用。③

中国的破产制度始于清朝末年，此前债务人丧失清偿能力时则适用刑律调整。如清朝刑律规定，对于侵蚀倒闭商民，可由官厅拘捕监禁，分别查封寓所家产和原籍家产，勒令亲属两个月内将侵蚀各款偿清。1906 年，清朝商部起草颁行《破产律》，采纳了一些具有资产阶级民主性的法律规范，并与过去"先洋款，后官款，后华商分摊"的惯例不符，遭到户部的强烈反对。该法试行两年后于 1908 年被废止。中华民国初期，1915 年曾由北京法律修订馆参照德、日两国破产法拟定了一个破产法草案。因草案制定不够完备，未获通过实施。1927 年，为了应对日益增多的破产案件，北洋政府司法部将该破产法草案呈准暂予施行。1933 年，国民政府制定《商人债务清理暂行条例》，同年 10 月 22 日公布施行。1935 年 7 月 17 日，国民政府制定颁布

① 徐国栋：《罗马法研究》，《现代法学》2014 年第 1 期。
② 《破产法的历史沿革》，"中国清算网"公众号，2015 年 11 月 11 日。
③ 大卫·G. 爱泼斯坦等：《美国破产法》，韩长印等译，中国政法大学出版社 2003 年版。

《破产法》，同年 10 月 1 日施行。该法采用一般破产主义，并规定了和解程序，对破产人实行非惩戒主义和免责主义。该法经 1937 年、1980 年等数次修订，目前仍在我国台湾地区沿用。

中华人民共和国成立后，曾长时期实行计划经济体制，否认商品经济的作用，自然也就谈不到制定破产法的问题。破产法律制度是在十一届三中全会以后，随计划经济体制向市场经济体制转化和企业法人制度的确立而建立的。1986 年 12 月 2 日，我国第一部破产法——《中华人民共和国企业破产法（试行）》公布，1988 年正式施行，适用于全民所有制企业。1991 年 4 月 9 日，全国人大修订《中华人民共和国民事诉讼法》，其第二篇中专设第十九章"企业法人破产还债程序"，适用于非全民所有制的法人型企业的破产案件，进一步扩大了破产制度适用的范围。至此，所有法人型企业均被纳入破产法的调整体系。但当时这些法律的目的主要在于解决国有和集体企业亏损关闭与职工安置问题，破产企业的所有财产包括担保物均可优先清偿职工债权与职工安置费用。地方政府也积极推动地方政府企业的破产来解决亏损企业的市场退出问题，但债权人的利益并未得到适当的保障。

2006 年 8 月 27 日，第十届全国人大常委会第二十三次会议第三次审议并通过了《企业破产法》，自 2007 年 6 月 1 日起施行，《企业破产法（试行）》同时废止。根据 2007 年 10 月 28 日第十届全国人大常委会第三十次会议《关于修改〈中华人民共和国民事诉讼法〉的决定》，删除《民事诉讼法》第十九章"企业法人破产还债程序"，破产问题统一由《企业破产法》调整。但这部经多年酝酿的破产法在第三次审议时删除了个人破产部分，导致这部被各方寄予厚望的破产法被有的学者戏称为"半部破产法"，无法发挥其预期的效果。该法实施后法院受理的破产案件不升反降。1998 年至 2006 年间，我国法院最多一年的破产案件受理量为 9100 件，一年最少 4200 余件，平均每年受理 6700 件；2006 年，全国各地法院受理的破产案件尚有 4253 件，但 2007 年至 2013 年，全国企业破产案件受理数量分别为 3817 件、3139 件、3128 件、3567 件、2531 件、2100 件和 1998 件。案件数量总体呈逐年下降的趋势。2014 年成为转折点，此后开始止跌反增：

2014 年有 2059 件，2015 年有 3684 件。① 2016 年，在最高人民法院推出执行转破产的指导意见后，案件进一步增长，达到 5665 件。② 截至 2016 年 12 月底，十年受理破产案件的总量不到 4 万件，远远不及第一大经济体美国每年 20 余万件的破产申请件数。

笔者认为，造成我国破产案件申请不足，不是因为我国符合破产条件的企业太少，而是我国破产法与我国经济生活的实际严重脱节。如果企业主因企业经营活动所负担的债务不能通过企业破产得到解决和豁免，获得新生，其当然也没有申请破产保护的积极性。这也是为什么发达国家多是债务人主动申请破产保护，而我国多是债权人申请破产清算的制度原因。

二、我国制定个人破产法的紧迫性

十年前，中国传统的欠债还钱的观念阻碍了我国破产法修订草案中个人破产制度设计的通过，但现在经济下行和经济的转型升级迫切需要我国建立个人破产制度，对债权人和债务人的利益进行公平合理的保护和再平衡。构建个人破产制度也有利于加快清理僵尸企业，盘活社会资产存量，发挥资源最大效益；同时，破产也是化解法院执行积案，保障各债权人公平受偿，保护债务人的正常生产生活，免受债权人不法催债的终极途径。

（一）我国经济已经从高速发展时期步入换挡升级的调整时期

据中国首部民营企业发展报告"蓝皮书"显示，20 年来，中国每年新诞生的民营企业有 15 万家，但同时每年又"死亡"了 10 万多家。其中 60% 的民营企业在 5 年内倒闭，85% 的企业在 10 年内消亡。小型民营企业的平均寿命为 3 年，大中型民营企业的平均寿命为 7 年。

---

① 第一财经记者对中国政法大学教授李曙光的专访，2015 年，原文名为《司法清理"僵尸企业"的"破"字诀》。
② 中国最高人民法院院长周强 2017 年 3 月 29 日工作报告。

2015 年以来，全国爆发大规模的企业倒闭、老板跑路、工人维权的连锁现象。据不完全统计，2015 年 3—8 月，全国地区共发生大型员工讨薪事件近 200 起。

（二）中国民间借贷比较普遍

由于经济下行，企业陷入困境，导致企业主无力还本付息，引发的非法拘禁、故意伤害案件明显增多，因为债务问题而引发的刑事犯罪每年均有报道。如果没有公平、公正、合法的个人破产制度来化解债权债务问题，在缺乏相互信任的情况下，很容易因为债权债务问题引发极端事件，影响社会稳定。

（三）个人破产法有利于保护"善意破产"的债务人

对企业经营者来说，一次偶然的投资失策，有可能使自己陷入无限债务之中，完全丧失自己的生存空间并影响整个家庭的正常生活，这无疑是鼓励保守、无为。如果有了个人破产法的保障，个人和企业进行商业投资，尝试新的技术、新的产品，成功了能造福社会，失败了投资者以其个人或企业的全部财产承担有限责任，不至于影响其全家人的生活，在经过一段时间的失权期后，他可以得到债权人和社会的债务豁免，重新开始新的创业。从一定意义上讲，允许个人破产是对整个社会创新、创业人才的保护。从优化社会资源方面讲，只有企业主个人的债务问题一并得到化解，不至于影响其个人和家庭的正常生活，他才会将已经资不抵债的企业及时申请破产，这有利于社会资源的有效配置和社会有限资源价值的最大化发挥。

（四）为什么我国债务人申请破产的动力不足

对于债权人来说，如果没有个人破产法，他的债权很难得到公平的保护。他只能通过私力救助，竞相比拼谁更厉害来迫使债务人对自己进行清偿而不管其他债权人是否应该得到清偿。在我国当前的实际经济生活中，确实存在暴力清收、讨债公司清收，迫使债务人哪怕设法变卖自己亲人房产或去骗取借款来归还暴力催债人等现象。而合法和平催收的债权人往往无法收回欠款，即使通过诉讼，也无财产可供执行。近4年来，全国法院系统不断加大执行力度，仍然有近180万件积压案件①得不到有效执行，这从侧面反映债权人通过现有法律途径进行救济的制度障碍。

通过以上分析，笔者认为，加快推进个人破产法建设，是应对中国现阶段市场经济转型升级，清理处置僵尸企业，化解执行积案的有效手段。其有利于我国市场经济和法治经济的成熟和完备，是进一步提升我国社会管理水平的迫切要求。

三、我国建立个人破产制度的条件已经成熟

(一) 国人的市场经济理念、宽容失败的精神普遍加强

一方面，随着我国改革的深入进行和市场经济的迅速发展，原有的公有制占主导地位的经济体制已被逐步打破，个体经济和私营经济成为中国经济的主体。伴随着早期个人投资创业的财富神话，普通老百姓的商业意识已日益增强，"全民皆商"使不齿为商的传统成为过去时。个人的经济主体地位在我国已经得到了全面提升，个人财产占社会财富总值的比重日益上升。另一方面，四十年的改革开放实践，也使市场经济理念、宽容失败的精神为我国民众所广泛接受。

在这种情况下，建立破产法律制度，依法处理个人经商失败的债权债务，在有条件免责后鼓励其新生，开始新的创业行为已经能为社会所接受。

(二) 我国个人财产登记制度和个人信用体系制度已经建立并日趋完善

科技的进步、信息网络的发展和普及，信息传播的速度、广度为查找破产人的财产提供了无限可能，为实施个人破产创造了条件。相对于企业法人的破产，如何确定个人破产债务人的财产在以前是一个

---

① 数据来源：最高人民法院2016年《执行白皮书》。

较为棘手的问题。法人一般经过注册程序才能设立，有赋予其经营管理的财产，有可供核查的财务会计制度，其财产和债权债务关系容易确定。而我国目前还没有建立个人财产年度申报和纳税制度导致对个人破产财产的范围界定是立法难点，同时如何防止个人破产债务人隐匿、转移财产也是立法难点。近几年来，我国建立不动产登记实名制度、存款实名制度、出行购票实名制、手机号码实名制、人民银行统一建立个人征信系统、失信人员名单网上公示查询制等制度，有效地推动了整个社会的诚信体系建设，全国范围内查找债务人的财产已经越来越容易，债务人隐匿财产、逃废债务已经越来越难。如果建立个人破产制度，通过制度设计，使债务人在破产程序中愿意主动申报其全部财产，对债权人进行公平清偿，换取他们对债务的有条件免责和自己的新生。

（三）我国社会保障制度已经日趋完善，保证了破产债务人的基本生存条件，破产后的债务人不会成为社会的不稳定因素

我国的失业保险制度、基本医疗保险制度、社会养老保险制度已经基本实现对社会的全覆盖，可以为破产的个人提供基本生活保障，使其破产不至于成为影响社会稳定的因素。现在正在加快的农村社会保障体系的社会化建设，形成了全国统一的社会保障体系并削弱了市场竞争带来的个人生存风险。其保证了社会的稳定和市场经济的正常运行，为推进个人破产提供了制度保障。

（四）全球经济一体化进程加剧，要求我国破产法律制度与国际接轨

纵观世界发达国家的破产立法，无论是英美法系还是大陆法系，也无论立法上采用商人破产主义还是一般破产主义，基本上承认自然人的破产能力。一般破产主义是世界破产立法的潮流。另外，在破产的域外效力方面，世界各国立法也由属地主义趋向于普及主义。所谓的普及主义，是指在一国法院提起的破产程序应及于债务人的所有财产，而无论它是位于国内还是国外，其他国家应当协助破产管理人收

集当地的破产财产，制止相同地位的债权人优先受偿。① 如果我国不尽早建立个人破产制度，将不利于对我国债权人的保护。一旦在我国境内的外国自然人陷入无力清偿到期债务的境地，我国法院无法根据我国债权人的申请宣告其破产并对其在境外的资产行使管辖权，从而影响我国债权人的债务清偿。

四、构建我国个人破产制度几个具体问题的思考

从破产法发展的历史看，国外是先有商个人破产制度，后有法人破产制度，然后是一般人破产制度。对待破产债务人，也是从不免责的惩戒主义到有条件免责的宽恕主义。国外成熟的个人破产法立法经验和司法实践可作为我国个人破产法构建的有益的借鉴。同时，我国现行破产法的破产原则、破产申请条件、立案审查规则大体上也适用于个人破产者，如破产管理人制度、偏颇清偿撤销权制度、债权人议事规则和表决制度、债务人的说明义务、和解与重整制度等。但个人破产并不从主体上消灭一个人，故其在破产制度的设计上与企业破产制度必须要有一些区别，即必须适用一些特殊的规则。

（一）个人破产的主体界定

对"个人破产"主体的界定，在立法上是一个颇有争议的问题。美国等国实行一般人破产主义，任何人因到期不能清偿债务均可申请破产；另一种是欧洲大陆法系的商人主体破产主义，只有从事商业活动的个人才能因其商业经营的失败申请破产，不允许因个人或家庭消费引起的债务偿还不能申请破产。

笔者认为，我国目前的个人破产法应对破产人进行适度的限定，采用商主体破产主义，暂时不宜推行消费者破产，以防止出现个人超出其经济承受能力的过度消费，最后出现债务人无力承担，申请破产，债务由社会负担的不利局面。因此，我国目前的个人破产主体应

① 熊宗鹏：《浅谈我国自然人破产制度的建立》，《法制与社会》2010 年第 12 期。

限制在商主体范围内，这类主体包括个体工商户、个人独资企业主、合伙组织及其合伙人、公司的董事、监事、实际控制人等公司高管。

（二）自由财产制度

所谓自由财产制度只适用于个人债务人，并且主要对债务人用于个人基本生活目的的财产而非用于商业目的的财产提供保护。在美国，自由财产表现为申请人的动产和某些权益，如依据法院判决得到的夫妻扶养费、因工伤事故获得的赔偿金等。在大部分州，自由财产还包括申请人拥有的房地产中的一部分。① 在我国香港地区，破产管理人不得变卖为满足破产人及其家庭基本需要的必需物品，包括衣物、寝具、家具、家居设备及供应品。②

我国《民事诉讼法》第 244 条规定，在强制执行时"应当保留被执行人及其所抚养家属的生活必需品"。在民事案件执行中，如拍卖债务人的唯一一套住房，应为其租赁一套可满足其基本生活的住房，并预付 1—3 年租金的做法，均体现了对债务人的人文关怀。因此，在构建我国个人破产法时，可在此基础上对不予偿债的债务人财产进行列举规定。如，对破产人的身体权、名誉权及其损害赔偿金、伤残抚恤金、军人退伍安置费不纳入破产财产；对维持债务人生活所必需的财产，如破产人及其近亲属必需的衣物、生活用品、小额价值的生产工具等不纳入破产财产。

（三）有条件的破产免责制度

所谓有条件免责制度，是指破产债务人须诚实，也就是债务人必须让与其全部财产，并且在破产前不能以欺骗手段获得贷款。由此换得在破产程序结束后，对于债务人未能清偿的债务的免除。一旦债权人发现破产人有诈欺行为并被查实，他获得的免责将被取消，财产让与失效。免责制度本身"实质上否定了自然人承担无限责任的能力"。

---

① 大卫·G. 爱泼斯坦等：《美国破产法》，韩长印等译，中国政法大学出版社 2003 年版，第 600~601 页。

② 《破产法的历史沿革》，"中国清算网"公众号，2015 年 11 月 11 日。

债务人在什么条件下、多大程度上可以得到债务豁免，取决于破产法的规定。

1705 年英国破产法首创破产免责制度，其初始目的是试图通过给予债务人一定的恩惠，即免责利益，以期能配合破产程序的进行，更多地与债权人合作，顺利实现债权人之间的公平分配。随后，这一制度成为英美国家破产法的一大特色。① 美国、加拿大、澳大利亚都规定了这一制度。第二次世界大战后，破产免责制度也被大陆法系国家所接纳，日本、德国相继确立了这一制度。

破产免责制度体现了对诚实债务人的人权保护。这种制度鼓励债权人宽容债务人，最大限度地给予债务人重新开始的机会。企业破产不存在破产免责，企业清偿债务以其全部财产为限，破产终结后其主体资格消亡，但自然人破产不会导致其主体资格的丧失，且其日后还会取得财产。这就产生了是否由破产人继续清偿的问题。《英国破产法》规定，破产债务人申请免责必须具备两个条件：一是必须诚实可靠；二是破产人在破产程序中已使破产债权得到 50% 以上的清偿。《美国破产法》规定的只有一条，即破产人必须是诚实的债务人。②

通过上述分析，笔者认为，我国在构建个人破产制度时，可结合英美破产法立法例，既对一般破产债权的受偿率作出规定，例如35% 以上；又要采取列举方式对不免责的情形作出具体规定，以利于实务中债权人、债务人、法院遵守执行；在坚持许可免责主义的同时，以专门条款规定基于公平或善良风俗原则不能免除的债务支付问题。例如，可比照《美国破产法》第 72 条将下列情形规定为不能获得免责：（1）欺诈性转移财产；（2）隐匿、销毁、伪造或无正当理由没有保存财务账册的；（3）有破产犯罪行为的；（4）不能解释财产减少原因的，等等。同时比照《美国破产法》第 523 条对债务免责的例外作出规定，主要包括：（1）未被列入债务清册和债权人名单，未能给债权人及时提供债权证明的债务；（2）离异后给予无生活能力的配偶

---

① 季秀平：《外国破产免责制度及其借鉴》，《南京社会科学》1997 年第 1 期。

② 江云芳：《关于我国建立自然人破产制度的若干思考》，山东德州学院 2011 年毕业论文。

或未成年子女的抚养费用；（3）因故意或恶意损害他人身体或财物而产生的债务，等等。①

（四）关于夫妻共同财产的处理

允许个人破产后，必然涉及夫妻财产的分割和处置。我国婚姻法、继承法、民事诉讼法执行篇对夫妻共同财产的认定、分割、处置已有比较完整的规定，但是在民事案件的执行程序中，执行法官一般不愿意对债务人配偶名下的财产进行执行，导致许多被执行人将财产转移到其配偶名下，假离婚逃避执行。故在构建我国破产法制度中，应明确个人破产是引起夫妻财产分割的法定事由。在该程序中，破产人已经丧失其与配偶协议处置夫妻共同财产的权利，只能交由破产管理人按照破产财产价值最大化的原则，对夫妻财产进行分割，对不可分割的共有财产的处理方式原则上采取评估和拍卖方式，当然，同等条件下，未破产的配偶有权优先购买。

（五）建立个人破产失权、复权制度

破产失权也称人格破产，源于法国破产法，是指债务人受破产宣告后被限制或丧失某些公民权利和职业权利。这些权利可以是私法上的，也可以是公法上的。目前我国《企业破产法》对导致企业破产的法定代表人、董事、监事、高管等明确规定在 1 年内不得在其他企业担任法定代表人、董事、监事、高管，属于破产失权方面的规定，但期限太短，起不到警示作用。

破产失权只适用于自然人，因为企业在破产程序宣告后即告终结。个人宣告破产后，其人身并不因破产程序的终结而消灭，自然人仍然存续。此时权利的有无对其日后的生存发展关系重大。因此，破产失权作为自然人破产中的特有制度，在自然人破产法律体系中发挥着关键作用。基于此，我们可以借鉴国外的经验对破产人作出以下限制，例如，对个人破产人和企业破产的企业主规定其人身、财产等权

---

① 季秀平：《外国破产免责制度及其借鉴》，《南京社会科学》1997 年第 1 期。

利将受到 3 至 5 年的失权期限制,对其在生活消费、行动自由和担任社会公职的权利上加以限制。破产失权在一定程度上体现了破产惩戒主义。

破产复权是指破产人依据破产法的规定,向法院申请依照法定程序,解除其因破产宣告所受的破产程序以外的公、私权利的限制或者资格限制,以求恢复其固有权利的一种制度。破产复权制度使破产人因破产而遭受的种种限制有了一定的期限,允许在一定时间后解除其破产人身份,使之与其他民事主体获得完全平等的法律地位。

(六)强化欺诈破产刑事责任追究制度

破产领域的犯罪行为虽没有其他刑事犯罪那么猖獗,但仍不可小觑。强化对破产犯罪的惩罚,是现代各国破产法的一大趋势,特别是在实行破产免责主义的国家更为明显。我国《企业破产法》第 131 条规定,违反本法规定,构成犯罪的,依法追究刑事责任。我国《刑法》第 162 条规定了虚假破产罪和妨碍清算罪,但对破产案件中的哪些行为构成犯罪、如何界定,规定不详。新破产法实施十年来,我国因企业破产被追究刑事责任的企业法定代表人或实际控制人很少,即使追究,也是以集资诈骗罪、合同诈骗罪、非法吸收公众存款罪追究刑事责任。

考察世界主要资本主义国家有关破产犯罪的立法,有在刑法中专列破产法编的,也有在破产法中专列罚则列举违法破产的刑事责任的,例如日本破产法。相对于法人,商自然人因其商事主体资格与民事主体人格合二为一,既统一又相分离,刑事责任的处罚对于自然人意味着对基本人身权利的剥夺和限制,对其具有强大威慑作用。

例如,美国安然公司破产后,安然公司的高管造假案被判重罪。安然公司创始人肯尼斯·雷(Kenneth Lay)被判 6 项共谋和欺诈指控全部成立,其他 4 项银行欺诈指控也全部被判有罪。2006 年 7 月 5 日,肯尼斯·雷在最后宣判前突然辞世,年仅 65 岁;而前首席执行官杰弗里·斯基林(Jeffrey Skilling)2006 年 11 月被美国休斯敦联邦地区法院判决犯有欺诈、共谋、内部交易等一系列罪行,判处 2 年又 4 个月徒刑;另有 9 名安然前高管被提出欺诈罪指控,被判处 5 年到

10 年不等的监禁。①

笔者认为，我国个人破产立法，可比照日本的破产法例，在破产法的罚则中增设违法破产的刑事责任完善虚假破产罪，加大对包括破产财产进行隐藏、毁弃及对债权人不利的其他处分行为进行打击，对毁损隐匿、变更或伪造账簿及其他会计文件的行为进行打击等；设立过失破产罪，对包括破产人赌博、进行轻率和危险性投机导致债权人严重财产损失的行为进行打击；设立违反破产义务罪，对包括违反财产报告及移交义务、违反说明义务的行为进行打击。通过刑罚威慑破产人诚实守信，在破产程序中全面如实提供财产、债权、债务等文件、资料，切实保障债权人的破产程序参与权和破产债权通过破产程序获得公平清偿的权益。

结　语

个人破产作为一种解决商主体债权债务纠纷的机制，通常适用于有多个债权人存在的情形，其优越性在于：(1)实现了对所有债权人的公平，包括所有债权人都能参加破产程序，行使相关程序权利，保障破产财产的公平分配。(2)通过有条件免责制度，鼓励破产的个人债务人主动进行破产申报，加快资不抵债企业和个人的破产，加速经济体的新陈代谢，提高社会资源的利用效率。(3)一次性彻底解决纠纷，减少当事人的诉累和司法资源的耗费，防止债务膨胀和连锁反应。(4)利用破产人失权和复权制度等最大限度地对破产人进行适度惩戒，倡导社会诚信。(5)引导债权人依法解决债权债务纠纷，预防、减少债权人暴力索债，引发新的社会矛盾。

考察破产制度的发展历程和各国的破产法实施情况，个人破产案件始终占各国破产案件的绝大多数。破产制度始终反映着现实生活，负载着强烈的时代气息，因此，根据我国的现实经济状况来完善我国的破产立法，构建符合我国国情的个人破产制度，并对经商失败者给予破产保护，是鼓励社会诚实守信、提高债务人债务责任意识和普通债权人受偿率的有效手段。

---

① 《安然公司前首席执行官被判入狱 24 年》，网易新闻网，http：//www.news. 163. com/06/1024/10/2U6N1MZJ000120GU. html.

论我国自然人破产制度中
自由财产的范围

罗 琳*

摘要： 自然人破产制度是破产制度中的重要内容，其中自由财产制度是自然人破产制度中最有特殊性的内容之一，自由财产范围的大小会影响破产债务人对破产制度的选择和债权人与债务人之间的利益平衡，也能体现出自然人破产制度存在的必要性。本文分析了自由财产制度的定义和存在意义，介绍了自由财产的范围和特殊财产的归属，提出了我国自由财产应有的具体范围以及判断标准。

关键词： 自由财产的范围；生存权；发展权；特殊财产

生命与自由是每个公民不可被剥夺的权利，而与其紧密相连的就是财产，财产是自然人在社会中生存的物质基础。在自然人破产程序中，债务人通常所拥有的财产不足以清偿所有的债权人，如果不制定一项保护性的制度，债务人将会失去其全部的财产。这种保障破产人生存权和发展权的制度被称为自由财产制度。我国尚未建立自然人破产制度，但其具有其他制度所不能替代的优越性，因此我国建立自然人破产制度只是时间上的问题。而自由财产制度的范围问题是自然人破产制度立法中的一项不可回避又不能规定得过于笼统的问题，但是目前却没有形成系统全面的研究成果以供我国立法者进行参考和选择，对自由财产制度中财产的具体范围以及划分标准进行探讨有助于自然人破产制度在我国的构建和实施。

---

* 罗琳，武汉大学法学院 2017 级民商法博士研究生。

一、设立自由财产制度的重要意义

(一)保障人权,体现社会文明的需要

人权是指在一个文明体中,每个人都应该享有最基本的权利,通常包括生存权、发展权、平等权、自由权、政治权等一系列权利。其中生存权和发展权是人类文明体中最基本的人权。一旦没有了生存权,人所拥有的其他权利就成了空谈。如果没有了发展权,人的生存价值也就荡然无存。① 自由财产制度正是生存权和发展权在个人破产制度中的具体体现,也是人类社会文明进步的标志之一。当债务人被破产宣告后,原则上其所有的财产都将被划为破产财产,交给破产管理人管理并清偿给债权人,破产债务人及其所抚养的人就会立即陷入生活的绝境,威胁到他们的生存权。而自由财产制度存在的意义就是避免破产人陷入这种绝境,为其基本人权提供保障。但是债务人不可能终生都靠着有限的自由财产度过一生,何况债权人也没有义务放弃自己的权益来保障债务人及其所抚养的人的长期生活。为了平衡债权人与债务人之间的这种利益,自由财产中就包括了能使债务人重新起步的职业上必需的财产尤其是职业必需的工具,这样就会使债务人有机会用自己的劳动在经济上重新起步。自由财产中还包括了与破产人有特定人身关系的财产,如义肢、墓碑等。这类规定更是体现了对人的存在价值的尊重,表现出了人道主义精神和人文关怀。

(二)有利于鼓励债务人主动提出破产申请

自由财产制度是债务人愿意主动申请破产的动力之一,不仅为破产人提供了最基本的生活保障和一定的精神上的保护,还为其职业保留了所必需的财产,因此自由财产制度非但不会使债务人在破产后无法生存,还为其提供了事业重新开始的可能。反之,如果不及时申请

---

① 文秀峰:《个人破产法律制度研究》,中国人民公安大学出版社 2006 年版,第 146 页。

破产，会造成旧的债务无法清偿的同时又产生新的债务，使债务人陷入无法摆脱债务缠身的困境，无法恢复创造财富的能力，长此以往必然不利于社会经济的良性发展。因此，破产法必须建立相应的机制来打消债权人的顾虑，鼓励债务人主动提出破产申请，自由财产制度便应运而生。①

(三)有利于维护社会稳定

当今社会，自然人的消费贷款行为和投机性投资行为大量增加，若此类善意债务人因为一时的投资失误等原因造成破产，丧失一切生活保障，甚至连基本的生存都存在问题，那么势必会影响这部分人再就业和再投资的热情，使得这部分本应为社会发展提供动力的人转而依靠社会救助生存，成为社会发展的负担。日本的警方和社会学家研究表示，当自然人在经济生活中负债或陷入绝境时，最大的受益者往往是高利贷组织甚至是一些暴力团体，大量的社会资金会向这些组织聚集，并且容易引发破产债务人及其家人被逼上绝路的各种惨剧，后果不堪设想。自由财产制度的设立不仅减少了债务人因依靠社会保障而造成对社会公共财富的消耗，而且给作为自然人的债务人重新恢复创造社会财富的能力提供了可能，也会促使其进行更加合理的消费和投资行为。因此，自由财产制度建立，符合我国构建和谐社会的基本内涵，有利于维护社会稳定和促进经济发展。②

二、我国自由财产范围的立法方式

许多关于自由财产制度的研究著作和文章中将自由财产范围的立法方式分为两类：概括性的方式和列举性的方式。这主要是从是否将

---

① 文秀峰：《个人破产法律制度研究》，中国人民公安大学出版社 2006 年版，第 148 页。

② 文秀峰：《个人破产法律制度研究》，中国人民公安大学出版社 2006 年版，第 147 页。

自有财产的范围详细地规定于破产法典中来作出的划分。但是这样的划分对具体的自由财产范围的确定没有太大的意义。即使是被称为典型的以概括性的方式立法的德国也并非仅仅只有破产法中概括性的规定，而是还通过嫁接其他的法律规定对自由财产的范围进行具体规定。① 因此，简单地从表面上将确定自由财产的方式分为概括式和列举式两类只具有形式上的意义。纵观国外有关立法，确定自由财产具体范围的方式主要有三种：

（一）规定价值上限的方式

采用该方法的国家主要是英国和曾经的英属殖民地国家，英国破产法只为债务人提供价值一般不超过 250 英镑的日常用品和职业工具。这种立法方式使自由财产的范围相对较窄，通常仅仅包括生活必需品和职业工具。其中职业工具是指债务人从事能够获得报酬的相关工作所必不可少的设备，比如牧师的圣经、铁匠的打铁炉。

（二）类型与价值结合规定的方式

在这种方法下，几乎所有种类的财产都具有一个确定的价值上限。采用这种立法例的典型国家是美国。联邦破产法典为选择自由财产的债务人设定了宽泛的财产类别，对每一类自由财产设定了价值上限。为了适应经济的发展，每隔三年便会依据通货膨胀的指数对这些价值上限进行修改。

美国联邦破产法典的这种立法方法对债务人的保护相对较为宽容，以债务人的利益为中心。这种方法虽然使债务人在此范围内能够保留大量的财产，但是如果当债务人拥有的所有财产不超过破产法典的规定时，债权人几乎难以得到任何清偿，这对债权人来说明显是有失公平的。且这样具体的一刀切的规定在地区经济发展极不平衡的国家里，容易造成个案中出现利益极度失衡的情况。

---

① 在《德国民事诉讼法》中，第 811 条对不可强制执行的财物详细列举了 14 项内容。

(三)仅对部分类型规定价值上限的方式

仅对部分类型规定价值上限的方式是指只在特定的财产类型上设置价值限制，通常只是使用"必须""不可欠缺"等笼统的词汇代替对价值的要求。在这种方法下，破产法一般引用本国民事诉讼法或强制执行法的相关规定，以德国破产法①、日本破产法②较为典型。对于"必要""不可欠缺"这类限定词语，在破产程序中要依靠管理人或者法官的判断，法院在债务人提出申请时可以运用自由裁量权对自由财产的范围进行确定和扩张。③

"必要""恰当"这些词语的具体含义是不确定的，这既是优点也是缺点。我国社会处在快速发展之中，不同地区的发展程度各不相同，恰恰是这种"因人而异"的做法才更能体现实质平等的要求。不过由于该方法弹性较大，更加考验管理人的公正程度和价值判断能力。

(四)我国应采取的立法方式

笔者认为，我国的立法应当采取第三种方法，即将财产进行种类上的划分，辅之以"必要""必需"等表述，使得自由财产既为维持债务人的适当生活方式和进行家庭活动所必需，同时也与当地的经济发展水平相符。我国地区经济发展极不均衡，因此在确定自由财产的范围时不可采用如美国联邦破产法所规定的那样将所有类型的自由财产设置价值上限的"一刀切"的做法。有的学者担心"必要""必需"这些看似模糊的字眼容易造成法官滥用自由裁量权，难以做到个案的公平正义。但其实这样的规定并不意味着不存在具体的能够豁免的财产价

---

① 例如《德国民事诉讼法》第811条第1款之规定，"供债务人个人使用或维持家庭生活所用之物，特别是衣服、床上物品、家具与炊事用具"不可予以扣押，"但以债务人维持其适当的、中等的生活和家庭生活所必要的为限"。

② 日本《民事执行法》中第131条规定为债务人"生活上不可欠缺的衣服、寝具、家具、厨房用品、床等家庭用品"。

③ [美]大卫·爱泼斯坦等：《美国破产法》，韩长印等译，中国政法大学出版社2003年版，第600页。

值上限，只是这个价值上限并不是一个既定值，它取决于债务人的家庭生活状况和负债情况等因素。只有这样的规定才能够尽可能使司法实务中的自由财产范围符合债务人居住地的实际情况。并且，在未来自由财产制度正式实施后，这种富有弹性的规定可以由最高人民法院出台司法解释对其做出更符合社会发展状况的调整。

但对于一些特定类型的财产仍然可以设置价值上限，这是为了保护债权人的利益并防止出现欺诈性破产的状况。例如对结婚戒指等物品可以设置价值上限，一方面保护债权人的受偿权，另一方面也可以预防奢侈浪费的行为和破产欺诈行为的发生。当然，这类物品的具体上限也需要随着社会经济的发展，适时地做出调整。

三、构建我国自由财产合理的范围和标准

（一）生活所必需的财产

1. 生活必需费用和食品、燃料

关于生活必需费用和食品、燃料的规定，有的国家的破产立法或者执行法律之中并不单独限制它的价值，例如美国、加拿大新斯科省和魁北克省①的执行法案的规定。但是多数对这类财产有所规定的国家的法律都会在时间上设置一个上限，并且这个时间限制通常只有数周或数月，例如德国、瑞典、日本、韩国等。这种做法的意图很明显，自由财产制度不会庇护债务人及其家人一生衣食无忧，只是在自然人破产制度之内为债务人及其所扶养人在生活上提供一段时间的缓

---

① 《加拿大联邦破产法法案》第 67 条：以下财产不属于破产财团：……（2）基于财产所在地以及债务人住所地（执行）法律能够豁免的债务人财产。比如依照安大略省执行法案，以下财产不可强制执行：（1）价值总额不超过 11330.00 加元的家具；（2）价值总额不超过 5650 加元的动产；价值不超过 11300 加元的职业工具；（4）价值不超过 5650 加元的交通工具；（5）退休金；（6）其他农民专享豁免；（7）人寿保险以及注册退休储蓄计划。See http：//www. bankruptcy-in-canada. com/personal-bankruptcy/keep-assets-personal-bankruptcy-canada.

冲。通过比较各国的规定我们可以发现，为债务人及其所抚养人保留的生活必需费用的额度通常比较小，保障时间一般都在一个月至三个月的范围之间。这是因为这些国家几乎都是典型的"福利性国家"，社会保障体系都十分完善，保障水平比较高，因此对生活必需费用的保障时间不需过长，只要保障其破产后到接受社会保障体系的保护这段空白时间的基本生活即可。与此同时，这些国家的自由财产制度中有关每月生活必需费用的标准大多是参照本国最低生活保障费用甚至是远高于此的标准设置的。因此，这些国家的自由财产制度规定的每月的生活必需费用的标准实际上能够使破产债务人在短期内维持当地居民平均的生活水准。

以日本为例，日本的最低生活保障费用是根据日本《生活保障法》的规定来计算的。最低生活保障费用的计算包括生活必需费用加上根据不同年龄构成划分的加算额，甚至还有临时保障费用。① 那么日本的一个标准家庭一个月具体能拿到多少生活保障费用呢？以生活于东京的 A 先生为例，A 先生的家庭成员有夫妇二人及一个孩子，夫妇二人均 30 岁，孩子 4 岁。这个家庭一个月可以拿到 165180 日元。② 但是，即使日本的最低生活保障费用的标准已经很高，现行日本《民事执行法》确定的标准却远远超出此标准。该法规定债务人可以保留 99 万日元的现金，并且将其解释为相当于标准家庭 3 个月的生活费用。每月 33 万日元的标准家庭生活费大约是一个标准家庭每月可以领到的约 16 万日元最低生活保障费用的两倍。99 万日元实际上大约相当于日本标准家庭 6 个月的最低生活保障费用。

而反观我国，虽然我国的社会保障制度发展速度比较快，可是总体来说还处在一个较低的水平。最高人民法院《关于人民法院民事执行中查封、扣押、冻结财产的规定》第 5 条规定：生活必需的费用按

---

① 日本《生活保障法》第 8 条第 2 项对生活保护基准定义如下："生活保障基准根据需要保护者的年龄、性别、家庭构成、所在地域所必须考虑的特殊事项等不同，必须充分满足最低限度的生活的需要，并且，决不可低于这个标准。"

② 这是根据日本 2017 年的生活保障标准计算出的金额。

照当地有最低生活保障标准来确定。然而我国并没有对城市居民最低生活保障标准作统一规定，且并未确定制定最低生活保障标准的方法和经济发展水平的限制，我国大多数地区是"就米下锅"，根据政府的财政资金来决定保障标准的高低，因此我国的最低生活保障标准较国外通行的最低生活保障标准而言是较低的。①

在我国最低生活保障标准较低的情况下，法律规定生活必需的费用以当地的最低生活保障标准为参照对象。那么如果我国自由财产的制度设计中照搬其他国家的规定，将生活必需费用的保留范围设定在1—3个月的份额内，毫无疑问与发达国家的实施效果是截然不同的，这样的规定对债务人来说就有些过于严苛了。再加上我国的就业市场相对严峻，帮助再就业的制度不够完善，以及其他社会保障制度还有待健全的现实情况；在这样的现实情况下，笔者认为在规定生活必需费用时应当规定至少6个月的时间为宜。在我国最低生活保障标准较低的国情下，即使规定6个月的保障费用也并不会对债权人造成过大的损失，同时也能真正实现保障债务人及其所扶养人的生存权的目的。

2. 家庭生活必需品

家居生活必需品主要指的是债务人及其家人的寝具、衣物和家具等耐用财产。几乎所有国家的破产立法都将它归入自由财产的范围。这类物品的一个重要特点就是使用寿命相对较长而且通常变价的金额不高但破产债务人重置所需的费用较高，如果将其进行变价清偿有可能很不合算，通常不应将其变价清偿。但是也有例外，如果债务人破产之前生活富裕或者消费习惯奢侈，供作家庭生活使用的家居物品都是昂贵的奢侈品，这类财产的经济价值明显超过了保障债务人的基本家庭生活的必要限度，那么对这种具有较高经济价值的财产就应当设

---

① 发达国家的最低生活保障标准往往超过居民平均生活水平的50%，而我国目前各地居民人均可支配收入通常为最低生活保障标准的数倍。以湖北为例：湖北省武汉市2016年的城市最低生活保障标准为580元；而武汉市城镇居民人均年消费支出是23560.9元，平均每月约为1963.4元。

定一个价值上限，例如美国破产法为特定财产设置了设定价值的上限。① 而英国破产法采用了另一种方法，即将昂贵的家居用品归于破产财团用于变价分配，同时从破产财团之中支出合理的费用用以给债务人购买合理的替代品。②

我国既然不为生活必需品设置具体的价值上限而以"必需"这样的定义来设置隐形上限，那么应如何明确"必需"的含义呢？必须为之确立合适的参考标准，首先就是要考虑生活标准。过去立法时往往以保障最低生活水平为标准，而最低的生活水平会让一些最常用的生活用品也变成"非必需"的财产，这样会导致无法确定客观标准的问题。正如有的日本学者所说：在法律只保障最低的生活水平的情况下，对于必不可少的物品反而难以定义，在这样的标准下往往连微波炉也不能算作自由财产。那么以何种标准作为参考呢？日本学者谷川秀昭③认为可参考当今社会的平均生活水平的七成左右，对于更具体的事情应在具体案件中对债务人的生活状况进行了解后作出判断。

同时我们对具体物品的判断可以从普及程度、在生活上的重要程度、不可替代性、使用频率等方面加以综合判断。我国每年的中国统计年鉴中人民生活类的一些统计数据，例如全国居民平均每百户年末主要耐用消费品拥有量、分地区居民平均每百户年末主要耐用消费品拥有量等数据在有关生活必需物品的立法工作中都具有重要的参考

---

① 《美国联邦破产法典》第 522 条(d)款规定：可保留的家具、生活用具、衣物、器具、书籍、动物或者乐器单价不应超过 400 美元，总价不能超过 8000 美元。

② 《英国破产法》第 308 条：……受到第 309 条限制，当根据第 283 条第 2 款规定的(贸易工具、家居物品等)，财产不包括在破产人的财产中；以及受托人认为整个或该财产的任何部分的可变现价值超过该财产或者该部分的合体替代物的成本，受托人可以为破产人的财产而以书面通知的方式主张该财产，或者根据具体情况，主张该部分财产。(3)受托人应使用破产财团的资金于破产人或者为破产人的利益购买根据本条归属受托人的任何财产的替代物；并且本款施加的职责优先于受托人分配财产的义务。(4)为本条规定目的，如果某财产合理充分地满足其他财产能满足的需要，则该财产是该其他财产的合理替代物。

③ 谷川秀昭：《差押禁止に関する考察》，https://www.nta.go.jp/ntc/kenkyu/ronsou/57/02/pdf/ronsou.pdf，第 51 页。

价值。

(二)发展所必需的财产

对于是否应该将发展权纳入自由财产的保障范畴，即是否应该给予破产的自然人债务人在事业上重新起步的保障，仍然存在较大争论。更多的学者如李永军教授①、齐树洁教授②和汤维建教授③等还是赞成为债务人的发展权提供保护。与此同时仍然有学者不赞成保护破产债务人的发展权。④ 事实上，在保护债权人利益的前提下，给予诚实却不幸的破产债务人重新开始的机会正是现代自然人破产制度的文明与发展的体现。⑤ 保护破产债务人的发展权只是为其保留用以自食其力的基本财产。正所谓"授之以鱼不如授之以渔"，在社会和破产债权人都不可能保障债务人过上高于最低生活标准的生活的情况下，赋予债务人职业所必需的工具使其能够通过自己的一技之长摆脱贫困的状况，使这些劳动力重新投入社会生活，发挥再生产的功能，不仅可以使这一群体避免落入绝对性的贫困中，成为严重的社会问题，而且也可以为社会经济的发展提供新的动力。

1. 职业所需器具、书籍、工具等

自由财产制度主要对债务人用于个人生活目的的财产而非用于商业目的的财产提供保护。⑥ 唯一保护的用于个人生活目的以外的财产

---

① 李永军：《破产法：理论与规范研究》，中国政法大学出版社 2013 年版，第 238 页。

② 齐树洁：《破产法研究》，厦门大学出版社 2007 年版，第 511 页。

③ 汤维建：《关于建立我国自然人破产制度的构想(下)》，《政治论坛》1995 年第 3 期，第 49 页。

④ 王欣新：《破产法》(第二版)，中国人民大学出版社 2007 年版，第 162 页。

⑤ 文秀峰：《个人破产法律制度研究》，中国人民公安大学出版社 2006 年版，第 151 页。

⑥ ［美］大卫·爱泼斯坦等：《美国破产法》，韩长印等译，中国政法大学出版社 2003 年版，第 594 页。

就是职业所需的器具、书籍或工具。毫无疑问对这类财产的保护应当进行严格的限制。各国破产法大多对此有规定，但是方式和标准不同，德国与日本对职业所需的器具等只作了概括的规定，英美两国则对其作了金额上的限制。①

关于我国是否要为职业所需器具设定价格上限这个问题，笔者认为规定价格上限固然可以起到一定保护债权人利益的作用，但是由于破产债务人从事的职业各不相同，其所需要的职业工具也相去甚远，法律很难对此作出过于具体的规定。如果由于债务人本身职业的限制，其职业工具的价格相对较为昂贵，同时不像前述高档家居用品或者高档钢琴那样具有可替代性，并且债务人也别无长技以赚取报酬，那么此时设定价值上限就会造成不合理之处，因为这种限制是"对特殊职业不区别待遇"并且会损害自然人破产制度"积极倡导全新开始政策"的宗旨。② 这种情况下以"必需"代替价值上限作为认定标准会更加合适。

如何判断是否"必需"？笔者认为判断职业必需工具、器具的内在标准为以下四项：

（1）"必需"工具的使用频率不能太低

职业必需的器具应该是工作中必不可少的工具，如果一件与工作有关的器具的使用频率很低，那么债务人在需要时可以通过其他的方法获得使用权，例如租赁。这种"使用频率不高"应该是一种行业中的普遍现象，那么债务人通过其他途径使用这类器具的难度通常不大，不会对债务人的职业生活造成困扰，同时也能增加破产债权人受偿的机会和比例，兼顾了双方的利益。因此这项特点应概括为"工作中必不可少"，例如小型农家的自动脱壳机则不在其列。这是因为稻

---

① 《美国联邦破产法》规定可保留不超过 1500 美元的职业所需器具、专业书籍、工具；《英国破产法》规定可保留不超过 250 英镑的业务工具；《德国破产法》没有直接的规定，但是《德国民事诉讼法》第 811 条禁止扣押财产中规定有"在肉体、脑力劳动者或者其他自然人从事生计经营的情况下不可或缺的东西"；《日本民事执行法》第 131 条同样规定职业必需的工具是禁止扣押财产。

② ［美］大卫·爱泼斯坦等：《美国破产法》，韩长印等译，中国政法大学出版社 2003 年版，第 628 页。

谷秋天脱壳的工作时间通常在5日左右，春天的小麦脱壳也只需数日，这样的农具在需要使用时找他人租借就可以了，因此自动脱壳机并不是小型的农家所必需的物品。

（2）"必需"工具的实际使用者应该是债务人

为债务人保留职业必需的器具的目的在于使经济上陷于困境的债务人有机会"东山再起"，重新投入到正常的社会经济生活中，而并非让其能够维持与破产前同样的工作条件。在这种境况下的债务人再工作的目的是为了营生，因此以自身作为劳动者使用的不可缺少的工作器具才能属于"必需"工具，例如高级餐厅的营业用具并非经营者自身劳动所使用，因此不属于禁止扣押的物品。[1]

（3）"必需"工具的价值不得明显高于当地同业人员的平均标准

不同职业工具的价值不尽相同，有些职业的器具的确非常昂贵，在有合适的廉价替代品时，应该由破产管理人将其置换为同类廉价品，例如将名贵的钢琴替换成普通的钢琴。

需要强调的一点是，笔者认为需要先考虑是否有合适的廉价替代品，当确定没有的情况下参考当地同行业的标准进行判断才较为合宜，例如钢琴家和普通的钢琴教师在职业中都不可缺少钢琴，钢琴家使用的钢琴价格往往极为高昂，高达数百万元，而普通的钢琴教师的教学用琴价格通常为几千元。钢琴家在破产的情况下，其名贵钢琴完全可以置换成普通的廉价钢琴，并不会让其无法通过自身技能获得基本的生活费用。但如果不首先寻找是否有廉价替代品，那么很难判断钢琴家与普通钢琴教师是否为同业者。钢琴家的同业者大家普遍会认为是钢琴家，若是以同业人员的平均标准来判断，那么债务人所获得的职业工具的价值就会远远超出其适合的范围，会严重损害破产债权人的利益。

（4）"必需"工具应该是辅助性工具

在日本司法实务中的一个案例中，债务人经营汽车修理业，要求将自动的汽车修理机器作为职业必需的器具得到豁免。但是法院认为

---

[1] 東京高裁昭和46年5月18日決定（下級裁判所民集22巻5·6号619頁）。转引自谷川秀昭：《差押禁止に関する考察》，第96页。

自动的汽车修理机器不能作为禁止扣押的财产，理由是其并非债务人工作的辅助工具，债务人在汽车修理工作中并不是完成主要工作的角色，因此不能将其作为禁止扣押的财产。① 笔者认为，这种判断符合社会经济发展的趋势。随着科技的不断进步，高度自动化的生产工具大量出现，甚至人工智能（Artificial Intelligence）也乘着燎原之势而来，这些机器本身就可以完成许多工作，对操作使用者的要求并不高，这些工具就不能称作债务人职业"必需"的工具。

综上所述，笔者认为在我国将来的立法中，可以不对职业所需器具、书籍、工具等财产的价值作出限制。而应对职业所需器具、书籍、工具等财产的判断标准作出界定：债务人自身作为劳动者或者为经营生计中所必不可少的，在没有合适的廉价替代品时其本身价值不得明显超过当地同业人员所使用工具的平均标准的职业辅助用具。

2. 子女教育所需费用

教育是社会发展的前提条件，受教育权是公民的一项基本权利，被超过半数的成文宪法国家写入宪法中。自然人能够通过接受教育学习到在社会之中生存发展的技能，并使之最终转化成社会生产力。在义务教育阶段，这种基本权利由国家保障，并通过国家财政来支出②这笔费用。我国确定在 2017 年开始对城乡所有在义务教育阶段内的学生实行"两免一补"③，保护公民受教育权。同样的，社会也应在一定程度上保护这项基本权利。

与教育相关的财产，不仅仅只包括书本文具，同时还要包括诸如教育储蓄账户、教育基金保险。这些可以看作为了保障子女接受教育而进行的一项资产安排，这种保险的取出年限均为子女成年，用来确保子女能够继续接受更高层次的教育。但这种保险的基本特点之一就

---

① 東京高裁昭和 46 年 5 月 18 日決定（下級裁判所民集 22 卷 5 · 6 号 619 頁）。转引自谷川秀昭：《差押禁止に関する考察》，第 96 页。

② 2016 年全国义务教育学校生均公用经费基准定额为：中西部地区小学生年均 600 元、初中 800 元，东部地区小学生年均 650 元、初中 850 元。

③ 即免学杂费、免费提供教科书和补助生活费。

是持续周期长，总费用庞大。子女从小到大 20 年左右的持续教育支出，总金额可能比购房支出还要多。对于这种教育保险，考虑到子女在接受高等教育的期间多半已经是成年人了，超出了义务教育的保护范围。笔者在这种情况下认为可以适当设定价值上限，在限制金额以下的可以得到豁免作为自由财产，超过规定限额的可以将解除保险合同返还的保单的现金价值作为破产财产来清偿债权人。

（三）有人身专属性的财产或财产性权利

1. 具有重大精神价值或特殊使用价值的财产

与宗教、文化、风俗习惯或荣誉有关的财产通常被称为有重大的精神价值的财产。这种财产通常与破产债务人特殊的身份相关，这种身份是不可剥夺的，那么出于尊重破产债务人及其所扶养人的特殊的身份人格尊严和精神生活的考虑，作为身份象征的财产也是可以被豁免作为自由财产，通常不考虑相关财产的经济价值。

（1）佛像、家庭祭祀及其他所需物品

佛像、石碑、牌位、墓地等礼拜或者祭祀活动时不可缺少物品被规定为被禁止执行的财产，这是为了尊重宗教信仰，保护破产债务人的精神生活上的安宁。但是，寺院的庙堂、建筑等不属于被禁止执行的财产。属于自由财产范围的这类财产通常是指礼拜或祭祀活动时直接所需要的物品。这类保护宗教信仰和精神安宁的规定可以见诸国外各国立法中。

但是与其他的不受执行的自由财产相比，这里所规定的标的物的判断问题容易引发迷惑性。比如说，在购买佛像时，不同的材料、不同的作者会导致不同的佛像的价格天壤之别。当破产债务人手边持有较大价值的此类物品时，这样的物品的实际的使用目的会影响到是否作为自由财产的判断。这样的佛像是属于礼拜或祭祀不可欠缺的物品呢，还是属于古董或艺术类的收藏品或者单纯是作为商品呢？这是必须要探究的事项。

并且，佛像等物品的购买场合与时间点对其是否属于禁止执行财产也有着重大的影响。这些东西在商人手中作为贩卖的商品时毫无疑问属于破产财产，在其作为礼拜供奉之物时则可以被认为是禁止执行的财产。那么在认定时，虽然当时尚未被供奉，但是破产债务人辩称其正在进行供奉的准备阶段，随后就将会作为礼拜供奉之用，在这样的情况下，要对这个微妙的问题作出明确的判断也是很困难的。这就需要法院根据具体的案件情况进行考量。

（2）结婚戒指、荣誉勋章等

结婚戒指不同于一般首饰，其不仅仅包含装饰功能，通常包含着重大的精神意义，债务人往往不愿意将结婚戒指用作变价分配。破产法应该维护这种具有重要精神价值的特殊物品。但是如果结婚戒指的价值过于高昂，例如出于名匠之手或是品牌附加值很高等情况下，那么破产债务人就可能有奢侈浪费之嫌，为了防止破产债务人有变相逃债的恶意，同时也为了保护破产债权人受偿的权利，破产法可以支持将这种高价首饰交给破产管理人变价分配。

荣誉勋章同样也是具有强烈的人身属性，这种勋章通常是为了表彰破产债务人在某方面的突出表现，并且是由破产债务人以外的集体或个人所授予，无论荣誉勋章本身经济价值多么高昂，也不会涉及奢侈、浪费等导致破产债务人破产的事由。因此，荣誉勋章应当毫无疑义的归入自由财产的范围。

（3）有特殊使用价值的财产

有特殊使用价值的财产，例如残障人士的义肢、轮椅、义齿等，这些财产通常是辅助破产债务人及其所抚养人的基本生活所必需的工具，对于破产债务人及其所抚养人来说这类工具不可或缺。因此，将这一类的财产无条件地归类为自由财产的理由与生活必需物品一样是为了保障破产债务人及其所抚养人的正常生活，体现出了人道主义的关怀。

2. 具有较强人身专属性的财产或财产性权利

这类的财产或财产性权利通常与特定人身相联，一般都具有救助或者赔偿功能，例如人身损害赔偿、残疾人补贴、抚养费、赡养费、扶养费等。这类财产本身适用于救济破产债务人，如果不是其价值过于高昂，通常会将其归于自由财产让破产债务人所有。国外一些国家，例如美国对人身损害赔偿设定了价值上限，这是由于美国的精神损害赔偿费通常较高所致。① 我国目前并不存在这个问题。

（四）小结

考察各国关于自由财产的规定，有很多的财产的类型都是相同的，是自由财产的"保留项目"。但是在不采用规定价值上限的方式下，在多大的范围内予以保留才能契合我国的具体国情是本文需要讨论的。在确定自由财产的种类和范围时必须注意社会经济的发展状况，人们普遍的生活习惯和配套的社会保障体系。

国外自然人破产制度相对成熟的国家基本上有较高的福利水平，我国由于空间和人口上的限制可能在相当长的一段时间内都无法企及。因此，相较于这些国家规定较短的生活必需费用的保障时间，我国应该将其作适当的延长，否则对于债务人来说就过于苛刻了。

对于职业上必不可少的工具而言，判断的方法是较为明确的，笔者将其定义为债务人自身作为劳动者时为经营生计中所必不可少的，在没有合适的廉价替代品时其本身价值不得明显超过当地同业人员所使用工具的平均标准的职业辅助用具。

至于有较强的人身属性的财产或财产性利益，法律通常基于保护破产债务人及其家人的精神安宁的人道主义精神不将这类财产或财产性利益作为可被执行的财产，这是出于对善良风俗的保护。但是在这类财产经济价值明显过于高时，则有可能将其作为破产财产，但是由于这类财产是否应该被豁免的界限过于微妙，通常还是依赖于当事人之间的协商或法院的自由裁量。

四、于破产程序开始以后取得的财产是否属于自由财产

（一）立法上的争议

对于债务人于破产程序开始后取得的财产归属上的争议在立法上

---

① 　吕梅竹：《个人破产中自由财产的范围》，中国政法大学 2016 年硕士学位论文，第 37 页。

反映为固定主义与膨胀主义之争。由于破产程序终结后，破产人的民事主体地位会继续存在，① 破产人仍然可以通过自己的劳动、技能和其他合法手段取得新的财产。② 此时，破产债务人和债权人之间就产生了利益上的对立。膨胀主义下破产人在破产程序中新取得的财产应归属于破产财产，倾向于保护债权人的利益。固定主义下破产人在破产程序中新取得的财产应该属于自由财产，固定主义更倾向于保护债务人的利益。膨胀主义与固定主义各有其理论依据：前者能够让债权人在最大的限度内获得清偿，避免破产债务人再次实施破产程序，但是相对的使债务人逃避破产，也打击了债务人在破产程序开始后尽早开始新的生活的积极性；后者能及早给予破产人全新开始的机会，促使债务人积极寻找谋生的新出路，但债权人的受偿范围会小于膨胀主义下的规定。膨胀主义的代表是德国，美国和日本都是典型的固定主义的国家。

是否这两种不同的立法偏向会对司法实务中的自由财产范围造成天差地别的结果呢？通过对这三个国家的相关法律制度作宏观的分析，虽然在司法实务中还是有不同的保护倾向，但都能基本做到双方的利益平衡。产生这样结果的理由在于，无论采取什么样的类型的模式，相关的配套制度都能对这种立法偏向起到一定的矫正作用，例如德国虽然将破产程序开始后新取得的财产作为可以分配清偿的破产财产，但在《德国民事诉讼法》第 850 条规定了对劳动收入的特殊保护。③ 这种保护不仅包括债务人自身，还考虑到了被扶养人对于债务人产生的负担，采取了阶梯式的计算方法，如图一所示④：

① 遗产破产的情形除外。

② 文秀峰：《个人破产法律制度研究》，中国人民公安大学出版社 2006 年版，第 128 页。

③ Pfändungsschutz für Arbeitseinkommen.

④ 本表中的金额数据 2007 年 1 月 22 日公布，适用至 2009 年 6 月 30 日止。转引自谷川秀昭：《差押禁止に関する考察》，第 64 页。

时间分类	无被扶养人	有 1 名被扶养人	2~5 名被扶养人	最高限额
每月金额	985.15 欧元	370.76 欧元	206.56 欧元	2182.15 欧元
每周金额	226.72 欧元	85.32 欧元	47.54 欧元	502.20 欧元
每天金额	45.34 欧元	17.06 欧元	9.51 欧元	100.44 欧元

图一

同时，德国还规定了几种特殊的收入不可以被扣押执行：①加班工资一半的金额；②圣诞节工资；① ③结婚补贴和生育补贴；④教育费用、研究补贴等。

由上述规定可以看出，德国在注重保障债权人的利益的同时，对于债务人的劳动（包括教育、研究之类的脑力劳动）积极性也给予鼓励，注重保护债务人及其所扶养人的生存权，并且对于结婚生子一类重大事项也很宽容，缓解了膨胀主义的立法偏向造成的消极影响。

同样的，日本采用的是固定主义的模式，这样的规定原本会使破产债权人的受偿比例偏小，不利于保护债权人的利益。为了缓和这种矛盾，《日本民事执行法》规定：债务人的劳动收入的四分之一②不在禁止扣押、执行的财产之列，可以作为破产财产进行分配，并且债务人的禁止扣押的工资不可以超过每月 33 万日元。比如说，月收入20 万日元的破产者要拿出 5 万日元归入破产财团；月收入 44 万元的破产者要拿出 11 万日元归入破产财团；月收入 50 万元的破产者可保留的收入也只有 33 万日元，要将 17 万日元归入破产财团。对养老金等财产也有类似的规定。这些规定能在一定程度上增加债权人的受偿比例，保护债权人的合法权益。

美国则可以通过联邦法和州法的双轨制加上判例法的指导来修正固定主义立法偏向。同时，《美国破产法》上还规定了一个 180 日的期间，自破产程序的启动开始后 180 日内，在该期间内取得的如遗

---

① 类似于年终奖，但是不可以超过劳动的月工资的一半，最高不得超过500 欧元。

② 日本一些法院在实务中采取的是 1/2 的标准。

产、彩票等类似财产属于破产财产，需要将其用于清算分配，以防止破产债务人进行策略性的破产。

(二)对我国立法的启示

笔者倾向于在确定我国破产财产范围的立法上采用膨胀主义的立法模式，即偏重对债权人的保护。理由在于：在债务人陷入破产的境地时，往往所拥有的财产的价值已经很小，甚至出现无产可破的情况，此时的债权人的债权几乎无法得到清偿；如果将破产债务人在破产程序中新取得的财产用于分配可以增加债权人的受偿比例。我国的现状主要是债权人的权利难以得到保护，这种状况在目前乃至今后较长一段时间内都难以得到根本改变。① 破产法的最重要的功能应该是使破产债权人得到公平有序的清偿，因此在我国建立个人破产制度时，也应本着保护债权人的原则，采取膨胀主义的立法例。

立法上无论是膨胀主义或是固定主义都只是对一国破产财产范围制度的立法例的大致概括。如前文所述，典型的破产法立法国家中几乎不存在纯粹采用固定主义或者膨胀主义立法例的情况了。两种立法例在运行的过程中通过与其他规定之间的衔接和配合在一定程度上弥补了自身的不足。因此，我国在采取膨胀主义的立法例的同时，也应辅以相关的配套制度来弥补膨胀主义不利于鼓励破产债务人的劳动力重新投入市场的不足。如果在破产程序开始后新取得的财产全部归于破产财产用于分配给债权人，债务人的劳动的积极性就会受到打击。所以，为了鼓励债务人生活重建的积极性，对于债务人在破产程序中因劳动所取得的报酬应保留一部分作为债务人的自由财产。

德国对于劳动报酬的保留比例的标准是 50%；日本规定的标准为 3/4，但实际上法院在实务中通常采用 1/2 的标准。笔者认为我国立法中对于超过债务人生活地的居民人均消费支出水平的收入不予保留，少于当地的最低生活保障标准的全额保留，对于两个标准的差额的部分依比例予以保留，同时应当考虑到其所扶养的人数进行阶梯式

---

① 文秀峰：《个人破产法律制度研究》，中国人民公安大学出版社 2006 年版，第 128 页。

计算。居民消费水平是指居民在物质产品和劳务的消费过程中，对满足人们生存、发展和享受需要方面所达到的程度。按照居民人均消费支出水平保留债务人的劳动报酬标准是鼓励破产债务人通过自己的劳动为自己和家人创造更高水平的生活，允许债务人通过自己的劳动达到普通人的生活水平，摆脱贫困的窘境，符合鼓励其重新进入劳动力市场的目的。超过的部分应当用于清偿债权人，提高债权人的受偿比例。以最低生活保障标准为下限标准则是为了保障债务人及其所扶养人的生存权，不挫伤债务人劳动的积极性。

对于其他通过继承、或者彩票等方式获得的新的财产，这些财产并非劳动所得的报酬，由于债务人并未付出相应的对价，所以将其全部用以清偿债权人并无不合理之处。同时，为了防止破产债务人的"策略性破产",① 应当借鉴美国的做法即在破产程序结束后一定的期间内，将此期间内允许将以这种方式获得的财产可以用于清偿未清偿的债权。

五、结　论

本文探讨自由财产的具体范围和判断标准，最终目的还是在于能为我国将来破产立法完善提供一些建议。不同国家的社会土壤和立法偏向都有所不同，因此对于他国制度我们不能照单全收。对自由财产制度的研究不应忽视本国的社会福利制度、社会保障制度、市场环境、文化背景、信用评价制度等相关的制度对自由财产制度产生的影响。另外，自由财产制度的建立还需要完善的司法机制，以及房产、物价、民政等相关部门的配合。在我国，自然人破产制度的建立任重而道远，自由财产制度更需要不断摸索，但随着我国经济的持续稳定发展，相信自由财产制度的建立指日可待。

---

① 〔美〕大卫·爱泼斯坦等:《美国破产法》，韩长印等译，中国政法大学出版社 2003 年版，第 657 页。

合伙企业破产问题研究

谭俊楠[*]

摘要：我国《企业破产法》和《合伙企业法》在 2006 年修订之后，承认了合伙企业的破产能力，但是关于合伙企业破产制度的条文却只有寥寥数条，缺乏适用上的具体规定，导致在司法实务中真正运用合伙企业破产制度的案件几乎没有。本文试图从合伙企业的破产能力、破产原因、破产财产以及合伙人的连带责任等方面进行分析，尽可能在现行法的体系下通过解释，得出一套合伙企业破产的合理规则。首先承认赋予合伙企业破产能力的妥当性，并基于破产案件的现实需要和保护合伙人利益的考虑，把合伙企业与合伙人纳入破产申请人的范围，然后对现行法上规定的合伙企业财产进行区分，使合伙企业的破产财产具有清偿可能性，最后在合伙企业的破产清偿顺序上采用双重优先原则，从而平衡各方债权人利益。

关键词：合伙企业；破产制度；法律解释；制度构建

2006 年 8 月修订的《企业破产法》和《合伙企业法》对合伙企业的破产清算作出了规定，改变了之前"企业法人破产主义"的立法模式，但仅仅凭借《企业破产法》第 135 条及《合伙企业法》第 92 条等寥寥数个条文对合伙企业破产制度加以规定，显得过于简单。合伙企业与我国破产法所主要规制的主体——企业法人[①]相比，在财产构成、组织

---

* 谭俊楠，武汉大学法学院 2015 级民商法硕士研究生，研究方向为民商法学。

① 《企业破产法》第 2 条："企业法人不能清偿到期债务，并且资产不足以清偿全部债务或者明显缺乏清偿能力的，依照本法规定清理债务。企业法人有前款规定情形，或者有明显丧失清偿能力可能的，可以依照本法规定进行重整。"

方式和责任范围等方面存在着显著的差异，如何根据《企业破产法》第 135 条，来参照适用企业法人的破产清算程序，不仅在理论上需要进一步厘清，对于司法实践而言也是一项考验。与我国市场上近年来合伙企业数量不断增加的现象相对照，破产法在修订之后，真正运用到合伙企业破产中的案例却几乎检索不到。① 这样的现状使我们不得不对现有的合伙企业破产制度进行反思。本文拟从合伙企业的破产能力、破产原因、破产财产以及合伙人的连带责任等方面进行探讨，以期在目前的立法体系下形成一个较为合理的合伙企业破产制度。

一、合伙企业的破产能力

修订后的新破产法虽然在条文中承认了合伙企业的破产能力，但这仅仅是立法在实然层面的规定，在应然层面是否应赋予合伙企业破产能力仍是个值得探讨的问题。所谓破产能力，是指债务人能够适用破产程序解决债务清偿问题的资格，也就是民事主体可以被宣告破产的资格。② 关于合伙企业破产能力的争议，我国学界主要存在两种观点，即否定说和肯定说。

否定说认为，在传统民法理论上，合伙企业并不具有独立的民事主体资格③，当合伙无法清偿到期债务时，债权人可以直接向承担无限连带责任的普通合伙人进行追偿，当所有合伙人都不能清偿该债务时，才存在合伙企业破产的问题。如此，便涉及自然人的破产问题，而我国目前并不承认自然人破产，那么承认合伙企业破产并没有什么意义。而且，否定说还认为，如果承认合伙企业的破产能力，那么在合伙企业破产之后，债权未受完全清偿的债权人仍然有权就未受清偿部分向普通合伙人追偿，既然已经有无限连带责任作为保障，破产程

---

① 参见张晨颖：《合伙企业破产法律问题研究》，法律出版社 2016 年版，第 49 页。
② 王欣新主编：《破产法学》(第二版)，中国人民大学出版社 2008 年版，第 22 页。
③ 参见刘文永：《论合伙的民事主体地位》，《牡丹江大学学报》2010 年第 6 期，第 60 页。

序似乎就显得多此一举了。

与此相反，肯定说认为合伙企业具有独立性①，即便这种独立性可能弱于企业法人。投资人责任与企业法人资格并不存在必然联系，独立性主要体现在是否能以独立的名义对外从事民事活动，合伙企业有自己独立的名称②，而且合伙企业有自己独立的财产，这体现在《合伙企业法》第 20 条，即合伙人的出资、以合伙企业名义取得的收益和依法取得的其他财产，均为合伙企业的财产。此外，合伙企业具有诉讼主体资格。所以，以合伙企业不具有独立性而否定其破产能力是不正确的。

笔者赞同肯定说的观点，既然合伙企业具有独立性，就应赋予其与其他独立的市场主体一样的退市资格。而且就世界各国的破产法立法现状而言，英国、美国、法国、日本等英美法系和大陆法系的代表国家大多已经承认了合伙企业的民事主体地位，德国虽在民法理论上不承认合伙企业具有法律人格，但依然赋予其破产能力。③ 而且德国商法也赋予了合伙企业法律独立性④，虽然这种合伙企业属于以合伙结构为基础、以经营营利事业为目的，并且企业依性质和规模要求以商人方式进行营业经营，或者其商号已经登记于商事登记簿的商事合伙，不具有权利能力，但其所具备的一定的独立性也通过使用自己的商号取得权利、缔结义务，取得所有权和他物权以及起诉应诉等方面得到了体现，所以享有破产能力也是可行的。

从反面来看，如果不承认合伙企业的破产能力，则可能导致一系列的问题。首先，如果合伙企业不具备破产能力，将导致企业主体市

① 参见李伟超：《合伙的民商事主体地位研究》，《商场现代化》2010 年总第 606 期，第 111 页。

② 《合伙企业法》第 14 条："设立（普通）合伙企业应当具备下列条件：……（四）有合伙企业的名称和生产经营场所。"

③ 参见胡荣杰：《合伙企业破产法律制度研究》，西南政法大学 2012 年硕士学位论文，第 6 页。

④ 《德国商法典》第 124 条规定："（1）普通合伙可以以自己的商号取得权利和缔结义务，取得土地上的所有权和其他物权，并且可以向法院起诉和应诉……"《德国商法典》，杜景林、卢谌译，法律出版社 2010 年版，第 56 页。

场地位的不平等，违反市场经济的公平原则。其次，可能造成债权债务主体关系的不明确，合伙企业在市场上是以自己的名义与相对人发生债权债务关系，当面临债权人要求清偿债务时，应当是合伙企业作为债务人来承担，如果合伙企业尚未破产，也就是说其主体资格仍然存在时，基于连带责任而向普通合伙人追偿债务，会造成主体混乱的问题。① 最后，会产生对个别合伙企业债权人利益保护不周的问题，如果合伙企业无力清偿所有债务，且合伙人的资产也不足以进行清偿时，先向法院起诉的债权人将基于民事诉讼法上的优先清偿原则，② 优先于其他的债权人获得清偿，这无疑对部分债权人而言是不公平的。

鉴于破产能力是破产效力合法化的前提条件，承认合伙企业的破产能力，是完善合伙企业合法退市机制的重要因素，同时赋予合伙企业的破产能力也使其在市场主体地位上与企业法人相平等，有利于企业业之间的公平竞争，促进资源的合理流动。所以，从应然层面上讲，赋予合伙企业破产能力是有必要的。

二、合伙企业的破产原因

破产原因，又称破产界限，是指适用破产程序所依据的特定事实，是破产程序得以发生的实质条件。③《企业破产法》第 2 条对企业法人的破产原因作了规定，即企业法人不能清偿到期债务，并且资产不足以清偿全部债务，或者企业法人不能清偿到期债务，且明显缺乏清偿能力。根据《企业破产法》第 135 条，合伙企业的破产原因要参照适用企业法人的破产原因，但是由于普通合伙人对合伙企业债务承担的是无限连带责任，所以在界定合伙企业不能清偿到期债务时，关

---

① 参见张晨颖：《合伙企业破产法律问题研究》，法律出版社 2016 年版，第 52 页。

② 参见肖建国：《我国强制执行平等与优先原则论纲》，《法律科学》1996 年第 2 期，第 67 页。

③ 殷慧芬主编：《破产法》，法律出版社 2014 年版，第 24 页。

于其标准学术界亦存在争议。

争议主要是围绕两种不同的立法例。第一种判断合伙企业不能清偿到期债务的标准是以合伙企业和合伙人均不能清偿为准，比如我国台湾地区"破产法"的实务做法，其主要是基于合伙人对合伙债务承担无限连带责任的考量，只有当合伙企业和所有普通合伙人的财产均不能清偿到期债务时，合伙企业的破产原因才成立，如此方能体现普通合伙人无限连带责任的特点。① 另一种立法例则规定，合伙企业的破产仅以合伙企业的财产不足以清偿其债务为限，不需要合伙人均不能清偿合伙债务，采用这一立法例的国家认为合伙企业具有独立的财产、独立的责任及独立人格，能够而且应当对自身债务承担责任，因此在破产原因上无需涉及其合伙人。②

我国法律并没有明确规定在判断破产原因的时候，是否把合伙人的财产纳入到合伙企业不能清偿债务的判断标准之中。支持第一种立法例的观点，主要出于以下几点考虑：首先，将合伙人财产纳入破产程序符合效率性和公平性原则，通过把合伙企业的债权人与合伙企业之间的债权债务关系一次性解决，能够节约诉讼成本和社会资源；其次，法院主导的破产程序有利于保证债权人平等公平地受偿，如果任由债权人在合伙企业破产程序后，自行对剩余债权向合伙人进行追偿，可能导致债务人对不同债权人不公平清偿的行为；最后，从国外关于对破产人承担无限连带责任的规定来看，多数国家倾向于第一种立法例。③

支持第二种立法例的学者则提出了以下论点作为支撑：第一，合伙企业是具有独立人格的市场主体，如果判断其破产原因时牵涉普通合伙人个人的偿债能力，会混淆二者的人格；第二，有利于债权人举证，毕竟要求债权人来证明所有合伙人均丧失偿债能力是非常困难且

---

① 参见杜云：《合伙企业破产问题探析》，《郑州航空工业管理学院学报》（社会科学版）2009 年第 5 期，第 110 页。

② 韩长印、何睿：《合伙企业破产三题——以美国法为主要比较素材的分析》，《河南省政法管理干部学院学报》2007 年第 4 期，第 65 页。

③ 参见李寿宏：《合伙人的连带破产探析》，《法制与经济》2014 年第 6 期，第 54 页。

极其消耗社会成本的，并且有学者指出，如果合伙企业财产已不足以清偿合伙之债务时，为清理合伙债务而进行破产宣告，可以确保大多数债权人利益，在合伙人认为有维持合伙存续之必要时，也可以通过使个人财产转化为合伙财产的方式，主张合伙企业并不存在破产原因，① 如此债权人的证明责任将减轻很多；第三，采用此立法例并不会导致合伙人无限连带责任的消灭，合伙企业破产仅仅导致合伙企业主体资格的丧失，在破产程序结束后仍能要求合伙人对剩余债务进行清偿。②

我认为第二种立法例原则上是可以赞同的，相比于支持第一种立法例的一次性解决节约诉讼成本和追偿成本的理由，减轻债权人对合伙企业破产原因的证明责任显然能节约更多的社会成本，并且能使合伙企业破产制度真正具有司法实践的可能性。而且，在合伙企业破产程序之后对承担无限连带责任的合伙人追偿，本身就是债权人在合伙企业这一债务人承担责任后对连带债务人的追偿，并不是同一主体来对债务人清偿，所以不存在所谓合伙企业破产程序结束后导致债权人受偿不公平的问题。此外，根据我国《合伙企业法》的规定，③ 当合伙企业破产时，债权人是可以选择直接要求普通合伙人清偿的，如果所有合伙人均不能清偿合伙债务，合伙企业才具备破产原因，那么此时规定可以要求普通合伙人清偿也就没有什么实际意义了。

三、合伙企业破产申请的主体

当合伙企业具备破产原因之后，什么样的主体有权提起合伙企业的破产申请也对破产程序影响重大。我国《合伙企业法》第 92 条规定了债权人的破产申请权，但是没有规定其他主体是否享有破产申请

---

① 参见陈计男：《破产法论》，台湾三民书局 1980 年版，第 37~38 页。

② 参见韩长印、何睿：《合伙企业破产三题——以美国法为主要比较素材的分析》，《河南省政法管理干部学院学报》2007 年第 4 期，第 65 页。

③ 《合伙企业法》第 92 条："合伙企业不能清偿到期债务的，债权人可以依法向人民法院提出破产清算申请，也可以要求普通合伙人清偿。合伙企业依法被宣告破产的，普通合伙人对合伙企业债务仍应承担无限连带责任。"

权。如果严格依照本条进行适用，可能会产生一些现实的问题，一般而言，债权人申请合伙企业破产的意愿可能并不强烈，因为任何一个债权人都希望能最大限度地实现自己的债权，而破产法的价值取向则是平等保护全体债权人，如果债权人提出合伙企业的破产申请，其结果很可能是按比例受偿其债权，在现实中破产清偿的比例往往是相当低的。所以，债权人可能更倾向于直接向合伙企业求偿或者通过一般的民事诉讼途径来实现自己的债权，这样就会导致债权人争相实现自己的债权，① 造成法院的诉讼负担，甚至债权人与合伙企业串通损害其他债权人利益的情况，而债权人不利用破产申请的法律途径，又会使合伙企业破产制度被闲置，造成立法资源的浪费，这也是与我国目前几乎没有合伙企业破产案例的现实相吻合的。

欲使合伙企业破产制度真正可行，拓宽合伙企业破产申请主体的范围是很有必要的。首先应赋予债务人，即合伙企业破产申请的权利，因为债务人对自己的生产经营和资金状况是最为清楚的，由其提出破产申请，能更好地预防处于经营困境中的企业遭受更严重的负债；同时作为债务人，也能尽早通过破产程序向所有债权人公平清偿，避免过多债权人对其分别索债，从而早日从破产走向再生。

承认合伙企业的破产申请权，在法律适用上可以根据《企业破产法》第135条的规定，参照适用《企业破产法》第7条的规定，② 从而使债务人享有破产申请权。合伙企业作为债务人享有破产申请权是各国立法的通例，而且也符合对《企业破产法》的文意解释。③

此外，考虑到普通合伙人对合伙企业债务承担无限连带责任，赋予其合伙企业破产申请权也是相当有必要的。在我国现行法律中，任何企业的投资人都不享有申请其自身所在企业破产的权利，尤其是对

---

① 参见张晨颖：《合伙企业破产法律问题研究》，法律出版社2016年版，第145页。

② 《企业破产法》第7条："债务人有本法第二条规定的情形，可以向人民法院提出重整、和解或者破产清算申请。"

③ 参见王欣新、王斐民：《合伙企业破产的特殊性问题研究》，《法商研究》2010年第2期，第127页。

于法人型的企业来说，所以这是合伙企业破产制度中的一个特殊问题。①

至于作为投资人的合伙人如何来行使这一破产申请权，需要我们从制度设计上加以考虑。如果根据《合伙企业法》的规定，② 普通合伙企业对于重大事项的决策应当征得全体投资人的一致同意，而合伙企业破产这一事项相对于法条中列举的事项而言，无疑算是重大事项，甚至更为严重，根据举轻以明重的法理，合伙人申请合伙企业破产也应当被作为需要一致同意的决议事项。

但是，合伙人个人的利益有时候可能会与作为整体的合伙企业相冲突，或者是与其他多数的合伙人相冲突，如果此时缺乏一种合法的保全自身利益的机制，将严重影响普通合伙人的投资热情。因为当合伙企业经营状况发生严重困难，不能清偿到期债务而部分合伙人也不愿意解散合伙企业的时候，由于承担的是无限连带责任，希望退出合伙企业的普通合伙人的利益将会遭受更大的损失。

诚然，合伙企业法规定了合伙人的退伙情形，③ 但即便合伙人选择了退伙，其对合伙存续期间合伙企业所产生的债务仍然要承担无限连带责任，仍然无法摆脱合伙企业经营不善所造成的债务负担，所以赋予合伙企业普通合伙人破产申请权，是切实保障其利益的关键一环。而且在合伙人申请破产方面，不能一味坚持重大事项一致同意的原则，因为每个合伙人其个人的财产情况是不同的，有的合伙人认为合伙债务超出其个人的承受能力时，可能其他的合伙人觉得还能继续

---

① 参见王欣新、王斐民：《合伙企业破产的特殊性问题研究》，《法商研究》2010 年第 2 期，第 128 页。
② 《合伙企业法》第 31 条："……（一）改变合伙企业的名称；（二）改变合伙企业的经营范围、主要经营场所的地点；（三）处分合伙企业的不动产；（四）转让或者处分合伙企业的知识产权和其他财产权利；（五）以合伙企业名义为他人提供担保；（六）聘任合伙人以外的人担任合伙企业的经营管理人员。"
③ 《合伙企业法》第 45 条："合伙协议约定合伙期限的，在合伙企业存续期间，有下列情形之一的，合伙人可以退伙：（一）合伙协议约定的退伙事由出现；（二）经合伙人一致同意；（三）发生合伙人难以继续参加合伙的事由；（四）其他合伙人严重违反合伙协议约定的义务。"

经营，如此，要求合伙人对合伙企业申请破产的事项必须达成一致，反而会把合伙人的破产申请权架空。故此，我们有必要赋予合伙企业中的个人普通合伙人以个人的名义申请合伙企业破产的权利。

当然，希望合伙企业继续经营的合伙人利益并不会因为某一合伙人申请破产而受到不公平的对待，法院可以允许其向合伙企业补充出资，从而避免企业破产，或者在合伙人之间、债权人与合伙企业之间协商出更优的解决方案。①

四、合伙企业的破产财产

前文在讨论合伙企业的破产原因时，已经表明应把合伙企业的财产状况与合伙人个人的财产状况相区分，不过鉴于合伙企业出资方式的多样性，在界定合伙企业的破产财产范围时，需要对其种类进行具体分析。

《合伙企业法》对合伙企业的财产作出了类型化的规定，② 主要包括合伙人的出资、以合伙企业名义取得的收益和依法取得的其他财产。但是由于普通合伙人对合伙企业债务承担的是无限连带责任，所以法律对合伙人的出资方式的限制很少，③ 货币、实物甚至劳务都能作为合伙人的出资形式，同时《民法通则》还规定了技术这种出资方式。④ 但并非以上所有出资形式都可以构成合伙企业的破产财产，劳务和技术虽然可以由出资人之间对其价值进行协商确定，但是因其具有"行为性"的特征，依附于出资人本人，用以清偿债务也不具有强制执行的可能性，所以劳务和技术尽管在合伙企业的经营过程中发挥

---

① 参见张晨颖：《合伙企业破产法律问题研究》，法律出版社 2016 年版，第 155 页。

② 《合伙企业法》第 20 条："合伙人的出资、以合伙企业名义取得的收益和依法取得的其他财产，均为合伙企业的财产。"

③ 《合伙企业法》第 16 条："合伙人可以用货币、实物、知识产权、土地使用权或者其他财产权利出资，也可以用劳务出资。"

④ 《民法通则》第 30 条："个人合伙是指两个以上公民按照协议，各自提供资金、实物、技术等，合伙经营、共同劳动。"

作用，产生效益，出资人也可以凭此分享收益，但是二者并不属于合伙企业的破产财产。①

同时，一般认为可以作为合伙企业出资的商誉，也不能划入合伙企业的破产财产，因为当合伙企业被申请破产时，若其商誉依然良好，完全可以依靠商誉获得一定的融资从而避免自身破产，如果无法进行融资，则该商誉其价值就是值得怀疑的，以此来折抵债务可能会对债权人的利益造成损害。

综上，在法律明文规定的合伙企业财产和出资中，应除去劳务、技术和商誉，其他的部分才能划入合伙企业的破产财产。

五、合伙企业破产的债权清偿

虽然对合伙企业的财产与合伙人的财产进行了区别，但是当合伙企业进行破产清算时，由于普通合伙人对合伙企业债务承担无限连带责任，当合伙人自身也负有个人债务时，合伙企业的债权人受清偿率与合伙人个人的债权人受清偿率将是一个此消彼长的关系。如何平衡合伙企业债权人与合伙人个人的债权人之间的利益冲突，需要法律对合伙企业破产清算时的债权清偿顺序作出规定。

合伙企业的债权人有权要求合伙人以合伙企业外的其他个人财产对合伙企业的债务承担无限连带责任，而合伙人个人的债权人也有权要求合伙人将其在合伙企业中的财产份额用于清偿个人债务。② 两种债权的行使顺序不同，则对两类债权主体的保护程度不同。

目前世界各国关于这一问题的立法例主要有下列几种：

并存主义，即合伙企业的债务由企业财产和合伙人个人的财产共同承担，债权人可以选择就企业财产或合伙人个人财产求偿。德国、瑞士立法即采此例，如《德国民法典》第 427 条规定：“二人以上以合

---

① 参见李鑫：《合伙企业破产实体问题研究》，《法制博览》2013 年第 5 期，第 258 页。

② 王欣新、王斐民：《合伙企业破产的特殊性问题研究》，《法商研究》2010 年第 2 期，第 132 页。

同共同对可分给付负有义务的，有疑义时，作为连带债务人负责人。"①

合伙企业债权优先主义，指在合伙企业的财产不足以清偿全部债务的情况下，不足部分可与合伙人的个人债权一起从合伙人的个人财产中得以实现。② 美国 2003 年修订的破产法即采此原则。

双重优先原则多为英美法系国家所采纳，指合伙企业债权人优先从企业财产中受偿，若有剩余，合伙企业便可以免于破产，若没有剩余，则视普通合伙人债务清偿状况而定，普通合伙人的财产优先清偿其债权人的债权之后，如果有剩余，则基于无限连带责任清偿合伙企业债务。③

比较来看，三种立法例对合伙企业债权人的求偿顺序规定是不同的，并存主义最具任意性，债权人可以自由选择，所以这一模式对合伙企业债权人的保护是最有利的；第二种模式仅就合伙企业财产不能清偿的部分赋予债权人向合伙人求偿的权利，不过对此剩余部分仍然享有与合伙人的债权人同等的求偿顺位，所以总体而言对合伙企业债权人的保护力度高与合伙人的债权人；第三种模式对两种债权人的利益保护相比而言是最为平衡的，对债权人而言，基于债权的平等性，公平受偿要求对同类性质的债权同等对待，不同种类的债权区别对待，既然债权主体不同，其优先受偿的财产范围也应该是不同的，然后才是基于补充责任进行求偿的问题，如此也能防止将具有独立主体资格的合伙企业与合伙人相混同。

而且，我国最高人民法院也对双重优先原则的适用进行了规则上的确认，④ 所以双重优先原则从债权的平等性和我国司法实务两个层面来讲，是符合我国实际情况的选择。

---

① 《德国民法典》（第四版），陈卫佐译，法律出版社 2015 年版，第 153 页。

② 胡荣杰：《合伙企业破产法律制度研究》，西南政法大学 2012 年硕士学位论文，第 16 页。

③ 参见张晨颖：《合伙企业破产法律问题研究》，法律出版社 2016 年版，第 168 页。

④ 参见 1990 年最高人民法院《关于审理联营合伙若干问题的解答》。

六、总 结

我国虽然通过《企业破产法》与《合伙企业法》肯定了合伙企业的破产能力，但是在具体制度构建上没有进行细致规定，导致司法实践中法条的可操作性不强。通过本文的分析，笔者认为赋予合伙企业破产能力是值得肯定的，但在破产原因中应该承认合伙企业主体资格的独立性，即合伙企业不能履行到期债务仅以合伙企业的财产为限；而对于合伙企业破产申请的主体，应借助《企业破产法》第135条的规定，参照《企业破产法》第7条，使合伙企业也享有破产申请权，同时还要赋予普通合伙人破产申请权，从而切实保护其利益；在破产财产范围的问题上，要排除合伙人的劳务、技术及商誉这几种出资形式，最后，在合伙企业的破产清偿顺序上应适用双重优先原则。如此，我国合伙企业破产制度才能逐渐具备可操作性，同时也能兼顾到各方主体的利益。

认缴资本制下公司破产的再审思
——以债权人保护为视角

胡 帅[*]

摘要：认缴资本制弱化了债权人保护，股东滥用出资自由极易损害债权人利益。学界对债权人保护的探讨可归结为公司法、破产法、民法三种路径，这些路径符合内在体系的逻辑自洽性，但都忽视了公司"不能清偿到期债务"这一前提。股东滥用出资自由使公司不能清偿到期债务，这一事实不仅表明债权人利益受到现实损害，而且公司事实上已经存在破产原因。认缴资本制下公司资本包括实缴资本和未缴资本，股东认而未缴出资的归属对判断破产原因具有实质影响。在公司不能清偿到期债务具有破产原因时，不能只侧重于破产使股东提前出资的功能上，而应明确债权人对破产申请具有选择权。股东出资提前到期不仅限于公司破产，公司破产与否取决于债权人的自主选择和利益平衡。

关键词：认缴资本制；股东出资；破产原因；债权人保护；破产

伴随着世界公司资本制度改革的滚滚洪流，2013 年我国对公司法资本制度与规则进行了"颠覆式"改革。在经历了从资本信用到资产信用的观念转变后，[①] 最低注册资本由 1993 年完全缴纳、2005 年分期缴纳，到如今完全废弃，其历史使命已基本完成。资本被誉为公

---

  * 胡帅，武汉大学法学院 2016 级经济法硕士研究生。
  ① 关于这方面的详细论述参见赵旭东：《从资本信用到资产信用》，《法学研究》2003 年第 5 期；陈甦：《资本信用与资产信用的学说分析及规范分野》，《环球法律评论》2015 年第 1 期。

司赖以经营的"血液"，资本金融融资的复杂性使公司资本之上围绕众多利益关系，股东和债权人是核心的博弈主体。认缴资本制废除了最低注册资本对债权人的担保作用，公司立法目标偏向了资本利用效率和公司设立自由，而弱化了债权人保护。股东滥用出资自由极易损害债权人利益，学界掀起了对债权人保护的讨论热潮，形成了各种理论和解决路径。但这些路径忽略了一个事实，股东滥用出资自由使公司不能清偿到期债务，这一事实表明债权人受到现实损害，其寻求救济的同时，公司本质上已经陷入事实破产的境地或者说已经具有破产原因。因此探讨股东认而未缴出资、破产原因以及债权人保护三者之间的内在联系，对完善债权人保护深有助益。

一、认缴制资本制与公司破产原因的内在关联

（一）股东滥用出资自由极易对债权人造成损害

2013 年公司资本制度改革废除了最低注册资本、货币出资比例、验资登记等，股东可依章程自由约定资本的缴纳期限、数额，实现了"资本法定"到"资本章定"。最低注册资本是特定历史背景下的选择，对债权人保护有着不可替代的作用，其功能主要有：其一，防止公司滥设；其二，为公司运营提供物质基础；其三，充当债权人的安全保障，最低资本被认为是债权人贷款的某种"保证基金"。① 最低注册资本为股东设定了底线，是债权担保的资本门槛。认缴资本制改革取消了资本门槛，立法价值取向从管制转向自由。立法过多侧重股东出资自由，债权人保护的相关措施却尚付阙如，在我国诚信机制缺失的背景下，债权人利益极易受到损害。

实践中股东滥用出资自由主要存在两种情形：一是注册资本过低的"侏儒公司"；二是注册资本额巨大，缴纳期限超过自然人正常年龄寿命的"无赖公司"。股东滥用出资自由逃避出资义务，注册资本的担保作用将荡然无存。"出资事项由股东之间自由约定，而公司章

---

① 蒋大兴：《质疑法定资本制之改革》，《中国法学》2015 年第 6 期。

程在公司存续期间可依法随时修改，意味着公司章程载明的注册资本已经失去了财产担保的意义。"①"侏儒公司"的注册资本过低导致公司处于亚健康状态，如果债权人疏忽大意在未与公司设定相关债权限制性合同下就与其交易，受损风险极大而且难以寻求制度救济。"无赖公司"有较大的注册资本但实缴资本极小，其利用巨大资本的外观谋求更多的交易机会，而后通过一系列的增减资程序损害债权人利益。而且股东也可以通过约定过长的出资缴纳期限，合法地免除自己的出资义务。公司是多方利益的集合体，股东出资不但是公司正常运营的物质前提，而且也是以公司为载体的各方利益顺畅流转和实现的基础。股东不履行或者不适当履行出资义务必然会破坏和打乱股东与公司之间、股东相互之间以及公司与其债权人之间原有的制度安排和利益格局。② 概言之，股东滥用出资自由，会造成公司设立自由与债权人保护之间的利益失衡，股东不履行或者不适当履行出资义务，极易造成公司不能清偿到期债务，对债权人造成损害。

(二)公司不能清偿到期债务时事实上已经具有破产原因

破产原因，又称"破产界限"，是指认定债务人丧失清偿能力，当事人得以提出破产申请，法院据以启动破产程序的法律事实，即引起破产程序发生的原因。③ 2006 年《企业破产法》第 2 条规定："企业法人不能清偿到期债务，并且资产不足以清偿全部债务或者明显缺乏清偿能力的，依照本法规定清理债务。企业法人有前款规定情形，或者有明显丧失清偿能力可能的，可以依照本法规定进行重整。"《破产法司法解释(一)》第 1 条规定："债务人不能清偿到期债务并且具有下列情形之一的，人民法院应当认定其具备破产原因：(一)资产不足以清偿全部债务；(二)明显缺乏清偿能力。"据此破产原因构成要

---

① 林晓镍、韩天岚、何伟：《公司资本制度改革下股东出资义务的司法认定》，《法律适用》2014 年第 12 期。

② 郭富青：《股东违反出资义务时的公司债权人求偿路径》，《财经法学》2016 年第 3 期。

③ 王欣新：《破产法》(第三版)，中国人民大学出版社 2011 年版，第 43 页。

件为：（1）企业法人不能清偿到期债务+资产不足以清偿全部债务；（2）企业法人不能清偿到期债务+明显缺乏清偿能力。股东通过章程约定过低的注册资本和过长的出资期限，在债务履行期限届满时将不能完全清偿债务，并且公司消极财产（债务）的估价总额超过积极财产（资产）的估价总额或者公司客观上停止支付到期债务，债权遭受损害的同时，公司事实上已经陷入破产的境地。

认缴资本制下公司资本包括实缴资本和未缴资本，实缴资本纳入资产负债表固无异议，未缴资本是否归入资产负债表对判断破产原因存在实质影响。未缴资本归入资产负债表可能会出现尚未履行的高额注册资本远大于债务，"资不抵债"标准将不能适用；相反不归入将会很容易判断"资不抵债"。"明显缺乏清偿能力"作为推定的破产原因，是"资不抵债"标准的补充。破产法之所以引入"明显缺乏清偿能力"的概念，"目的在于涵盖债务人不能清偿到期债务并且资产不足以清偿全部债务之外的其他情形，以适度缓和破产程序适用的标准，弱化破产原因中关于资不抵债的要求"。①《企业破产法》在立法制定过程中，草案曾经只规定了"资不抵债"，增加"明显缺乏清偿能力"是利益平衡的结果。"破产法上所存在的问题，也许并不仅仅是破产法本身的问题，在一定程度上更是一个价值选择的问题，即对相互冲突的价值进行取舍所导致的问题。"②资产与负债情况属于公司内部信息，债务人能容易地举证出资不抵债。濒临破产的债务人往往账目混乱，账面资产严重不实，待处理的各种财产损失未入账处理，债权人仅依账面资产无法证明债务人是否资不抵债，这实质上剥夺了债权人申请破产的权利。在债权人依债权请求权请求公司履行债务时，股东滥用出资自由将导致公司客观上无法完全偿还债务，亦即明显缺乏清偿能力。外部客观的不能清偿一定程度上可以推定内部的资不抵债，换言之，"明显缺乏清偿能力"基本上可以涵盖"资不抵债"。综上而言，公司不能清偿到期债务的事实表明债权受到现实损害，在这个时

---

① 宋晓明、张勇键、刘敏：《关于适用企业破产法若干问题的规定（一）的理解与适用》，《人民司法》2010 年第 21 期。

② 齐树洁：《破产法研究》，厦门大学出版社 2005 年版，第 669 页。

点上公司事实上已经陷入破产的境地,这同时也是债权人寻求救济的前提。

二、股东认而未缴出资对判断破产原因的实质影响

公司未履行或未全面履行出资义务,一旦导致公司丧失偿付能力,就在客观上对债权人利益造成了现实损害,触发对债权人的责任。依据《企业破产法》第 35 条,公司不具有偿付能力应当解释为公司具有濒临破产的危险或已经破产,其关键就是判断企业是否具备破产原因。在公司不能清偿债权人到期债务的情况下,需要判断公司是否资不抵债或者明显缺乏清偿能力来界定公司是否存在破产原因。认缴资本制下公司注册资本包括股东实缴和认而未缴两部分,当然实际缴纳数额可能为零,此时公司注册资本就是完全没有缴纳的认缴资本额。那么股东认而未缴出资部分究竟是不是公司财产?换言之,股东尚未履行的出资属于公司所有还是股东所有?明确股东认而未缴出资的归属对判断破产原因具有实质影响。

(一)股东认而未缴出资的归属:股东所有 VS 公司财产

在认缴出资制下,对于股东未缴纳出资的归属,理论上存在争议。① 一种观点主张股东拥有未缴纳出资的所有权。依《公司法》第 3 条,公司有独立的法人财产,以其全部财产对公司债务负责,股东以认缴出资额或认购股份为限承担责任。本条文义解释便是股东对公司承担出资责任,公司对债权人承担清偿责任。根据《物权法》第 9 条第 1 款、第 23 条之规定,物权移转变动需要转移占有或者变更登记,股东未缴纳的出资显然并未转移公司占有,股东未丧失所有权。公司与股东之间只存在出资请求权,债权人不能抛开公司独立法人人格,直接请求股东清偿。另一种观点认为,股东认缴出资后,就对公司负有出资义务,未出资部分属于公司财产,只是这些出资暂时由股东占

---

① 参见王延川:《认缴出资制下公司债权人的特殊风险及其应对措施》,《河南教育学院学报》(哲学社会科学版)2016 年第 5 期。

有而已。公司不能清偿到期债务时，债权人当然可以直接向股东主张清偿。笔者认为股东未出资部分属于公司财产。首先，依《公司法司法解释(二)》第22条第1款和《企业破产法》第35条，在公司解散或破产时，股东认而未缴出资应作为清算财产或加速到期，债权人可以向未缴出资股东请求履行，这表明股东认而未缴出资被视为公司财产的一部分，在股东对债权人的责任未触发时，暂时由股东占有。其次，股东履行出资义务是取得股东资格、享有股东权利的前提，股东不出资就缺乏设立公司的财产基础。认缴资本制放宽了出资缴纳期限，但并非意味着股东可以不出资，股东仍需承担注册资本项下的出资义务。股东的出资构成《公司法》第3条第1款的全部财产基础，其认而未缴出资属于公司财产。股东尚未出资部分的归属会对会计学上的资产负债表产生实质影响，对判断公司破产原因意义重大，有必要予以明确。

(二)股东认而未缴出资对判断破产原因标准的影响

对于股东未缴纳出资是否计入资产负债表，有学者指出"实缴资本在公司财务会计上更具有特殊的意义，作为最基本的公司财务报告，公司资产负债表上记载的资本是实缴资本，而非认缴资本，在公司财务角度看来，登记注册的认缴资本的财务价值要远逊于未登记的实缴资本，因为它才是公司实际拥有和可支配的现实资产，它更具有财务核算包括资本盈亏计算的价值"。[1] 这表明股东认而未缴出资在会计学上无意义，不会将其列入公司资产负债表项目中，而实缴资本将直接被计入公司资本金，这显然严格区分了资本金是否转移占有，主张未缴纳的资本属于股东所有。当公司不能清偿到期债务存在破产原因时，公司破产与否的决定权实质上掌握在股东手中，因为在公司不能清偿到期债务，面临破产的危险时，股东自愿提前履行出资义务，将能够在短期内迅速增加公司的资本金规模，显著改善公司的财务表现。笔者不赞同这种观点，认为股东未出资部分属于公司财产而

---

[1]　赵旭东:《认缴资本制下的股东有限责任——兼论虚报资本、虚假出资和抽逃出资行为的认定》,《法律适用》2014年第11期。

不是股东所有，况且破产本是债权人逼迫股东提前履行出资义务的一种"警示"手段，如果再予以剥夺将使债权人对股东滥用出资自由行为更加束手无策，因此股东未出资部分应纳入公司资产负债表。

在认缴资本制度下，注册资本往往由已经实际缴纳出资和尚未缴纳出资构成。无论哪一部分都属于公司责任财产的范围。如果股东未出资，公司注册资本处于"应有状况"，属"应收资本"，但这并不意味着公司资本的财产不存在，而是以债权的形式存在罢了。① 因此，"债权人的权利能够对抗公司的全部财产"，包括公司对股东已事先确定的应收股款或出资。② 破产法上，各国因"资不抵债"申请债务人破产的制度中法人的债务指全部债务，包括未到期债务。股东未转移占有的出资作为对公司的债权，属于公司财产，应纳入公司资产负债表中的资本金项目。然而，破产原因"资不抵债"中的"资"所指的公司财产，既包括公司的实有资产，也包括股东已向公司认缴未实缴的出资，但完全可能出现未届出资期限的高额注册资本远大于债务的现象，如此一来，"资不抵债"这种破产原因就不能成立。③ 这无疑剥夺了债权人获得救济的一个途径，事实上，破产法上的"资不抵债"本身就很难判断。在《企业破产法》第 2 条二元规范解释之下，前者主要适用于债务人提出破产申请，资不抵债现象明显，易于判断的案件；后者适用于债权人提出破产申请以及债务人提出破产申请，资不抵债现象不易判断的案件。参与《企业破产法》立法的王欣新教授指出"破产原因分为独立的两种情况：其一，债务人在不能清偿到期债务的同时也资不抵债，主要适用于债务人主动申请破产的情况；其二，债务人在不能清偿到期债务的同时明显缺乏清偿能力，适用于债

---

① 郑曙光：《股东违反出资义务违法形态与民事责任探究》，《法学》2003年第 6 期，第 65 页。

② 郭富青：《论公司债权人对未出资股东及利害关系人的求偿权》，《北方法学》2016 年第 4 期。

③ 李志刚：《公司资本制度的三维视角及其法律意义——注册资本制的修改与股东的出资责任》，《法律适用》2014 年第 7 期。

权人申请破产的情况，而对破产原因的后一规定实际上可能取代前一规定"。① 之所以如此理解，皆在于债务人与债权人在判断企业是否具备破产原因的成本、信息、自利性等上存在不同。

对债务人而言，第一，从理论上来看，债务人如果资产超过负债，其通过自愿清偿或强制执行程序就可以实现债权人的债权，无需启动破产程序；第二，从实践上来看，债务人最了解自己的财产和经营状况，因此其只要举证证明自己存在《企业破产法》第 2 条规定的原因，并提交《企业破产法》第 10 条第 1 款规定的相关材料就可以向法院申请破产，这对债务人来说并不困难。而债权人显然不具有这些优势，其难以了解债务人的实际资产及负债情况，仅仅知道债务人不能偿还其到期务，如果将为什么债务人不能偿还其到期务、资不抵债的举证责任转给债权人，这无疑超出了其举证能力。因此只要存在债务人停止支付或明显缺乏清偿能力，就可以推定不能清偿到期债务。在出现出资未届期限的高额注册资本远大于债务时，"资不抵债"难以成立，况且在破产实际运作中，这种破产主动权本身就属于公司（幕后的股东），在公司不能清偿到期债务情形下，"资不抵债"这种道路实质上被虚置了。债权人能够依赖，法院可以审查的破产原因的情形只剩下"明显缺乏清偿能力"了。依据《破产法司法解释（一）》第 4 条，债务人账面资产虽然大于负债，但如果因高额注册资本未届出资期限无法履行，一样会因资金严重不足或者财产不能变现，导致公司资金缺乏流动性而无法清偿到期债务，这种情形应当被认定为明显缺乏清偿能力。因此只要债权人依据《企业破产法》第 7 条第 2 款"债务人不能清偿到期债务，债权人可以向人民法院提出对债务人进行重整或者破产清算的申请"，并提供公司不能清偿到期债务的相关证据，法院即可受理破产申请，以防止公司拖延破产而向债权人转移风险。

---

① 王欣新：《新破产法立法纵横谈》，《首都师范大学学报》2005 年第 4 期。

三、认缴资本制下债权人保护的路径及不足

(一) 公司法的保护路径

公司法的保护路径以公司组织治理结构，解释公司法规范，完善相关制度等方面展开，学界对此的探讨主要集中在以下几个方面：

1. 企业信息公示披露与查询。此路径主要以《国务院关于印发注册资本登记制度改革方案的通知》和《企业信息公示暂行条例》为依托，通过市场主体信用信息公示系统，向社会公示公司股东认缴出资额或者发起人认购股份、出资方式、出资期限、缴纳情况等事项；采用企业年度报告公示制度，企业要对公司股东(发起人)缴纳出资情况、资产状况等内容的真实性、合法性负责，任何单位和个人均可通过工商行政管理机关查询；以企业法人国家信息资源库为基础构建市场主体信用信息公示系统，支撑社会信用体系建设。通过信息披露与查询，债权人能够获得相关利害信息，作出符合自身经济利益的选择。

2. 催缴出资。催缴出资是董事会对认缴出资但尚未或完全履行出资义务的股东，以书面形式通知其在应付款到期日之间的合理时间内履行出资义务。对于经行使催缴程序后仍未履行出资义务的股东，公司可以提起诉讼要求股东履行。美国《特拉华州普通公司法》第163条和第164条采用了此种方式，第163条设计了董事会催缴股款程序以及至少30天的期限，第164条则设计了对未履行股东的普通诉讼以及拍卖和转售欠款股东适当数量的股份。①

3. 法人人格否认。美国在 Arnold 一案的判决中，确立了公司资本充实原则，即将具有充足的资本作为承认公司人格并赋予股东有限责任的先决条件。② 公司作为独立法人，如果缺乏未来可能的以及设

---

① 徐文彬等译：《特拉华州普通公司法》，中国法制出版社2010年版，第62页。

② 石少侠：《公司法》，吉林人民出版社1994年版，第128页。

立时便恶意逃避对债权人的经济责任，则公司对参与市场经营缺少诚意。股东试图以公司作为风险壁垒逃避公司资本充实的责任，违反诚信原则，属于公司法人独立人格的滥用。因为面对市场中无处不在的风险，保证适度充足的公司资本显然是一个长期的持续性的诚信义务。《公司法》第 20 条是法人人格否认的规范基础，前提是股东认缴出资而不出资、抽逃出资、约定过长的出资期限以至于根本无法出资等，导致债权人面临债权无法清偿的巨大风险。采用法人人格否认寻求救济蕴含了对公司独立人格的尊重，它不同于越过公司直接求偿。

4. 介入性保护路径。所谓介入性保护路径，是指债权人可以对公司运行事务行使介入权，主要是债权人对公司经营管理人员恶意转移资产的行为的撤销权。这种理论认为董事等公司高级管理人员未尽信义义务及协助转移资产的行为，将严重危及债权，债权人应当行使撤销权，让董事等公司高级管理人员承担补充赔偿责任。我国《公司法司法解释(三)》第 13 条第 4 款、第 14 条与美国《统一欺诈转让法》对此作了规范。但公司法未规定董事对债权人的信义义务，将其义务扩张到债权人来源于"信托资金"和"危险"理论，前者董事是受托的保管人，后者破产将对债权人利益形成一种急迫的危险。①

（二）破产法的保护路径

破产是公司经营的失败，表明公司已经走投无路以至于即将消亡。破产需要清理各种利益关系，其中如何优化债权人的利益保护至关重要，优先性保护和加速到期是保护债权人的主要形式。

1. 优先性保护路径。所谓优先性保护路径，指在公司破产中，滥用权利或者与公司存在关联利害关系的股东劣后于普通债权人受偿对公司之债，也即"衡平居次"原则。面对欧盟一体化过程中一场浩大的公司资本制度变革浪潮，德国在欧盟国家之间"朝低竞争"压力下，不得不"归零思考"进行公司资本制度结构调整，在并未完全废弃最低资本制度下，创造性地设计了一个不存在最低资本制度的企业

---

① 胡田野：《公司资本制度变革后的债权人保护路径》，《法律适用》2014年第 7 期。

家公司，同时相应地规定了衡平居次原则。美英经济体由于市场化的主流影响，上百年以来在无最低资本要求体制下依靠商业透明度、社会信用体系、公司经营状态压力测试、董事责任、揭开公司面纱、追诉关联交易、股东债权衡平居次规则等能够防止不诚信的股东利用公司控制权和有限责任对债权人利益造成不正当侵害。①

2. 加速到期制度。加速到期主要是依据《企业破产法》第 35 条、《公司法司法解释（三）》第 13 条第 2 款请求未届期的股东提前履行出资义务，对股东出资义务能否加速到期有三种学说。其一，肯定说。理由为，《公司法》第 3 条第 2 款的字面或文义解释对股东出资义务未作是否到期的限制；出资义务是股东的法定义务，章程关于出资期限的约定不具有对抗法定义务的效力；加速到期作为一种救济手段，具有制度比较优势。其二，否定说。《企业破产法》第 35 条的规定股东的出资期限提前届至仅限于公司破产，《公司法司法解释（三）》第 13 条第 2 款的"未履行或者未全面履行"无法包含出资期限未届至情形，债权人负有尊重股东出资期限利益的义务，而且债权人可以寻求替代性救济措施。其三，折中说。一般情形下不能要求未届期的股东出资义务加速到期，需要考虑经营是否困难和区分自愿与非自愿债权人两种特殊情形作出具体判断。公司经营困难即将解散或破产之时，可以要求股东提前履行未届期的出资。自愿与非自愿债权人在债权产生上有无自主权不同，前者要风险自担、责任自负，后者对产生债权无法预期与拒绝，可以直接请求股东承担责任。②

（三）民法的保护路径

民法的保护路径借助民法一般原理，从民法的基本原则、合同法、侵权责任法方面提出了保护路径，具体如下所述：

1. 民法基本原则之诚实信用、禁止权利滥用原则。诚实信用原

---

① 甘培忠、吴韬：《论长期坚守我国法定资本制的核心价值》，《法律适用》2014 年第 6 期。

② 李建伟：《认缴制下股东出资责任加速到期研究》，《人民司法》2015 年第 9 期。

则要求民事主体在民事活动中维持双方的利益以及当事人利益与社会利益的平衡，如果股东想利用公司形式从事经营，就应该使公司拥有足够的财产以保持自身的独立人格，在公司资产无法偿还到期债务，而股东又对公司承诺过出资（股东在公司成立时对出资的认缴，由于章程公开，债权人也形成了对这种承诺的信赖），此时股东不及时充实公司资产，就显然没有了经营公司的诚意，使自己的利益和债权人的利益失衡。①

2. 合同法之债权人代位权、撤销权和主张合同无效。代位权理论认为股东对公司的出资义务是一种对公司的债务，公司怠于行使对瑕疵出资股东的债权时，公司债权人依债之保全原理可以代位要求股东承担民事责任。合同撤销权针对债权成立之后公司与股东之间约定过长出资履行期限，债权人可以行使介入权请求撤销约定。"一个不可能履行的出资期限实际上意味着无出资义务"②，对公司章程中约定的出资期限超过自然规律以至于确定根本无法履行的，债权人应依《合同法》第 52 条"以合法形式掩盖非法目的"的合同无效事由主张章程中期限约定条款无效。

3. 侵权责任法之第三人侵害债权。这种观点认为股东不履行出资义务的行为是对公司债权人的侵害，适用第三人侵害债权制度。因为债权与物权、人格权等民事权利一样，均属法律保护之列，具有不可侵性，第三人一旦为不法侵害，其与债权人之间便形成了事实上的侵权损害赔偿关系，理应承担侵权责任。我国《民法通则》第 106 条第 2 款规定"公民、法人由于过错侵害国家的、集体的财产，侵害他人财产、人身的应当承担民事责任"，此处所谓"财产权利"，可理解为包括了基于债权的行使而可预期得到的财产利益，该条规定直接为第三人侵害债权制度的适用提供了法律根据。③

---

① 宁金成：《公司股东出资期限自治的限制——以我国公司资本制度立法改革为背景》，《商法年刊》（2014 年），法律出版社 2014 年版，第 165~170 页。

② 刘燕：《公司资本制度改革的逻辑与路径——基于商业实践视角的观察》，《法学研究》2014 年第 5 期。

③ 刘文：《公司清算中出资瑕疵股东对债权人的民事责任》，《法学评论》2009 年第 4 期。

综上而言，认缴资本制下债权人的保护主要有公司法、破产法、民法三种路径。公司法路径侧重于公司组织治理结构的内在价值，充分利用公司法规范解释的自足性，在解释是否符合规范意旨以及相关制度不完善甚至缺乏等方面存在缺陷；破产法保护路径有明确的法律规范和对破产债权的特殊保护，其不足在于忽视了股东和债权人对破产的选择权；民法保护路径立基于公司的契约性，契合资本法定向资本章定的转变，但民法的原则性和商法的特殊性使得其适用具有兜底性。一言以蔽之，这些路径符合内在体系的逻辑自洽性，但都忽视了公司"不能清偿到期债务"这一前提。前已述及，股东滥用出资自由，通过章程条款设计让自己根本无法出资、逃避出资，导致公司无法清偿到期债务，这一事实不仅表明债权人利益受到损害，而且公司事实上已经陷入破产境地。学界将侧重点放在了破产使股东提前出资的功能上，而没有判断说明公司是否已经存在破产原因和股东认而未缴出资对判断破产原因的实质影响。公司已经具有破产原因时，债权人和股东对破产都有选择权，股东可以放弃期限利益自愿清偿，债权人也可接受延期清偿。因此，当事人选择破产自然进入破产程序，破产法的债权人保护路径便会适用，其他路径将不会适用；当事人不选择破产，公司不会进入破产程序，债权人可以选择公司法或民法的路径来实现自身利益。

四、债权人保护的路径建议：公司破产申请的自主选择和利益平衡

认缴资本制改变的只是出资数额和期限，股东全额缴纳认缴资本的义务未被免除，赵旭东教授指出"从有限制的认缴资本制到无限制的认缴资本制的转变并不导致股东出资义务和范围的任何改变，全体股东承担的依然是整个注册资本项下的出资义务，所改变的只是具体出资义务的时间与期限"[①]。《企业破产法》第 35 条是股东承担认缴

---

① 赵旭东：《资本制度改革与公司法的司法适用》，《人民法院报》，2014年2月26日，第7版。

未实缴部分出资义务的触发点，公司破产时未届期的出资将加速到期。破产申请受理后，股东出资期限丧失，应当履行完全出资的义务固无异议。值得追问的是，股东出资提前到期的充分必要条件是什么？换言之，股东出资提前到期是否仅限于公司破产。如果破产不是股东出资提前到期的充分必要条件，那么在公司不能清偿到期债务，事实上已经存在破产原因的情况下，债权人对破产申请具有选择权。

（一）破产不是股东提前出资的充分必要条件

公司资本制度改革前，最低注册资本扮演着债权担保的角色，当公司无力清偿债务时，股东在认缴资本的范围内对公司承担担保责任。完全的认缴资本制弱化了资本的担保作用，认缴资本的履行方式、期限等由章程自由约定，最低"资本信用"消失了，但股东出资义务并未改变。《公司法》第 3 条规定公司具有独立法人人格，以其全部财产对公司债务承担责任。股东出资责任法律注解用词仍是"认缴"而非"实缴"，显然股东出资时间的约定并不妨碍其承担责任。股东资本履行期限的章程约定属于契约，是公司股东之间的内部约定，不具有公示性，与公司对债权人的外部责任承担不同。内部契约是约定义务，而股东出资是法定义务，股东出资义务体现为内部约定性和外部法定性。依《公司法》第 26 条、第 80 条，以及《企业信息公示暂行条例》之规定，约定认缴的出资同样需要登记、披露公示，债权人依法可以查询公司资信状况，这理应包括注册资本信息。约定的注册资本经公示转换为对外的法定义务，股东的实缴出资和认而未缴出资共同组成公司全部财产，构成公司的责任财产基础。在公司存续期间的任何阶段，公司都可以催缴出资，这意味着股东对认而未缴部分的出资责任随时可能会因公司决定或通知而启动。基于出资义务的法定性，股东应当履行，提前履行出资义务在公司存续期间依旧存在。

从责任承担的范围而言，股东在公司存续期间或破产时履行出资本质上并无不同，但差别有二。其一，对公司而言，债权人要求股东提前履行出资义务不以提起公司破产申请为前提，不会影响公司的经营和存续；破产将导致公司消亡，这无异于逼迫债权人提起破产申请。其二，对债权人而言，破产中的清偿是全体股东面向所有公司债权人的公平清偿，破产前的偏颇性清偿是公司对个别债权人的个别清偿。这种个别清偿的确会导致公司债权人之间不公平受偿的结果，并背离破产法的宗旨。但问题是当公司已达破产界限时，公司和债权人并非都有让公司破产的愿望，相反通过个别债务的清偿而化解危机并避免破产或许是更有利于公司和多数债权人的优先选项。① 在公司不能清偿到期债务损害债权人利益时，公司事实上已达破产界限，此时债权人实现债权的方式可以是选择破产，股东出资责任加速到期，也可以破产作为"警示"倒逼股东放弃期限利益，进行个别清偿。当然债权人寻求保护的路径是多样的，可以通过法人人格否认、行使合同代位权、撤销权、《合同法》第 52 条"以合法形式掩盖非法目的"的合同无效等途径，请求试图通过章程期限条款逃避出资义务的股东承担责任。债权人实现债权可能在公司存续期间催缴出资，也可以在公司已达破产界限时选择其他途径，破产不是股东提前出资的充分必要条件。

(二)公司是否破产取决于债权人的自主选择和利益平衡

股东提前履行出资不限于破产，申请破产是实现债权的一种倒逼机制，意在为股东提示即将面临的破产风险，加速到期制度的实质是利用申请破产的"警示"作用逼迫股东提前履行出资。中国人民大学叶林教授指出"既想公司破产，又不敢启动破产程序，才有夹缝中的加速到期"②。在公司不能清偿债权人债务时，公司事实上已经出现了破产原因，即使可能存在未届出资期限的高额注册资本高于债务，无法满足破产原因的"资不抵债"，但仍可界定"明显缺乏清偿能力"。破产与否就属于债权人和股东之间基于自身利益衡量之后的选择。

债权人与股东都面临着两重选择，股东面临破产和提前还债的选择，债权人面临接受延期还债和破产的选择。如果面对单笔债务，即

① 赵旭东：《资本制度变革下的资本法律责任——公司法修改的理性解读》，《法学研究》2014 年第 5 期。
② 章恒筑、王军、叶林等：《认缴资本制度下的债权人诉讼救济》，《人民司法》2016 年第 16 期。

使债权人申请了破产，股东很可能选择破产和解从而解除破产程序；如果面临多笔债务，就需考察愿意提前出资的股东是否多于不愿意出资的股东，愿意出资的股东能够偿还债务的话，公司就不会破产，否则公司破产将是必然。债权人选择破产与否本质上是个别清偿和公平清偿的选择问题，当然前者对其更有利，如此只能期待其他债权人不申请破产，不然将要面对个别清偿无效的风险。因此单个债权人一般会选择提前清偿或者是以申请破产倒逼股东提前履行出资，多个债权人是否选择破产让股东提前履行出资义务，在于尚未出资的部分能否偿还所有的债务，如果不能的话，即使提前履行出资义务，也难免会面临其他债权人申请破产，最终导致破产下公平清偿的结果。破产关乎企业和个人的命运，是否选择破产需要债权人和股东的自主平衡，这符合市场经济的内在本质。

债权人在破产与其他保护路径之间有选择权，债权人既可以采取事前信息评估和签订债权限制性合同防范风险，也可以在公司不能清偿到期债务，事实上已经存在破产原因时，通过法人人格否认、行使代位权、撤销权等路径解决。如果债权人申请破产，公司进入破产程序会有衡平居次原则和加速到期的适用。破产作为一种选择手段，应当尽力平衡债权人与公司之间的利益，基于诚实信用、禁止权利滥用原则之约束，不应使破产成为债权人谋取私利的工具，应善意选择破产手段。法院对债权人的破产申请应当审慎对待，破产申请受理后发现公司不具有破产原因的，应依法驳回申请；债权人希望通过其他路径解决或者与公司股东达成其他协议的，公司存在破产重整、破产和解条件的，法院应予以支持，总之应尽量避免破产宣告。

五、结　　语

认缴资本制下股东滥用出资自由极易使公司不能清偿到期债务，损害债权人利益。债权人寻求救济的途径无外乎公司法、破产法、民法三种路径，但在公司到期不能清偿债务时，公司资产情况已符合破产中"资不抵债"或"明显缺乏清偿能力"标准，公司事实上已经陷入破产境地，这些路径都忽视了这一前提。在公司不能清偿到期债务具有破产原因时，不能只局限于公司使股东提前出资的功能上，而应明确债权人对破产具有选择权。债权人选择破产与否本质上是个别清偿和公平清偿的选择问题，破产申请是否启动由债权人自主选择和利益平衡。

房企破产中"以房抵债"问题
之处置思路探析
——从管理人债权审查的角度出发

杨宗帅　范文杰*

摘要："以房抵债"是房企破产中的难点问题之一。能否妥善处置不仅影响个别债权人的利益，而且关系到购房债权人群体的稳定。立法上对"以房抵债"的效力并未作统一规定，实务中在各地操作也各有不同。从管理人债权审查的角度出发，对"以房抵债"效力的认定应结合个案具体情况进行具体分析，同时兼顾破产法上的特别规定。一方面尽量尊重当事人真实意思表示；另一方面还应当坚守各方利益平衡。

关键词：房企破产；以房抵债；债权审查

引　　言

两年前，甲房产企业资金链紧张，也曾多方融资，辗转腾挪，又在债主上门时，各种许诺担保，艰难续命，直到老板卷款跑路，甲公司顿成"空城"。于是，在甲公司进入破产重整程序后，管理人面前便出现了债权人提供的形形色色的"以房抵债"协议。例如，有的债权人先向甲公司出借 3000 万元，甲公司履行期届满不能偿还的情况

---

* 杨宗帅，"破产重组法务"特约观察员。范文杰，湖北山河律师事务所律师，合伙人。

下，与其签订了若干份商品房买卖合同，并办理了备案；乙公司作为工程承包方，对甲公司享有工程款债权，后与双方约定用20套房抵债，但未办理网签备案手续；甲公司欠丙公司广告款，履约期满后，约定以2套房抵债，只签了商品房认购书……凡此种种，案中涉及"以房抵债"的房子居然多达百余套。

这些形形色色的"以房抵债"协议，效力到底如何？有没有统一的认定标准呢？在破产程序中，又该如何处置这些协议呢？对管理人来说，在房企破产案件中，这可能属于比较难的问题了。

一、性　质

在房地产市场火爆的当下，许多中小型房企实力相对薄弱，在拿地时或项目启动时仅有小部分自有资金投入，整个项目基本上依靠银行贷款及施工单位垫资开始建设，取得预售许可证后再依靠预售房款进行后续开发，以至于在房企破产的案件中，"以房抵债"现象非常普遍。

"以房抵债"实体法上争议颇多，使得破产程序中对以房抵债性质之认定、效力之评价以及是否具有优先性均成了热点问题。

以房抵债，实质上是以物抵债的一种，只不过其中的"物"是以房屋这种不动产的形式出现。我国立法上并无明确的以物抵债的定义。江苏省高院发布的关于民间借贷及以物抵债的专题讨论会议纪要（以下简称"江苏会议纪要"）中指出，"以物抵债"是指债务人与债权人约定以债务人或经第三人同意的第三人所有的财产折价归债权人所有，用以清偿债务的行为。实务中，依据意思表示的不同，还存在以签署房屋买卖合同的形式提供担保的安排。以房抵债合同缔结的时点，既可能发生在债权债务建立时，也可能发生在债务履行期限届满前，而最常见的则发生在债务履行期限届满后。

对于以房抵债协议的效力，目前我国并没有直接的法律规定。与之较为接近的概念是关于流质条款的规定。我国《物权法》第186条规定，抵押权人在债务履行期满前，不得与抵押人约定债务人不履行到期债务时抵押财产归债权人所有。流质条款的规定是我国物权法定原则的体现，也是为了保护债权人及债务人的利益，实现抵押权成本最小化的要求。如果单纯以此来认定"以房抵债"协议无效，是片面的，错误的。

实务中，"以房抵债"协议的约定各有不同，法无禁止即自由，只要不违反《合同法》第52条的规定，法律不但没有禁止以房抵债行为的存在，甚至是实务中较为普遍的合同履行方式。正是如此，司法部门近年来对此投入了更多的关注，以判例、会议纪要、司法解释等方式展现了不尽相同的司法观点。

例如，《担保法司法解释》第57条第1款规定，当事人在抵押合同中约定，债务履行期届满抵押权人未受清偿时，抵押物的所有权转移为债权人所有的内容无效。该内容的无效不影响抵押合同其他部分内容的效力。但在该条第2款规定，债务履行期届满后抵押权人未受清偿时，抵押权人和抵押人可以协议以抵押物折价取得抵押物。但是，损害顺序在后的担保物权人和其他债权人利益的，人民法院可以适用《合同法》第74条、第75条的有关规定。最高人民法院《关于审理民间借贷案件适用法律若干问题的规定》第24条规定，当事人以签订买卖合同作为民间借贷合同的担保，借款到期后借款人不能还款，出借人请求履行买卖合同的，人民法院应当按照民间借贷法律关系审理，并向当事人释明变更诉讼请求。当事人拒绝变更的，人民法院裁定驳回起诉。按照民间借贷法律关系审理作出的判决生效后，借款人不履行生效判决确定的金钱债务，出借人可以申请拍卖买卖合同标的物，以偿还债务。就拍卖所得的价款与应偿还借款本息之间的差额，借款人或者出借人有权主张返还或补偿。

从上述法条来看，"以房抵债"受限于流质条款，是不能直接设定物权并转移物权的。

二、实　　务

(一)最高人民法院判例

在不同的判例中，最高人民法院就"以房抵债"问题表现出的处理态度前后也不尽一致。

1. 朱俊芳与山西嘉和泰房地产开发有限公司商品房买卖合同纠纷案①

针对民间借贷和商品房买卖合同同时并存的两份合同，约定到期不还必须履行商品房买卖合同的情况，最高人民法院判决认为：本案的商品房买卖和民间借贷两份协议，并立又有联系，即以签订商品房买卖合同的方式为之后的借款协议提供担保；同时，借款协议为商品房买卖合同履行附设了解除条件，即借款到期借款人不能偿还借款的，履行商品房买卖合同。但是，两份协议没有约定，借款到期不能偿还，朱俊芳直接通过前述的约定取得"抵押物"所有权，而必须通过履行商品房买卖合同实现；这两份协议并不违反法律、法规的强制性规定。故两份合同均有效。《借款协议》约定的商品房买卖合同的解除条件未成就，故应当继续履行案涉十四份《商品房买卖合同》。

2. 广西嘉美房地产开发有限责任公司与杨伟鹏商品房销售合同纠纷案②

双方当事人借款后，又同时签订了商品房买卖合同，并办理了备案登记。最高人民法院认定，双方之间成立一种非典型担保关系。债权人可以适当方式就合同项下的不动产主张权利，以担保其债权实现。判决认为，既然案涉《商品房买卖合同》是作为340万元债权的担保而存在，那么，作为债权人的杨伟鹏实现债权的方式应当是在债务履行期限届满后，向债务人嘉美公司主张债权，如果没有明确的履行期限，则债权人可以随时请求债务人履行，但应当为其留出必要的准备期限。在嘉美公司拒不还债或者无力还债的情况下，杨伟鹏才能以适当的方式就《商品房买卖合同》项下的商铺主张权利，以担保其债权的实现。杨伟鹏请求直接取得案涉商铺所有权的主张违反《中华人民共和国物权法》关于禁止流质的规定，不予支持。

---

① 参见最高人民法院(2011)民提字第344号民事判决书。
② 参见最高人民法院(2013)民提字第135号民事判决书。

3. 汤龙等诉鄂尔多斯彦海房地产开发有限公司商品房买卖合同纠纷案①

该案亦为最高人民法院发布的指导案例。针对履行期限届满前的"以房抵债"行为，最高人民法院认为，在原债权债务清算的基础上，亦可以变更为房屋买卖关系。其裁判要点在于："借款合同双方当事人经协商一致，终止借款合同关系，建立商品房买卖合同关系，将借款本金及利息转化为已付购房款并经对账清算的，不属于《中华人民共和国物权法》第 186 条规定禁止的情形，该商品房买卖合同的订立目的，亦不属于最高人民法院《关于审理民间借贷案件适用法律若干问题的规定》第 24 条规定的'作为民间借贷合同的担保'。在不存在《中华人民共和国合同法》第 52 条规定情形的情况下，该商品房买卖合同具有法律效力。但对转化为已付购房款的借款本金及利息数额，人民法院应当结合借款合同等证据予以审查，以防止当事人将超出法律规定保护限额的高额利息转化为已付购房款。"

（二）地方性规则

1. 江苏高院

2014 年 3 月，江苏省高院曾对债权债务案件审理中的以物抵债问题进行了专题讨论，并发布了关于民间借贷及以物抵债的专题讨论会议纪要。该会议纪要区分了债务届满前和届满后两种情况，并提出了不同的处理思路：（1）当事人在债务未届清偿期之前约定房屋或土地等不动产进行抵债，并明确可以回赎，债务人或第三人根据约定已办理了物权转移手续的，该行为符合让与担保特征，违反物权法定原则，不产生物权转移效力。债权人根据债权协议及物权转移凭证要求原物权人迁让的，人民法院不予支持。（2）债务清偿期届满后当事人达成以物抵债协议，在尚未办理物权转移手续前，债务人反悔不履行

① 参见最高人民法院（2015）民一终字第 180 号民事判决书，指导案例 72 号。

抵债协议的，债权人要求继续履行抵债协议或要求确认所抵之物的所有权归自己的，人民法院应驳回其诉讼要求。但经释明，当事人要求继续履行原债权债务合同的，人民法院继续审理。(3)当事人在债务清偿期届满后达成以物抵债协议并已办理了物权转移手续后，一方反悔，要求认定以物抵债协议无效的，人民法院不予支持。但如当事人一方认为抵债行为具有《合同法》第54条规定的可变更、可撤销情形的，可以请求人民法院或仲裁机构变更或撤销。

可见，江苏高院将以房抵债协议归于实践性合同，坚持了实践性观点。与该观点相似的还有：最高人民法院民一庭《当事人在债务清偿期届满后达成的以物抵债协议，在尚未办理物权转移手续前，协议效力如何认定》的答复中亦认为，债务人反悔不履行抵债协议，债权人要求继续履行抵债协议或者要求确认所抵之物所有权归自己的，法院应驳回其诉讼请求；但经过释明，当事人要求继续履行原债权债务合同的，法院继续审理。亦可参照最高人民法院《关于人民法院执行工作若干问题的规定》第87条的明确规定：当事人之间达成的和解协议合法有效并已履行完毕的，人民法院作执行结案处理。从该规定看，只有履行完毕的和解协议，债务才算消灭，基于此也可以推断出抵债协议的实践性。

2. 北京高院

2014年12月16日，北京市高院发布《关于审理房屋买卖合同纠纷案件若干疑难问题的会议纪要》[京高法发(2014)489号]，其中认为：(1)当事人在民间借贷债务履行期限届满前签订合同约定，借款人逾期不偿还借款即愿意以自己所有(或经第三人同意以第三人所有)的房屋抵偿归贷款人所有，该合同实为基础借贷债权的担保，应当根据当事人的真实意思表示认定双方之间系民间借贷法律关系。贷款人可以依原基础借贷法律关系主张偿还借款；贷款人在履行清算义务的前提下，可以要求借款人办理房屋过户登记手续的，但房屋价值超过担保基础借贷债权(贷款本金、合法利息等)的，贷款人应将剩余款项返还给借款人。(2)当事人在民间借贷债务履行期限届满后签订合同约定以房抵债，性质上属于债务履行方式的变更，贷款人可以要求履行合同办理房屋过户登记手续。借款人认为抵债价格明显过低，显失公平的，可以依据《合同法》第 54 条第 1 款第（2）项的规定行使撤销权。

可见，北京高院的观点与江苏高院有所不同。后者更多将民间借贷债务履行期限届满后签订的以房抵债合同认定为诺成性合同，进而将其视为债务履行方式的变更——以房抵债协议取代原借贷协议，贷款人可以要求履行合同办理房屋过户登记手续。其要旨是倾向于保护以房抵债协议的效力——无论是届满前还是届满后的协议，对于原债权债务履行期限届满前达成的以房抵债协议，原则上认定为具有一定可执行性的担保协议，当事人履行清算义务的前提下，可以要求办理过户手续；对于原债权债务履行期限届满后达成的以房抵债协议，认定为债务履行方式的变更——以房抵债协议取代原借贷协议，债权人可以据此要求履行过户手续。

三、规　　范

鉴于"以房抵债"问题在司法实务中的普遍性和多样性，我们认为，对相关协议的效力应结合个案具体情况，多方审查，具体分析，不能一概而论。

第一，应审查有无《合同法》第 52 条规定的无效情形。实践中，不少"以房抵债"协议有规避流质条款之嫌疑，有的甚至为了回避关于房屋限购的政策规定，恶意串通。如果查明双方签订的以房抵债协议存在恶意串通，损害国家、集体或者第三人利益的，以合法形式掩盖非法目的，违反法律、行政法规的强制性规定的，应依法认定这些合同内容无效。如违反禁止流押的强制性规定，则无效。

第二，以意思自治为原则，根据合同具体约定来推断当事人内心的真实意思。如原本是借贷关系，有利息交付事实，签订买卖合同只是担保，适宜按照原法律关系即借贷关系来认定；在债务人不履行金钱债务的情况下，债权人对涉案房屋有请求拍卖、变卖获得清偿的权利，但不得对抗其他权利人。约定了债务人回购条款的，可以推定为"以房担保"而非"以房抵债"，可按照原基础法律关系认定。例如，工程款抵房款中约定回购条款的，性质依然是工程款欠款。

第三，允许当事人在债务履行期间进行意思变更。实务中，此类变更多种多样，有可能构成"债的更改"，也有可能构成清偿之给付，还可能构成担保之给付，等等。此种情形，应坚持"以房抵债"合同的实践性，具体可参考江苏会议纪要规定。如已履行清算义务，交付房屋并过户登记的，应视为有效；如果债务人没有履行的事实依据，且存在履行不能的情况，债权人则可请求承担违约或者损失赔偿责任，而不能直接要求房屋所有权归债权人。

从管理人进行债权审查的角度出发，对以房抵债问题，除应坚持上述基本处理思路外，还应当兼顾破产法上的特别规定。

首先，审查是否属于破产无效行为。依据《企业破产法》第33条之规定，如果以房抵债涉嫌债务人逃避债务而隐匿、转移财产，虚构债务或承认不真实的债务，应当认定无效。

其次，审查是否属于破产可撤销行为。依据《企业破产法》第31条之规定，如果以房抵债行为发生在法院受理破产申请前一年内，需要考量以房抵债签订时的价格是否属于明显不合理；即使价格合理，如果是根据当事人内心真实意思，推断为"以房担保"的，无论债务是否已清偿，也认定为破产可撤销的情形，应由管理人请求予以撤销。

依据《企业破产法》第32条之规定，如果以房抵债行为发生在人民法院受理破产申请前6个月内，则无论债务是否已届清偿期，以房抵债行为均属可撤销情形，相关抵债房屋均需纳入破产财产的范围。

四、操　　作

破产法的基本理念之一在于利益平衡，破产程序亦属于概括的执行程序。在债务人财产概括地清偿执行中，涉及各个债权人利益的平衡、债务人及其他利益之间的平衡，所以，数量庞杂的"以房抵债"协议也牵动了债权人、债务人甚至重整投资人的神经。

对于本文之初提及的甲企业而言，其所卖房屋属于期权性质。有的债权人会凭《商品房买卖合同》，申辩其已在房管局进行了备案登记，说明其真实意思就是买房，不是为担保。以实践性的观点来看，在企业破产程序中，此类协议可统归于待履行合同，而对于待履行合同，根据《企业破产法》第18条，"人民法院受理破产申请后，管理人对破产申请受理前成立而债务人和对方当事人均未履行完毕的合同有权决定解除或继续履行，并通知对方当事人"。

理论上，管理人的选择履行权应该遵守破产法的立法本意，不能任意行使解除权。如担保合同便不得解除；已经交付给购房者的房产，即便没有办理过户手续，也不能随意收回，即便为了增加破产财产。这里要先区分哪些合同才是双方均未履行完毕的：

其一，如果购房者已一次性缴足了房款或交清了首付并办理了按揭贷款，其买卖合同中约定的付款义务已实际履行完毕，则不属于待履行合同范围。管理人不能主张解除上述房屋买卖合同。

其二，以房抵债的债权人并不属于真正的"购房者"。这种以房抵债的合意，没有超出债的范畴，即便签订合同备了案，也只是有物权期待权，并不具有完整物权，不具备对抗其他债权人的效力。在破产之"债的概括执行程序"中，它基础的法律关系没有改变。以房抵工程款，合同性质还是工程款；以房抵广告款，合同性质依然是广告款；以房抵借款，合同性质依然是借款。

此时，还需说明的是，在破产程序中，严格把控"以房抵债"，更是为了实现立法关于保障民生权利之目的。"消费购房者"与"以房抵债"的伪购房者是两个不同的阶层，保护前者是在保障消费者的生存权，即便管理人解除了消费购房者的合同，也要把他们的债权归于优先地位；而以房抵债者多是企业等商业组织，即便为个人也财力雄厚，并无生存权隐忧，若优先受偿，已明显影响到了其他债权人的整体利益，且有"偏袒性"清偿的嫌疑。最高人民法院《关于人民法院办理执行异议和复议案件若干问题的规定》第29条规定："金钱债权执行中，买受人对登记在被执行的房地产开发企业名下的商品房提出异议，符合下列情形且其权利能够排除执行的，人民法院应予支持：（一）在人民法院查封之前已签订合法有效的书面买卖合同；（二）所购商品房系用于居住且买受人名下无其他用于居住的房屋；（三）已支付的价款超过合同约定总价款的百分之五十。"此规定实际上对破产案件中的房屋买卖合同处理也有借鉴意义。

  当然，规则总有例外。如按照双方内心真实意思，确可证明部分债务已转化为购房款，签订了房屋买卖合同，有发票，有合同，有备案，且该购房者满足国家对购房者的政策规定，亦可认定为有优先权的购房者。但如果像甲企业签订的多数"以房抵债"协议，直接约定十多套房子，甚至整栋楼抵债，如果允许这样的协议生效，等于变相承认了让与担保的效力，明显违反了物权法定的原则，管理人当然可以选择解除。解除后，债权人享有违约或者损失赔偿请求权。

房地产企业破产之期房
消费者的权利保护
——以完善预告登记制度为主要路径

梅晗钰 *

摘要：我国房地产市场多采期房销售形式，与"一手交钱，一手交货"的传统交易原则不符，在国家宏观调控逐渐增强的今天，房地产行业可能面临短期阵痛，房企破产后，没有房屋保障的期房购买者变得十分被动，且相比金融机构、建筑工程承包人等债权人来说，无疑处于弱势地位。为保障期房购买者个人的生存权和社会的稳定性，本文将结合现行法律规范和司法实践作出立法检视，在理顺现有规范的基础上，以完善预告登记制度为主要解决路径，针对《企业破产法》和《物权法》中有关预告登记制度的规定提出相应的立法建议。

关键词：房地产企业破产；期房消费者；预告登记

一、保护期房消费者的权利具有现实必要性

北京兴昌达博房地产开发有限公司（以下简称"兴昌达博公司"）曾是北京市房地产开发行业的知名公司，由于经营不善，最终导致资金链断裂，资不抵债，其开发的"麓鸣花园"项目也无法继续进行。2007年，兴昌高科公司以债权人的身份向昌平区法院申请对其破产清算。进入破产程序后，法院承受多重压力：

---

* 梅晗钰，武汉大学法学院 2016 级法律硕士研究生。

第一，房地产企业破产案件中，债权债务关系十分复杂，存在大量的建筑施工合同、期房购买合同、金融机构贷款合同等待履行合同，如何平衡管理人的选择权颇为困难。

第二，"麓鸣花园"的期房消费者多次在北京市市委、人大等机关聚集上访，并在"两会"和重大节日等时间节点开展固定活动，社会影响巨大。本案甚至于 2007 年、2008 年连续两年被北京市委政法委列为十大维稳案件，也被媒体视为"房企破产第一案"。如何在法律的框架下维护社会稳定、实现政策目标显得尤为关键。

考虑到该案的社会影响，昌平区法院指定由 17 名政府工作人员组成的清算组担任管理人，在政府的参与中，2008 年 8 月通过重整方案。方案将期房消费者的债权归入"普通债权"的概念之下，同时又对购房债权人作出特殊规定，重整方案的第五部分新建《购房债权人解决方案》明确要求解决 296 个期房消费者的房屋交付问题。重整方案在通过的基础上可对特殊利益群体作出特殊的调整，但倘若兴昌达博公司重整失败后进入破产清算程序，立法是否有必要对期房消费者的利益予以特殊保护？答案是肯定的。

(一)房地产行业面临整改，保护期房消费者的权利具有现实紧迫性

近几年来，大量资金进入房地产行业，衍生了许多规模小、品牌建设落后的企业，一方面加剧了市场竞争，另一方面以开展带有投机和炒作性质的开发、预售活动，带动一、二线城市的房价不断攀升，市场泡沫严重，而三、四线城市的房地产企业库存严重，负债累累，"以价换量"的现象不断发生，房地产市场呈现一片乱象，亟待整改。

在市场进入下行周期之时，房地产行业调整面临的障碍相对较少，往往是强化制度建设的好时机。为挤压市场泡沫，国家坚持"抑制投机性购房"的理念，北京市率先出台"9.30 新政"①，将房地产市

———————

① "9.30 新政"：北京市出台楼市调控新政的重点是信贷政策：购买首套普通自住房的首付款比例不低于 35%，对拥有 1 套住房的居民家庭，为改善居住条件再次申请商业性个人住房贷款购买普通自住房的，无论有无贷款记录，首付款比例均不低于 50%；购买非普通自住房的，首付款比例不低于 70%。

场覆盖在政策严控的高压之下；2016 年 10 月以来，我国 28 个城市密集地出台了近 80 次限购、信贷、税收等涉及房地产调控的新政；2017 年 3 月，李克强总理在第十二届全国人民代表大会第五次会议上针对"房地产化"经济强调，要"坚持住房的居住属性"。国家调控的压力、住房居住属性的回归……伴随着新一轮宏观调控，中国房地产市场即将经历短期阵痛，挥别其"镀金时代"，进入所谓的"微利时代"。① 在破产浪潮来袭之前，给予期房消费者强有力的法律保障无疑具有现实紧迫性。

（二）期房消费者处于弱势地位，保护其权利具有相对必要性

任何一个企业破产，企业自身和利益相关人都会不同程度地受到损失，《企业破产法》的有关规定只是创造一个平等的集体受偿的环境，尽量减少各方的损失。② 房地产企业债权债务关系复杂，涉及多方债权人，而相比工程承包人、材料供应商、提供贷款的金融机构、国家征税机关等多方利益群体，期房消费者从自身财力、受偿比例、恢复能力等方面均处于弱势地位，房地产企业破产后，期房消费者面临"钱房两空"的危险，生存权受到重大的威胁。

"兴昌达博"破产案中，"麓鸣花园"的一位业主为父母买房，未等入住却不幸去世，他表示等到能入住的时候不会去装修，要把老人的遗像挂在墙上，纪念这八年来经受的磨难。房价居高不下，房地产企业破产带来的影响不是中国的普通家庭所能承受的，很可能引发"蝴蝶效应"，造成期房消费者的家庭陷入"破产"境地。

（三）期房消费者群体庞大，保护其权利具有社会必要性

我国主要城市的商品房预售比例普遍在 80% 以上，部分城市甚

---

① 刘天利：《房地产企业破产制度的完善——从购房人权益保障视角来看》，《人民论坛》2013 年第 17 期，第 127 页。
② 于伟赞：《浅析开发商破产后购房者利益的保护》，《法治与社会》2009 年第 8 期（下）。

至达到 90% 以上，① 出售期房也成了房地产企业内部融资的手段之一。如上文所述，房地产企业破产会对期房消费者的家庭甚至生存权产生极大的影响，现行破产法立法并未对此确立统一的特殊处理标准，将其债权纳入"普通债权"予以低比例清偿的结果必定无法为其接受，且近几年，群众买房的热潮从未消退，期房消费者已然成为一类庞大的社会群体，房地产企业破产案件的处理稍有不当，极易引发该类具有共同利益的偶合群体通过上访投诉、聚众闹事、静坐请愿、阻断交通等群体性事件发泄不满、制造影响、维护自身权益，激化社会矛盾，对社会秩序的稳定和和谐产生重大的负面影响。

二、期房消费者权利保护问题之立法检视

房企破产案件中，期房消费者的权利保护具有现实必要性，然而，国内文献对房企破产中期房消费者权利的保护问题鲜有谈及，法律法规及相关司法解释也缺少系统、完整的规定。房企破产是一个多方权利(力)和主体博弈的过程，有债务人与债权人的博弈，有债权人之间的博弈，也有司法权和行政权之间的博弈。为了维护社会稳定，司法实践中倾向于保障期房消费者的利益，人民法院通常会同意政府介入，共同帮助房地产企业完成重整之路，最大限度地保障期房消费者的权利，将房地产企业破产所带来的社会负面影响降到最低，但当期房消费者的权利无法受到法律强有力的保护时，行政协调自然难以在债权人与债务人之间达成共识。

博登海默认为，一个法律制度若要恰当地完成其职能，不仅要力求实现正义，而且还须致力于创造秩序。② 根据现行立法规定的破产程序，法院介入后不仅无法定纷止争以及防止房地产危机进一步传

---

① 吴春岐等：《房地产法新论》，中国政法大学出版社 2008 年版，第 337 页。

② 博登海默：《法理学——法律哲学与法学方法》(修订版)，邓正来译，中国政法大学出版社 2004 年版，第 330 页。

染，还会扩大、激化社会矛盾，浪费审判资源，损害法律权威，① 影响社会大众对房地产行业以及司法机关的信心，引发恐慌情绪，扰乱社会秩序。以下将结合相关规定，对我国现行《企业破产法》及相关立法所存在的立法漏洞、立法冲突等问题进行深入的分析。

（一）司法适用最高人民法院《关于建设工程价款优先受偿问题的批复》存在三大问题

司法实践中，人民法院一般会适用 2002 年最高人民法院审判委员会通过的《关于建设工程价款优先受偿问题的批复》（以下简称《批复》）进行裁判。该《批复》规定："建筑工程的承包人的优先受偿权优于抵押权和其他债权。消费者购买商品房的全部或大部分款项后，承包人就该商品房享有的工程价款优先权不得对抗买受人。"从《批复》中关于优先受偿权的排列顺序可知，支付了全部或大部分款项的期房消费者享有优先于工程价款、抵押权和其他债权受偿的权利。《批复》虽明确了司法保护倾向，但从解释学来说，适用该条文存在三大问题：

1. 最高人民法院以《批复》的形式对普通债权人的优先受偿权予以规定，突破了《物权法》中关于"物权优于债权"的一般规定

《批复》性质上属于司法解释，司法解释是司法机关在司法过程中进行的一项司法活动，它与立法活动有着根本的区别，司法解释虽然具有一定的创造性，但它不能像立法那样行使自如，只能在法律文本许可的范围内，将法律和具体案件、行为结合起来阐述法律的意义。② 《物权法》第 170 条明确规定："担保物权人有优先受偿的权利，但法律另有规定的除外。"司法解释的效力层级低于法律，那么，能否将该条文中的"法律另有规定"扩大解释为"司法解释另有规定"

---

①　奚晓明、霍敏：《破产案件审理精要》，法律出版社 2010 年版，第 22 页。

②　原永红、孙炳瑞：《刑法司法解释"立法化"趋势探析》，《山东警官学院学报》2009 年第 3 期，第 57 页。

呢？笔者认为不可。系统地探究我国的立法用语，不仅有"法律另有规定的除外"的表述，还存在"法律、行政法规另有规定的除外"①、"法律、司法解释另有规定的除外"的表述，② 若将"法律"扩大解释为行政法规和司法解释，那么立法中对后两者的表述就显得毫无意义。因此，最高人民法院以批复的形式突破了《物权法》第 170 条的规定有违法理，理论上不应被适用于实践。

2. 单以司法解释的寥寥数字，根本无法厘清复杂的债权人关系

如前所述，房企破产案件中，债权人涉及金融机构、工程承包人、征税机关等多个方面，债务情况也各不相同，若无其他法律规定予以支撑、补充，并未能从立法上明确期房消费者的权利保障，则会对市场产生不利影响：从市场整体层面来说，会影响交易市场的可预测性；从银行层面来说，银行为控制后期风险会提高前期贷款利息，加大房地产企业的融资成本；从工程承包人层面来说，承包人在决定是否进行垫资施工时将更为慎重，同时设定更为严格的工程款支付期限，让房地产开发企业的资金链更为紧张。

3. "支付大部分购房款"不能改变权利顺位

从定义上说，何为"大部分购房款"？是否可参照最高人民法院《关于人民法院办理执行异议和复议案件若干问题的规定》第 29 条第(2)项之规定定义为"已支付的价款超过合同约定总价款的 50%"？③

---

① 《行政处罚法》第 20 条："行政处罚由违法行为发生地的县级以上地方人民政府具有行政处罚权的行政机关管辖。法律、行政法规另有规定的除外。"

② 最高人民法院《关于人民法院民事执行中拍卖、变卖财产的规定》第 2条："人民法院对查封、扣押、冻结的财产进行变价处理时，应当首先采取拍卖的方式，但法律、司法解释另有规定的除外。"

③ 最高人民法院《关于人民法院办理执行异议和复议案件若干问题的规定》第29条："金钱债权执行中，买受人对登记在被执行的房地产开发企业名下的商品房提出异议，符合下列情形并且权利能够排除执行的，人民法院应支持：1. 人民法院查封之前已签订合法有效的书面买卖合同；2. 所购商品房是用于居住且买受人名下无其他用于居住的房屋；3. 已支付的价款超过合同约定总价款的百分之五十。"

对此，最高人民法院并未作具体说明。撇开定义不谈，以"支付大部分购房款"为优先受偿权的标准显然缺乏法律依据。买卖合同均已生效，只要消费者一方并无违约的意思表示，消费者支付购房款的多寡并不会带来权利性质的变化，支付比例为 50% 和 51% 的消费者的受偿比例差别如此之大，无任何合理性。

(二)依据《企业破产法》第 18 条，管理人可随意解除经预告登记的期房购买合同

为了保护全体债权人的利益，各国破产法均授权管理人处理破产企业的未履行合同，可以选择解除或继续履行。[1] 我国《企业破产法》第 18 条亦规定，管理人对"双方均未履行完毕"的合同有权决定解除或继续履行。解读管理人的选择权，首先应根据购房者的合同履行情况具体判断是否在第 18 条的适用范围之内。破产法意义上的"履行完毕"应区别于合同法，只要合同主要义务履行完毕即可，不应苛求附随义务等其他合同义务均履行完毕。因此，若购房者已支付全部购房款项，包括已缴足首付并办理了按揭贷款(按揭状态下，购房者实际上已从银行借钱向房地产企业支付了全部购房费用)，则不应被界定为"未履行完毕"，若购房者并未支付完全部购房款项且房屋呈未交付状态，则管理人享有选择权。

《企业破产法》第 18 条并未明确规定管理人选择权的具体适用标准，绝大多数国家的破产法参照纯粹的商业利益衡量标准，只要能够给破产财团带来利益，即可行使合同解除或者履行的选择权，[2] 即以"破产财产最大化"为管理原则。若管理人选择解除合同，期房消费者只能根据《企业破产法》第 53 条的规定，以因合同解除所产生的损害赔偿请求权申报债权，清偿比例极低，权利无法得到保障。

---

[1]　沈贵明：《破产法学》，郑州大学出版社 2004 年版，第 85 页。
[2]　爱泼斯坦：《美国破产法》，韩长印等译，中国政法大学出版社 2003 年版，第 245 页。

(三)预告登记制度无破产保护效力,旨在实现的物权变动落空

根据人大法工委的解释,"预告登记的实践意义在于,权利人所期待的未来发生的物权变动对于自己有极为重要的意义,非要发生这种变动不可,而法律也认可这种变动对于权利人的意义,并以法律予以保障"。《物权法(草案)》(如第二、三次审议稿)在相关条文中明示预告登记具有保护"期房买卖"当事人取得物权的目的。由此可见,预告登记是作为确保将来的物权变动得以实现的担保手段。

我国《物权法》第20条规定:"当事人签订买卖房屋或者其他不动产物权的协议,为保障将来实现物权,按照约定可以向登记机构申请预告登记。预告登记后,未经预告登记的权利人同意,处分该不动产的,不发生物权效力。"《房屋登记办法》第68条第1款也规定:"预告登记后,未经预告登记的权利人书面同意,处分该房屋申请登记的,房屋登记应当不予办理。"可见,我国的预告登记只具有限制处分效力,而实践中,已通过"网签禁止"的行政手段阻止了"一房二卖"的可能性,因此,预告登记所担保的请求权效力应在于权利满足效力(破产保护效力),即请求权的履行期限尚未届至或履行条件并未成就时,排斥他人而保障请求权人发生指定的效果,[1] 倘若预告登记无破产保护效力,其担保效果和存在必要性颇受怀疑。

现行立法并未明确预告登记的破产保护效力,在双方均未履行完毕合同义务的情况下,管理人依据《企业破产法》第18条享有无限制解除权,期房消费者办理的预告登记无法对抗相对人的破产风险,预告登记制度旨在实现物权变动的目的将落空。

三、实现期房消费者权利保护的路径
——以完善预告登记制度为主要路径

从法经济学角度出发,一切法律活动都要以资源的有效配置和利

---

[1] 孙宪忠:《中国物权法总论》,法律出版社2003年版,第235页;王轶:《物权变动论》,中国人民大学出版社2001年版,第172页。

用为目的。市场经济规律天然地、内在地决定着法律逻辑，一个有效制度的最根本特征在于它能够提供有关权利、责任和义务的规则，能为一切活动提供最广阔的空间，由此实现自己利益的最大化并使社会资源配置趋向最优。① 保护期房消费者的权利符合司法、行政机关的倾向和社会大众的期待，也具有现实必要性。但根据我国的现行立法，无法从解释论的角度给予期房消费者明确的权利保护。在社会主义市场经济背景下，有关房地产企业破产的相关立法中应充分体现法律的效率、秩序和公正价值，在理顺现有法律规范的基础上予以完善，明确效力层级，解决各规范文件之间的冲突。通过对比国外立法例，加强《物权法》的预告登记制度与《企业破产法》相关制度的联系，以预告登记制度为路径，对房地产企业破产之期房消费者的权利保护问题提出相关立法建议。

（一）在破产权利体系中赋予预告登记之债权特殊的法律地位

2007 年 6 月 1 日生效的《企业破产法》并未考量与之相继生效的《物权法》中规定的预告登记制度的特殊地位，导致预告登记之债权在房地产企业破产案件中被架空，期房消费者的权利无法得到预期的保障。笔者将对比德国法，以预告登记的性质以及预告登记之债权与普通债权、取回权、别除权的区别，阐述保障预告登记之债权的必要性及其地位的特殊性。

预告登记为在土地登记簿中进行公示的、具有一定物权效力的、对以物权变动为内容之请求权的担保，② 兼具债权性质与物权性质，横跨债权法与物权法两大领域，"一方面，由于预告登记担保的对象是债权请求权，所以它位列债法领域；另一方面，预告登记又赋予被

---

① 刘仁伍：《金融机构破产的法律问题》，社会科学文献出版社 2007 年版，第 44 页。

② ［德］鲍尔·施蒂尔纳：《德国物权法》（上册），张双根译，法律出版社 2004 年版，第 444 页。

担保的债权请求权以很强的物权效力，所以它又属于物权法的范畴"①。从性质上来说，预告登记并未被立法者列为特定的物权之一，只是被当作具有个别物权效力的，为实现请求权的特殊担保手段，表现为他人不能剥夺和妨害预告登记权利人取得预告登记所担保的权利。② 德国法中，预告登记的物权性不仅体现在违反预告登记的处分无效之上，还体现在预告登记具有排除破产和强制执行程序的效力，而我国《物权法》第 20 条只明确规定了前者，并不承认预告登记具有对抗破产程序的效力，无法完整体现其担保功能。

预告登记之债权与普通债权相比，具有明显的特殊性和独立性。其一，结合预告登记的物权性质，预告登记之处分效力具有排他性和对抗性，而普通债权仅具有相对性；其二，预告登记之债权较普通债权具有优先性，预告登记之债权可以对抗不动产所有人和其他物权人的意思而保全请求权人取得不动产权利的目的，这种保全是保全请求权人获得不动产物权的优先性。③ 在破产法的权利格局中，除普通债权外，预告登记之债权还与取回权和别除权有明显区别，取回权以物权为基础权利，而预告登记之债权的基础权利是债权的物权化，与物权有着本质上的区别，权利人不直接享有物的返还请求权；别除权的基础权利是担保物权，权利内容就是别除权人有权就担保物单独优先受偿，其债权的实现不纳入集体清偿程序，而预告登记的权利内容主要为债关系之内容，只不过是赋予债权关系得以优先实现的权利。④ 故预告登记之债权尚不能直接支配将来实现的物权，与我国传统破产法中的各项权利有着本质上的不同，具有相对独立的法律地位。

综合上述两点，应在破产权利体系中赋予预告登记之债权特殊的法律地位，从立法上明确预告登记的破产保护效力，将期房的预告登

---

① Baur/Stuener, Sachenrecht, §20, Rn. 9. 转引自程啸：《不动产登记法研究》，法律出版社 2011 年版，第 528 页。

② ［德］M. 沃尔夫：《物权法》，吴越、李大雪译，法律出版社 2004 年版，第 217 页。

③ 孙宪忠：《德国当代物权法》，法律出版社 1997 年版，第 197 页。

④ 吴春岐：《论预告登记之债权在破产程序中的法律地位和保障》，《法学论坛》2012 年第 1 期。

记理解为在先成立的购房债权的保护，在债务人陷入破产时，使预告登记所担保的请求权依然能在法律上得以履行。

（二）限制管理人对预告登记请求权人行使解除权

我国破产法对管理人解除权并未作任何限制，这与我国现存的预告登记、所有权保留等法律制度不协调。① 早在 1979 年，美国的 Morris Shanker 教授就极力主张破产管理人在适用商业判断标准时，应将解除合同对相对人的影响纳入考虑范围。② 在房地产企业破产这类特殊的案件中，应发挥预告登记的担保作用，对管理人的解除权作出一定范围内的限制，禁止管理人对预告登记请求权人行使解除权，笔者认为合理性有三：

1. 未限制管理人的解除权，实属立法疏漏，并非有意

探究我国的立法进程，《物权法》于 2007 年 3 月 16 日通过，而《企业破产法》于 2006 年 8 月 27 日通过，该法的起草时间早于《物权法》，当时并无预告登记制度的出现，《企业破产法》赋予管理人解除权时未对预告登记制度予以特别考虑并非立法者有意为之。预告登记之债权于我国无疑是一种新型权利，《企业破产法》也尚未成熟，立法时未联系预告登记制度制定相应条文予以保障也属情理之中，但该疏漏确实造成了预告登记目的的落空，第 18 条的过广范围也为管理人对预告登记请求权人行使解除权提供了现实的依据。

2. 管理人行使解除权后，无制度设计保障预告登记请求权人的权利

学界普遍赞同预告登记之债权应区别于普通债权，但就如何保障预告登记之债权这一点，学者持有不同意见。有学者认为，在维持第

---

① 李永军：《论破产管理人合同解除权的限制》，《中国政法大学学报》2012 年第 6 期。

② 李永军：《论破产管理人合同解除权的限制》，《中国政法大学学报》2012 年第 6 期。

18 条的基础上, 解除后的债权可适用《企业破产法》第 42 条第 3 项:
"受理破产申请后发生的不当得利"为共益债务,① 笔者并不赞同。
其一, 支撑共益债务优先清偿的基础在于该债务的发生是为了全体债
权人的共同利益以及破产程序的顺利进行, 而预告登记请求权人多为
期房消费者, 是破产债权人的一部分, 优先清偿其债权并非代表全体
债权人的共同利益, 与共益债务有本质上的区别。其二, "不当得
利"之共益债务的适用前提是"人民法院受理破产申请后"发生的债
务, 预告登记之债务并不符合该时间要求。允许管理人对该类债权人
行使解除权, 但又没有后续的制度设计保障预告登记之债权人享有的
区别于普通债权人的利益, 因此对第 18 条作出限制具有必要性。

3. 对比德国立法例, 限制管理人解除权有据可循

德国在《支付不能法》第 106 条规定, 尽管债务人已被宣告破产,
因预告登记而受保护之债权人, 仍可向破产管理人请求对该请求权的
履行。② 这意味着管理人不能依据破产法第 103 条对于预告登记担保
请求权的基础合同享有选择自由, 而是必须履行预告登记的请求权,
以实现预告登记的物权变动。德国法通过限制管理人解除权, 来保障
预告登记之债权作为将来实现物权的期待权。

(三) 预告登记可排除个别清偿无效原则的适用

在破产受理的诸多法律后果中, 除管理人对待履行合同的处理规
则外, 还有个别清偿无效的规则。我国《企业破产法》第 16 条规定,
"人民法院受理破产申请后, 债务人对个别债权人的债务清偿无效"。
为了保障全体债权人的利益, 个别清偿无效原则通常适用于普通债
权。结合上文提及的预告登记的特殊性以及管理人解除权的限制分
析, 预告登记后的债权具有对抗任意第三人的效力, 包括破产管理人
处分该标的物用以偿还其他债权人的债权时, 预告登记权利人可主张

---

① 许德风:《论破产中尚未履行完毕的合同》,《法学家》2009 年第 6 期。
② [德]鲍尔·施蒂尔纳:《德国物权法》(上册), 张双根译, 法律出版社
2004 年版, 第 437 页。

该处分无效，换言之，法律正是通过否定他人的后续处分权来保障未来物权的实现。预告登记债权人可要求管理人继续履行合同义务，并且管理人不得将标的物随意处分及解除，反过来说，管理人必须积极履行预告登记后的债权。因此，预告登记排除个别清偿无效原则的适用是预告登记效力的题中之意。①

（四）预告登记的启动无需期房出售者的同意

从实践来看，期房消费者办理预告登记并非常态，究其根本，与法律规定的预告登记的启动模式有关。根据《物权法》第 20 条第 1 款规定："当事人签订买卖房屋或者其他不动产物权的协议，为保障将来实现物权，可以按照约定向登记机构申请预告登记。"《房屋登记办法》第 70 条第 1 款规定："申请预购商品房预告登记，应当提交下列材料：……4. 当事人关于预告登记的约定……"不难看出，"双方约定"是预告登记的启动前提，这一点已无法律解释的空间。笔者建议，房屋预售中赋予期房消费者单方申请即可启动预告登记的权利，理由有二：

其一，以"双方约定"为启动前提现实上阻碍了预告登记制度的落实。实践中，期房购买均使用格式合同，而合同中鲜有纳入预告登记的约定，包括国家住建部、工商总局制定的《商品房买卖合同（预售）示范文本》（GF-2014-0171）在内的多数商品房预售示范文本并未特别约定预告登记的条款，导致预告登记被低频启动。

其二，期房与现房不同，市场交易过程中存在诸多的不确定因素，期房消费者的权利需得到特殊的保护。在我国，预告登记制度主要适用于期房销售，目的是为了保障期房消费者的将来物权得以实现。从保护主体来看，无疑落脚于期房消费者。因此，将预告登记的启动权利交于期房消费者一方的做法与预告登记制度的保护倾向以及交易安全的需求完全一致，并无不妥。

---

① 吴春岐：《论预告登记之债权在破产程序中的法律地位和保障》，《法学论坛》2012 年第 1 期。

（五）加强相关法外措施的建设

我国的房地产企业只重视项目开发带来的经济收益，而忽视了如何管理，更谈不上对过程风险的管理。[①] 为降低风险，我们在完善立法的同时，应加强法外保障措施建设。

总结前几年预售资金监管措施无法落实的经验教训，各地应从以下几个方面对预售资金监管制度进行改革：第一，冻结预售资金监管账户，严格监管，禁止滥用。房地产开发商账户内的款项只能用作本项目建设的相关费用，只有在工程完成地下结构、结构封顶、竣工验收、完成初始登记并达到购房人可办房产证四个时间节点才能申请用款计划。第二，政府行使处罚权。银行不再只享有催告权，应及时与政府相关部门对接并反映情况，由政府部门对未按要求存入预收款的房企给予行政处罚，并停止预售备案登记。第三，银行和房地产企业之间有着千丝万缕的利益关系，应加强银监会和房地产管理部门的督查力度，保障银行的公正监管。

同时，借鉴日本定金保证制度，[②] 结合我国国情和保险业的发展，可尝试建立房地产开发项目保险制度，要求房地产企业在预售之前，必须按项目投资总额的一定比例向保险公司投保并办理相关手续，在企业破产等非常时期最大限度地保障期房消费者的权利。

四、小　　结

房地产企业破产案中，从房地产行业的发展趋势、期房消费者的弱势地位以及社会的和谐、稳定等方面综合考虑，期房消费者的权利切实需要破产法的特殊保护。然而，在现行的立法框架下，预告登记

[①]　刘天利：《房地产企业破产制度的完善——从购房人权益保障视角来看》，《人民论坛》2013 年第 17 期，第 127 页。

[②]　定金保证制度：房地产企业和购房人签订期房买卖合同时，房地产企业须向金融机构申请或指定保证机构、保险业者签订定金等的保证委托合同，设定买主定金的保证或保险，保证机构将保证或保险的保证书通过开发商出具给购房人后，才可以接收定金。

制度无法在房地产企业破产时担保期房消费者实现物权变动的目的，《企业破产法》第 18 条的笼统规定使得预告登记制度无法对抗管理人的解除权，预告登记制度的落空使得现有制度无法从根本上保障期房消费者的应有权利。唯一对期房消费者的权利具有破产保护力的《关于建设工程价款优先受偿问题的批复》在理论上也存在多个适用问题，期房消费者实在难以找到对应的法律依据以维护自身的合法权利。本文以完善预告登记制度为保护房企破产案的期房消费者权利的主要路径，针对《企业破产法》和《物权法》提出以下完善建议：

《企业破产法》第 18 条增加第 3 款："因预告登记而受保护之债权人，可向破产管理人请求对该请求权的履行，管理人不得拒绝。"

《企业破产法》第 16 条修改为："人民法院受理破产申请后，债务人对个别债权人的债务清偿无效，对预告登记权利人的个别清偿除外。"

《物权法》第 20 条加入预告登记的破产保护效力，与《企业破产法》相衔接，具体表述为："在相对人陷于破产时，预告登记具有排斥他人而保障请求权发生指定的效果。"

《物权法》第 20 条第 1 款修改为："当事人签订买卖房屋或者其他不动产物权的协议，为保障将来实现物权，可以按照约定向登记机构申请预告登记。其中，期房购买者可向登记机构单方申请预告登记，无需出具期房出售者的同意书及相关证明。"

香港和内地跨境破产管辖问题探析

周雯瑶*

摘要：在香港和内地跨境破产企业不断增多的情况下，由于两地的破产规则不一致，适用法律不同，跨境破产问题突出，其中最关键的是管辖权问题。然而至今，除了一些少量的司法实践外，两地并没有就跨境破产管辖权问题达成任何协议。国际上，关于跨境破产管辖问题解决有多种理论，也有多种解决思路。这些都为解决香港、内地跨境破产管辖问题提供了思路和借鉴。香港和内地可以在参考借鉴的基础上扬长避短，选择适合两地的解决方法。

关键词：跨境破产；管辖权冲突；域外效力

引　言

随着香港和内地经济交往的日益频繁，商贸联系的日益密切，涉及香港和内地的企业破产问题日益突出。破产程序是对旧的法律关系的集体消灭，又是对新的法律关系的集体创设，涉及面广，影响力大。每个国家的破产规则都会展现该国在公共政策上的考量。① 若将各国的破产法以保护重点的不同为标准予以划分，可以分为：支持债权人的利益、支持债务人的利益和折中主义。不同类型的破产法表现在具体制度上差异更加明显。同时又因为各国的地方保护主义，对他

---

* 周雯瑶，武汉大学法学院 2017 级民商法硕士研究生。

① 参见石静遐：《跨国破产的法律问题研究》，武汉大学出版社 1999 年版，第 14 页。

国破产程序的不信任导致跨境破产冲突尖锐。在"一国两制"的政策下，中国内地和中国香港虽属同一主权国家，但两地有关规定有着很大的差异，表现在破产法上：第一，与内地只设置了企业破产不同，香港将破产区分为自然人破产程序和公司破产程序。第二，香港对于破产案件的处理涉及政府和法院两个部门。政府方面，香港设有破产管理署，法院方面，香港破产案件由香港高等法院审理。对于破产管理署，破产管理署署长可以成为接管人。而内地没有此种设置。第三，对于职工劳动债权，中国内地规定职工债权不需要申报，在破产债务和共益债权之后优先受偿，且没有最高额的限制。香港采用的是职工代表代申报制度，除此之外还规定了优先受偿的最高额限制。与此同时，香港设有公司破产欠薪保障基金，在法院发出破产管理令之后，破产企业职工可以申请预先偿付最高不超过四个月的工资。第四，在破产财产追回上，香港"破产法"规定的临界期比内地要长。第五，对于破产抵销权，香港对于可抵销的债权的要求比内地要低，只要债权人或债务人在取得债权或债务时，没有任何对于债务人的破产申请，该债权或债务即可被抵销。从这些差别来看，相对于内地，香港更加看重对债权人利益的保护。①

跨境破产的主要问题是法律冲突问题，解决法律冲突的关键就是解决管辖问题。本文试图就香港和内地的跨境破产的管辖问题进行探析，希望对该问题提出可行的意见和建议。

一、冲突与合作

（一）管辖问题的冲突

1. 管辖权冲突

香港的破产制度分为自然人破产和公司破产，分别在《破产条

---

① 参见潘奕文：《论中国内地及香港间的跨境破产》，中国人民大学 2009 年硕士学位论文，第 30~40 页。

例》和《公司条例》中予以规定。在公司破产方面，香港法院对于在香港成立的公司的清盘具有管辖权。而对于在香港以外注册的公司，一直在香港营业的，香港法院可以按照"未注册公司"的规则对其进行清盘。如在 Akai Holdings Ltd 诉 Ernst & Young 案中，虽然债务人注册地在百慕大，但主要在香港营业，香港法院基于此对案件行使了管辖。由此可见，在管辖破产案件上，香港法院不局限于香港公司。

在司法实例中，香港法院曾经因外法域公司有财产在香港而对该公司行使了管辖权。而财产这一标准之外，香港法院也确定了充分联系标准。充分联系标准要求法院考虑由香港法院管辖能否使债务人获得利益。①

根据我国内地《企业破产法》第 3 条的规定，破产案件的管辖权归债务人住所地法院。住所地为其主要办事机构所在地，没有主要办事机构的由注册地法院管辖，无论涉及的财产在内地还是在香港。基于此，当一企业在内地有主要办事机构，又有财产在香港，或者当香港和内地都认为该企业主要办事机构在本地时，就可能会产生管辖权冲突。

与此同时，内地法院采用平行管辖的规则，就香港和内地都有管辖权的破产案件，即使一方已经向香港法院起诉，另一方向内地法院起诉，内地法院仍然可以受理，内地法院判决后，香港法院申请或当事人请求承认香港法院判决、裁定时，内地法院基本不予承认，除非有双方缔结的条约或者国际条约。香港法院也不会因为外法域法院已经宣告破产而必然不对案件行使管辖权，但香港法院可能会以此为由拒绝行使，特别当外法域公司在香港没有财产时。

2. 破产的域外效力问题

在破产的域外效力问题上，香港和内陆也有不同的规定。香港原则上采用普及主义原则，沿用了英国普通法的传统，但在个案上会有所不同。第一，香港原则上承认公司住所地法院启动的外法域破产程

---

① 参见石静遐：《跨国破产的法律问题研究》，武汉大学出版社 1999 年版，第 82~86 页。

序，如果债务人自愿接受某法域法院的管辖，香港也可以予以承认，但如果承认会侵害本地债权人利益的，香港法院往往不会予以承认。相反，对于公司注册地外的法院启动的破产程序往往不被香港承认。① 第二，破产程序以及外法域破产公司的动产和不动产的效力问题，香港法院作了区别。对于外法域企业的动产，香港法院认为其在企业宣告破产之日起转移给破产管理人，相反，不动产不会因此转移。② 第三，香港法院是否承认外地的破产程序不以条约的存在为前提。

内地《企业破产法》第 5 条规定，内地的破产程序具有域外效力。对外法域法院依据其作出的生效的破产判决、裁定向内地法院申请承认与执行的，内地法院以内地的国际条约或者互惠原则为基础，在不违反内地法律的基本原则，不损害国家主权与安全、社会公共利益，保护内地债权人的合法权益的基础上，裁定承认与执行。

基于对本地债权人的保护等原因，在现有香港和内地破产制度下，很有可能出现内地法院基于债务人住所地启动破产程序，而香港也主张排他的管辖权情形，或者香港关于破产的判决、裁定不被内地法院承认与执行的情形。

（二）香港、内地就跨境破产问题的合作

香港和内地至今没有达成任何关于解决两地跨境管辖冲突的协议。2006 年通过的最高人民法院《关于内地和香港特别行政区法院相互认可和执行当事人协议管辖的民商事案件判决的安排》（以下简称《安排》）在解决两地跨境破产问题上的作用也十分有限。首先，《安排》适用的前提是双方达成有效的管辖协议。在破产案件中，往往债权人众多，法院的选择涉及多方的利益，难以在事前或者事后达成有效的管辖协议。况且内地明确规定破产案件由债务人住所地法院管

---

① 参见张美榕：《香港冲突法研究》，法律出版社 2014 年版，第 256～257 页。

② 马腾、胡健：《论内地与香港跨境破产中的法律冲突及协调机制》，《安徽大学法律评论》2009 年第 12 期。

辖,不允许当事人之间协议管辖。① 其次,对于没有达成管辖协议的两地的破产案件的承认与执行应如何处理成为问题。《企业破产法》第 5 条和《民事诉讼法》第 281、282 条对内地破产的域外效力和外法域裁判的承认与执行的规定仅限于"判决、裁定"上,但破产案件中涉及大量的需要发生法律效力的命令。《安排》第 2 条规定将"判决"的含义作了扩大解释,包括内地的判决书、调解书、支付令、裁定书,香港的判决书、诉讼费评定证明书、各种命令。对于《企业破产法》和《民事诉讼法》相关法条中"判决、裁定"的理解是否可以援用此处的扩大解释。再次,《安排》仅涉及判决的承认与执行问题,对于两地管辖权冲突问题并没有涉及。在司法实践中,如 2011 年在最高人民法院《关于北泰汽车工业控股有限公司申请认可香港特别行政区法院命令案的请示复函》中,最高院就认为:"1.'委任临时清盘人'命令不属于《安排》规定的相互认可执行的范围;2.《企业破产法》第 5 条和《民事诉讼法》第 256 条②规定的是对外法域法院判决、裁定的认可与执行,不适用本案为由认为对涉案清盘命令应不予认可。"③

二、关于破产域外效力的理论

破产的域外效力是指一国法院的破产程序对位于法院地外债务人的财产是否有效,包括本国破产程序的域外效力和本国对于他国破产程序的承认与执行。④ 关于破产域外效力主要有三种理论,即普遍主

---

① 王芳:《香港与内地跨境破产的法律框架研究》,《政法论坛》2009 年第 5 期。

② 此处的《民事诉讼法》第 265 条为《民事诉讼法》修改前第 260 条,现为第 281 条。

③ 2009 年 2 月 6 日,香港高等法院发布法庭命令委任德勤、关黄陈方会计师的黎嘉恩、何熹达及杨磊明为北泰控股公司的共同及个别临时清盘人,2009 年 7 月 13 日授权和批准临时清盘人代表北泰控股公司及其子公司参与中国内地地区的香港法律程序。基于此,北泰汽车公司控股有限公司向北京市第一中级人民法院申请认可香港 2009 年 2 月 6 日作出的委任临时清盘人的命令。

④ 参见王晓琼:《跨境破产中的法律冲突问题研究》,北京大学出版社 2008 年版,第 118 页。

义、地域主义和修正主义。

（一）普遍主义

普遍主义是指一国的破产宣告效力以及债务人在国内外的财产，渊源于法国学者提出的"破产之上再无破产"的法律格言。它的理论基础在于债权人之间互相平等、债务人财产统一和债务人没有支付能力具有普遍效果。① 纯粹普遍主义的典型特征在于由单一法院实施破产管理，其他法院只有为了顺利完成破产管理任务才参与其中。在这一制度中，只有一个破产程序对债务人在全世界的财产进行管理，所有的债权人受到平等的对待，参与程序的各方当事人受同一法律调整权利义务关系。很明显，这一制度描述的是一个理想的世界。②

基于纯粹的普遍主义构建的制度优势在于：首先，基于一个破产程序处理所有的债权债务关系，高效、便利、经济。其次，所有的资产由统一的破产管理人管理，可以避免债务人转移财产，所有债权人在相同法律下分配受偿，可以避免因各国法律规定的优先受偿权不同而导致债权人之间的不平等分配。再次，在国际贸易日益频繁的今天，纯粹的普及主义有助于避免投资者对不同国家破产法律的评估，降低市场信用成本，促进国际间的经济活动。③

但这一理论在设计上过于理想，也有许多弊端。第一，如上文所说，由于公共政策、立法目标的不同，各国的破产法往往有很大的差异。由一国解决所有的涉及各国的破产问题，对于法院地以外的其他国家来说，相当于"输入"他国的公共政策。在制度、理念差异巨大的情况下，需要各国之间的高度信任，这在目前难以实现。第二，由一个破产程序处理所有的破产事项，虽然避免了不同国家法院重复破产带来的司法成本的浪费，但在越来越国际化的今天，债权人往往来

① 参见石静遐：《跨国破产的法律问题研究》，武汉大学出版社 1999 年版，第 21 页。

② 参见解正山：《跨国破产立法及适用研究》，法律出版社 2011 年版，第 22~23 页。

③ 参见解正山：《跨国破产立法及适用研究》，法律出版社 2011 年版，第 22~23 页。

自世界各地，分散在世界各地的债权人都到一国参与诉讼，增加了该国之外的债权人的财务负担。第三，程序单一，执行难度大。法院地国自身规定本国的破产程序具有普遍效力，仅仅是破产程序得到他国承认与执行的一个前提。是否能够确实地被承认与执行，还需要其他国家的配合。他国可能会因为保护本国债权人、考虑到本国公共政策等原因，拒绝承认与执行法院地国的破产宣告。

(二)地域主义

地域主义认为，除非债务人财产被财产所在国扣押或者是被开启另外的破产程序，一国的破产宣告的效力仅及于该国领土范围，位于外法域的债务人财产仍然归属于债务人。① 该理论强调的是每个国家对于本国境内财产的管辖权。其理论基础在于：第一，对物管辖。破产程序实际上是对物的一种管辖，这种物就是"破产财产"。第二，强制性。破产是全面的强制性程序，这一程序本质上是一种公法行为，其效力应局限于主权范围内。②

地域主义的优势也十分明显：一是可以满足各国法院保护本国债权人的需要，维护司法主权；二是破产宣告的效力仅仅及于一国领土范围，可以维护本国破产制度的稳定性；三是各国都可以对位于本国的财产宣告破产，债权人只需在本国参与破产程序，地域主义可以减少债权人在国外参加诉讼的费用，降低债权人的诉讼风险；四是可以降低不当破产给债权人或债务人带来的损失。一国破产程序错误，不影响位于国外的债务人财产，外法域法院可以开展独立的破产程序。③

相对应的，地域主义也易导致债权人之间不平等分配、债务人跨境转移资产等问题，况且违反了"一企业一破产"原则，也不符合国

---

① 参见韩德培：《国际私法》，高等教育出版社、北京大学出版社 2014 年版，第 300 页。

② 参见石静遐：《跨国破产的法律问题研究》，武汉大学出版社 1999 年版，第 23~24 页。

③ 参见王晓琼：《跨境破产中的法律冲突问题研究》，北京大学出版社 2008 年版，第 120 页。

际合作潮流。

(三)新实用主义

纯粹的普遍主义和地域主义由于制度过于简单、僵化,不足以解决日益复杂的国际破产问题,优点与弊端都过于明显。跨国破产复杂的局面要求破产规则的灵活性。基于此,产生了修正的普遍主义和合作的地域主义。

1. 修正的普遍主义

修正的普遍主义建立在普遍主义的基础上,但外法域法院可以在保护本国债权人的前提下,选择是否承认破产宣告的域外效力,即赋予外法域法院自由裁量权。支持修正的普遍主义者认为,这一理论在继承纯粹的普遍主义高效、统一优点的同时,既符合国际合作的历史潮流趋势,也保留了地域主义在管辖上的灵活性,尊重了各国保护本国债权人的期望,而且不需要国际条约的签订,只要通过修改内国法就能够实现。质疑这一理论的人则认为,裁量权的存在实际上赋予了外法域法院拒绝承认与执行外法域破产宣告的权利,这会使普及主义的优势完全不能展现。①

2. 合作的地域主义

合作的地域主义是在地域主义的基础上提出不同国家法院之间进行合作。合作的方式之一即法院可以通过破产管理人进行协商达成跨国界协议,并取得涉及的法院的批准。但是各个破产程序独立且平等,没有主要破产程序和辅助破产程序的区分。

这一理论具有有效减少财产的跨境转移、符合国际合作的潮流等优点,但也有人指出在没有给予法院进行国际合作的裁量权或没有赋

---

① 参见解正山:《跨国破产立法及适用研究》,法律出版社 2011 年版,第 29~32 页。

予法院法定的合作义务的情况下，很难保证各国开展合作。①

新实用主义力图在矛盾的普遍主义与地域主义中找寻一种折中的办法，在促进国际交流合作和保护当地利益中寻找平衡。新实用主义特别关注的是如何对债务人的财产进行最有效、最经济的管理，而这正是破产领域的当事人最关心的地方。②

三、香港和内地解决跨境破产管辖问题的路径之比较

在跨境破产问题的管辖上，国际社会上有多种解决方法，主要包括：1. 先受理原则；2. 不方便法院原则；3. 协议管辖；4. 设计主要破产程序和辅助破产程序。这些方法在如何解决香港和内地跨境破产管辖问题上给我们提供了多种思路。

(一) 先受理原则

先受理原则是指当就相同的民事纠纷同一当事人在相同的目的、事实的基础上，在不同国家提起诉讼时，原则上应由最先受理的国家管辖。此原则是解决国际管辖权冲突最普遍的原则之一。先受理原则最大的优点在于简单明确。但弊端也十分明显。首先，这一原则给予先起诉方过多的权利，让其可以阻止被起诉方的各种诉讼活动。在存在多个有管辖权法院的情况下，容易导致起诉方挑选法院、规避法律的问题，或者受诉的法院与案件的联系小，案件审理过程中困难重重。其次，最先受理的法院很多时候仅仅是时间上的偶然结果，单纯的因为时间而剥夺其他当事人向其他法院起诉的权利，可能会存在实质正义遭到牺牲的情形。③

---

① 参见解正山：《跨国破产立法及适用研究》，法律出版社 2011 年版，第 29~32 页。

② 参见何其生：《新实用主义与晚近破产冲突法的发展》，《法学研究》2007 年第 6 期。

③ 参见王晓琼：《跨境破产中的法律冲突问题研究》，北京大学出版社 2008 年版，第 52~56 页。

（二）不方便法院原则

不方便法院原则是指，一个有管辖权的法院在综合考虑了各种因素之后认为由自己管辖不方便，由另一个有管辖权的法院管辖更合适，因此拒绝管辖。不方便法院原则可以避免在有多个有管辖权的情况下，起诉方挑选一个不方便管辖的法院，规避法律的规定，可以在起诉方和被起诉方之间达成一种利益平衡。与此同时，由方便法院管辖，在之后的诉讼中可以便于证据调取、财产管理、保全等，便利、高效。而且相对于"注册地"等明确的连接点，法官对于"不方便法院"的自由裁量可以解决管辖规则僵化的问题。在国际贸易形式日益多样的今天，灵活的破产管辖解决规则可能实用性更强。然而，与规则的灵活性相对应的，不方便法院原则仍会带来一些问题。第一，正因为"不方便法院原则"的灵活性，对何为"方便"各国认识存在差异，且由法官判断是否"方便"，法官自由裁量权过大，容易导致管辖的不确定性，很有可能出现同一个国家相似的破产案例但产生完全不同的破产管辖结果的情况。第二，如果单纯地为了追求审判过程的便利而剥夺原告在有利于自身的法院进行诉讼的优势，存在将国家的司法成本转嫁到个人上的嫌疑，并不恰当。第三，对何为方便法院的判断可能会导致案件迟延。由于法院的判断直接影响破产案件管辖权的归属，双方当事人为争夺对自己有利的管辖，往往会大量举证，花费大量时间。在已有的外法域的一些案例中，对是否为方便法院的决定花费的时间远远超过对具体事实的审理时间。① 而时间在处理破产案件中本身就是十分重要的，在确定是否有管辖权上不必要的拖延，可能导致债务人财产的进一步流失，损害债权人的利益。②

（三）协议管辖原则

协议管辖是指根据当事人之间的合意选择管辖法院。Robert

---

① 如 Lacey vs. lessna Aircraft Co. 案中，法院花了 7 年判断是否应用不方便法院原则，但是具体审理案件只用了不到两年的时间。

② 参见徐伟功：《我国不宜采用不方便法院原则——以不方便法院原则的运作环境与功能为视角》，《法学评论》2006 年第 1 期。

Rasnussen 教授提出跨境破产领域中的协议管辖原则，允许跨国公司通过在公司章程中约定破产管辖法院来解决管辖冲突问题。协议管辖原则充分体现自治性。同时，在协议确定管辖时，应可以推定当事人之间就适用的法律达成协议，该原则可以将跨国破产的实体、程序上的法律冲突降到最低。国际实践中也有法院和当事人协调解决法律冲突的案例。如 Everfresh 公司重组案中，公司的债权人和股东协议确定了破产的有关问题，加拿大和美国法院接受了这一协议。然而，大多数的大陆法系国家认为破产具有很强的重要性，涉及面广，牵扯巨大，将其纳入专属管辖的范畴，不允许当事人用协议管辖确定法院。而且破产案件往往涉及众多债权人，对于一些小债权人来说，了解两地的破产制度，并在此基础上作出选择，要求太高，成本较大。①

（四）区分主要程序与辅助程序

区分主要程序与辅助程序这一解决管辖权思路的重要实践是《欧盟跨境破产规章》（第 1346/2000 号）。2015 年 5 月 20 日，欧盟正式颁布了修订后的《欧盟跨境破产规章》，即《欧盟跨境破产规章》（第 2015/848 号，以下简称《规章》）。该规章在 2017 年 6 月 26 日生效。这一思路的主要设计框架是：以"主要利益中心地"和"营业所"为核心，区分主要程序和辅助程序。"主要利益中心地"法院启动的主要破产程序在成员国范围内有普遍的效力。但主要程序的启动不剥夺"营业所"所在地法院启动仅在本国境内有效的辅助程序的权利。辅助程序可以在主要程序启动前后启动。②

这一思路照顾到了各国的破产制度存在差异的现实，在保障债务人实际利益地法院的中心地位的同时，又考虑到了财产所在地法院的管辖问题，同时既符合普及主义的发展趋向，又照顾到对一国对本国债权人予以保护的利益诉求。而且主要程序的开展，有助于在和解和

---

① 参见王晓琼：《跨境破产中的法律冲突问题研究》，北京大学出版社 2008 年版，第 66~69 页。

② 参见陈夏红：《欧盟新跨境破产体系的守成与创新》，《中国政法大学学报》2016 年第 4 期。

重整程序中对债务人财产进行统一管理，分配时公平分配。但此原则下仍然会产生管辖冲突，突出表现在对"主要利益中心"的判断上。《规章》没有对"主要利益中心"的含义作出明确规定，仅在序言中规定了有关细节。"主要利益中心"是债务人实施管理并为第三方所熟知的地方。对于公司来说，假定为公司的注册登记地，但该假定可以被推翻。但这一假定在何时可以被推翻，欧盟不同的司法实践有不同的结论。Eurofood IFSC/Parmalat 案就是典型的例子。① 而关于"主要利益中心"假定推翻的问题，在 Eurofood IFSC/Parmalat 案中，欧洲法院将假定放在一个特殊地位，只有公司在注册地没有开展业务时，该假定才可以被推翻。换句话说，只要公司在注册地开展了业务，即使决策地不在此或决策被他国公司控制，注册地也是"主要利益中心地"。② 然而在另外一些案例中并非如此。法院将债务人经常经营地和第三人是如何看待的当成判断"主要利益中心"的重要标准。

四、对于解决香港和内地跨境破产管辖问题的建议

由于内地与香港在法律条文和司法实践上的区别，管辖权冲突是不可避免的。企业破产的重要性决定了两地在跨境破产案件中往往会十分强调自己的司法权。然而在全球化时代下，过分强调本国的管辖权，常态化地实施平行管辖，拒绝承认和执行对方的判决、裁定、命令，必然会导致对方的报复，维护司法主权也无从谈起。本文认为，解决该管辖冲突的核心在于建立香港和内地的协调机制。通过完善的协调机制使管辖权冲突对破产案件造成的困难降到最低，从而促使案

① Eurofood IFSC 公司是意大利 Parmalat 公司在爱尔兰注册的独资子公司。Parmalat 公司破产时 Eurofood IFSC 公司也破产。爱尔兰高等法院认为子公司的主要利益中心在爱尔兰，因为公司在爱尔兰注册并且开展交易又为第三方知道。但意大利法院认为公司的设立是为了向公司集团成员提供资金，公司的政策在意大利决定，且在爱尔兰没有雇员，所以主要利益中心应该在意大利。最终，该案被提交到共同体统一司法机构——欧洲法院最终裁定。
② 参见解正山：《跨国破产立法及适用研究》，法律出版社 2011 年版，第108~109 页。

件顺利解决。

(一)明确排除某些债务人的适用

首先，应将自然人破产问题排除在香港与内地跨境破产管辖合作之外。香港将破产制度区分为自然人破产和公司破产，而内地一直没有自然人破产的传统，法律上也仅对企业破产作出了规定。其次，可以将银行、证券、保险等金融机构的破产排除在外。银行等金融机构在一国经济中占重要地位，一旦破产，对一国经济也会产生很大的影响，各国对其往往作另外规定。而保险等存在大量广泛而不特定的债权人，涉及债权人面广，影响大。且由于在对银行等金融机构的管理上往往有很强的一国政策的考量，将其排除于跨境破产合作之外，也有助于更快地达成合作。①

(二)在先受理原则的基础上考虑不方便法院原则

就如上文所说，先受理原则是解决管辖权冲突的一个普遍原则，且高效、明确、便利，其存在可能导致起诉方挑选法院的弊端可以用不方便法院原则来协调。香港和内地可以通过达成有关协议的方式，规定两地跨境破产问题采用先受理原则。在受理时间的确定上，可以分别采用两地各自的标准，对于内地法院为起诉状或者其他同等文书呈送到法院之时，对于香港法院受理案件时间是在文书送达给被告时或者文书呈送给负责送达的机构时。② 同时，两地对于"不方便法院"这一原则，香港和内地在相关规定和司法实践中已有涉及。内地

---

① 参见解正山：《跨国破产立法及适用研究》，法律出版社 2011 年版，第224~226 页。

② 2001 年《布鲁塞尔公约》就先受理原则的受理时间确定上规定：（1）提起诉讼的文书或其他等同文书被提交到法院时，只要原告随后没有阻碍文书送到被告的措施；（2）如果文书必须在提交法院前提交给被告，则在负责文书送达的机构接受时，只要原告随后没有采取阻止文书提交法院的措施时法院视为已经受理。条约将诉讼文书先送达法院再送达被告的大陆法系国家和与之相反的英美法系国家作了区分。参见张淑钿：《中国内地和香港区际民商事案件管辖权冲突问题研究》，华东政法大学 2007 年博士学位论文。

《民事诉讼法司法解释》第 532 条就对不方便法院原则作了规定，并提出了具体的"不方便法院"判断标准。香港也于 1987 年第一次采用并解释了"不方便法院原则"，确定了该原则的判断标准。① 两地对于该原则已有的实践也可以为两地在处理跨境破产问题时运用该原则提供便利。如果先受理法院为不方便法院，后受理法院更适合案件的审理时，由后受理法院审理。当产生平行诉讼时，由先受理的法院行使管辖权，后受理法院中止诉讼。在经过管辖权异议等确定了由先受理法院行使了管辖权的，后受理法院终止诉讼，否则后受理法院恢复案件审理。②

(三) 区分主要程序与辅助程序确定管辖权

香港和内地在解决跨境破产管辖问题时，可以将"主要利益中心"和"营业所"概念引入，区分主要程序和辅助程序。主要程序在香港和内地都产生相应的法律效力，辅助程序的效力仅及于本地。主要利益中心标准作为国际破产管辖的新实践，在国际上有着越来越大的影响力。美国、欧盟等的承认与实践，联合国《示范法》的承认都表明这一标准的国际化趋势。虽然对于"主要利益中心"这一概念的定义并不明确，在具体应用上可能存在争议。但与用"企业注册地"等这一类明确的概念确定管辖法院相比，较为灵活的"主要利益中心"概念可能更加适应日益复杂的香港、内地跨境企业的破产问题。在欧洲，有人也提出建立一个跨国破产法专家小组解决具体案件中的"主要利益中心"争议问题。这一方式或许可以为香港和内地提供借鉴，

---

① 香港法院将不方便法院原则的判断分为三阶段。1. 由提出不方便法院申请的一方证明除香港法院之外有另外一个也有适合管辖权的外法域法院，且另一法院比香港更适合案件审理。2. 选择香港法院的一方证明如果由另一法院审理则不利于原告的合法利益或司法利益。3. 由法官对 1、2 进行衡量判断是否应该中止诉讼。但是有些案件只需要分析第一个阶段或者第一和第二个阶段香港法院就能够作出判断。参见张淑钿：《香港不方便法院原则的实践及对内地的启示》，《法律适用》2009 年第 8 期。

② 参见张淑钿：《涉港民事管辖权冲突解决机制的重构》，《法学论坛》2011 年第 6 期。

可以由香港和内地分别指定一些法官、教授等组成专家小组。当在具体案件中就"主要利益中心"问题发生纠纷时可以任意选取一部分小组成员就该问题进行裁定。《欧盟条例》中的主要程序具有很高的普遍性，对辅助程序也有很大的影响。主要程序启动法院可以要求辅助程序启动法院将其管辖境内的财产移交给主要程序启动法院，这是基于欧盟成员国高度互信的基础上。香港和内地同属一主权国家，互信程度理应更高，但若初期信任度不高，可以增强主要程序和辅助程序之间的独立性，给予辅助程序启动地法院对主要程序的普遍效力进行一定调整的自由裁量权，如可以规定仅当辅助程序启动地法院有理由相信本地债权人利益能得到平等保护时才将位于本地财产转移给主要程序启动地法院。并且主要程序具有普遍效力并不等于可以自动执行，仍然需要香港或内地法院裁定执行。

（四）法院之间加强交流与合作

由于内地明确规定破产案件由债务人住所地法院管辖，不允许当事人之间协议管辖。若寄希望于香港和内地在解决破产案件跨境管辖问题上采用协议管辖原则并不现实，与内地现行法律相违背。然而这并不排除香港和内地法院在个案中加强合作。在国外已经有相关的实践。美国法院在一个案件中曾经向荷兰法院详细说明美国的法律，并附文件说明荷兰法院接受或者拒绝美国法院判决时美国法院可能采取的行动。美国联邦第三巡回上诉法院也曾以法院之间应该有一个基本的对话，在交流的基础上尽力达成理解，努力寻求合作为由在一个案件中推翻了破产法院作出的禁诉令。① 香港和内地法院虽适用相关规定不同，但属同一主权国家，在法院之间交流合作上应该更为便利。在两地还没有达成统一的解决管辖权争议问题协议的今天，期待两地法院就个案协商一致更为现实。

而对于香港法院已经作出破产的判决、裁定，内地法院在考虑保护债权人利益等基础上仍然受理的案件，对于香港法院作出的生效判

---

① 参见王晓琼：《跨境破产中的法律冲突问题研究》，北京大学出版社2008年版，第64~65页。

决、裁定，当事人可以作为一种证据提交。对于其已经作出的一些事实的认定，内地法院可以直接加以认定，不再重复地做严格审查，涉及内地法律的基本原则，国家主权与安全、社会公共利益，内地债权人的合法权益除外。①

在立法进程还没有开展时，在现有法律体系的框架下开展一定的司法协作，且通过个案之间的交流合作可以加强两地法院之间对彼此破产相关规定的认识，破产政策的理解，促进有关协议的达成。

结 论

随着香港和内地经贸交往的日益繁荣，在两地都有商业活动的企业越来越多，涉及两地的破产案件也不断增加。在"一国两制"下，两地关于企业破产制度上也有很大的差异。内地现有的《企业破产法》对法院的管辖权问题、判决裁定的域外效力问题的规定较笼统，在实践中不能适应复杂的跨境破产问题。本文试图通过介绍多种解决跨境破产问题的理论，寻找到适合解决香港、内地跨境破产问题的思路。但无论是何种思路，加强破产领域的国际交流合作是趋势。

---

① 陈治艳：《内地与港澳地区区际民商事管辖权积极冲突的协调》，《我国区际法律问题探讨》，中国政法大学出版社 2012 年版，第 131~132 页。